Arbeitnehmerdatenschutz in Ungarn im Rahmen des europäischen Datenschutzrechts

AF815477

Europäische Hochschulschriften
Publications Universitaires Européennes
European University Studies

Reihe II
Rechtswissenschaft

Série II Series II
Droit
Law

Bd./Vol. 5146

PETER LANG
Frankfurt am Main · Berlin · Bern · Bruxelles · New York · Oxford · Wien

Mariann Arany-Tóth

Arbeitnehmerdatenschutz in Ungarn im Rahmen des europäischen Datenschutzrechts

PETER LANG
Internationaler Verlag der Wissenschaften

Bibliografische Information der Deutschen Nationalbibliothek
Die Deutsche Nationalbibliothek verzeichnet diese Publikation in der Deutschen Nationalbibliografie; detaillierte bibliografische Daten sind im Internet über http://dnb.d-nb.de abrufbar.

Zugl.: Trier, Univ., Diss., 2010

Gedruckt auf alterungsbeständigem,
säurefreiem Papier.

D 385
ISSN 0531-7312
ISBN 978-3-631-61463-1

© Peter Lang GmbH
Internationaler Verlag der Wissenschaften
Frankfurt am Main 2011
Alle Rechte vorbehalten.

Das Werk einschließlich aller seiner Teile ist urheberrechtlich geschützt. Jede Verwertung außerhalb der engen Grenzen des Urheberrechtsgesetzes ist ohne Zustimmung des Verlages unzulässig und strafbar. Das gilt insbesondere für Vervielfältigungen, Übersetzungen, Mikroverfilmungen und die Einspeicherung und Verarbeitung in elektronischen Systemen.

www.peterlang.de

Vorwort

Die vorliegende Arbeit wurde im Sommersemester 2010 vom Fachbereich Rechtswissenschaft der Universität Trier als Dissertation angenommen. Literatur und Rechtsprechung wurden bis Dezember 2009 berücksichtigt.

Ich möchte mich bei Herrn Prof. Dr. Dres. h.c. Rolf Birk herzlich bedanken, der meine Arbeit am ausgezeichneten Institut für Arbeitsrecht und Arbeitsbeziehungen in der Europäischen Gemeinschaft in Trier gefördert hat und die Dissertation mit wertvollen fachlichen Anregungen betreut hat. Mein Dank gilt Herrn Prof. Dr. György Kiss für die Erstellung des Zweitgutachtens.

Ich bedanke mich bei Frau Ulrike Kuhn, die mich hilfreich und ausdauernd unterstützt hat. Ich danke Frau Susanne Groborz für ihre Hilfe bei Korrekturarbeiten. Ich bedanke mich bei Frau Marsiné Dr. Kovács Gabriella für die grammatische Überprüfung des Manuskripts.

Ich widme die Arbeit meinen Eltern.

Trier, im Juli 2010

Mariann Arany Tóth

Inhaltsübersicht

Inhaltsverzeichnis

Abkürzungsverzeichnis

ABH	Alkotmánybíróság Határozatai (Entscheidungen des ungarischen Verfassungsgerichts)
ABI	Adatvédelmi Biztos Irodája (Büro des ungarischen Datenschutzbeauftragten)
AiB	Arbeitsrecht im Betrieb
ARV/DTA	Zeitschrift für Arbeitsrecht und Arbeitslosenversicherung / Revue de droit du travail et d'assurance-chômage.
ASchG	Gesetz Nr. 1993/XCIII über den Arbeitsschutz
AuR	Arbeit und Recht
AuA	Arbeit und Arbeitsrecht
BB	Betriebs-Berater
BDT	Bírósági Döntések Tára (Sammlung der Gerichtsentscheidungen)
BH	Bírósági Határozatok (Gerichtsentscheidungen)
BL	Bírák Lapja (Zeitschrift)
BSZ	Belügyi Szemle (Zeitschrift)
CJ	Cég és Jog (Zeitschrift)
CLLPJ	Comparative Labor Law and Policy Journal
CR	Computer und Recht
Cs.M.B.	Csongrád Megyei Bíróság (Gericht von Komitat Csongrád)
DB	Der Betrieb
D. Soc.	Droit Social
DRdA	Das Recht der Arbeit
DuD	Datenschutz und Datensicherheit
EBH	Elvi Bírói Határozat (Gerichtsbeschluss)
ECHR	European Court of Human Rights
EG	Europäische Gemeinschaft/en
EGMR	Europäischer Gerichtshof für Menschenrechte
EMRK	Europäische Menschenrechtskonvention
EU	Europäische Union
EuGH	Gerichtshof der Europäischen Gemeinschaften
EuR	Europarecht
EUV	Vertrag zur Gründung der Europäischen Gemeinschaft
EuZW	Europäische Zeitschrift für Wirtschaftsrecht
GGFC	Gesetz Nr. 2003/CXXV über die Gleichbehandlung und die Förderung der Chancengleichheit
GJ	Gazdaság és Jog (Zeitschrift)
GPVTP	Gesetz Nr. CXXXIII/2005 über den Personen- und Vermögensschutz und über die Tätigkeit des Privatdetektivs
GSchVDG	Gesetz Nr. XLVII /1997 über den Schutz und die Verarbeitung von Gesundheitsdaten und der damit zusammenhängenden personenbezogenen Daten
IJCLLIR	International Journal of Comparative Labour Law and Industrial Relations
ILJ	Industrial Law Journal
ILR	International Labour Review
JK	Jogtudományi Közlöny (Zeitschrift)

MSZ	Munkaügyi Szemle (Zeitschrift)
MJ	Magyar Jog (Zeitschrift)
MT	Magyar Tudomány (Zeitschrift)
NJW	Neue Juristische Wochenschrift
NZA	Neue Zeitschrift für Arbeitsrecht
OBH	Országgyűlési Biztos Hivatala (Büro des parlamentarischen Beauftragten)
RdA	Recht der Arbeit
RDV	Recht der Datenverarbeitung
SAE	Sammlung Arbeitsrechtlicher Entscheidungen
SJZ	Schweizerische Juristen-Zeitung
Sz.M.B.	Szegedi Munkaügyi Bíróság (Arbeitsgericht in Szeged)
Sz.V.B.	Szegedi Városi Bíróság (Gericht erster Instanz in Szeged)
ungArbGB	Gesetz Nr. XXII/1992 zum Arbeitsgesetzbuch
ungBGB	Gesetz Nr. IV/1959 zum Bürgerlichen Gesetzbuch
ungDSG	Gesetz Nr. LXIII/1992 über den Schutz personenbezogener Daten und die Öffentlichkeit der Daten von öffentlichem Interesse
ungGeK	Gesetz Nr. C/2003 über die elektronische Kommunikation
ungStGB	Gesetz Nr. IV/1978 zum Strafgesetzbuch
ÜL	Ügyészek Lapja (Zeitschrift)
ZAS	Zeitschrift für Arbeitsrecht und Sozialrecht
ZfA	Zeitschrift für Arbeitsrecht
ZIAS	Zeitschrift für ausländisches und internationales Arbeits- und Sozialrecht
ZPO	Gesetz Nr. III/1952 zur Zivilprozessordnung
ZTR	Zeitschrift für Tarif-, Arbeits- und Sozialrecht des öffentlichen Dienstes

Einleitung

Gegenstand der Arbeit

Der technischen Entwicklung zufolge hat der Datenschutz in Europa an Aktualität gewonnen. Sie beeinflusst die Lebensqualität der Menschen am Arbeitsplatz und die Arbeitsbedingungen sowie die Charakteristik der Ausübung der Rechte und der Erfüllung der Pflichten im Arbeitsverhältnis.

Der Schutz personenbezogener Daten hat vielfältige Bedeutung im Arbeitsrecht. Die Einordnung des Datenschutzes in das gegenwärtige System der Dogmatik des Arbeitsrechts wirft neue Fragen auf. Es ist ein komplexer Themenbereich zu entdecken.

Die Untersuchung zielt darauf ab, die Schwerpunkte des Datenschutzes im Arbeitsrecht im Rahmen der europäischen Rechtsentwicklung zu beleuchten.[1] Die einzelnen Bereiche des Schutzes der personenbezogenen Daten werden aufgegriffen und die wichtigsten Fragen der Diskussion von Heute sowohl auf Gemeinschaftsebene als auch im ungarischen Recht analysiert.[2]

Die Funktion des Datenschutzes variiert je nach den Stadien des Arbeitsverhältnisses, das die Wahl der Themen beträchtlich geprägt hat. Im Anbahnungsverhältnis stehen die Kriterien der rechtmäßigen Datenerhebung im Vordergrund. Im Arbeitsverhältnis werden die Grenzen der Verarbeitung personenbezogenen Daten bei der Kontrolle der Nutzung der technischen Geräte hinsichtlich des Persönlichkeitsschutzes erforscht. Der Gegenstand der einzelnen Kapitel ist demgemäß unterschiedlich, die Kernfrage der Untersuchung ist gleiche. Es wird der Frage nachgegangen, wie die Rechtmäßigkeit der Verarbeitung personenbezogener Daten durch den Arbeitgeber begründet werden kann. Es wird geprüft, ob das ungarische Recht mit den europarechtlichen Vorgaben bezüglich des Arbeitnehmerdatenschutzes in Einklang steht.

Der Arbeit liegt das geltende Recht zugrunde. Der wichtigste Anhaltspunkt der Untersuchung ist die RL 95/46/EG, die in Bezug auf die Initiative der Kommission zur Weiterentwicklung des europäischen Arbeitnehmerdatenschutzes erörtert wird. Die primärrechtlichen Aspekte des Datenschutzes im Gemeinschaftsrecht werden nur rudimentär behandelt.

---

1 Das Gesetz Nr. LXXX/1994 über das staatsanwaltschaftliche Dienstverhältnis und die Datenverarbeitung, das Gesetz Nr. LXVII/1997 über die Rechtsstellung und die Vergütung der Richter, das Gesetz Nr. 1992/XXIII über die Rechtsstellung von Beamten und das Gesetz Nr. XXXIII/1992 über die Rechtsstellung von Angestellten werden ausgeklammert.

2 Die Umsetzung der Richtlinie 95/46/EG ins ungarische Recht wird ausgenommen die Übermittlung der Arbeitnehmerdaten in Drittländer bewertet.

Die einschlägigen Rechtsvorschriften im ungarischen Recht werden im Hinblick auf die Umsetzung der RL 95/46/EG ins ungarische Recht dargestellt. Die eventuellen Richtungen der Rechtsentwicklung werden im europäischen Arbeitsrecht, im ungarischen Recht und im Lichte der Rechtsprechung und der Stellungnahmen des ungarischen Datenschutzbeauftragten angedeutet. Das geltende Recht wird im Vergleich zur RL 95/46/EG und zu den Reformbestrebungen der Kommission bewertet. Um die wissenschaftliche Diskussion abzurunden wird ausländische Literatur einbezogen. Insbesondere werden Meinungen im deutschen, österreichischen, schweizerischen, französischen, belgischen und US-amerikanischen Schrifttum berücksichtigt.

Gang der Untersuchung

Der Ausgangpunkt der Untersuchung widmet sich im ersten Kapitel der europarechtlichen Grundlagen des Arbeitnehmerdatenschutzes und der dogmatischen Einordnung dieses Themas im ungarischen Arbeitsrecht. Ferner werden die Voraussetzungen der rechtmäßigen Verarbeitung der Arbeitnehmerdaten erörtert.

Im zweiten Kapitel wird die Konzeption der besonders schützenswerten Daten anhand von Fallbeispielen bezüglich des Schutzes der Daten über den Gesundheitszustand dargestellt. Der Rechtmäßigkeit der Erhebung der Daten über HIV und Aids, über die Drogenabhängigkeit und der genetischen Daten werden geprüft.

Im dritten Kapitel werden die datenschutzrechtlichen Fragen der Kontrolle der Nutzung technischer Geräte am Arbeitsplatz ausgeführt. Die Schwerpunkte der Kontrolle der Nutzung des Internets und von E-Mail werden in Einzelheiten herausgearbeitet. Anschließend werden die wichtigsten Fragen der Datenverarbeitung durch Videoüberwachung angesprochen.

Im vierten Kapitel werden die Rechte der Interessenvertretungsorgane der Arbeitnehmer im Arbeitnehmerdatenschutz und ihre Befugnisse bei der Regelung des betrieblichen Datenschutzes in Bezug auf die Vorschläge der Kommission zur Verbesserung der Einwirkung der Sozialpartner dargestellt.

Im fünften Kapitel werden die grundlegenden Fragen des europäischen Arbeitnehmerdatenschutzes hinsichtlich der Weiterentwicklung des geltenden Rechts erörtert.

Datenschutz und Arbeitsrecht

Die Regelung der Verarbeitung personenbezogener Daten im Arbeitsrecht wird durch die technische Innovation geprägt.[3] Die Verabschiedung der allgemeinen Datenschutzgesetze in den Mitgliedstaaten spielt eine wichtige Rolle bei der Ausweitung des Datenschutzes und führt zugleich zum Anspruch auf Verbesserung des Arbeitnehmerdatenschutzes.[4]

In diesem Kapitel werden die Grundlagen des europäischen Arbeitnehmerdatenschutzes dargelegt und die Ergebnisse der Diskussion über die Weiterentwicklung des Datenschutzrechts aufgezeigt.[5] Im Zusammenhang mit diesen Ansätzen wird die Umsetzung der RL 95/46/EG ins ungarische Recht hinsichtlich der Verarbeitung der Arbeitnehmerdaten angeführt. Anschließend werden die arbeitsrechtlichen und zivilrechtlichen Anhaltspunkte des Datenschutzes im ungarischen Recht ausführlich dargestellt.

Arbeitnehmerdatenschutz in der Europäischen Gemeinschaft

Der Weg zum europäischen Arbeitnehmerdatenschutz

Es ist eine Herausforderung für die Zukunft, den Schutz personenbezogener Daten des Arbeitnehmers in der Europäischen Gemeinschaft zu verwirklichen, weil es keine bereichspezifischen Regeln auf diesem Gebiet zurzeit gibt.

Die Richtlinie 95/46/EG des Europäischen Parlaments und des Rates vom 24. Oktober 1995 zum Schutz natürlicher Personen bei der Verarbeitung personenbezogener Daten und zum freien Datenverkehr (RL 95/46/EG) ist als Aus-

---

3 *Lenoir/Wallon*, D. Soc. 1988, 213 ff.; *Mole*, D. Soc. 1990, 59 ff.; *Napier*, ILJ 1992, 11 ff.; *Ellger*, in: *Weber/Thürer/Zäch* (Hrsg.), Datenschutz im europäischen Umfeld, S. 3 ff.; *Däubler*, Gläserne Belegschaften? Datenschutz für Arbeiter, Angestellte und Beamte, S. 21 ff.; *Fragale Filho/de Rezende Alvim*, CLLPJ 2002, 569 ff.; *Hattenberger*, in: *Resch* (Hrsg.), Die Kontrolle des Arbeitnehmers vor dem Hintergrund moderner Medien, S. 15 ff.

4 *Simitis*, Schutz von Arbeitnehmerdaten Regelungsdefizite – Lösungsvorschläge, S. 10 ff.; *Kroll*, Datenschutz im Arbeitsverhältnis, S. 20 ff.; *Griese*, Zur Notwendigkeit und Effektivität eines verbesserten datenrechtlichen Persönlichkeitsschutzes im Arbeitsrecht, S. 63 ff.; *Simitis*, NJW 1998, 2473 ff.; *Freedland*, Data Protection and Employment in the European Union, 19 ff.; *Däubler*, RDV 1999, 243 ff.; *Tinnefeld*, DuD 2002, 231 ff.; *Hendrickx*, Protection of workers' personal data in the European Union, 79 ff.

5 Im Folgenden kann nur ein Überblick gegeben werden. Einzelheiten werden gelegentlich bei der Erörterung der praktischen Probleme der Verarbeitung personenbezogener Daten erwähnt.

gangspunkt des Europäischen Arbeitnehmerdatenschutzes zu betrachten.[6] Hinzu kommt die Initiative der Kommission zur Schaffung einer Regelung über den Schutz personenbezogener Daten der Arbeitnehmer auf Gemeinschaftsebene. Die RL 95/46/EG und die Anstrebungen der Kommission für weitere Rechtsangleichungsmaßnahmen im Datenschutz bilden die Grundlage zur Erörterung des europäischen Arbeitnehmerdatenschutzes.

Struktur des europäischen Arbeitnehmerdatenschutzes

Die Rechtsetzung durch Richtlinien nimmt im Datenschutzrecht einen breiten Raum in der EG ein. Die einschlägigen Richtlinien verpflichten den Mitgliedstaaten entsprechend dem Inhalt der Richtlinie ihr nationales Recht umzugestalten.[7] Die Effektivität der Umsetzung einer Richtlinie hängt erheblich davon ab, ob die Vorschriften der umzusetzenden Richtlinie hinreichend genau und präzise sind. Die RL 95/46/EG zeichnet sich z.B. dadurch aus, dass sie – durch die Verwendung unbestimmter Rechtsbegriffe – den Mitgliedstaaten großen Freiraum auch in der inhaltlichen Gestaltung des Datenschutzes einräumt.[8]

Die Mitgliedstaaten sind nicht nur in der Wahl der Form der gesetzgeberischen Mittel zur Umsetzung der Richtlinie frei, sondern verfügen über einen Wertungsspielraum in der inhaltlichen Gestaltung des nationalen Datenschutzrechts.

Die Struktur des Arbeitnehmerdatenschutzes wird durch Richtlinien geprägt, die durch allgemeine Grundsätze die Umsetzung der Vorschriften steuern. Neben dem europäischen Sekundärrecht sind auch die Rechtsprechung des EuGH und die allgemeine Grundsätze des Unionsrechts nach Art. 6 Abs. 3 EUV bedeutungsvoll für das europäische Arbeitnehmerdatenschutzrecht.[9]

Inhalt des europäischen Arbeitnehmerdatenschutzes

Der europäische Arbeitnehmerdatenschutz umfasst einen vielschichtigen Themenbereich bzw. Regelungsbereich. Es handelt sich um ein stets entwickelndes Rechtsgebiet, das im Wandel der Zeiten immer neue Fragen aufwirft. Der Inhalt des europäischen Arbeitnehmerdatenschutzes kann daher nicht abschließend erfasst werden und er ist nach geltendem Recht in erheblichem Maße durch den Anwendungsbereich der RL 95/46/EG geprägt.

---

6 *Simitis*, European Law Journal, 53 ff.; *Krimphove*, Europäisches Arbeitsrecht, S. 267 f.; *Hendrickx*, Protection of workers' personal data in the European Union, S. 79; *Hajdú*, A munkavállalók személyiségi jogainak védelme, S. 47 ff.

7 *Krimpove*, Europäisches Arbeitsrecht, 267.

8 *Krimpove*, Europäisches Arbeitsrecht, 267.

9 EuGH, C-101/01, Rn. 83, EuGH, C-553/07, Rn. 56.

Verarbeitung der Arbeitnehmerdaten

Die Artikel-29-Datenschutzgruppe hat in seiner Stellungnahme zur Verarbeitung personenbezogener Daten von Beschäftigten betont, dass „Arbeitgebern und Arbeitnehmern sowohl im öffentlichen Sektor als auch in der Privatwirtschaft bewusst sein muss, dass viele Tätigkeiten, die routinemäßig im Arbeitsleben ausgeführt werden, die Verarbeitung personenbezogener Daten der Beschäftigten (z.B. Bewerbungsunterlagen, Arbeitszeugnisse, Lohn- und Steuerdaten, Daten über Sozialleistungen, Krankheitsdaten, Daten zum Jahresurlaub, Angaben über unbezahlten Urlaub, Sonderurlaub, jährliche Mitarbeiterbeurteilung, Daten über Beförderung, Versetzungen, Fortbildung, Disziplinarmaßnahmen, Daten über Arbeitsunfälle), zuweilen sehr sensibler Daten, mit sich bringen. Es dürfte praktisch jede Erhebung, Verwendung oder Speicherung von Daten über Arbeitnehmer, die mit elektronischen Mitteln erfolgt, unter das Datenschutzrecht fallen.“ [10] Der Schutz der Arbeitnehmerdaten bezieht sich auf die Verarbeitung genetischer Daten und biometrischer Daten gleichenfalls.[11]

Bezüglich der Verarbeitung der Arbeitnehmerdaten werden die Befugnisse des Arbeitnehmers erörtert, die insbesondere den Schutz der Privatshpäre im Arbeitsrecht gewährleisten.

Überwachung am Arbeitsplatz

Der Arbeitnehmerdatenschutz erstreckt sich grundsätzlich auf die von der RL 95/46/EG erfassten Bereiche im Arbeitsleben und auf die damit zusammenhängenden speziellen Fällen der Verarbeitung personenbezogener Daten der Arbeitnehmer, insbesondere Kontrolle der elektronischen Kommunikation am Arbeitsplatz und Überwachung der Arbeitnehmer durch elektronisches Überwachungssystem.[12]

Die RL 95/46/EG ist auf die Verarbeitung personenbezogener Daten von Beschäftigten „genauso“ anzuwenden wie in jedem anderen Kontext.[13] Neben der allgemeinen Datenschutzrichtlinie sind aber auch andere Richtlinien wie z.B. RL 2002/58/EG von Bedeutung.

---

10 *Artikel-29-Datenschutzgruppe*, Stellungnahme 8/2001, 1 f., 7 f.

11 *Artikel-29-Datenschutzgruppe*, Arbeitspapier über genetische Daten, 11 f., Arbeitspapier über Biometrie, 3.

12 *Artikel-29-Datenschutzgruppe*, Arbeitsdokument zur Überwachung der elektronischen Kommunikation von Beschäftigten, 6, Arbeitsdokument zum Thema Verarbeitung personenbezogener Daten aus der Videoüberwachung, 6.

13 *Artikel-29-Datenschutzgruppe*, Arbeitsdokument zur Überwachung der elektronischen Kommunikation von Beschäftigten, 13.

Spezielle Vorschriften über die Verarbeitung der Arbeitnehmerdaten

Einzelne bereichspezifische Richtlinien wie z.B. die Richtlinien im Arbeitsschutz enthalten auch datenschutzrechtliche Regelungen, die sich auf die Verarbeitung personenbezogener Daten der Arbeitnehmer beziehen. Art. 10 Abs. 2 RL 98/24/EG schreibt z.B. vor, dass persönliche Gesundheits- und Expositionsakten der Arbeitnehmer im Rahmen der Gesundheitsüberwachung geführt werden muss.

Die Einhaltung von Mindestvorschriften für den Schutz von Gesundheit und Sicherheit der Arbeitnehmer vor der Gefährdung durch chemische Arbeitsstoffe hat zum Ziel, nicht nur den Schutz von Gesundheit und Sicherheit jedes einzelnen Arbeitnehmers zu gewährleisten, sondern auch dafür zu sorgen, dass sämtliche Arbeitnehmer in der Gemeinschaft einen bestimmten Mindestschutz genießen, wodurch mögliche Wettbewerbsverzerrungen vermieden werden.[14]

Um die den Arbeitnehmern zugänglichen Informationen zwecks Gewährleistung eines besseren Schutzes zu vervollständigen, ist es erforderlich, dass die Arbeitnehmer und ihre Vertreter über die durch chemische Arbeitsstoffe möglicherweise gegebenen Risiken für ihre Gesundheit und Sicherheit sowie über die zur Minderung oder Abwendung dieser Risiken erforderlichen Maßnahmen informiert werden und in die Lage versetzt werden zu kontrollieren, ob die erforderlichen Schutzmaßnahmen getroffen werden.[15]

Die Überwachung der Gesundheit der Arbeitnehmer, für die Ergebnisse der genannten Bewertung ein Gesundheitsrisiko erkennen lassen, kann einen Beitrag zu den vom Arbeitgeber zu treffenden Vorbeugungs- und Schutzmaßnahmen darstellen.[16]

Zu diesem Zweck regelt Art. 10 RL 98/24/EG die Mindestanforderungen bezüglich der Pflicht zur Führung von Gesundheits- und Expositionsakten. Durch diese Vorschriften werden die Grundsätze des Datenschutzes bei der Überwachung der Gesundheit der Arbeitnehmer festgelegt und die Voraussetzungen der Verarbeitung der Gesundheitsdaten werden entsprechend den innerstaatlichen Rechtsvorschriften und Gepflogenheiten geregelt. Durch die Angleichung der Rechtsvorschriften bezüglich der Überwachung der Gesundheit der Arbeitnehmer werden auch einzelne Voraussetzungen der Verarbeitung der Arbeitnehmerdaten „harmonisiert", die den europäischen Arbeitnehmerdatenschutz prägen und vorantreiben.

---

14 Erwägungsgrund 4 RL 98/24/EG.

15 Erwägungsgrund 16 RL 98/24/EG.

16 Erwägungsgrund 17 RL 98/24/EG.

Ständige Entwicklung des Datenschutzes

Der europäische Arbeitnehmerdatenschutz ist vielschichtig, weil er außer der RL 95/46/EG auch bereichspezifische Vorgaben umfasst, die dem Schutz der Arbeitnehmerdaten dienen.

Der Inhalt des europäischen Datenschutzes kann insoweit aufgrund der bisher erlassenen Richtlinien konkretisiert werden. Er beinhaltet die materielle und verfahrensrechtliche Anforderungen des Datenschutzes, die wichtigsten Garantien der Ausübung der datenschutzrechtlichen Rechte, die Voraussetzungen der Zulässigkeit der Verarbeitung personenbezogener Daten, die Regeln über unabhängige Kontrollstelle, über den Rechtschutz und über die Sanktionsmaßnahmen.

Die Konkretisierung des Regelungsinhalts kann aber nur teilweise erfolgen, weil die relevanten Richtlinien ihrer Natur nach allgemein sind. Der Arbeitnehmerdatenschutz weist dagegen charakteristische Merkmale auf, die im allgemeinen Datenschutz nicht berücksichtigt werden.[17] Die einheitliche Anwendung der RL 95/46/EG wäre z.B. unmöglich, wenn es keine Stellungnahmne über die Auslegung ihrer Vorschriften hinsichtlich des Arbeitsverhältnisses gäbe. Einzige Fragen des Arbeitnehmerdatenschutzes sind bis Heute unbeantwortet, weil sie nach den allgemeinen datenschutzrechtlichen Vorschriften nicht geklärt werden können. Es herrscht keine Einigkeit darüber, ob der Arbeitgeber Daten über die Alkoholkrankheit, Drogenabhängigkeit des Arbeitnehmers erheben darf oder er einen psychologischen Test durchführen darf.[18]

Der Arbeitnehmerdatenschutz hat den Schutz personenbezogener Daten im Anbahnungsverhältnis, während der Abwicklung und nach der Beendigung des Arbeitsverhältnisses zum Gegenstand, der je nach dem Kontext der Verarbeitung der Arbeitnehmerdaten unterschiedlich zu bewerten ist. Der Inhalt des Arbeitnehmerdatenschutzes lässt sich daher im Lichte der arbeitsrechtlichen Regeln beurteilen.[19]

Zum Zweck der Feststellung des Umfangs des Arbeitnehmerdatenschutzes wurden darüber hinaus Vorschläge erarbeitet, die entweder auf die Weiterentwicklung der RL 95/46/EG oder auf die Verabschiedung einer Regelung abstellen.

RL 95/46/EG und der Schutz der Arbeitnehmerdaten

RL 95/46/EG als Grundlage des Arbeitnehmerdatenschutzes

Die RL 95/46/EG ist als Basis für den europäischen Datenschutz zu sehen. Sie stellt umfassende Rechtfertigungsgründe für die Verarbeitung personenbezoge-

---

17 *Hendrickx*, Protection of workers' personal data in the European Union, 81.

18 *Hendrickx*, Protection of workers' personal data in the European Union, 81 ff.

19 *Hendrickx*, Protection of workers' personal data in the European Union, 80.

ner Daten auf und regelt ausdrücklich die datenschutzrechtlichen Rechte der betroffenen Person, die Kontrolle der Zulässigkeit der Verarbeitung der Daten, die Rechtsbehelfe, die Haftung, die Sanktionen und die Übermittlung personenbezogener Daten in Drittländer. Sie beinhaltet den Schutz natürlicher Personen bei der Verarbeitung personenbezogener Daten in Einklang mit den internationalen Vorgaben, ihr Inhalt ist aber nicht spezifisch arbeitsrechtlich.[20] Allerdings weist sie ausdrücklich auf die Notwendigkeit sektorieller Bestimmungen im Arbeitsrecht hin. Im Erwägungsgrund Nr. 68 der RL 95/46/EG heißt es, dass „die in dieser Richtlinie enthaltenen Grundsätze des Schutzes der Rechte und Freiheiten der Personen und insbesondere der Achtung der Privatshpäre bei der Verarbeitung personenbezogener Daten – besonders für bestimmte Bereiche – durch spezifische Regeln ergänzt oder präzisiert werden können, die mit diesen Grundsätzen in Einklang stehen. Der Arbeitnehmerdatenschutz ist damit dem Datenschutz zuzurechnen, so dass Durchführungsmaßnahmen für den allgemeinen Rahmen sowie spezifische Rahmen für spezifische Sektoren nach der RL 95/46EG erstellt werden können".[21]

Zur Konkretisierung des Arbeitnehmerdatenschutzes sind die Stellungnahmen der Datenschutzgruppe über die praktischen Probleme der Umsetzung der RL 95/46/EG beim Schutz personenbezogener Daten der Arbeitnehmer von großer Bedeutung.[22] Sie haben zwar empfehlenden Charakter, spielen aber eine wichtige Rolle bei der Entwicklung des europäischen Arbeitnehmerdatenschutzes, denn sie ermöglichen die einheitliche Auslegung der Vorschriften der RL 95/46/EG im Arbeitsrecht. Sie gelten als Leitlinien für den Datenschutz in der Praxis. Die RL 95/46/EG ist daher der wichtigste Bezugspunkt für den Schutz personenbezogener Daten der Arbeitnehmer auf Gemeinschaftsebene.

Zielsetzung der RL 95/46/EG

Die RL 95/46/EG soll natürliche Personen schützen, deren personenbezogenen Daten Gegenstand einer Verarbeitung sind, und gleichzeitig den freien Verkehr mit personenbezogenen Daten ermöglichen.[23]

In Art. 1 Abs. 1 RL 95/46/EG heißt es, dass die Mitgleidstaaten nach den Bestimmungen dieser Richtlinie den Schutz der Grundrechte und Grundfreiheiten und insbesondere den Schutz der Privatsphäre natürlicher Personen bei der Verarbeitung personenbezogener Daten gewährleisten, und sie nach Art. 1 Abs.

---

20 *Krimphove*, Europäisches Arbeitsrecht, S. 267 ff.

21 *Damman/Simitis*, EG-Datenschutzrichtlinie, S. 66; Stellungnahme, S. 5.

22 Z.B. Stellungnahme 8/2001 zur Verarbeitung personenbezogener Daten von Beschäftigten, Arbeitsdokument zur Überwachung der elektronischen Kommunikation von Beschäftigten.

23 *Damman/Simitis*, EG-Datenschutzrichtlinie, S. 100 f., *Ehmann/Helfrich*, EG Datenschutzrichtlinie, S. 51.

2 RL 95/46/EG nicht den freien Verkehr personenbezogener Daten zwischen Mitgliedstaaten aus Gründen des nach Art. 1 Abs. 1 RL 95/46/EG gewährleisteten Schutzes beschränken oder untersagen.

Die RL 95/46/EG verfolgt zwei Ziele, die gleiche Priorität aufweisen. Sie verpflichtet die Mitgliedstaaten auf die Schaffung eines hohen Niveaus an Datenschutz zur Gewährleistung des freien Datenverkher im Gemeinschaftsgebiet und zum Schutz der Rechte und Grundfreiheiten der Betroffenen. Diese „dualistische“ Zielsetzung hat auch Auswirkungen auf den Arbeitnehmerdatenschutz, weil der Schutzumfang der Arbeitnehmerdaten sich hinsichlich des Regelungszwecks der RL 95/46/EG bzw. der einzelstaatlichen Maßnahme erkennen lässt.

Schutz des Privatsphäre nach der RL 95/46/EG

Die RL 95/46/EG schreibt insbesondere den Schutz der Privatsphäre (right to privacy, vie privée) vor. Nach herrschender Meinung bezieht diese Vorschrift die Gesamtheit der von der Gemeinschaft anerkannten Grundrechte und Grundfreiheiten mit ein.[24] Nach dem Bericht der Kommission muss angesichts der allgemeinen Art der RL 95/46/EG die Anwendung ihrer Grundsätze im Arbeitsverhältnis unter gebührender Berücksichtigung der Grundrechte und Grundfreiheiten der Arbeitnehmer weiterentwickelt und ausgeführt werden.[25]

Der Schutz der Privatsphäre hat eine herausragende Rolle und steht im Vordergrund der Rechtsangleichung.[26] Art. 1 Abs. 1 RL 95/46/EG versteht sich als „Instrument zur Konkretisierung des Grundrechts auf Schutz der Privatsphäre im Sinne des Art. 8 EMRK ebenso wie weiterer einschlägiger Grundrechte“.[27] „Gegenstand der einzelstaatlichen Rechtsvorschriften über die Verarbeitung personenbezogener Daten ist die Gewährleistung der Achtung der Grundrechte und –freiheiten, insbesondere des auch in Artikel 8 der Europäischen Konvention zum Schutze der Menschenrechte und Grundfreiheiten und in den allgemeinen Grundsätzen des Gemeinschaftsrechts anerkannten Rechts auf Privatsphäre. Die Angleichung dieser Rechtsvorschriften darf deshalb nicht zu einer Verringerung des durch diese Rechtsvorschriften garantierten Schutzes führen, sondern muß im Gegenteil darauf abzielen, in der Gemeinschaft ein hohes Schutzniveau sicherzustellen“.[28]

Andererseits ist das Funktionieren des Binnenmarktes zu gewährleisten. „Die Mitgliedstaaten dürfen aufgrund des gleichwertigen Schutzes, der sich aus

---

24 *Dammann/Simitis*, EG-Datenschutzrichtlinie, S. 101.

25 Zweite Phase der Anhörung, 8.

26 *Ehmann/Helfrich*, EG Datenschutzrichtlinie, S. 51; *Ellger*, in: *Weber/Thürer/Zäch* (Hrsg.), Datenschutz im europäischen Umfeld, S. 32; *Kranenborg*, Common Market Law Review 2008, 1090 ff.

27 *Duschanek*, ZfV 2000, 526.

28 Erwägungsgrund 10 RL 95/46/EG.

der Angleichung der einzelstaatlichen Rechtsvorschriften ergibt, den freien Verkehr personenbezogener Daten zwischen ihnen nicht mehr aus Gründen behindern, die den Schutz der Rechte und Freiheiten natürlicher Personen und insbesondere das Recht auf die Privatsphäre betreffen".[29] Das EuGH hat betont, dass die von den Mitgliedstaaten zur Gewährleistung des Schutzes personenbezogener Daten getroffenen Maßnahmen sowohl mit den Bestimmungen der RL 95/46/EG als auch mit deren Ziel in Einklang stehen müssen, um ein Gleichgewicht zwischen dem freien Verkehr personenbezogener Daten und dem Schutz der Privatsphäre zu wahren".[30]

Streben nach einem gleichwertigen Schutzniveau

Die RL 95/46/EG geht davon aus, dass personenbezogene Daten in der Gemeinschaft immer häufiger in den verschiedenen Bereichen wirtschaftlicher und sozialer Tätigkeiten verarbeitet werden.[31]

In den Erwägungsgründen wird darauf hingewiesen, dass die wirtschaftliche und soziale Integration, die sich aus der Errichtung und dem Funktionieren des Binnenmarktes im Sinne von Artikel 7a des Vertrags ergibt, notwendigerweise zu einer spürbaren Zunahme der grenzüberschreitenden Ströme personenbezogener Daten zwischen allen am wirtschaftlichen und sozialen Leben der Mitgliedstaaten Beteiligten im öffentlichen wie im privaten Bereich führen wird. Der Austausch personenbezogener Daten zwischen in verschiedenen Mitgliedstaaten niedergelassenen Unternehmen wird zunehmen[32].

Angesichts dieser Vermutung schreibt die RL 95/46/EG wie folgt vor: „Zur Beseitigung der Hemmnisse für den Verkehr personenbezogener Daten ist ein gleichwertiges Schutzniveau hinsichtlich der Rechte und Freiheiten von Personen bei der Verarbeitung dieser Daten in allen Mitgliedstaaten unerläßlich. Insbesondere unter Berücksichtigung der großen Unterschiede, die gegenwärtig zwischen den einschlägigen einzelstaatlichen Rechtsvorschriften bestehen, und der Notwendigkeit, die Rechtsvorschriften der Mitgliedstaaten zu koordinieren, damit der grenzüberschreitende Fluß personenbezogener Daten kohärent und in Übereinstimmung mit dem Ziel des Binnenmarktes im Sinne des Artikels 7a des Vertrags geregelt wird, läßt sich dieses für den Binnenmarkt grundlegende Ziel nicht allein durch das Vorgehen der Mitgliedstaaten verwirklichen. Deshalb ist eine Maßnahme der Gemeinschaft zur Angleichung der Rechtsvorschriften erforderlich."[33]

---

29 Erwägungsgrund 9 Satz 1 RL 95/46/EG.

30 EuGH, C-101/01, Leitsätze des Urteils Rn.6.

31 Erwägungsgrund 4 RL 95/46/EG.

32 Erwägungsgrund 5 RL 95/46/EG.

33 Erwägungsgrund 8 RL 95/46/EG.

Die RL 95/46/EG zielt insofern darauf ab, die Gleichwertigkeit der einzelstaatlichen Datenschutzvorschriften durch ihre Angleichung herzustellen.[34] Verlangt aber keine Gleichheit der datenschutzrechlichen Regelungen in den Mitgliedstaaten, „sondern lediglich eine Gemeinsamkeit, als alle Mitgliedstaaten die von der Richtlinie vorgegebenen Bedingungen einhalten müssen.[35] Meines Erachtens folgt daraus, dass die Schaffung eines gleichwertigen Schutzniveaus im Rahmen der RL 95/46/EG mittelbar auch zur Harmonisierung des Arbeitnehmerdatenschutzes führt, wenn die Vorschriften der Richtlinie je nach der Umsetzung ins einzelstaatliche Recht in den Mitgliedstaaten für die Verarbeitung der Arbeitnehmerdaten Anwendung finden.

Gewährleistung eines hohen Schutzniveaus

Die Angleichung der Rechtsvorschriften der Mitgliedstaaten, die mit der RL 95/46/EG angestrebt wird, muss darauf ausgerichtet sein, ein hohes Datenschutzniveau in der EG zu erzielen.[36] Die Verwirklichung dieses Ziels beeinflusst erheblich die Entwicklung des Arbeitnehmerdatenschutzes. „Die von den Mitgliedstaaten zur Gewährleistung des Schutzes personenbezogener Daten getroffenen Maßnahmen müssen sowohl mit den Bestimmungen der RL 95/46/EG als auch mit deren Ziel in Einklang stehen, ein Gleichgewicht zwischen dem freien Verkehr personenbezogener Daten und dem Schutz der Privatsphäre zu wahren. Dagegen sind die Mitgliedstaaten durch nichts daran gehindert, den Geltungsbereich der die RL 95/46/EG umsetzenden innerstaatlichen Rechtsvorschriften auf vom Anwendungsbereich dieser Richtlinie nicht erfasste Bereiche auszudehnen, soweit dem keine andere Bestimmung des Gemeinschaftsrechts entgegensteht."[37]

Folglich kann der Schutz der Arbeitnehmerdaten in den Mitgliedstaaten unter den zitierten Voraussetzungen nach der RL 95/46/EG näher geregelt werden, außerdem ist die EG befugt, eine Regelung für Arbeitnehmerdatenschutz zu schaffen.

Die Umsetzung der RL 95/46/EG und Ermessensspielraum der Mitgliedstaaten

Die RL 95/46/EG enthält zahlreiche Voraussetzungen über die Verarbeitung personenbezogener Daten, die die Mitgliedstaaten bei der Umsetzung frei aus-

---

34 *Brühann*, EuZW 2009, 641.

35 *Damman/Simitis*, EG-Datenschutzrichtlinie, S. 103.

36 EuGH, C-524/06 (Huber), Rn. 51. „die Harmonisierung dieser einzelstaatlichen Rechtsvorschriften nicht auf eine Mindestharmonisierung beschränkt ist, sondern zu einer grundsätzlich umfassenden Harmonisierung führt".

37 EuGH, C-101/01 (Lindqvist), ECR 2003 I-12971 ff., Leitsätze des Urteils 6.

wählen dürfen.[38] Art. 5 RL 95/46/EG schreibt vor, dass die Mitgliedstaaten die Bedingungen näher bestimmen, unter denen die Verarbeitung personenbezogener Daten rechtmäßig ist.[39] Die RL 95/46/EG überläßt es den Mitgliedstaaten, ob sie die Vorausetzungen der Verarbeitung personenbezogener Daten im Rahmen eines allgemeinen Datenschutzgesetzes oder durch bereichspezifische Regelungen umsetzten.[40]

Die RL 95/46/EG enthält zahlreiche allgemeine Rechtsbegriffe, um einer Vielzahl unterschiedlicher Fälle gerecht werden zu können.[41] Nach ständiger Rechsprechung des EuGH sind die Bestimmungen der RL 95/46/EG notwendig verhältnismäßig allgemein gehalten, da sie auf viele ganz unterschiedliche Situationen Anwendung finden sollen. „Zu Recht enthält diese Richtlinie daher Vorschriften, die durch eine gewisse Flexibilität gekennzeichnet sind, und überlässt es in vielen Fällen den Mitgliedstaaten, die Einzelheiten zu regeln oder zwischen Optionen zu wählen."[42] Die RL 95/46/EG räumt in bestimmten Fällen den Mitgliedstaaten ausdrücklich die Möglichkeit ein, Ausnahmen von den Grundsätzen der Richtlinie vorzusehen.

Die in der RL 95/46/EG festgelegten Vorschriften müssen innerstaatlich volle Geltung erhalten.[43] Die Richtlinie hat eine umfassende Harmonisierung der Datenschutzvorschriften in der Gemeinschaft zum Gegenstand.[44] Nach Ansicht des EDSB beinhaltet die vollständige Umsetzung der Richtlinie die folgenden beiden Elemente: „einerseits sollte es gewährleistet werden, dass die Mitgliedstaaten ihren Verpflichtungen nach europäischem Recht uneingeschränkt nachkommen. Dies bedeutet, dass die Bestimmungen der Richtlinie in einzelstaatliches Recht umgesetzt und die durch die Richtlinie angestrebten Ziele in der Praxis erreicht werden sollten. Andererseits sonstige nicht verbindliche Instrumente, die zu einem hohen und harmonisierten Datenschutzniveau beitragen könnten, sollten umfassend genutzt werden."[45]

Die RL 95/46/EG enthält eine Reihe von Bestimmungen, die unbestimmt formuliert sind und den Mitgliedstaaten explizit oder implizit bei der Ausgestaltung ihrer innerstaatlichen Rechtsvorschriften einen gewissen Ermessens-

---

38 Art. 6, 7, 8 RL 95/46/EG; *Geis*, CR 1995, 176.

39 Art. 5 RL 95/46/EG und Erwägungsgründe 22, 23, 25, 68.

40 *Ellger*, CR 1995, 563 f.; *Souhrada-Kirchmayer*, JBl 1995, 151 f; *Weber*, CR 1995, 300 f.; *Brühann/Zerdick*, CR 1996, 431 f.; *Mayer-Schönberger/Zeger/Kronegger*, ÖJZ 1998, 244 ff.; *Kilches*, medien und recht 1999, 261 ff.; *Ehman/Helfrich*, EG Datenschutzrichtlinie, S. 55; *Duschanek*, ZfV 2000, 526 ff.

41 *Brühann*, EuZW 2009, 643.

42 EuGH, C-101/01, Rn. 83, EuGH, C-553/07, Rn. 56.

43 EuGH C-101/01, Rn. 96. *Prechal*, Directives in EC Law, S. 52.

44 *Brühann*, EuZW 2009, 642.

45 Stellungnahme, 7 f.

spielraum lassen.[46] Das gilt auch bei der Umsetzung der Vorschriften über die Bedingungen der Verarbeitung der Arbeitnehmerdaten.[47]

Im Folgenden werden einzelne Vorschriften der RL 95/46/EG schwerpunktmäßig dargestellt, die hinsichtlich der Umsetzung der Richtlinie ins ungarische Recht große Rolle spielen und bei der Bewertung des Schutzniveaus des Arbeitnehmerdatenschutzes von Bedeutung sind.

Geltungsbereich der RL 95/46/EG

Anwendungsbereich der RL 95/46/EG

Die RL 95/46/EG gilt für die ganz oder teilweise automatisierte Verarbeitung personenbezogener Daten sowie für die nicht automatisierte Verarbeitung personenbezogener Daten, die in einer Datei gespeichert sind oder gespeichert werden sollen.[48]

Die RL 95/46/EG findet keine Anwendung auf die Verarbeitung personenbezogener Daten, die für die Ausübung von Tätigkeiten erfolgt, die nicht in den Anwendungsbereich des Gemeinschaftsrechts fallen, beispilesweise Tätigkeiten gemäß den Titeln V und VI des Vertrags über die Europäische Union, und auf keinen Fall auf Verarbeitungen betreffend die öffentliche Sicherheit, die Landesverteidigung, die Sicherheit des Staates (einscließlich seines wirtschaftlichen Wohls, wenn die Verarbeitung die Sicherheit des Staates berührt) und die Tätigkeiten des Staates im strafrechtlichen Bereich; und die von einer natürlichen Person zur Ausübung ausschließlich persönlicher oder familiärer Tätigkeiten vorgenommen wird.[49]

Im Erwägungsgrund 12 wird es betont, dass die Schutzprinzipien für alle Verarbeitung personenbezogener Daten gelten müssen, sobald die Tätigkeiten des für die Verarbeitung Verantwortlichen in den Anwendungsbereich des Gemeinschaftsrechts fallen. „In der Tat darf der Schutz nicht von den verwendeten Techniken abhängen, da andernfalls ernshafte Risiken der Umgehung entstehen würden.“[50]

Zwei Voraussetzungen sind nach Art. 3 RL 95/46/EG zu prüfen. Die Verarbeitung personenbezogener Daten muss den Anforderungen des Begriffes der Verarbeitung im Sinne der Richtlinie genügen und die Anknüpfung an den Anwendungsbereich des Gemeinschaftsrechts muss nachgewiesen werden.

---

46 Mitteilung der Kommission, S. 5. Zur effektiven Durchsetzung der Richtlinie *Siehe Benacchio/Pasa*, A Common Law for Europe, S. 204 ff.

47 *Hendrickx*, Protection of workers' personal data in the Europaen Union, S. 83 f.

48 Art. 3 Abs. 1 RL 95/46/EG.

49 Art. 3 Abs. 2 RL 95/46/EG.

50 Erwägungsgrund 27 RL 95/46/EG.

Den Begriffen der personenbezogenen Daten, der Verarbeitung und des Verantwortlichen für die Verarbeitung kommt außerdem hinsichtlich der Abgrenzung des Anwendungsbereiches der RL 95/46/EG ein hoher Stellenwert zu.

Die wichtigsten datenschutzrechlichen Begriffe in der RL 95/46/EG

Begriff der personenbezogenen Daten nach Art. 2 lit. a RL 95/46/EG

Nach der Definition der personenbezogenen Daten handelt es sich um alle Informationen über eine bestimmte oder bestimmbare natürliche Person; als bestimmbar wird eine Person angesehen, die direkt oder indirekt identifiziert werden kann, insbesondere durch Zuordnung zu einer Kennummer oder zu einem oder mehreren spezifischen Elementen, die Ausdruck ihrer physischen, physiologischen, psychisen, wirtschaftlichen, kulturellen oder sozialen Identität sind.[51] Wenn der Arbeitnehmer bestimmt oder bestimmbar ist, sind die Angaben über seine Person als personenbezogene Daten im Sinne der Richtlinie anzusehen.

Der Begriff der personenbezogenen Daten umfasst zahlreiche Daten, die nicht abschließend bestimmt werden können, weil die Reichweite des Begriffes an sich allgemein gehalten ist. Das hat aber auch Vorteile, weil die durch die technische Entwicklung neu entstandenen Angaben z.B. biometrische Daten von der RL 95/46/EG erfasst werden.[52]

Begriff der Verarbeitung personenbezogener Daten nach Art. 2 lit. b RL 95/46/EG

Nach Art. 2 lit. b RL 95/46/EG ist die Verarbeitung personenbezogener Daten jeden mit oder ohne Hilfe automatisierter Verfahren ausgeführten Vorgang oder jede Vorgangsreihe im Zusammenhang mit personenbezogenen Daten wie das Erheben, das Speicher, die Organisation, die Aufbewahrung, die Anpassung oder Veränderung, das Auslesen, das Abfragen, die Benutzung, die Weitergabe durch Übermittlung, Verbreitung oder jede andere Form der Bereitstellung, die Kombination oder die Verknüpfung sowie das Sperren, Löschen oder Vernichten.

Die Definition der Verarbeitung ist „außerordentlich umfassend.[53] Sie bezieht sich auf fast alle Verarbeitungsschritte der Arbeitnehmerdaten, die die Anwendung der RL 95/46/EG im weitesten Umfang ermöglichen.

---

51 Art. 2 lit. a RL 95/46/EG.

52 Nach Art. 2 lit. a RL 95/46/EG sind Messungen biometrischer Kennzeichen oder ihre digitalisierte Darstellung in Form eines Template in den meisten Fällen personenbezogene Daten. *Artikel 29 Datenschutzgruppe*, Arbeitspapier über Biometrie, 6.

53 *Damman/Simitis*, EG-Datenschutzrichtlinie, S. 110.

Begriff des Verantwortlichen für die Verarbeitung nach Art. 2 lit. d RL 95/46/EG

Als Verantwortliche für die Verarbeitung gilt die natürliche oder juristische Person, Behörde, Einrichtung oder jede andere Stelle, die allein oder gemeinsam mit anderen über die Zwecke und Mittel der Verarbeitung von personenbezogenen Daten entscheidet.[54]

Dieser Begriff ist von großer Bedeutung, weil die Adressaten dieser Vorschrift die meisten datenschutzrechtlichen Verpflichtungen treffen.[55] Der Arbeitgeber fällt auch in meisten Fällen unter diese Definition, weil die Entscheidung über die Zwecke und Mittel der Verarbeitung dem Arbeitgeber nicht entzogen werden kann.

Die Zulässigkeit der Verarbeitung personenbezogener Daten nach der RL 95/46/EG

Zulässigkeit der Datenverarbeitung nach Art. 7 RL 95/46/EG

Art. 7 RL 95/46/EG enthält einen abschließenden Katalog der Fälle, in denen die Mitgliedstaaten die Verarbeitung personenbezogener Daten zulassen dürfen, verlangt jedoch nicht, den vorgegebenen Rahmen voll auszunutzen.[56] Die Zulassungstatbestände sind voneinander unabhängig und in ihrer rechtlichen Funktion gleichwertig.[57]

Art. 7 RL 95/46/EG sieht vor, dass die Verarbeitung personenbezogener Daten lediglich erfolgen darf, wenn eine der folgenden Voraussetzungen erfüllt ist: a) die betroffene Person hat ohne jeden Zweifel ihre Einwilligung gegeben; b) die Verarbeitung ist erforderlich für die Erfüllung des Vertrags, dessen Vertragspartei die betroffene Person ist, oder für die Durchführung vorvertraglicher Maßnahmen, die auf Antrag der betroffenen Person erfolgen; c) die Verarbeitung ist für die Erfüllung einer rechtlichen Verpflichtung erforderlich, der der für die Verarbeitung Verantwortliche unterliegt; d) die Verarbeitung ist erforderlich für die Wahrung lebenswichtiger Interessen der betroffenen Person; e) die Verarbeitung ist erforderlich für die Wahrnehmung einer Aufgabe, die im öffentlichen Interesse liegt oder in Ausübung öffentlicher Gewalt erfolgt und dem für die Verabeitung Verantwortlichen oder dem Dritten, dem die Daten übermittelt werden, übertragen wurde; f) die Verarbeitung ist erforderlich zur Verwirklichung des berechtigten Interesses, das von dem für die Verarbeitung Verantwortlichen oder von dem bzw. den Dritten wahrgenommen wird, denen die Daten übermittelt werden, sofern nicht das Interesse oder die Gundrechte

---

54 Art. 2 lit. d RL 95/46/EG.

55 *Damman/Simitis*, EG-Datenschutzrichtlinie, S. 112.

56 *Damman/Simitis*, EG-Datenschutzrichtlinie, S. 147.

57 *Damman/Simitis*, EG-Datenschutzrichtlinie, S. 147.

und Grundfreiheiten der betroffenen Person, die nach Artikel 1 Absatz 1 geschützt sind, überwiegen.[58]

Einwilligung der betroffenen Person

Die Mitgliedstaaten dürfen eine Verarbeitung zulassen, wenn die betroffene Person ohne jeden Zweifel ihre Einwilligung gegeben hat.[59] Nach Art. 2 lit. h RL 95/46/EG ist die Einwilligung der betroffenen Person jede Willensbekundung, die ohne Zwang, für den konkreten Fall und in Kenntnis der Sachlage erfolgt und mit der die betroffene Person akzeptiert, dass personenbezogene Daten, die sie betreffen, verarbeitet werden. Voraussetzung für die wirksame Einwilligungserklärung ist, dass die Erklärung dem Betroffenen zugeordnet werden kann und die Einwilligung sich konkret auf den festgelegten und eindeutigen Zweck der Datenverarbeitung bezieht.[60]

Im Hinblick auf die ungleichen Rechtspositionen der Parteien bewerten manche Autoren die Funktion der Einwilligung sehr kritisch.[61] Die Datenschutzgruppe ist der Auffassung, dass „es in den Fällen, in denen ein Arbeitgeber zwangsläufig aufgrund des Beschäftigungsverhältnisses personenbezogene Daten verarbeiten muss, irreführend ist, wenn er versucht, diese Verarbeitung auf die Einwilligung der betroffenen Person zu stützen. Die Einwilligung der betroffenen Person sollte nur in den Fällen in Anspruch genommen werden, in denen der Beschäftigte eine echte Wahl hat und seine Einwilligung zu einem späteren Zeitpunkt widerrufen kann, ohne dass ihm daraus Nachteile erwachsen."[62]

Art. 7 lit. a RL 95/46/EG verlangt eine eindeutige Willensbekundung, geht jedoch nicht unbedingt so weit wie die für sensitive Daten geltende Regelung des Art. 8 Abs. 2 lit. a RL 95/46/EG, die einzig und allein eine ausdrückliche Einwilligung anerkennt. Die Mitgliedstaaten sind daher nicht gehindert, bei alltäglichen Vorgängen auch eine schlüssige Willensäußerung als Grundlage für eien Verarbeitung anzuerkennen.[63]

---

58 Art. 7 lit. e RL 95/46/EG spielt im Arbeitsrecht fast keine Rolle.

59 Art. 7 lit. a RL 95/46/EG.

60 *Ehmann/Helfrich*, EG Datenschutzrichtlinie, S. 120.

61 *Griese*, Zur Notwendigkeit und Effektivität eines verbesserten datenrechtlichen Persönlichkeitsschutzes im Arbeitsrecht, S. 116 f.; *Brosette*, Der Wert der Wahrheit im Schatten des Rechts auf informationelle Selbstbestimmung, S. 244 ff.; *Arany Tóth*, MSZ 11/2004, 15-19; *Jóri*, Adatvédelmi kézikönyv, S. 137 ff.; *Austin*, University of Toronto Legal Studies Series Research Paper No. 11, 15 ff.; *Bull*, NJW, 1622; *Buchner*, Informationelle Selbstbestimmung im Privatrecht, S. 64; *Hegedűs*, in: Opuscula Szegediensia, S. 40.

62 Stellungnahme der Datenschutzgruppe 8/2001, 28.

63 *Damman/Simitis*, EG-Datenschutzrichtlinie, S. 148.

Erfüllung vertraglicher Verpflichtungen und vorvertraglicher Maßnahmen

Art. 7 lit. b RL 95/46/EG kommt auch im Arbeitsverhältnis in Frage. Der Arbeitgeber hat während der Erfüllung des Arbeitsvertrags die personenbezogenen Daten des Arbeitnehmers aus verschiedenen Gründen zu verarbeiten. Die Verarbeitung personenbezogener Daten ist zulässig, wenn die Erfüllung der arbeitsrechtlichen Pflichten die Verarbeitung der Daten zum Zweck des Arbeitsvertrags erforderlich macht.

Neben Verträgen erkennt Art. 7 lit. b RL 95/46/EG auch vorvertragliche Rechtsverhältnisse als Grundlage für die Verarbeitung personenbezogener Daten an, deshalb gilt dies auch im Anbahnungsverhältnis.[64]

Erfüllung einer rechtlichen Verpflichtung des für die Verarbeitung Verantwortlichen

Nach Art. 7 lit. c RL 95/46/EG sind sowohl die einzelstaatlichen als auch die gemeinschaftsrechtlichen Vorschriften von Relevanz.[65] Die Arbeitgeber sind in Ungarn oft kraft Gesetzes verpflichtet, personenbezogene Daten der Arbeitnehmer zu verarbeiten. Der Arbeitgeber hat z.B. die mit der Arbeitszeit, dem Bereitschaftsdienst bzw. der Rufbereitschaft, mit der Ausgabe des Urlaubs, mit sonstigen Arbeitszeitvergünstigungen der Arbeitnehmer verbundenen Daten zu registrieren.[66] Nach den sozialrechtlichen und steuerrechtlichen Vorschriften ist der Arbeitgeber weiterhin verpflichtet, personenbezogene Daten der Arbeitnehmer an die zuständigen Behörden zu übermitteln.

Wahrung lebenswichtiger Interessen des Betroffenen und Wahrnehmung einer Aufgabe im öffentlichen Interesse

Art. 7 lit. d RL 95/46/EG ist in Bezug auf den Arbeitsschutz von Bedeutung. Die Verarbeitung personenbezogener Daten über einen Arbeitsunfall wird z. B. in Ungarn detailliert gesetzlich geregelt.[67]

Wahrnehmung eines berechtigten Interesses

Den Mitgliedstaaten kommt im Zusammenhang mit der Konkretisierung der Abwägung berechtigter Interessen eine besondere Gestaltungsaufgabe zu.[68] Sie sind befugt, „unter Abwägung der Grundrechte Ausnahmen und Einschränkungen festzulegen, die bei den allgemeinen Maßnahmen zur Rechtmäßigkeit der Verarbeitung von Daten (...) erforderlich sind, ohne dass jedoch Ausnahmen bei

---

64 *Ehmann/Helfrich*, EG Datenschutzrichtlinie, S. 122.

65 *Ehmann/Helfrich*, EG Datenschutzrichtlinie, S. 123.

66 § 140/A Abs. 1 ungArbGB.

67 § 64 Gesetz Nr. XCIII/1993 über den Arbeitsschutz.

68 *Ehmann/Helfrich*, EG Datenschutzrichtlinie, S. 126.

den Maßnahmen zur Gewährleistung der Sicherheit der Verarbeitung vorzusehen sind".[69]

Meines Erachtens sind die Voraussetzungen in Art. 7 lit. f RL 95/46/EG zu weit gefasst, deshalb istes schwierig, aufgrund dieser Bedingung die Rechtmäßigkeit der Verarbeitung personenbezogener Daten zu beurteilen.

Zulässigkeit der Datenverarbeitung nach Art. 8 RL 95/46/EG und nach dem ungDSG

Schutz der besonders schützenswerten Daten

Art. 8 Abs. 1 RL 95/46/EG verlangt ein erhöhtes Schutzniveau für besondere Kategorien personenbezogener Daten und sieht vor, dass die Mitgliedstaaten die Verarbeitung personenbezogener Daten, aus denen die rassische und ethnische Herkunft, politische Meinungen, religiöse oder philosophische Überzeugungen oder die Gewerkschaftszugehörigkeit hervorgehen, sowie von Daten über Gesundheit oder Sexualleben, untersagen.

Die RL 95/46/EG sieht spezielle Vorschriften über die Verarbeitung besonderer Kategorien personenbezogener Daten vor.[70] Die Konzeption der „sensitiven Daten" ist aber umstritten.[71] Die Erhebung der besonders schützenswerten Daten ist mit Rücksicht auf die besondere Schutzbedürftigkeit des Betroffenen nach erhöhten Maßstäben zu beurteilen.[72] Es ist problematisch, wie die Rechtmäßigkeit der Erhebung dieser Daten im Einzelfall in Bezug auf die speziellen Garantien des Schutzes der sensitiven Daten ermittelt werden kann.[73]

Die Kategorisierung der besonders schützenswerten Daten ist fraglich, weil auch andere Daten für den Betroffenen gleichermaßen von grundlegender Relevanz sein können.

Zulässigkeit der Verarbeitung besonders schützenswerter Daten

Nach Art. 8 Abs. 2 RL 95/46/EG findet Art. 8 Abs. 1 in folgenden Fällen keine Anwendung: a) die betroffene Person hat ausdrücklich in die Verarbeitung der

---

69 Erwägungsgrund 30 RL 95/46/EG.

70 Art. 8 RL 95/46/EG.

71 *Simitis*, FS Pedrazzini, S. 469 ff.; *Geis*, CR 1995, 173 f.

72 54/2000. (XII. 18.) Entscheidung des ungarischen Verfassungsgerichts, ABH 2000, 516 ff.; 56/2000. (XII. 19.) Entscheidung des ungarischen Verfassungsgerichts, ABH 2000, 527 ff.; 30/1997. (IV. 29.) Entscheidung des ungarischen Verfassungsgerichts, ABH 1997, 122 ff.; 12/1996. (III. 22.) Entscheidung des ungarischen Verfassungsgerichts, ABH 1996, 241 ff.; 21/1993. (IV. 2.) Entscheidung des ungarischen Verfassungsgerichts, ABH 1993, 172 ff.; 20/1990. (X. 4.) Entscheidung des ungarischen Verfassungsgerichts, ABH 1990, 69 ff.

73 *Bossi*, European Journal of Health Law 2002, 202; *Griese*, Zur Notwendigkeit und Effektivität eines verbesserten datenrechtlichen Persönlichkeitsschutzes im Arbeitsrecht, S. 35; *Simitis*, FS Pedrazzini, S. 469 ff.

gennanten Daten eingewilligt, es sei denn, nach den Rechtsvorschriften des Mitgliedstaats kann das Verbot nach Abs. 1 durch die Einwilligung der betroffenen Person nicht aufgehoben werden; oder b) die Verarbeitung ist erforderlich, um den Rechten und Pflichten des für die Verarbeitung Verantwortlichen auf dem Gebiet des Arbeitsrechts Rechnung zu tragen, sofern dies aufgrund von einzelstaatlichem Recht, das angemessene Garantien vorsieht, zulässig ist; oder c) die Verarbeitung ist zum Schutz lebenswichtiger Interessen der betroffenen Person oder eines Dritten erforderlich, sofern die Person aus physischen oder rechtlichen Gründen außerstande ist, ihre Einwilligung zu geben; oder d) die Verarbeitung erfolgt auf der Grundlage angemessener Garantien durch eine politisch, philosophisch, religiös oder gewerkschaftlich ausgerichtete Stiftung, Vereinigung oder sonstige Organisation, die keinen Erwerbszweck verfolgt, im Rahmen ihrer rechtmäßigen Tätigkeiten und unter der Vorasussetzung, dass sich die Verarbeitung nur auf die Mitglieder der Organisation oder auf Personen, die im Zusammenhang mit deren Tätigkeitszweck regelmäßige Kontakte mit ihr unterhalten, bezieht und die Daten nicht ohne Einwilligung der betroffenen Personen an Dritte weitergegeben werden; oder e) die Verarbeitung bezieht sich auf Daten, die die betroffene Person offenkundig öffentlich gemacht hat, oder zur Geltendmachung, Ausübung oder Verteidigung rechtlicher Ansprüche vor Gericht erforderlich ist.

Nach Art. 8 Abs. 2 RL 95/46/EG findet Abs. 1 in den geregelten Fällen keine Anwendung, deshalb müssen die Mitgliedstaaten insoweit entweder ein Verarbeitungsverbot nicht vorsehen oder können sie als Ausnahme von demselben eine Verarbeitungsbefugnis begründen.[74] Für die Verarbeitung der Arbeitnehmerdaten sind insbesondere die in Art. 8 Abs. 2 lit. a, b und e RL 95/46/EG geregelten Bedingungen von Bedeutung.

Ausdrückliche Einwilligung der betroffenen Person

Art. 8 Abs. 2 lit. a RL 95/46/EG nennt als Ausnahme den Fall der ausdrücklichen Einwilligung des Betroffenen und verweist auf die Vorschriften eines Mitgliedstaates, nach denen ein Verarbeitungsverbot durch eine Einwilligung der betroffenen Person nicht wirksam aufgehoben werden kann. Nach diesem Artikel zu erklärende Einwilligung muss den Kriterien des Artikels 7 lit. a RL 95/46/EG genügen.

Im ungarischen Recht kommt dieser Vorschrift ein hoher Stellenwert zu, weil die Einwilligung die wichtigste Grundlage für die Verarbeitung der besonders schützenswerten Daten der Arbeitnehmer ist.

---

74 *Damman/Simitis*, EG-Datenschutzrichtlinie, S. 163.

Erfüllung arbeitsrechtlicher Pflichten und Ausübung der Rechte

Ein Verbot der Verarbeitung sensitiver Daten wird nach Art 8 Abs. 2 lit. b RL 95/46/EG nicht gefordert, soweit die Verarbeitung erforderlich ist, um den Rechten und Pflichten des Verantwortlichen der Verarbeitung auf dem Gebiet des Arbeitsrechts Rechnung zu tragen. Diese Vorschrift enthält die wichtigste Bedingung, die im Arbeitnehmerdatenschutz unter den Voraussetzungen der Verarbeitung personenbezogener Daten nach der RL 95/46/EG als Ausgangspunkt berücksichtigt werden kann. Die RL 95/46/EG trägt damit dem Umstand Rechnung, dass Arbeitgeber über ihre Beschäftigten nicht nur in besonderen Ausnahmefällen, sondern regelmäßig sensitive Daten verarbeiten, wobei sich die Rechte oder Pflichten aus dem Arbeitsvertrag, aus tariflichen oder betrieblichen Vereinbarungen oder aus einzelstaatlichen und gemeinschaftlichen Rechtsvorschriften ergeben können.[75]

Es ist umstritten, welche Daten für die Ausübung der Rechte und für die Erfüllung der Pflichten erforderlich sind. Die personenbezogenen Daten der Arbeitnehmer werden Tag für Tag verarbeitet, um das Arbeitverhältnis abwickeln zu können. Meiner Meinung nach ist es im Einzelfall zu prüfen, ob die Verarbeitung der Daten notwendig ist und sie mit der Erfüllung der Pflichten und mit der Ausübung der Rechte in sachlicher Zusammenhang steht.

Art. 8 Abs. 2 lit. b RL 95/46/EG schreibt vor, dass das einzelstaatliche Recht angemessene Garantien enthalten muss, die Rechtmäßigkeit der Verarbeitung zu gewährleisten. Dadurch wird den Mitgliedstaaten ein weiter Ermessensspielraum gelassen, dessen Inhalt nicht eindeutig ist. Das dürfte aber nicht zur Lockerung des Schutzniveaus in den Mitgliedstaaten führen.

In dem Ersten Bericht über die Durchführung der RL 95/46/EG hat die Kommission festgestellt, dass Art. 8 Abs. 2 lit. b RL 95/46EG häufig nur unvollständig umgesetzt ist.[76] „Diese Bestimmung erlaubt den Mitgliedstaaten Ausnahmen von der allgemeinen Regel, die die Verarbeitung sensibler Daten verbietet, und zwar dann, wenn die Verarbeitung notwendig ist, damit der für die Verarbeitung Verantwortliche seinen Verpflichtungen auf dem Gebiet des Arbeitsrechts nachkommen kann, wobei jedoch ausreichende Garantien vorgesehen werden müssen. In einigen Mitgliedstaaten wird dieses Erfordernis durch besondere Vorschriften über den Datenschutz am Arbeitsplatz erfüllt, die entweder sehr umfassend (z. B. in Finnland) oder auf bestimmte Bereiche ausgerichtet sind (z. B. Gesundheitsgesetzgebung in Dänemark und den Niederlanden). In anderen Mitgliedstaaten ist die Situation nicht so eindeutig. Nicht alle Mitgliedstaaten haben bisher Bestimmungen über die erforderlichen Garantien verabschiedet. Dort, wo sie existieren, sind sie häufig unbefriedigend. (...) Wenn

75 *Damman/Simitis*, EG-Datenschutzrichtlinie, S. 164.
76 Erster Bericht, 12 f.

die Garantien fehlen, bedeutet das, dass das erforderliche Datenschutzniveau nicht erreicht wird, was die Mitgliedstaaten ebenso bedenklich stimmen sollte wie die Kommission. (...) Ferner könnte die Problematik dort, wo personenbezogene Daten in einem bestimmten Sektor oder Zusammenhang, z. B. im Rahmen eines Beschäftigungsverhältnisses, verarbeitet werden, durch sektorbezogene Gemeinschaftsaktionen angegangen werden."

Die vernünftige und flexible Auslegung der sensiblen Daten spielt auch eine wichtige Rolle bei der Beurteilung der Rechtmäßigkeit der Verarbeitung dieser Daten. Die Kommission betont, dass „es eine Auslegung gefunden werden muss, die sowohl mit dem verstärkten Schutz in Einklang steht, den die Richtlinie für diese Datenkategorien vorsieht, als auch mit der Wirklichkeit des Geschäftsalltags, mit Routineverarbeitungen und mit der tatsächlichen Bedrohung, die von bestimmten Verarbeitungen für Grundrechte und Grundfreiheiten des Einzelnen ausgeht".[77]

Verarbeitung zum Zwecke der Geltendmachung rechtlicher Ansprüche

Die weitere Ausnahme unter Art. 8 Abs. 2 lit. e RL 95/46/EG betrifft die Verarbeitung personenbezogener Daten, die die betroffene Person offenkundig öffentlich gemacht hat und die Daten, die zur Geltendmachung, Ausübung oder Verteidigung rechtlicher Ansprüche vor Gericht erforderlich sind. Diese Vorschrift zielt darauf ab, die Geltendmachung eines rechtlichen Anspruchs ohne die Verletzung der Rechte des Betroffenen durch die Bekanntgabe sensitiver Daten zu ermöglichen. Art. 8 Abs. 2 lit. e RL 95/46/EG spielt vor allem während und nach der Beendigung des Arbeitsverhältnisses eine große Rolle.

Zulässigkeit der Datenverarbeitung nach Art. 6 RL 95/46/EG

Art. 6 RL 95/46/EG erfasst die Grundsätze in Bezug auf die Qualität der Daten, für die der Verantwortliche zu sorgen hat.[78] Diese Grundsätze werden in der Richtlinie zwar gesondert geregelt, ergänzen sie aber den Anforderungen der Art. 7 und 8 RL 95/46/EG zwingend.

Art. 6 Abs. 1 RL 95/46/EG sieht vor, dass personenbezogene Daten a) nach Treu und Glauben und auf rechtmäßige Weise verarbeitet werden können; b) für festgelegte eindeutige und rechtmäßige Zwecke erhoben und nicht in einer mit diesen Zweckbestimmungen nicht vereinbarenden Weise weiterverarbeitet werden; c) den Zwecken entsprechen, für die sie erhoben und/oder weiterverarbeitet werden, dafür erheblich sind und nicht darüber hinausgehen; d) sachlich richtig und, wenn nötig, auf den neusten Stand gebracht sind; es sind alle angemessenen Maßnahmen zu treffen, damit im Hinblick auf die Zwecke, für die sie erhoben oder weiterverarbeitet werden, nichtzutreffende oder unvollständige Daten ge-

77 Erster Bericht, 13 f.
78 Art. 6 Abs. 2 RL 95/46/EG.

löscht oder berichtigt werden; e) nicht länger, als es für die Realisierung der Zwecke, für die sie erhoben oder weiterverarbeitet werden, erforderlich ist, in einer Form aufbewahrt werden, die die Identifizierung der betroffenen Personen ermöglicht.

Verarbeitung auf rechtmäßige Weise

Mit Art. 6 Abs. 1 lit. a RL 95/46/EG fordert die Richtlinie von den Mitgliedstaaten die Durchsetzung vorhandener Vorschriften, und soweit erforderlich, die Schaffung von neuem Recht, an dem die Verarbeitung gemessen werden kann.[79] Nach der Stellungnahme der Datenschutzgruppe soll die Verarbeitung personenbezogener Daten rechtmäßig sein, dass weder das Datenschutzrecht noch andere Rechsvorschriften verletzt werden dürfen.[80] Dabei kann es sich um allgemeine gesetzliche Verpflichtungen handeln, die für Beschäftigungsverhältnisse gelten.

Verarbeitung nach Treu und Glauben

Art. 6 Abs. 1 lit. a RL 95/46/EG verlangt ein rechtmäßiges Verhalten hinsichtlich der Erfüllung der datenschutzrechtlichen Pflichten und der Ausübung der Rechte.[81] Es ist als Auffangklausel anzusehen, um eine Datenverarbeitung auch bei Fehlen einer einschlägigen Regelung als rechtswidrig qualifizieren zu können.[82]

Nach der Stellungnahme der Datenschutzgruppe darf die Verarbeitung der Daten der betroffenen Person gegenüber nicht unredlich sein.[83] „Dieses Erfordernis kann sehr weit reichende Wirkung haben, so muss z.B. die Überwachung von Arbeitnehmern, auch wenn sie den Anforderungen der Richtlinie in allen anderen Punkten bereits entspricht, so erfolgen, dass sie den betroffenen Arbeitnehmer gegenüber „fair" ist. Das ist de facto ein zusätzliches Verhältnismäßigkeitserfordernis."[84]

Grundsatz der Zweckbindung

Der Grundsatz der Zweckbindung ist nach Art. 6 lit. b RL 95/46/EG von erheblicher Bedeutung, weil die Verarbeitung insbesondere die Erhebung, die Auswertung und die Nutzung personenbezogener Daten im Lichte der Zweckbindung in allen Fällen zu überprüfen sind. Die für Gehaltszwecke erhobene Privatanschrift von Beschäftigten darf z.B. nicht ohne ausdrückliche Einwilligung für Zwecke des Direktmarketing weiterverarbeitet werden.[85]

---

79 *Damman/Simitis*, EG-Datenschutzrichtlinie, S. 139.

80 *Artikel-29-Datenschutzgruppe*, Stellungnahme 8/2001, 21.

81 *Damman/Simitis*, EG-Datenschutzrichtlinie, S. 139.

82 *Damman/Simitis*, EG-Datenschutzrichtlinie, S. 139.

83 *Artikel-29-Datenschutzgruppe*, Stellungnahme 8/2001, 21.

84 *Artikel-29-Datenschutzgruppe*, Stellungnahme 8/2001, 21.

85 *Artikel 29 Datenschutzgruppe*, Stellungnahme 8/2001, 23.

Grundsatz der Erforderlichkeit

Art. 6 Abs. 1 lit. c RL 95/46EG schreibt vor, dass der Datenumfang nicht unbegrenzt sein darf. Die Daten müssen zunächst den Zwecken entsprechen, für die sie erhoben oder weiterverarbeitet werden und die Daten müssen für diese Zwecke erheblich sein. Die Daten dürfen darüber hinaus nach dem Verbot des Erhebungsexzesses nicht über die Zwecke hinausgehen.[86]

Nach der Auffassung der Datenschutzgruppe ist das Prinzip der Verhältnismäßigkeit eine Präzisierung des in Art. 6 Abs. 1 lit. c RL 95/46/EG niedergelegten Erforderlichkeitsgrundsatzes.[87] Sie behandelt die Anforderungen nach Art. 6 Abs. 1 lit. c RL 95/46/EG umfassend als Verhältnismäßigkeitserfordernis. „Die wichtigste Vorgabe, die sich daraus ableitet, ist indessen die, dass Arbeitgeber bei der Verarbeitung personenbezogener Daten stets so vorgehen müssen, dass das Eindringen in die Privatsphäre auf ein Mindestmaß beschränkt wird. Bei der Ermittlung dieser Vorgehensweise, sollten mehrere Faktoren geprüft werden: die Risiken, denen begegnet werden soll, der Umfang der betroffenen Daten, der Zweck der Verarbeitung usw.".[88]

Richtigkeit und Aktualität der Daten

Die Mitgliedstaaten haben im Rahmen der Umsetzung der RL 95/46/EG hinreichende Vorschriften zu erlassen, die sicherstellen, dass die Daten dem Grundsatz der Richtigkeit nach Art. 6 lit. d RL 95/46/EG entsprechen.[89] Zum Sicherheit des Rechtsverkehrs ist es unentbehrlich, die relevanten Daten im Rechtsverhältnis richtig bzw. wahrheitgemäß anzugeben.

Aufbewahrungsdauer

Die personenbezogenen Daten dürfen nich für unbegrenzte Dauer nach Art. 6 lit. e RL 95/46/EG aufbewahrt werden. Die Bestimmung der Zwecke hat deshalb auch daraufhin zu erfolgen, ab welchem Zeitpunkt eine weitere Aufbewahrung der erhobenen und verarbeiteten Daten nicht mehr erforderlich ist.[90]

Ausübung der Rechte des Betroffenen nach der RL 95/46/EG

Die wichtigsten Garantien in der RL 95/46/EG

Die Rechtmäßigkeit der Verarbeitung personenbezogener Daten des Arbeitnehmers kann gewährleistet werden, wenn der Betroffene die mit der Datenverar-

86 *Ehmann, Helfrich*, EG Datenschutzrichtlinie, S. 115.
87 *Artikel-29-Datenschutzgruppe*, Stellungnahme 8/2001, 24 f.
88 *Artikel-29-Datenschutzgruppe*, Stellungnahme 8/2001, 25.
89 *Ehmann/Helfrich*, EG Datenschutzrichtlinie, S. 116.
90 *Ehmann/Helfrich*, EG Datenschutzrichtlinie, S. 116.

beitung zusammenhängenden Rechte geltend machen kann. Die Garantien der Ausübung der Rechte des Betroffenen werden in den Artikel 10, 11, 12 und 14 RL 95/46/EG verankert, die auch die Umsetzung der Richtlinie ins ungarische Recht erheblich beeinflussten.

Information der betroffenen Person nach Art. 10 RL 95/46/EG

Nach Art. 10 RL 95/46/EG sehen die Mitgliedstaaten vor, dass die Person, bei der die sie betreffenden Daten erhoben werden, vom für die Verarbeitung Verantwortlichen oder seinem Vertreter zumindest die nachstehenden Informationen erhält, sofern diese ihr noch nicht vorliegen: a) Identität des für die Verarbeitung Verantwortlichen und gegebenenfalls seines Vertreters, b) Zweckbestimmungen der Verarbeitung, für die die Daten bestimmt sind, c) weitere Informationen, beispielsweise betreffend die Empfänger oder Kategorien der Empfänger der Daten; die Frage, ob die Beantwortung der Fragen obligatorisch oder freiwillig ist, sowie mögliche Folgen einer unterlassenen Beantwortung; das Bestehen von Auskunfts- und Berichtigungsrechten bezüglich sie betreffender Daten, sofern sie unter Berücksichtigung der spezifischen Umstände, unter denen die Daten erhoben werden, notwendig sind, um gegenüber der betroffenen Person eine Verarbeitung nach Treu und Glauben zu gewährleisten.

Information und Verarbeitung nach Treu und Glauben

Art. 10 RL 95/46/EG regelt die Information des Betroffenen im Rahmen des Grundsatzes von Treu und Glauben. Im Erwägungsgrund heißt es, dass die Datenverarbeitung nach Treu und Glauben voraussetzt, dass die betroffenen Personen in der Lage sind, das Vorhandensein einer Verarbeitung zu erfahren und ordnungsgemäß und umfassend über die Bedingungen der Erhebung informiert zu werden, wenn Daten bei ihnen erhoben werden.[91]

Art. 10 RL 95/46/EG lässt daher den Mitgliedstaaten keinen Umsetzungsspielraum hinsichtlich der zwingend dem Betroffenen mitzuteilenden Informationen.[92]

Information nach Art. 10 und 11 RL 95/46/EG

Die RL 95/46/EG unterscheidet zwie Fallgruppen. Art. 10 erfasst die Erhebung personenbezogener Daten bei dem Betroffenen. Art. 11 erstreckt sich auf die Fälle, in denen die personenbezogenen Daten nicht bei der betroffenen Person erhoben werden. Die Vorschriften unterscheiden sich hinsichtlich des Mitteilungszeitpunktes und der Privilegierung im Fall des Art. 11 Abs. 2 RL 95/46/EG. Außerdem schreibt Art. 11 lit. c RL 95/46/EG vor, dass die Informationen auch die Datenkategorien umfassen, die verarbeitet werden. Die Infor-

91 Erwägungsgrund 38 RL 95/46/EG.
92 Ehmann/Helfrich, EG Datenschutzrichtlinie, S. 156.

mation über die Frage, ob die Beantwortung der Fragen obligatorisch oder freiwillig ist, und über mögliche Folgen einer unterlassenen Beantwortung, müssen darüber hinaus nicht erteilt werden.[93]

Die Transparenz der Verarbeitung der Arbeitnehmerdaten sollte jederzeit gewährleistet sein und als absolutes Minimum muss Beschäftigten mitgeteilt werden, welche Daten der Arbeitgeber über sie erhebt und für welche Zwecke diese Daten verarbeitet werden.[94]

Information über Verantwortlichen

Die Identität des Verantwortlichen für die Verarbeitung und gegebenenfalls seines Vertreters muss so präzise sein, dass die betroffene Person ihre Rechte ohne Probleme ausüben kann.[95]

Information über Zweckbestimmungen der Verarbeitung

Art. 10 lit. b RL 95/46/EG sieht im Rahmen der Mindestinformation die Mitteilung über den Verarbeitungszweck vor. Es müssen alle Zweckbestimmungen mitgeteilt werden, für die die Daten bestimmt sind.[96] Diese Information gibt der betroffenen Person die Gelegenheit, aus eigener Sicht zu überprüfen, ob die Daten den angegebenen Zwecken entsprechen und rechtmäßig erhoben werden.

Weitere Informationen

Art. 10 lit. c. RL 95/46/EG sieht „fakultative Informationsverpflichtungen" vor.[97] Die Verpflichtung zur Information liegt aber vor, wenn die Information erforderlich ist, um unter Berücksichtigung der spezifischen Umstände der Datenerhebung sicherzustellen, dass die Verarbeitung gegenüber dem Betroffenen nach Treu und Glauben erfolgt. Auch über das Bestehen von Auskunfts- und Berichtigungsrechten bezüglich sie betreffender Daten ist die betroffene Person nur zu informieren, wenn dies zur Gewährleistung einer Verarbeitung nach Treu und Glauben notwendig ist.

Art. 10 RL 95/46/EG überlässt den Mitgliedstaaten die Wahl zwischen einer Übernahme der allgemeinen Formulierung der Richtlinie und einer Umsetzung in gesetzlich definierte Fallgruppen.[98]

---

93 Im Folgenden werden ausschließlich die Vorschriften des Art. 10 RL 95/46/EG erörtert.

94 *Artikel 29 Datenschutzgruppe*, Stellungnahme 8/2001, 23.

95 *Damman/Simitis*, EG-Datenschutzrichtlinie, S. 182.

96 *Damman/Simitis*, EG-Datenschutzrichtlinie, S. 182.

97 *Ehmann, Helfrich*, EG Datenschutzrichtlinie, S. 157, *Damman/Simitis*, EG-Datenschutzrichtlinie, S. 183.

98 *Damman/Simitis*, EG-Datenschutzrichtlinie, S. 183.

Auskunfstrecht und Recht auf Berichtigung, Löschung und Sperrung

Der Wortlaut des Art. 12 RL 95/46/EG ist darauf ausgerichtet, dem Betroffenen die Voraussetzungen für den effektiven Rechtsschutz zu verschaffen. Art. 12 verpflichtet die Mitgliedstaaten, der betroffenen Person das Auskunftsrecht und die Rechte auf Berichtigung, Löschung und Sperrung einzuräumen.

Nach Art. 12 RL 95/46/EG garantieren die Mitgliedstaaten jeder betroffenen Person das Recht, vom für die Verarbeitung Verantwortlichen folgendes zu erhalten: a) frei und ungehindert in angemessenen Abständen ohne unzumutbare Verzögerung oder übermäßige Kosten – die Bestätigung, dass es Verarbeitungen sie betreffender Daten gibt oder nicht gibt, sowie zumindest Informationen über die Zweckbestimmungen dieser Verarbeitungen, die Kategorien der Daten, die Gegenstand der Verarbeitung sind, und die Empfänger oder Kategorien der Empfänger, an die die Daten übermittelt werden; - eine Mitteilung in verständlicher Form über die Daten, die Gegenstand der Verarbeitung sind, sowie die verfügbaren Informationen über die Herkunft der Daten; - Auskunft über den logischen Aufbau der automatisierten Verarbeitung der sie betrefffenden Daten, zumindest im Fall automatisierter Entscheidungen im Sinne von Artikel 15 Absatz 1; b) je nach Fall die Berichtigung, Löschung oder Sperrung von Daten, deren Verarbeitung nicht den Bestimmungen dieser Richtlinie entspricht, insbesondere wenn diese Daten unvollständig oder unrichtig sind; c) die Gewähr, dass jede Berichtigung, Löschung oder Sperrung, die entsprechend Buchstabe b) durchgeführt wurde, den Dritten, denen die Daten übermittelt wurden, mitgeteilt wird, sofern sich dies nicht als unmöglich erweist oder kein unverhältnismäßiger Aufwand damit verbunden ist.

Auskunf über die Art der Verarbeitung, Zweckbestimmung und Datenkategorien

Die betroffene Person hat den Anspruch, Informationen über die Zweckbestimmung der Verarbeitung und über die Datenkategorien zu erhalten. Werden Daten an Dritte übermittelt, sind die Empfänger mit den jeweils an sie übermittelten Daten zu nennen.[99]

Auskunft über Inhalt und Herkunft der Daten

Die Auskunft hat in verständlicher Form zu erfolgen. Ferner müssen die Herkunftsangaben der betroffenen Person auch übermittelt werden. Jede Person muss ein Auskunftsrecht hinsichtlich der sie betreffenden Daten, die Gegenstand einer Verarbeitung sind, haben, damit sie sich insbesondere von der Richtigkeit dieser Daten und der Zulässigkeit ihrer Verarbeitung überzeugen kann.[100]

---

99 *Ehmann/Helfrich*, EG Datenschutzrichtlinie, S. 181.
100 Erwägungsgrund 41 RL 95/46/EG.

Auskunft über logischen Aufbau der Datenverarbeitung

Art. 12 lit. a RL 95/46/EG obliegt dem Verantwortlichen für die Verarbeitung die Verpflichtung, in abstrakter Form in nachvollziehbarer Weise die Struktur der Verarbeitung offenzulegen. Gegenstand der Auskunft ist nicht der Aufbau jeder technisch möglichen, sondern nur der vom Verantwortlichen der Verarbeitung vorgesehenen und kontrollierten Verarbeitung.[101] Darüber hinaus grenzt die Richtlinie die Verbindlichkeit des Anspruchs auf automatische Entscheidungen im Sinne von Art. 15 Abs. 1 RL 95/46/EG ein.

Berichtigung, Löschung und Sperrung

Die Mitgliedstaaten sind nach Art. 12 lit. b RL 95/46/EG verpflichtet, jeder betroffenen Person das Recht auf Berichtigung, Löschung oder Sperrung von Daten zu garantieren. Der Umsetzungsspielraum ist ziemlich weit, weil die Richtlinie keine Definition der Begriffe Berichtigung, Löschung und Sperrung enthält. Die Mitgliedstaaten sind aber aus Gründen der Rechtsklarheit verpflichtet, eine klare Zuordnung von Tatbeständen und Rechtsfolgen vorzunehmen.[102]

Art. 12 lit. c RL 95/46/EG verlangt darüber hinaus, dass jede Berichtigung, Löschung oder Sperrung den Dritten, denen die Daten übermittelt wurden, mitgeteilt wird. Diese „Nachsorgepflicht" dient dazu, den Schutz des Betroffenen zu erhöhen.[103]

Widerspruchsrecht der betroffenen Person

Nach Art. 14 lit. a RL 95/46/EG erkennen die Mitgliedstaaten das Recht der betroffenen Person an, zumindest in den Fällen von Artikel 7 Buchstaben e) und f) jederzeit aus überwiegenden, schutzwürdigen, sich aus ihrer besonderen Situation ergebenden Gründen dagegen Widerspruch einlegen zu können, dass sie betreffende Daten verarbeitet werden; dies gilt nicht bei einer im einzelstaatlichen Recht vorgesehenen entgegenstehenden Bestimmung. Im Fall eines berechtigten Widerspruchs kann sich die vom für die Verarbeitung Verantwortlichen vorgenommene Verarbeitung nicht mehr auf diese Daten beziehen.

Die Richtlinie legt durch diese Vorschrift auf, gegen die Verarbeitung personenbezogener Daten ein effektiver Rechtsschutz zu gewährleisten.

Die Mitgliedstaaten können ein Widerspruchsrecht über die Fälle des Art. 7 lit. e und f hinaus festzulegen.[104] Kein Widerspruchsrecht besteht aber bei einer

---

101 *Damman/Simitis*, EG-Datenschutzrichtlinie, S. 195.

102 *Damman/Simitis*, EG-Datenschutzrichtlinie, S. 197.

103 *Damman/Simitis*, EG-Datenschutzrichtlinie, S. 199.

104 *Damman/Simitis*, EG Datenschutzrichtlinie, S. 213, *Ehmann/Helfrich*, EG Datenschutzrichtlinie, S. 212.

im einzelstaatlichen Recht vorgesehenen entgegenstehenden Bestimmung. Damit sind die Mitgliedstaaten berechtigt, neue Ausnahmen zu regeln.

Die Rechtsfolge eines berechtigten Widerspruchs ist es, dass der für die Verarbeitung Verantwortliche die personenbezogenen Daten des Betroffenen nicht weiter verarbeiten darf.[105]

Das Recht keiner automatisierten Einzelentscheidung unterworfen zu werden

Automatisierte Einzelentscheidung

Die Mitgliedstaaten räumen jeder Person das Recht ein, keiner für sie rechtliche Folgen nach sich ziehenden und keiner sie erheblich beeinträchtigenden Entscheidung unterworfen zu werden, die ausschließlich aufgrund einer automatisierten Verarbeitung von Daten zum Zwecke der Bewertung einzelner Aspekte ihrer Person ergeht, wie beispielsweise ihrer beruflichen Leistungsfähigkeit, ihrer Kreditwürdigkeit, ihrer Zuverlässigkeit oder ihres Verhaltens.[106]

Nach herrschender Auffassung liegt eine automatisierte Entscheidung vor, wenn der mit der menschlichen Beurteilung einer Persönlichkeit verbundene Risikoanteil durch eine ausschließlich computergestüzt erstellte Bewertung ersetzt wird.[107] Die Regelung setzt voraus, dass die Entscheidung ausschließlich aufgrund einer automatisierten Verarbeitung von Daten und zum Zweck der Bewertung einzelner Aspekte einer Person ergeht. Art. 15 Abs. 1 RL 95/46/EG greift jedoch nur ein, wenn die Entscheidung rechtliche Folgen für den Betroffenen nach sich zieht oder ihn erheblich beeinträchtigt.

Die RL 95/46/EG überlässt den Mitgliedstaaten die nähere Festlegung, in welcher Weise das Recht keiner automatisierten Einzelentscheidung unterworfen zu werden umgesetzt wird.[108] Art. 15 Abs. 1 RL 95/46/EG hebt ausdrücklich hervor, dass die berufliche Leistungsfähigkeit des Betroffenen aufgrund einer automatisierten Einzelentscheidung nicht bewertet werden kann. Es wird daher offen gelassen, inwieweit Art. 15 RL 95/46/EG im Arbeitsverhältnis Anwendung findet.

Ausnahmen

Die Mitgliedstaaten können in zwei Fällen automatisierte Entscheidungen nach Art. 15 Abs. 2 RL 95/46/EG zulassen, nämlich im Rahmen vertraglicher Beziehungen und gesetzlich zugelassener automatisierten Einzelentscheidungen. Die Mitgliedstaaten sind daher berechtigt, Ausnahmetatbestände festzulegen.[109]

---

105 *Ehmann/Helfrich*, EG Datenschutzrichtlinie, S. 216.
106 Art. 15 Abs. 1 RL 95/46/EG.
107 *Ehmann/Helfrich*, EG-Datenschutzrichtlinie, S. 230.
108 *Damman/Simitis*, EG Datenschutzrichtlinie, S. 220.
109 *Ehmann/Helfrich*, EG Datenschutzrichtlinie, S. 234.

Nach Art. 15 Abs. 2 sehen die Mitgliedstaaten unbeschadet der sonstigen Bestimmungen dieser Richtlinie vor, dass eine Person einer Entscheidung nach Absatz 1 unterworfen werden kann, sofern diese a) im Rahmen des Abschlusses oder der Erfüllung eines Vertrags ergeht und dem Ersuchen der betroffenen Person auf Abschluss oder Erfüllung des Vertrags stattgegeben wurde oder die Wahrung ihrer berechtigten Interessen durch geeignete Maßnahmen – beispielsweise die Möglichkeit, ihren Standpunkt geltend zu machen – garantiert wird oder b) durch ein Gesetz zugelassen ist, das Garantien zur Wahrung der berechtigten Interessen der betroffenen Person festlegt.

Es ist umstritten, ob die Ausnahmetatbestände hinsichtlich der Verarbeitung der Arbeitnehmerdaten eingreifen. Meines Erachtens kann die automatisierte Einzelentscheidung nach Art. 15 Abs. 2 lit. b RL 95/46/EG im Arbeitsrecht rechtmäßig sein, wenn das innerstaatliche Recht angemessene Garantien zur Wahrung der berechtigten Interessen der Arbeitnehmer vorsieht. Dabei ist insbesondere auf die Voraussetzungen der Zulässigkeit der Datenverarbeitung und auf die Datenschutzgrundsätze abzustellen.

Verarbeitung personenbezogener Daten der Arbeitnehmer und die RL 95/46/EG

Die Darstellung der einzelnen Vorschriften der RL 95/46/EG hat gezeigt, dass sie Richtlinie uneingeschränkt auf die Verarbeitung der Arbeitnehmerdaten anwendbar ist. Die Datenschutzgruppe vertritt die Ansicht, dass die berechtigten Interessen des Arbeitgebers bestimmte Beschränkungen des Schutzes der Privatsphäre am Arbeitsplatz rechtfertigen. Sie hat betont, dass „es jedoch neimals das Geschäftsinteresse über die Grundsätze der Transparenz, der Rechtmäßigkeit der Verarbeitung, der Zulässigkeit, der Verhältnismäßigkeit, der Erforderlichkeit und die anderen in der RL 95/46/EG festgelegten Grundsätze gestellt werden darf. Beschäftigte haben das Recht, Widerspruch gegen die Verarbeitung einzulegen, wenn diese ihre Grundrechte und Grundfreiheiten in unbilliger Weise beeinträchtigt.“[110]

Es wird klargestellt, dass die RL 95/46/EG die grundlegenden Voraussetzungen erfasst, die im Arbeitsverhältnis maßgebend sind. Die Mitgliedstaaten sollen daher bei der Anwendung der nationalen Rechtsvorschriften im Arbeitnehmerdatenschutz die Richtlinie achten und sie dürfen die durch die Richtlinie vorgezeichneten Grenzen nicht überschreiten.[111]

Die Weiterentwicklung des europäischen Arbeitnehmerdatenschutzes kann meines Erachtens nur dann erfolgen, wenn die Grenzen der Anwendbarkeit der allgemeinen datenschutzrechtlichen Vorschriften der RL 95/46/EG aufgezeigt

---

110 *Artikel-29-Datenschutzgruppe*, Stellungnahme 8/2001, 34.

111 *Brühann*, EuZW 2009, 644.

werden, und ein dringender Wunsch nach der detaillierten Regelung der Anforderungen der Verarbeitung der Arbeitnehmerdaten entsteht.

Nach Art. 5 RL 95/46/EG bestimmen die Mitgliedstaaten nach Maßgabe des zweiten Kapitels die Voraussetzungen näher, unter denen die Verarbeitung personenbezogener Daten rechtmäßig ist. Die Mitgliedstaaten sind daher befugt, die Anforderungen der Richtlinie im Kapitel II speziell d.h. auch im Arbeitsrecht zu konkretisieren. Im Erwägungsgrund 68 RL 95/46/EG heißt es, dass die in dieser Richtlinie enthaltenen Grundsätze des Schutzes der Rechte und Freiheiten der Personen insbesondere der Achtung der Privatsphäre bei der Verarbeitung personenbezogener Daten – besonders für bestimmte Bereiche – durch spezifische Regeln ergänzt oder präzisiert werden können, die mit diesen Grundsätzen in Einklang stehen. Die Richtlinie ist daher „auslegungsbedürftig" und sie ist bei der Gestaltung des Arbeitnehmerdatenschutzes sowohl im Rahmen des europäischen Datenschutzrechts als auch in den nationalen Rechtsordnungen zu beachten.

Weiterentwicklung der RL 95/46/EG und der Arbeitnehmerdatenschutz

Ansätze in dem Ersten Bericht über die Durchführung der RL 95/46/EG

Diskussionsthema: Änderung der RL 95/46/EG und Arbeitnehmerdatenschutz

Im ersten Bericht über die Durchführung der RL 95/46/EG hat die Kommission festgestellt, dass erheblicher Fortschritt im Bereich des Arbeitnehmerdatenschutzes auf Gemeinschaftsebene gemacht werden muss. Sie ist der Auffassung, dass „das Entstehen einer wissensbasierten Wirtschaft in Verbindung mit dem technischen Fortschritt und der wachsenden Bedeutung des Humankapitals die Datenerhebung am Arbeitsplatz intensiviert haben. Diese Entwicklungen bergen etliche Probleme und werfen eine Reihe von Fragen auf, und sie haben den wirksamen Datenschutz am Arbeitsplatz in den Mittelpunkt des Interesses gerückt. Die Kommission hat (...) betont, dass Art. 137 Abs. 2 EGV gesetzgeberische Maßnahmen der EU zulässt, die darauf zielen, durch Schaffung eines europäischen Rahmens mit Grundsätzen und Regeln für diesen Bereich die Arbeitsbedingungen zu verbessern. (...) Eine solche europäische Rahmenregelung würde sich auf die allgemeinen Grundsätze der Richtlinie 95/46/EG stützen und sie mit Blick auf den Datenschutz am Arbeitsplatz ergänzen und verdeutlichen."[112]

Die Änderung der Richtlinie in dieser Hinsicht wurde aber abgelehnt.[113] Die Kommission vertritt die Meinung, dass die Ergebnisse der Überprüfung gegen

112 Erster Bericht der Kommission über die Durchführung der RL 95/46/EG, 4 f.

113 Erster Bericht der Kommission über die Durchführung der RL 95/46/EG, 7 f.

die Änderung der RL 95/46/EG sprechen. Die Erfahrung mit der Durchführung der Richtlinie ist bisher sehr begrenzt und die Schwierigkeiten, die bei der Überprüfung ermittelt wurden, können ohne Änderung der Richtlinie behoben werden. In den Fällen, wo die Betroffenen Richtlinienänderungen vorgeschlagen haben, geht es häufig darum, den Aufwand zu senken, der den für die Verarbeitung Verantwortlichen durch die Befolgung der Richtlinie entsteht. „Das ist zwar an sich ein legitimes Ziel, das auch von der Kommission gestützt wird, die Kommission ist jedoch der Meinung, dass viele der Vorschläge auch eine Senkung des Datenschutzniveaus nach sich ziehen würden. Nach Auffassung der Kommission sollten alle Änderungen, die zu gegebener Zeit ins Auge gefasst werden könnten, auf die Aufrechterhaltung des Datenschutzniveaus zielen und mit dem Gesamtrahmen in Einklang stehen, der durch die bestehenden internationalen Instrumente vorgegeben ist."

Infolge der Diskussion hat die Kommission festgestellt, dass eine breite Mehrheit der EU-Länder und auch der nationalen Kontrollstellen ihre Auffassung teilt, dass eine Änderung der Richtlinie zum jetzigen Zeitpunkt weder notwendig noch wünschenswert ist.[114]

Annäherung der unterschiedlichen Regelungen in den Mitgliedstaaten

Im ersten Bericht der Kommission über die Durchführung der RL 95/46/EG wird klargestellt, dass ein hohes Datenschutzniveau gewährleistet ist und die Unterschiede zwischen den Rechtsvorschriften der Mitgliedstaaten unterschiedliche Lösungen erfordern.[115] Mit der RL 95/46/EG wird eine Annäherung und nicht die vollständige Einheitlichkeit angestrebt und der Angleichungsprozess soll im Sinne des Subsidiaritätsprinzips nicht über das Notwendige hinausgehen.[116]

Die Kommission vertritt die Meinung, dass „ein höheres Maß an Konvergenz sicherlich wünschenswert wäre, damit positive Initiativen wie Vereinfachung, Selbstregulierung oder Nutzung von verbindlichen unternehmensinternen Vorschriften besser greifen können. In den bei der Kommission eingegangenen Beschwerden finden sich jedoch keine Anhaltspunkte dafür, dass Abweichungen von Land zu Land, die sich innerhalb der von der Richtlinie vorgegebenen Grenzen bewegen, ein Hindernis für das Funktionieren des Binnenmarktes darstellen oder den freien Datenverkehr aufgrund eines fehlenden oder unzureichenden Datenschutzes im Herkunfts- oder Bestimmungsland beschränken. Auch wird der Wettbewerb zwischen privatwirtschaftlichen Unternehmen durch unterschiedliche Beschränkungen im Land ihrer Niederlassung nicht verzerrt.

---

114 Erster Bericht der Kommission über die Durchführung der RL 95/46/EG, 8, Stellungnahme, 3 ff.

115 Erster Bericht der Kommission über die Durchführung der RL 95/46/EG, 10 f.

116 Vgl. *Möstl*, EuR 2002, 343.

Unterschiede von Land zu Land hindern Unternehmen nicht daran, in mehreren Mitgliedstaaten tätig zu sein oder sich dort niederzulassen. Sie ändern auch nichts an der Verpflichtung der Europäischen Union und ihrer Mitgliedstaaten, die Grundrechte zu schützen. Die Richtlinie erfüllt daher ihren Zweck, den freien Verkehr personenbezogener Daten innerhalb des Binnenmarktes zu gewährleisten und dabei ein hohes Maß an Datenschutz innerhalb der Gemeinschaft sicherzustellen".[117] Die Angleichung der datenschutzrechtlichen Vorschriften auf Gemeinschaftsebene kann deshalb die europäische Integration unterstützen und vorantreiben.[118]

Die Kommission ist der Auffassung, dass „die Datenschutzrichtlinie einen allgemeinen Rechtsrahmen liefert, der seinen eigentlichen Zweck erfüllt, indem er eine ausreichende Garantie für das Funktionieren des Binnenmarktes bietet und gleichzeitig ein hohes Schutzniveau gewährleistet. Die Richtlinie füllt das Grundrecht auf Schutz personenbezogener Daten mit Leben. (...) Die Richtlinie liefert einen Anknüpfungspunkt für Initiativen in einer Reihe von Politikfeldern; sie ist technologisch neutral und sie hält fundierte und angemessene Antworten auf Fragen des Datenschutzes bereit".[119]

Förderung der Selbstregulierung

Weiterhin ist die Kommission davon überzeugt, dass die Selbstregulierung und insbesondere die Verhaltenskodizes eine wichtige Rolle bei der künftigen Entwicklung des Datenschutzes auf Gemeinschaftsebene spielen sollen, nicht zuletzt, um zu detaillierte Rechtsvorschriften zu vermeiden.[120] Sie hat die europäischen Sozialpartner gebeten, Verhandlungen über eine europäische Vereinbarung zum Datenschutz am Arbeitsplatz zu führen. Sie bedauert, dass die Sozialpartner sich über diese Frage bisher nicht geeinigt haben, und hofft, dass die Möglichkeit von Kollektivvereinbarungen in diesem Bereich weiter ausgelotet wird.[121]

---

117 Mitteilung der Kommission, S. 6, Siehe *Critchell-Ward/Landsborough-McDonald/Cartwright*, Comparative Law Yearbook of International Business 2007, 529 f.

118 *Zuleeg*, RdA 1992, 141; *Wißmann*, RdA 1999, 158; *Ashiagbor*, The European Employment Strategy, S. 241. „social rights and labour standards need to be built into economic policies such as the Employment Strategy, but so as to preserve a space for national diversity".

119 Mitteilung der Kommission, S. 8.

120 Erster Bericht der Kommission über die Durchführung der RL 95/46/EG, 26; zur Selbstregulierung *Kloepfer/Neun*, EuR 2000, 514 f.; *Barnard*, EC Empolyment Law, S. 80; *Welz*, The European Social Dialogue under Articles 138 and 139 of the EC Treaty, S. 523.

121 Erster Bericht der Kommission über die Durchführung der RL 95/46/EG, 26; Mitteilung der Kommission, 4.

Initiative der Kommission zum Schutz der Arbeitnehmerdaten auf Gemeinschaftsebene

Die Kommission hat die Idee des europäischen Arbeitnehmerdatenschutzes in seiner Mitteilung von 1997 aufgeworfen.[122] Sie hat zahlreiche Konferenzen mit den Experten aus den einzelnen Mitgliedstaaten auf diesem Gebiet organisiert und eine umfassende rechtvergleichende Studie durchgeführt.[123] Sie hat auch die Sozialpartner in die Diskussion einbezogen und mehrere Verhandlungen angeregt, die Konzeption des Arbeitnehmerdatenschutzes zu klären.

Erste Phase der Anhörung der Sozialpartner

Anregung zu einer Gemeinschaftsaktion

Am 27. August 2001 hat die Kommission die erste Phase der Anhörung der Sozialpartner zum Schutz personenbezogener Daten von Arbeitnehmern eingeleitet.[124] Sie wurden um ihre Stellungnahmen über die mögliche Zielrichtung einer Gemeinschaftsaktion bezüglich des europäischen Arbeitnehmerdatenschutzes nach Art. 138 Abs. 2 EGV gebeten. Die Kommission hat die Sozialpartner zu der Frage gehört, wie eine Gemeinschaftsaktion im Bereich des Arbeitnehmerdatenschutzes ausgerichtet werden sollte.

Sie wurden gefragt, ob die RL 95/46/EG und die RL 97/66/EG einen angemessenen Schutz bei der Verarbeitung der Arbeitnehmerdaten gewähren und die Umsetzung dieser Richtlinien in den Mitgliedstaaten die datenschutzrechtlichen Interessen des Arbeitgebers und des Arbeitnehmers hinreichend befördert hat. Die Sozialpartner sollen darüber nachdenken, ob es ratsam ist, überhaupt eine Gemeinschaftsaktion durchzuführen. Es wurde gefragt, ob der Mangel an solchen Maßnahmen zur Beeinträchtigung der schutzwürdigen Interessen der Parteien führen würde. Ferner wurde geprüft, in welcher Form die Gemeinschaftsaktion verwirklicht wird und welche Hauptmerkmale eine solche Maßnahme haben könnte. Bei der Suche nach der geeigneten Form der Regelung wurden verschiedene Arten der gemeinschaftsrechtlichen Normsetzung sowie Richtlinie, Mitteilung, Empfehlung, Verhaltenskodex, Leitlinie in Betracht gezogen. Hinsichtlich des Inhalts des Regelungswerks wurden die folgenden Schwerpunkte aufgegriffen: die Rolle der Einwilligung des Arbeitnehmers bei der Verarbei-

---

122 Communication form the Commission First stage consultation of social partners on the protection of workers' personal data, 2.

123 *Freedland*, Data Protection and Employment in the European Union – An Analytical Study of the Law and Practice of Data Protection and the Employment Relationship in the EU and its member States, Oxford 1999; *Hendrickx*, Protection of workers' personal data in the European Union, 2001/2002.

124 Communication form the Commission First stage consultation of social partners on the protection of workers' personal data, 1.

tung personenbezogener Daten, die Rechtmäßigkeit der Verarbeitung der Gesundheitsdaten und der Durchführung des Drogen- und Gentests, die elektronische Überwachung und die Kontrolle der Arbeitnehmer am Arbeitsplatz.[125]

Reaktion der Sozialpartner

Die allgemeinen branchenübergreifenden Wirtschaftsverbände wurden angehört. Zu den wesentlichen Fragen des Arbeitnehmerdatenschutzes auf Gemeinschaftsebene bestehen deutliche Unterschiede zwischen den Ansichten der Arbeitgeberorganisationen und der Arbeitnehmerorganisationen aufgrund der ersten Phase der Anhörung. Es gibt große Unterschiede hinsichtlich der Notwendigkeit weiterer Maßnahmen im Arbeitnehmerdatenschutz, sowie der Zielrichtung der Normsetzung und des Inhalts des geplanten Rechtsinstruments.

Arbeitgeberorganisationen

Die Arbeitgeberorganisationen (UNICE, UEAPME, BDI) halten es für unbegründet, den Schutz der Arbeitnehmerdaten zu regeln und eine Richtlinie in diesem Thema zu verabschieden, weil die bestehenden gemeinschaftsrechtlichen Vorschriften, insbesondere die RL 95/46/EG für die Gewährleistung eines hohen Maßes am Schutz personenbezogener Daten von Arbeitnehmern angemessen und ausreichend sind.[126] UNICE und UEAPME bezweifeln darüber hinaus den Mehrwert einer Regelung für die Gemeinschaft sowie die Förderung des freien Datenverkehrs und der Freizügigkeit von Arbeitnehmern innerhalb der EU und die Verwirklichung der Chancengleichheit unter dem Aspekt der Verhältnismäßigkeit und der Subsidiarität. Die Arbeitgeberorganisationen sind sich völlig darüber einig, dass die Vorteile von Flexibilität und nationaler Vielfalt durch die Überregulierung verlorengehen und unnötige Belastung für die Arbeitgeber verursachen würden.

UNICE betont die Notwendigkeit der Transparenz der nationalen Bestimmungen und befürwortet ein verschärftes Bewusstsein und Austausch von Infromationen. Sie spricht sich ferner für nichtverbindliche Instrumente in der Zusammenarbeit mit den Sozialpartnern auf nationaler Ebene aus. UEAPME dagegen vertritt die Meinung, dass nichtverbindliche Maßnahmen auf europäischer Ebene, wie z.B. ein Verhaltenkodex in Einklang mit den IAO-Leitlinien, hilfreich sein könnten.

---

125 Communication from the Commission First stage consultation of social partners on the protection of workers' personal data, 5 f.

126 Union der Industrie- und Arbeitgeberverbände Europas (UNICE), Dachverband für Handwerksbetriebe und für KMU (UEAPME), Zweite Phase der Anhörung der Sozialpartner zum Schutz von personenbezogenen Daten von Arbeitnehmern, 2.

Arbeitnehmerorganisationen

Einige Arbeitnehmerorganisationen (EGB, CEC, EUROCADRES) sind für eine einschlägige Richtlinie über den Schutz der Arbeitnehmerdaten.[127] Sie sind der Meinung, dass die Vorschriften der einzelnen bereichspezifischen Richtlinien über den Schutz personenbezogener Daten nützlich sind, müssten jedoch verbessert werden. Die derzeitige einzelstaatliche Gesetzgebung zur Umsetzung der RL 95/46/EG ist ungenügend. Angesichts des grenzüberschreitenden Datenverkehrs in der EG muss eine Gemeinschaftsinitiative eingeleitet werden, die in der Form einer Richtlinie geschehen sollte, weil sie je nach nationalen Besonderheiten eine gewisse Flexibilität zulassen kann.

Verschiedenheit der Meinungen

Nach der ersten Anhörung der Sozialpartner lässt sich erkennen, dass die Parteien über die wichtigsten Schwerpunkte der gemeinschaftsrechtlichen Regelung des Arbeitnehmerdatenschutzes uneinig sind. Die Grundlagen eines Rechtsinstruments über die rechtmäßige Verarbeitung der Arbeitnehmerdaten sind so umstritten, dass der kleinste gemeinsame Nenner schwierig gefunden werden kann. In der ersten Phase der Anhörung der Sozialpartner herrschte keine Einigkeit zwischen den Arbeitgeber- und Arbeitnehmerorganisationen über die Notwendigkeit und die Form einer Regelung, und selbst über deren Inhalt.

Zweite Phase der Anhörung der Sozialpartner

Am 24. Februar 2003 hat die Kommission ihren Bericht über die zweite Phase der Anhörung der Sozialpartner veröffentlicht, in dem sie die wichtigsten Bedingungen für die Schaffung einer Regelung zum Schutz personenbezogener Daten der Arbeitnehmer auf Gemeinschaftsebene erfasst hat.[128]

Vorschläge der Kommission über die Notwendigkeit einer Regelung über den Schutz der Arbeitnehmerdaten

Die Kommission hält es aufgrund der Antworten der Sozialpartner in der ersten Phase der Anhörung für notwendig, eine Gemeinschaftsaktion im Bereich des Arbeitnehmerdatenschutzes durchzuführen. Ihrer Ansicht nach sind die folgenden Gründe für die Schaffung eines besonderen Rahmens für spezifische Vorschriften im Arbeitsrecht zu berücksichtigen: „Rechtsklarheit und Sicherheit; Notwendigkeit einer konsequenteren und einheitlichen Anwendung der Vor-

---

127 Europäischer Gewerkschaftsbund (EGB), Europäischer Verband der Führungskräfte (CEC), Rat der Europäischen Fach- und Führungskräfte (EUROCADRES); Zweite Phase der Anhörung, 2 f.

128 Zweite Phase der Anhörung, 3 ff.; *Welz*, The European Social Dialogue under Articles 138 and 139 of the EC Treaty, S. 295. "the second phase of the consultation procedure is launched by a letter of the Commission addressed to the social partners, in which the precise content and the legal basis of the proposed measure are circumscribed".

schriften für den Schutz der Grund- und Freiheitsrechte bei der Verarbeitung personenbezogener Daten; Merkmale des Arbeitslebens, die den Geltungsbereich und den Umfang eines angemessenen Schutzes bestimmen; jüngste technologische Fortschritte und ihre Anwendung am Arbeitzplatz."[129]

Die Kommission betont, dass Vorschriften für den Schutz personenbezogener Daten von Arbeitnehmern erforderlich sind, um ein Ausgleich zwischen den legitimen Interressen der Arbeitgeber und dem Recht der Arbeitnehmer auf Privatsphäre zu erreichen.[130]

Verbesserung der Arbeitsbedingungen durch die Weiterentwicklung des Datenschutzes auf Gemeinschaftsebene

Die Verfeinerung der datenschutzrechtlichen Regelung im Europäischen Arbeitsrecht kann in erheblichem Maße zur Erhöhung der Qualität der Arbeitsbedingungen beitragen.[131] Die Kommission vertritt die Meinung, dass die Gemeinschaft zur Vewirklichung der Ziele des Artikels 136 EGV im Bereich des Datenschutzes die Tätigkeit der Mitgliedstaaten durch die Maßnahmen nach Art. 137 Abs. 1 EGV wohltuend unterstützen und ergänzen kann. Die Arbeitsbedingungen können z.B. durch die vorgesehenen spezifischen Normen für Drogen- und Gentests, insbesondere bezüglich der Rechtmäßigkeit der Verarbeitung und der Qualität dieser Daten; durch die begrenzte Rolle oder den Ausschluss der Einwilligung zur Rechtfertigung der Datenverarbeitung; durch die Verpflichtung zur vorherigen Kontrolle durch nationale Datenschutzbehörden in bestimmten festgelegten Fällen; durch die Einbeziehung der Arbeitnehmervertreter; durch den verbesserten Schutz privater E-Mail usw.

Die Kommission betont, dass die Klarheit der Vorschriften auf EG-Ebene für eine ausreichende innerstaatliche Umsetzung unentbehrlich ist, weil das Bewusstsein für die wirksame Einhaltung des Rechts dadurch geschärft wird.

Schutz der Privatsphäre und gemeinsamer Werte

Die Kommission betont, dass eine kohärente, konsequente und umfassende gemeinschaftliche Reaktion mit Rücksicht auf die verschiedenen Traditionen der Mitgliedstaaten zur Entwicklung des Arbeitnehmerdatenschutzes wünschenswert wäre.[132] Das Grundrecht auf Privatsphäre kann als Grundlage dieser Rechtsfortbildung betrachtet werden.

---

129 Zweite Phase der Anhörung, 7.

130 Zweite Phase der Anhörung, 8.

131 *Steinmeyer*, RdA 2001, 14 „die Erweiterung der Kompetenz der Gemeinschaft auf die „Arbeitsbedingungen" dürfte zu einer erheblichen Kompetenzausweitung führen."

132 Zweite Phase der Anhörung, 8; *Hendrickx*, Protection of workers' personal data in the European Union, S. 81.

Förderung der europäischen Wirtschaft durch effektiven Arbeitnehmerdatenschutz

Zur Förderung der Wirtschaft in Europa müssen die Vorschriften über den Schutz der Arbeitnehmerdaten hinreichend klar und zukunftsorientiert sein. Zur Verwirklichung der Effizienz und größeren Chancengleichheit im Wirtschaftsleben erachtet die Kommission die konsequente Regelung des Schutzes von personenbezogenen Daten von Arbeitnehmern in der EG als notwendig. Infolge der Integration der europäischen Wirtschaft und der Globalisierung der Weltwirtschaft haben die grenzüberschreitenden Fusionen, Übernahmen und Erwerbungen zugenommen. Deswegen ist es ratsam, die Regeln der Verarbeitung der Arbeitnehmerdaten neu zu gestalten.

Erleichterung der Lage der Wanderarbeitnehmer

Die Kommission ist der Auffassung, dass eine europäische Regelung zum Arbeitnehmerdatenschutz die Friezügigkeit der Arbeitnehmer im Binnenmarkt erleichtern kann, in dem im Vergleich zur RL 95/46/EG auf detailliertere und spezifische Weise ein hohes Niveau des Schutzes der Grundrechte und Grundfreiheiten der Arbeitnehmer in der EU gewährleistet wird.[133] Das könnte auch den Beitrittsländern einen Bezugsrahmen vermitteln.

Eckpunkte des Vorschlags der Kommission zum Schutz personenbezogener Daten von Arbeitnehmern

Das Ziel des Reforms des Datenschuztes ist es, die durch die RL 95/46/EG festgelegten Grundsätze im Arbeitsumfeld anzuwenden, zu spezifizieren und zu ergänzen.[134] Das künftige Regelungswerk dient deshalb zur Ergänzung der Vorschriften der RL 95/46/EG und baut auf den Grundsätzen der RL 95/46/EG auf.

Das würde alle persönlichen Daten nämlich jegliche Information über einen bestimmten oder bestimmbaren „Arbeitnehmer", einschließlich akustischer und optischer Daten umfassen, die durch die Überwachung von Arbeitnehmern mit Geräten wie Computer, Kameras, Videogeräte, akustische Einrichtungen, Telefone und andere Kommunikationseinrichtungen, durch verschiedene Methoden der Feststellung der Identität und Standort oder andere Überwachungsmethoden gesammelt werden können.

Der Geltungsbereich würde den öffentlichen und den privaten Sektor betreffen und sollte die manuelle Verarbeitung einschließlich nicht automatisierter Verarbeitung von Daten umfassen, die nicht Teil einer Datei sind. Die Arbeitsagenturen, die personenbezogenen Daten im Rahmen ihrer Aktivitäten erfassen und verwenden, würden auch in den Anwendungsbereich der geplanten Rege-

133 Zweite Phase der Anhörung, 8.

134 Zweite Phase der Anhörung, 9.

lung gezogen. Der Begriff „Arbeitnehmer" beinhaltet alle derzeitigen oder früheren Arbeitnehmer oder Stellenbewerber.[135]

Zur Erhöhung des Schutzes der Arbeitnehmer könnte sich die künftige europäische Regelung auf die erforderliche Unterrichtung und Anhörung der Arbeitnehmervertreter beziehen, um so eine Vereinbarung vor der Einführung von automatisierten Systemen zur Verarbeitung personenbezogener Daten der Arbeitnehmer, von jeglichen technischen Vorrichtungen, die für die Überwachung oder Kontrolle der Arbeitnehmer am Arbeitsplatz verwendet werden können und von Fragebögen jeglicher Art zu erreichen.[136] Die Voraussetzungen der rechtmäßigen Datenverarbeitung werden hinsichtlich der Gesundheitsdaten, der Drogentestsdaten, der Gentestsdaten und der Daten aus der Videoüberwachung speziell erörtert.[137]

Die Rolle der Einwilligung der Arbeitnehmer wurde heftig diskutiert. Die Kommission ist der Auffassung, dass „im Falle eines legitimen Zweckes für die Erfassung personenbezogener Daten das allgemeine Prinzip der fairen Datenverarbeitung in einem Arbeitsverhältnis erfordert, dass diese Daten prinzipiell vom einzelnen Arbeitnehmer eingeholt werden sollten. Sollte dies nicht möglich sein, sollte der Arbeitnehmer vorher seine Einwilligung geben."[138]

Die grundlegenden Prinzipien der Verarbeitung der Arbeitnehmerdaten nach der Initiative der Kommission

Im Bericht der Kommission über die zweite Phase der Anhörung der Sozialpartner zum Schutz von personenbezogenen Daten der Arbeitnehmer werden die wichtigsten Prinzipien zur Ergänzung der RL 95/46/EG erfasst.[139] Im Hinblick auf die besonders regelungsbedürftigen datenschutzrechtlichen Probleme sind die Vorschläge der Kommission wie folgt:

Personenbezogene Daten über Arbeitnehmer werden für die Zwecke verarbeitet, die unmittelbar für die Beschäftigung des Arbeitnehmers relevant und notwendig sind.

Die über die Arbeitnehmer erfassten Daten sollen nur für die Zwecke verwendet werden, für die sie ursprünglich erfasst wurden. Sie dürfen nicht auf eine Weise verarbeitet werden, die mit diesen Zwecken unvereinbar ist. Im Rahmen des Arbeitsumfelds sollte auch erwogen werden, ob es ratsam ist, in diesen Fällen die vorherige Genehmigung der Aufsichtsbehörde einzuholen.

Personenbezogene Daten müssen nach Treu und Glauben verarbeitet werden, und sie dürfen vom einzelnen Arbeitnehmer erhoben werden. Von Dritten

---

135 Zweite Phase der Anhörung, 10.
136 Zweite Phase der Anhörung, 10.
137 Zweite Phase der Anhörung, 14.
138 Zweite Phase der Anhörung, 11.
139 Zweite Phase der Anhörung, 12.

dürfen diese Daten nur mit der Einwilligung des Betroffenen und nach vorheriger Information des Arbeitnehmers eingeholt werden.

Der Betroffene hat das Recht auf uneingeschränkten Zugang zu seinen Daten. Die Arbeitgeber dürfen nicht verlangen, dass der Bewerber oder der Arbeitnehmer aufgrund ihres Rechts auf Zugang zu ihren Akten (z.B. Gesundheits- oder Strafregister) den Arbeitgebern verschiedene Unterlagen überreicht.

Die Arbeitgeber sollen aus praktischen Gründen vermeiden, sich auf die Einwilligung des Arbeinehmers als bloße Rechtfertigung für die Verarbeitung der persönlichen Daten zu verlassen, sondern die Datenverarbeitung mit anderen Gründen nach Artikel 7 der RL 95/46/EG rechtfertigen, und gleichzeitig die Datenschutzgrundsätze, insbesondere der Relevanz, Notwendigkeit und Verhältnismäßigkeit wahren.

Personenbezogene Daten müssen rechtmäßig verarbeitet werden und die Verarbeitung soll nicht den Zweck oder die Wirkung einer rechtswirdigen Diskriminierung zum Schaden des Arbeitgebers haben.

Die Rechtswidrigkeit der Verarbeitung personenbezogener Daten muss durch das Gericht geprüft werden.

Besondere Kategorien personenbezogener Daten können in Bezug auf den Bewerber nur dann verarbeitet werden, nachdem er aufgrund seiner Kenntnisse und Qualifikationen im letzten Stadium vor der Einstellung ausgewählt worden ist.

Kritik der Sozialpartner an der Rolle der Einwilligung

Infolge der Auseinandersetzungen über die Funktion der Einwilligung der Arbeitnehmer hat die Kommission die Sozialpartner zu dieser Frage nachdrücklich angehört.

UNICE vertritt die Ansicht, dass die RL 95/46/EG die Voraussetzungen der Verarbeitung personenbezogener Daten hinreichend regelt. Sie sieht andere Gründe vor, mit denen die Datenverarbeitung gerechtfertigt werden kann und sonst die nationalen Gesetze einen angemessenen Schutz gegen die Diskriminierung von Arbeitnehmern im Zusammenhang mit der Verarbeitung der Arbeitnehmerdaten gewährleisten.[140]

UEAPME ist der Meinung, dass es kein Bedarf für weitere formelle Vorschriften über die Rechtfertigungsgründe besteht, weil die Beziehungen zwischen den Vertragsparteien auf Vertrauen aufbauen sollen.[141] Der EGB ist dagegen anderer Ansicht, weil die Einwilligung für einen angemessenen Schutz nicht ausreicht, da die Arbeitnehmer in einer schwächeren Position sind. CEC spricht sich für einen Katalog personenbezogener Daten aus, zu denen die Arbeitgeber

140 Zweite Phase der Anhörung, 20.
141 Zweite Phase der Anhörung, 20.

selbst mit der Einwilligung des Arbeitnehmers keinerlei Zugang haben.[142] EUROCADRES vertritt die Meinung, dass die Einwilligung nicht als „Entschuldigung" für die Datenverarbeitung dienen kann.[143]

Ergebnisse der Verhandlungen über den Arbeitnehmerdatenschutz

Inhaltliche Auseinandersetzungen

Der Arbeitnehmerdatenschutz ist ein spezielles Themenbereich im Europäischen Arbeitsrecht, der im Zeitalter der Modernisierung des Arbeitsrechts für die Herausforderungen des 21. Jahrhunderts im Grünbuch aber nicht angesprochen wird.[144]

Aus den dargestellten Meinungen folgt, dass die Verabschiedung einer Regelung über den Schutz der Arbeitnehmerdaten auf Gemeinschaftsebene sehr schwierig ist. Es ist klar, dass die RL 95/46/EG den allgemeinen Rahmen für den Aufbau spezifischer Rechtsinstrumente bildet und die geplante Maßnahme als Ergänzung der RL 95/46/EG in Betracht kommt.

Die Kommission bemüht sich intensiv, einen Kompromiss im Bereich des Arbeitnehmerdatenschutzes zu erreichen und gibt neue Impulse den Sozialpartnern, um dieses Thema soweit wie möglich zu klären. Meiner Meinung nach sind aber die Argumente für die Schaffung eines Regelungswerks schwach, weil das Ziel der geplanten Regelung nicht in die sozialpolitischen Maßnahmen der Gemeinschaft - z. B. Annäherung der Gesundheitspolitik im Arbeitsschutz, Schutz der entsandten Arbeitnehmer beim grenzüberschreitenden Datenverkehr, Verarbeitung personenbezogener Daten bei der sozialen Dienstleistungen, Erleichterung der Zusammenarbeit der Arbeitsinspektionen - eingebettet wird. Es wäre wünschenswert z. B. zur Bekämpfung von Schwarzarbeit datenschutzrechtliche Regelungen über den Nachweis des Arbeitsverhältnisses zu treffen.

Nur die wichtigsten Themen der Verarbeitung personenbezogener Daten der Arbeitnehmer werden während der Anhörung erörtert. Die Sozialpartner haben die künftigen Standards festgelegt, die an die Ausgestaltung eines europäischen Arbeitnehmerdatenschutzes zu stellen sind. Ein Grund für die Heftigkeit der Diskussion über die gemeinsame Regelung besteht darin, dass kein selbstständiges Konzept und keine umfassende rechtspolitische Grundlage für den Arbeitnehmerdatenschutz vorhanden sind.

---

142 Zweite Phase der Anhörung, 20.

143 Zweite Phase der Anhörung, 20.

144 Grünbuch Ein modernes Arbeitsrecht für die Herausforderungen des 21. Jahrhunderts, 1 ff.

Uneinigkeit über den Normcharakter

Die Sozialpartner haben sich über den Normcharakter der geplanten europäischen Regelung nicht geeinigt. Die Form und die Bezeichnung der Regelung sind höchst umstritten. Ein Verhaltenkodex oder eine Leitlinie z. B. weist keinen verbindlichen Rechtscharakter auf. Sie haben eher eine beschränkte Rolle in der Harmonisierung des Arbeitsrechts in den einzelnen Mitgliedstaaten. Die Vorstellungen über eine unverbindliche Norm bestärken eher die Sicht, dass es sich nur um eine Absichtserklärung der Sozialpartner hinsichtlich der Entwicklung des europäischen Arbeitnehmerdatenschutzes handelt.

Die Kommission ist für den Erlass einer Richtlinie, weil das ein vorrangiges Mittel des Angleichens nationaler Arbeitsrechtsordnungen ist.[145] Die Ziele einer Richlinie müssen in allen Mitgliedstaaten möglichst weitgehend und auch einheitlich verwirklicht werden.[146] Art. 137 Abs. 2 lit. b EGV ermächtigt zum Erlass von Richtlinien, die als Mindestvorschriften anzusehen sind.[147]

Die Position der Arbeitgeberorganisationen zu dieser Frage besteht darin, ein verbindliches Rechtsinstrument abzulehnen. Sie sind der Meinung, dass es nicht erforderlich ist, über die RL 95/46/EG hinaus weitere Regelungen zu treffen. Für die Verabschiedung einer Richtlinie über den Schutz der Arbeitnehmerdaten bestehe kein Anlass, da die Mitgliedstaten über die Mindeststandards hinausgehenden datenschutzrechtlichen Garantien in ihren Rechtssystemen verankert haben. Ihrer Ansicht nach sind die nationalen Sozialpartner in der Lage, unternehmensgerechte Lösungen zu finden. Überdies wandten sie sich gegen eine Verstärkung von Arbeitnehmerrechten und eine zu weite Abgrenzung des Arbeitnehmerdatenschutzes. Sie wünschten eine möglichst geringfügige Beschränkung des Binnenmarktes durch die europäische Rechtssetzung.

Rolle der Sozialpartner

Durch die weitreichende Beteiligung der Sozialpartner in dieser Diskussion tragen sie große Verantwortung für die Entwicklung des Arbeitnehmerdatenschutzes. Art. 138 Abs. 2 und 3 EGV gewähren den Sozialpartnern ein eigenständiges Anhörungsrecht bei allen Rechtsetzungsvorschlägen der Kommission im Bereich der Sozialpolitik bzw. bei der Regelung der Arbeitsbedingungen nach Art. 137 Abs. 1 lit. b EGV.

Art. 138 Abs. 4 EGV räumt den Sozialpartnern die Befugnis ein, das in Art. 139 EGV geregelte Verfahren in Gang zu setzen. Art. 139 Abs. 1 EGV führt die

---

145 *Rittner*, EuR 1998, 8; *Krimphove*, Europäisches Arbeitsrecht, S. 78; *Birk*, in: *Kiss* (Hrsg.), Az Európai Unió munkajoga és a magyar munkajog a jogközelítés folyamatában, S. 37.

146 *Kühling/Lieth*, EuR 2003, 387.

147 *Krebber*, in: *Callies/Ruffert* (Hrsg.), Kommentar zu EU-Vertrag und EG-Vertrag, S. 1610.

Möglichkeit auf, den Arbeitnehmerdatenschutz zwischen den Sozialpartnern auf deren Wunsch durch Vereinbarung selbst zu regeln. Umstritten ist aber, welche Wirkung der Vereinbarung zwischen den Sozialpartnern zukommt.[148] Eine Durchführung durch Ratsbeschluß ist nach Art. 139 Abs. 2 UAbs. 1 EGV auch möglich, wenn die Zuständigkeit der Gemeinschaft bei der Regelung des Arbeitnehmerdatenschutzes nach Art. 137 Abs. 1 lit. b EGV bejaht werden kann.

Die Meinungsverschiedenheit ist zwischen den europäischen Sozialpartnern und der Kommission groß. Angesichts des gegenwärtigen Standes der Diskussion erscheint es zweifelhaft, ob die hierfür notwendige Einigkeit zu erzielen sein wird. Die Kommission hat die Sozialpartner aufgefordert, ihre Stellungnahmen oder gegebenenfalls ihre Empfehlungen über ein geplantes Rechtsinstrument zum Schutz personenbezogener Daten von Arbeitnehmern nach Art. 138 Abs. 3 EGV vorzulegen und sie über ihre Entschlossenheit zur Durchführung des Verhandlungsverfahrens auf der Grundlage der in dem Bericht der Kommission aufgeführten Prinzipien nach Art. 138 Abs. 4 und Art. 139 des EG-Vertrags zu informieren. Die Entschließung der Kommission blieb bisher jedoch folgenlos, obgleich das Vorhaben durch einzelne Sozialpartner zum Teil Unterstützung fand.

Neue Horizonte

Es ist zu begrüßen, dass die Kommission den Gedanken aufgreift, den Arbeitnehmerdatenschutz auf EG-Ebene zu regeln. Sie schlägt europaweite Mindestnormen für die folgenden Bereiche vor: Einwilligung des Betroffenen als Rechtfertigungsgrund für die Datenverarbeitung, Schutz der Gesundheitsdaten, Durchführung eines Drogentests und Gentests, Zulässigkeit der Kontrolle der Nutzung technischer Geräte am Arbeitsplatz und der Überwachung der Arbeitnehmer.

Die Angleichung der nationalen Vorschriften wäre vorteilhaft, weil es durch die unterschiedlichen datenschutzrechtlichen Regelungen in den einzelnen Mitgliedstaaten zu Problemen beim grenzüberschreitenden Verkehr der Arbeitnehmerdaten führen kann. Es ist wichtig, dass die Kommission sowohl die Belange der Arbeitnehmer als auch die Belange der Arbeitgeber in ihre Betrachtungen einbezieht.

Die RL 95/46/EG enthält grundsätzlich die wichtigsten Regelungen für Arbeitnehmerdatenschutz. Gleichzeitig soll aber die Konkretisierung der allgemeinen datenschutzrechtlichen Vorschriften gefördert werden.[149] Es wäre an die Festlegung der besonderen Voraussetzungen der Verarbeitung der Arbeitnehmerdaten zu denken, um den Rechtstraditionen in den Mitgliedstaaten gerecht zu werden.

---

148 *Britz/Schmidt*, EuR 1999, 474 f.

149 Diese Fallgruppen werden themenspezifisch erläutert.

Größere Rechtssicherheit wird dann geschaffen, wenn für Arbeitgeber wie für Arbeitnehmer möglichst weitgehende Klarheit über die Bedingungen für Verarbeitung der Arbeitnehmerdaten besteht. Statt der Überregulierung besteht hierfür Handlungsbedarf auch bei den einzelstaatlichen Regelungen. Die Rolle der nationalen Sozialpartner ist in dieser Hinsicht von grundlegender Bedeutung.

Auswirkungen der RL 95/46/EG auf das ungarische Datenschutzrecht

Umsetzung der RL 95/46/EG ins ungarische Recht

Erneuerung des allgemeinen Datenschutzes

Der Umsetzung der RL 95/46/EG zufolge wurde das allgemeine Datenschutzrecht in Ungarn umgestaltet. Die RL 95/46/EG wurde mit dem Gesetz Nr. XLVIII/2003 ins ungarische Recht umgesetzt.[150] Der Gesetzgeber hat kein selbständiges Gesetz verabschiedet, sondern die Vorschriften des Gesetz Nr. LXIII/1992 über den Schutz personenbezogener Daten und die Öffentlichkeit der Daten von öffentlichem Interesse (ungDSG) geändert hat.

Die datenschutzrechtlichen Begriffe wurden im ungDSG geändert, soweit dies zur Umsetzung der RL 95/46/EG notwendig war. Die meisten Vorschriften des ungDSG geben den relevanten Text der RL 95/46/EG wieder. Die wichtigsten datenschutzrechtlichen Grundbegriffe in der RL 95/46/EG und im ungDSG stimmen miteinander überein.

Die Umsetzung der RL 95/46/EG hat auch Auswirkungen auf den Schutz der Persönlichkeitsrechte des Betroffenen. Der Zweck des Gesetzes ist nach § 1 Abs. 1 ungDSG, zu sichern, dass jeder über seine personenbezogenen Daten selbst verfügt und öffentliche Daten erheben kann, sofern dieses Gesetz nichts anderes vorschreibt. Das Recht auf den Schutz personenbezogener Daten und die Persönlichkeitsrechte des Betroffenen dürfen, sofern ein Gesetz keine Ausnahme macht, von anderen an die Datenverarbeitung gebundenen Interessen, einschließlich der Öffentlichkeit der öffentlichen Daten, nach § 4 ungDSG nicht verletzt werden. Dadurch kommt der Schutz der Persönlichkeitrechte zum Ausdruck, die auch in Art. 1 Abs. 1 RL 95/46/EG geregelt wird und mithilfe der richtlinienkonformen Auslegung an Bedeutung gewinnen kann.

Umsetzung der wichtigsten datenschutzrechtlichen Begriffe

Der Begriff personenbezogener Daten nach dem ungDSG

Personenbezogene Daten sind nach § 2 Nr. 1 ungDSG die Daten, die mit einer bestimmten (identifizierten oder identifizierbaren) natürlichen Person (Arbeit-

---

150 Die Novellierung des ungDSG wurde am 23. Juni 2003 verabschiedet. In Kraft getreten am 1. Januar 2004.

nehmer) in Verbindung gebracht werden können, bzw. aus denen eine auf den Arbeitnehmer bezogene Schlussfolgerung gezogen werden kann. Die personenbezogenen Daten bewahren bei der Datenverarbeitung diese Eigenschaft so lange, bis ihre Verbindung mit dem Arbeitnehmer wiederhergestellt werden kann. Die Person kann insbesondere dann als identifizierbar angesehen werden, wenn man sie - direkt oder indirekt - auf Grund des Namens, des Identifikationszeichens bzw. eines oder mehrerer für ihre physische, physiologische, mentale, wirtschaftliche, kulturelle oder soziale Identität charakteristischer Faktoren identifizieren kann.

Der Begriff der personenbezogenen Daten wird im ungDSG sowie in Art. 2 lit. a der RL 95/46/EG sehr weit gefasst. Darunter fallen z.B. digitalisierte Fingerabdrücke, Video- oder Tonaufzeichnung, Sozialversicherungsnummer, Foto, E-Mail Adresse des Arbeitnehmers. Die Begriffsbestimmung des Art. 2 lit. a RL 95/46/EG und die des ungDSG entsprechen sich in vollem Umfang.

Die Identität des Arbeitnehmers muss nach § 2 Nr. 1 ungDSG bestimmt oder bestimmbar sein. Die Vorschriften über die Identifizierung des Betroffenen nach Art. 2 lit. a RL 95/46/EG werden wortwörtlich ins ungDSG umgesetzt. Die Feststellung der Identität kann vor allem auf Grund persönlicher Identifikationsmerkmale erfolgen. Nach dem Erwägungsgrund 26 RL 95/46/EG bei der Entscheidung, ob eine Person bestimmbar ist, sollten alle Mittel berücksichtigt werden, die vernünftigerweise entweder von dem Verantwortlichen für eine Verarbeitung oder von einem Dritten eingesetzt werden könnten, um die betreffende Person zu bestimmen.[151] Die Abgrenzung bei Bezug zu mehreren Arbeitnehmern ist besonders interessant z.B. hinsichtlich der automatisch erfassten Verbindungsdaten der Telefongespräche. Die Auslegung des Begriffs der personenbezogenen Daten hängt davon ab, wie viele Verantwortliche für die Datenverarbeitung bei der Herstellung der Verbindung der Daten mit dem Arbeitnehmer teilnehmen.[152]

Der Begriff der Verarbeitung nach dem ungDSG

Die Definition der Datenverarbeitung im ungDSG umfasst in Einklang mit dem Art. 2 lit. b RL 95/46/EG alle Operationen mit personenbezogenen Daten.[153] Nach § 2 Nr. 9 ungDSG ist die Datenverarbeitung ungeachtet des dabei angewendeten Verfahrens jede mit den Daten vorgenommene Operation oder die Gesamtheit der Operationen, so beispielsweise deren Sammeln, Erfassen, Systematisierung, Speicherung, Veränderung, Nutzung, Übermittlung, Veröffentlichung, Abstimmung oder Kopplung, Sperrung, Löschung und Vernichtung sowie die Verhinderung der weiteren Verwendung der Daten. Zur Datenverarbei-

---

151 Vgl. § 2 Nr. 1 ungDSG und Art. 2 a Richtlinie 95/46/EG.

152 *Jóri*, Adatvédelmi Kézikönyv, S. 101 ff.

153 Siehe Gesetzesentwurf zum ungDSG.

tung zählen auch die Anfertigung von Foto-, Ton- oder Bildaufnahmen sowie die Eingabe von physischen Kennzeichen, die zur Identifizierung einer Person geeignet sind (z.B. Finger- oder Handflächenabdruck, DNS-Muster, Irisbild).

Als Verarbeitung gilt nach § 2 Nr. 9 ungDSG z.B. die Erfassung und Speicherung von Daten bei der Videoüberwachung am Arbeitsplatz, die Erhebung von Daten mittels Personalfragebogens vor der Einstellung des Arbeitnehmers, die Auswertung und Nutzung der Daten über die Leistung des Arbeitnehmers, die Übermittlung eines Arbeitszeugnisses an Dritte, die Veröffentlichung der Daten über die Beförderung eines Arbeitnehmers und die Löschung der Daten im Personalinformationssystem.

Der Verantwortliche für die Datenverarbeitung nach dem ungDSG

Nach § 2 Nr. 8 ungDSG ist der Verantwortliche für die Datenverarbeitung die natürliche oder juristische Person bzw. Organisation ohne Rechtspersönlichkeit, die den Zweck der Verarbeitung der Daten festlegt, die auf die Datenverarbeitung (einschließlich der verwendeten Mittel) bezogenen Entscheidungen fällt und durchführt oder von dem durch sie beauftragten Datenverarbeiter durchführen lässt.

Der Verantwortliche für die Datenverarbeitung ist berechtigt, den Zweck der Datenverarbeitung festzulegen und über die Durchführung der Datenverarbeitungsschritte zu entscheiden.[154] Der Bergiff des Verantwortlichen für die Datenverarbeitung im ungDSG steht damit in Einklang mit der Definition des Art. 2 lit. d RL 95/46/EG.

Zulässigkeit der Verarbeitung personenbezogener Daten nach dem ungDSG

Die Voraussetzungen der rechtmäßigen Datenverarbeitung werden im ungDSG enger als in der RL 95/46/EG geregelt. Die in Art. 7 lit. b bis f RL 95/46/EG aufgelisteten Voraussetzungen werden im Zusammenhang mit dem Grundsatz der Zweckbindung im ungDSG geregelt.[155] Die Verarbeitung personenbezogener Daten und besonders schützenswerten Daten sind im ungDSG unterschiedlich geregelt.

Zulässigkeit der Verarbeitung personenbezogener Daten nach § 3 Abs. 1 ungDSG

Die personenbezogenen Daten können nach § 3 Abs. 1 ungDSG verarbeitet werden, wenn der Betroffene dem zustimmt oder dies von einem Gesetz angeordnet ist.

---

154 BH 2000/384.

155 § 5 Abs. 4 ungDSG.

Bezüglich der Rechtmäßigkeit der Verarbeitung personenbezogener Daten hat sich der Gesetzgeber für die Einwilligung des Betroffenen als Rechtfertigungsgrund nach § 3 Abs. 1 lit. a ungDSG entschieden.[156] Neben der Einwilligung des Betroffenen ist die „gesetzliche Anordnung“ der andere Rechtfertigungsgrund bei der Verarbeitung personenbezogener Daten nach § 3 Abs. 1 lit. b ungDSG.

Hinsichtlich der Zulässigkeit der Verarbeitung personenbezogener Daten werden im Grunde genommen nur die Anforderungen in Art. 7 lit. a RL 95/46/EG ins ungDSG umgesetzt. Nach herrschender Meinung werden daher die Voraussetzungen der Verarbeitung personenbezogener Daten ins ungDSG nicht ausreichend umgesetzt weil, die im § 3 Abs. 1 ungDSG geregelten Bedingungen im Vergleich zum Art. 7 RL 95/46/EG zu eng erfasst sind.[157] Die in Art. 7 lit. b bis f RL 95/46/EG festgelegten Voraussetzungen werden im ungDSG nicht übernommen.

Einwilligung des Arbeitnehmers zur Verarbeitung personenbezogener Daten durch den Arbeitgeber

§ 3 Abs. 1 lit. a ungDSG entspricht sich dem Art. 7 lit. a RL 95/46/EG. Im ungarischen Recht ist die Einwilligung die wesentlichste Rechtsgrundlage bei der Bewertung der Rechtmäßigkeit der Datenverarbeitung durch den Arbeitgeber im Vergleich zum Art. 7 lit. a RL 95/46/EG. Die Einwilligung der Arbeitnehmer in die Datenverarbeitung ist im Arbeitsverhälnis in der alltäglichen Praxis von großer Bedeutung.

Inhaltliche Anforderungen an die Einwilligungserklärung

Die Einwilligung bezweckt den Schutz der Selbstbestimmung und der persönlichen Autonomie.[158] Die Begriffsbestimmung des Art. 2 lit. h RL 95/46/EG und die Definition der Zustimmung im § 2 Abs. 6 ungDSG entsprechen sich in wesentlichen Teilen. Die Zustimmung ist im Sinne des ungDSG die freiwillige und ausdrückliche Äußerung des Wunsches des Betroffenen, die auf einer angemessenen Aufklärung beruht und mit der er sein unmissverständliches Einverständnis zur - vollständigen oder sich auf einzelne Operationen erstreckenden - Verarbeitung der ihn betreffenden personenbezogenen Daten erteilt.[159]

Der Betroffene muss sich über die Tragweite seiner Entscheidung bewusst sein. Die Einwilligung kann sachlich und zeitlich beschränkt geäußert werden, wodurch der Umfang der zulässig verarbeitenden Daten nicht erweitert werden darf. Die Tragweite der Einwilligung ist von dem Zweck der Datenverarbeitung

---

156 § 3 Abs. 1 lit. a ungDSG.

157 *Jóri*, Cég és Jog 11/2003, 28 ff., *Jóri*, Cég és Jog 12/2003, 7 f.

158 *Buchner*, Informationelle Selbstbestimmung im Privatrecht, S. 64.

159 § 2 Abs. 6 ungDSG.

abhängig. Die Rechtmäßigkeit der Einwilligung kann im Einzelfall beurteilt werden.[160]

Voraussetzung der „informed consent"

Die Aufklärung über die Umstände der Datenverarbeitung ist sehr wichtig, weil der Arbeitnehmer nach der Erteilung der Auskünfte darüber entscheiden kann, ob er in die Datenverarbeitung einwilligt (informed consent).[161] Der Arbeitgeber ist deshalb verpflichtet, den Arbeitnehmer über die Umstände der konkreten Verarbeitung personenbezogener Daten nach § 6 Abs. 2 ungDSG in Einklang mit Art. 10 und 11 RL 95/46/EG aufzuklären.[162]

Verweigerung der Einwilligung

Ferner ist es fraglich, ob der Arbeitnehmer seine Einwilligung zur Verarbeitung der personenbezogenen Daten verweigern kann. Die Verweigerung der Einwilligung ist besonders problematisch, wenn die Einwilligung die einzige Rechtsgrundlage zur Datenverarbeitung ist und diese zur Geltendmachung von Rechten anderer notwendig ist, z.B. der Arbeitnehmer verweigert seine Einwilligung zur Verarbeitung seiner personenbezogenen Daten über seinen Monatslohn im Zusammenhang mit der Durchsetzung des Gleichbehandlungsgrundsatzes bei der Bestimmung der Vergütungshöhe eines anderen Arbeitnehmers.

Nach den allgemeinen Grundsätzen der Rechtsausübung muss man im Einzelfall prüfen, ob die Verweigerung der Einwilligung rechtswidrig ist.[163] Das Gebot von Treu und Glauben und das Prinzip der gerechten Rechtsausübung sind maßgebend bei der Prüfung, inwieweit die Verweigerung der Einwilligung die Handlungsfreiheit vom Arbeitgeber und von Drittpersonen einschränkt.[164]

Nach § 4 Abs. 1 ungArbGB dürfen die in diesem Gesetz festgelegten Rechte und Pflichten nicht willkürlich ausgeübt bzw. erfüllt werden. Die Ausübung des Rechts ist nach § 4 Abs. 2 ungArbGB insbesondere dann willkürlich, wenn sie auf die Beeinträchtigung der berechtigten Interessen anderer, die Einschränkung bzw. Störung der Möglichkeiten, ihre Interessen geltend zu machen, bzw. die Unterdrückung ihrer Meinungsäußerung gerichtet ist oder dazu führt.

Widerruf der Einwilligung

Der Betroffene kann aufgrund des informationellen Selbstbestimmungsrechts seine Einwilligung jederzeit ohne Begründung widerrufen, soweit die Datenver-

---

160 *Ohly*, „Volenti non fit injuria" Die Einwilligung im Privatrecht, S. 19.

161 *Filho/Jeffery*, CLLPJ 2002, 551 ff.

162 Siehe § 6 Abs. 2 ungDSG.

163 § 3 Abs. 1 und § 4 ungArbGB.

164 *Kelemen*, A jóhiszeműség és tisztesség a magánjogban, S. 7; *Sárándi*, Visszaélés a joggal, S. 228.

arbeitung noch nicht vollendet ist.[165] Der Verzicht auf den Widerruf der Einwilligung ist eine übermäßige Einschränkung der Persönlichkeitsrechte, folglich ist dies rechtswidrig.[166]

Verarbeitung personenbezogener Daten aufgrund eines Gesetzes

Die Verarbeitung personenbezogener Daten ist nach § 3 Abs. 1 lit. b ungDSG zulässig, wenn dies von einem Gesetz angeordnet wird. Es gibt zahlreiche Gesetze, die die Verarbeitung der Arbeitnehmerdaten regeln.

§ 3 Abs. 1 lit. b ungDSG erweckt den Anschein, dass dieser Zulassungstatbestand die Verarbeitung abdeckt, die für die Erfüllung einer rechtlichen Verpflichtung nach Art. 7 lit. c RL 95/46/EG erforderlich ist, der der für die Verarbeitung Verantwortliche unterliegt. § 3 Abs. 1 lit. b ungDSG entspricht sich zum Teil dem Art. 7 lit. c RL 95/46/EG. Die Verarbeitung personenbezogener Daten nach § 3 Abs. 1 lit. b ungDSG umfasst in allen Fällen die Datenverarbeitung im Rahmen der Erfüllung einer rechtlichen Verpflichtung, der der für die Verarbeitung Verantwortliche unterliegt. Der Anwendungsbereich der Vorschrift des ungDSG ist daneben enger als der Geltungsbereich des Art. 7 lit. c RL 95/46/EG, weil § 3 Abs. 1 lit. b ungDSG sich auf die gesetzlich geregelten Fälle der Datenverarbeitung erstreckt. Dagegen Art. 7 lit. c RL 95/46/EG umfasst alle Arten der Verarbeitung personenbezogener Daten, die für die Erfüllung einer rechtlichen Verpflichtung erforderlich sind, abgesehen davon, dass die rechtliche Verpflichtung sich auf der Grundlage einer ausdrücklichen gesetzlichen Anordnung bezüglich der Verarbeitung der Daten beruht.

Die gesetzliche Regelung kann sowohl eine Verpflichtung zur Datenverarbeitung als auch ein Recht auf Datenverarbeitung nach § 3 Abs. 1 lit. b ungDSG enthalten, ins Recht auf den Schutz personenbezogener Daten darf daher nur auf Grund eines Gesetzes eingegriffen werden.

Zulässigkeit der Verarbeitung personenbezogener Daten nach § 3 Abs. 2 ungDSG

Die sensiblen Daten nach § 2 Nr. 2 ungDSG

Besonders schützenswerte Daten nach dem ungDSG sind personenbezogene Daten über die rassische Herkunft, die Zugehörigkeit zu einer nationalen und ethnischen Minderheit, die politische Meinung und die Parteizugehörigkeit, religiöse oder andere weltanschauliche Überzeugung, die Mitgliedschaft in einer Organisation für Interessenvertretung, den Gesundheitszustand, krankhaftes Leiden, das Sexualleben und personenbezognene Daten bei Straftaten.[167]

---

165 *Székely*, JK 5/1985, 280.

166 *Petrik*, JK 1986, 464; § 8 Abs. 2 ungArbGB.

167 § 2 Nr. 2 ungDSG.

Der Katalog der „sensiblen" Daten wird nach Art. 8 Abs. 1 RL 95/46/EG ins ungarische Recht umgesetzt, in den Schutzbereich der besonders schützenswerten Daten des ungDSG werden auch die Daten über krankhaftes Leiden und die Daten über Straftaten aufgenommen.[168]

Verarbeitung der besonders schützenswerten Daten nach § 3 Abs. 2 ungDSG

Voraussetzungen der Verarbeitung

Die besonders schützenswerten Daten können nach § 3 Abs. 2 ungDSG verarbeitet werden, wenn der Betroffene der Datenverarbeitung schriftlich zustimmt, oder ein Gesetz es zur Geltendmachung eines in der Verfassung garantierten Grundrechts sowie im Interesse der nationalen Sicherheit, der Verhütung von Straftaten oder Strafverfolgung vorschreibt oder wenn es in sonstigen Fällen durch ein Gesetz angeordnet wird. [169]

Diese Bedingungen sind auch bei der Verarbeitung der nicht besonders schützenswerten Daten maßgebend, wenn aus ihnen Folgerungen über die besonders schützenswerten Daten des Betroffenen gezogen werden können.[170] Die Verarbeitung personenbezogener Daten ist zulässig, wenn z.B. der Bewerber vor dem Ausfüllen eines Fragebogens zur Auswertung der Daten seine Zustimmung gibt oder der Arbeitnehmer der Erfassung seiner besonders schützenswerten Daten für den Plan der Chancengleichheit am Arbeitsplatz zustimmt.

Ergebnisse der Umsetzung des Art. 8 Abs. 2 RL 95/46/EG

Die Vorschriften im ungDSG über die Zulässigkeit der Verarbeitung der besonders schützenswerten Daten sind viel enger gefasst als die Anforderungen von Artikel 8 RL 95/46/EG.

Im Hinblick auf den Schutz sensitiver Daten wurde das in der Richtlinie geregeltes Verarbeitungsverbot nicht übernommen.[171] Die ausdrückliche Einwilligung des Betroffenen wird als einzige zulässige Rechtsgrundlage der Datenverarbeitung im Vergleich zum Art. 8 Abs. 2 RL 95/46/EG im ungDSG geregelt.[172] Die Vorschriften der RL 95/46/EG hinsichtlich der Qualifizierung der Rechtmäßigkeit der Verarbeitung personenbezogener Daten sind deshalb mithilfe richtli-

---

168 Nach der Legaldefinition der personenbezogenen Daten bei Straftaten nach § 2 Nr. 2 lit. b ungDSG handelt es sich um „Daten, die im Laufe des Strafverfahrens oder davor in Verbindung mit einer Straftat oder dem Strafverfahren bei den zur Durchführung des Strafverfahrens bzw. zur Aufklärung von Straftaten berechtigten Organen und ferner bei den Strafvollzugsorganen anfallenden Daten, die mit dem Betroffenen in Verbindung gebracht werden können, sowie die auf Vorstrafen bezogenen personenbezogenen Daten.

169 § 3 Abs. 2 ungDSG.

170 Gesetzesentwurf zum ungDSG.

171 Art. 8 Abs. 1 RL 95/46/EG.

172 Art. 8 Abs. 2 lit. a RL 95/46/EG; § 3 Abs. 2 lit. a ungDSG.

nienkonformer Auslegung bei der Verarbeitung der Arbeitnehmerdaten zu berücksichtigen. Die Zulässigkeitstatbestände in Art. 8 Abs. 2 lit. b bis e RL 95/46/EG werden ins ungarische Recht nicht umgesetzt. Für die sensiblen Daten gilt daher ein erhöhter Schutz nach Art. 8 Abs. 2 lit. a RL 95/46/EG, der durch § 3 Abs. 2 im ungDSG verwirklicht wird.

Zulässigkeit der Datenverarbeitung aufgrund der Datenschutzgrundsätze

Umsetzung des Art. 6 RL 95/46/EG und das ungDSG

Die in der Richtlinie enthaltenen Grundsätze über die Qualität der Daten wurden als Datenschutzgrundsätze im ungDSG konkretisiert.[173] Mithilfe der Datenschutzgrundsätze kann man im Einzelfall darüber entscheiden, ob die Verarbeitung personenbezogener Daten zulässig ist.[174] Sie spielen eine besonders wichtige Rolle, wenn die Datenverarbeitung mit der Einwilligung des Betroffenen erfolgt. Im ungDSG werden die Grundsätze von Treu und Glauben, der Zweckbindung, der Erforderlichkeit und die Kriterien der Datenqualität vorbildlich nach Art. 6 RL 95/46/EG verankert.

Datenverarbeitung nach Treu und Glauben und auf rechtmäßige Weise

Nach § 7 Abs. 1 lit. a ungDSG müssen die Erhebung und die Verarbeitung personenbezogener Daten nach Treu und Glauben und auf rechtmäßige Weise durchgeführt werden. Diese Vorschrift entspricht der Regelung des Art. 6 Abs. 1 lit. a RL 95/46/EG.

Nach dem Grundsatz von Treu und Glauben darf in die Persönlichkeitsrechte des Betroffenen nicht willkürlich eingegriffen werden und seine Autonomie und Integrität nicht verletzt werden.[175] Die Verarbeitung personenbezogener Daten verstößt gegen das Gebot von Treu und Glauben, wenn z.B. der Arbeitge-

---

173 § 5 und 6 ungDSG.

174 Die Datenschutzgrundsätze sind gesetzlich geregelte Prinzipien über die Rechtmäßigkeit der Datenverarbeitung, die die Entscheidung über die Rechtmäßigkeit der Verarbeitung personenbezogener Daten erheblich beeinflussen. Sie sind unterschiedlich kategorisiert. ILO Code of Practice enthält die folgenden Grundsätze: 5.1 das Gebot von Treu und Glauben, 5.2-5.4 Zweckbindung, 5.5-5.6 Verbot des Profilierens, 5.10 das Verbot der diskriminierenden Datenverarbeitung, 5.7 und 5.9 Prinzip der Aktualität, 5.8 und 5.11 die Beteiligung der Arbeitnehmer, 5.12 Prinzip der Vertraulichkeit, 5.13 Persönlichkeitsschutz; Die Empfehlung des Europarates (89) 2 hebt die folgenden Grundsätze hervor: 4.2 und 5.1 Zweckbindung und Proportionalität, 5.2 Datenqualität, 5.3 Treu und Glauben. Siehe *Bygrave*, Data protection law: approaching its rationale, logic and limits, S. 57 ff.

175 *Damman/Simitis*, EG-Datenschutzrichtlinie, S. 139; *Bygrave*, Data protection law: approaching its rationale, logic and limits, S. 58 f.

ber Daten über die schwache Leistung des Arbeitnehmers ohne seine Einwilligung auf dem „schwarzen Brett" veröffentlicht.

Der Arbeitgeber darf die personenbezogenen Daten des Arbeitnehmers auf rechtmäßige Weise in Einklang mit Art. 6 RL 95/46/EG verarbeiten und er muss die mit dem Datenschutz zusammenhängenden Rechte des Arbeitnehmers bewahren. Er hat z.B. den Arbeitnehmer nach Treu und Glauben von den Umständen der elektronischen Überwachung am Arbeitsplatz zu informieren.

Grundsatz der Zweckbindung

Der Grundsatz der Zweckbindung hat einen prominenten Platz unter den Datenschutzgrundsätzen, weil die Verarbeitung personenbezogener Daten eine zweckgebundene Befugnis ist.[176] Die Rechtmäßigkeit der Datenverarbeitung hängt eng mit dem konkreten Zweck zusammen. Der Zweck der Datenverarbeitung kann im Hinblick auf den Zweck des Arbeitsverhältnisses nur im Einzelfall bis ins Detail genau konkretisiert werden.[177] Der Arbeitgeber muss über den konkreten Zweck der Verarbeitung personenbezogener Daten z.B. Mitarbeiterbeurteilung, Lohnabrechnung, Förderungsmaßnahmen, Disziplinarverfahren, Zeiterfassung, Qualitätskontrolle dem Arbeitnehmer angeben und über die Änderung des Verarbeitungskontexts dem Arbeitnehmer Auskunft geben.

Nach § 5 Abs. 1 Satz 1 ungDSG dürfen personenbezogene Daten nur zu einem bestimmten Zweck, zur Ausübung eines Rechts und zur Erfüllung einer Pflicht verarbeitet werden.[178] Die Datenverarbeitung muss nach § 5 Abs. 1 Satz 2 ungDSG in jedem Abschnitt diesem Zweck entsprechen. Der Ausdruck „festgelegter, eindeutiger und rechtmäßiger Zweck" wird im ungDSG nicht verwendet, aber trotz dieses Mangels, kann die Verarbeitung der Daten nach den Stellungnahmen des ungarischen Datenschutzbeauftragten zu einem konkreten und zulässigen Zweck durchgeführt werden.[179] Das ungDSG entspricht dadurch dem Art. 6 Abs. 1 lit. b RL 95/46/EG vorgesehenen Grundsatz der Zweckbindung.

Einige Zwecke werden sogar im ungDSG bestimmt, sind aber sehr abstrakt formuliert. Nach § 5 Abs. 4 ungDSG können die personenbezogenen Daten – entweder mit Zustimmung des Betroffenen oder auf Grund einer Rechtsvorschrift – insbesondere dann verarbeitet werden, wenn dies eine Aufgabe von öffentlichem Interesse oder zur Erfüllung der gesetzlichen Pflicht des Verantwortlichen für die Datenverarbeitung, zur Ausübung der amtlichen Aufgaben des Verantwortlichen oder des die Daten übernehmenden Dritten, zum Schutz der lebenswichtigen Interessen des Betroffenen, zur Erfüllung des zwischen dem

176 *Siehe* 15/1991. (IV. 13.) Entscheidung des ungarischen Verfassungsgerichts, ABH 1991, 39 ff.

177 *Román,* A munkajog alapintézményei II., S. 143; *Kiss*, Munkajog, S. 149.

178 § 5 Abs. 1 Satz 1 ungDSG.

179 *Jóri*, Adatvédelmi kézikönyv, S. 206.

Betroffenen und dem Verantwortlichen für die Datenverarbeitung zustande gekommenen Vertrags, zur Geltendmachung der berechtigten Interessen des Verantwortlichen für die Datenverarbeitung oder eines Dritten bzw. zur rechtmäßigen Betätigung gesellschaftlicher Organisationen notwendig ist. Es ist bemerkenswert, dass diese Fallgruppen nicht unter den Zulassungstatbeständen nach Art. 7 RL 95/46/EG sondern hinsichtlich des Grundsatzes der Zweckbindung ins ungDSG umgesetzt werden.

Die Erhebung der Daten über die Alkoholkrankheit ist z.B. mit dem Grundsatz der Zweckbindung vereinbar, wenn die Erhebung dieser Daten notwendig ist, um die Eignung des Bewerbers für eine Arbeit im Sicherheitsdienst mit erhöhter Konzentrationsfähigkeit zu bewerten. Die Erhebung der Daten über Vorstrafen des Arbeitnehmers verstößt z.B. gegen den Grundsatz der Zweckbindung, wenn sie zum Zweck der Entscheidung über die Beförderung eines tadellosen Arbeitnehmers erhoben werden.

Grundsatz der Erforderlichkeit

Der Grundsatz der Erforderlichkeit nach § 5 Abs. 2 ungDSG bezieht sich auf mehrere Anforderungen gegenüber dem Arbeitgeber. Es dürfen nur personenbezogene Daten verarbeitet werden, die zur Realisierung des Zwecks der Datenverarbeitung unerlässlich bzw. zum Erreichen des Zwecks geeignet sind, und nur in dem Umfang und für die Zeit, wie es zur Realisierung des Zwecks erforderlich ist. Dieser Grundsatz enspricht dem Art. 6 Abs. 1 lit. c und e RL 95/46/EG.

Für die Erforderlichkeit sind der Umfang der personenbezogenen Daten und die zeitliche Dimension der Datenverarbeitung ausschlaggebend.[180] Bei der Bestimmung des erforderlichen Umfangs der Daten ist auf die Durchführung der Rechte und Pflichten der Parteien im Anbahnungsverhältnis, im Arbeitsverhältnis oder während und nach der Beendigung des Arbeitsverhältnisses abzustellen. Der Arbeitgeber darf die in dem konkreten Fall unerlässlichen Daten verarbeiten.[181] Er darf keine Angaben z.B. über die familiären Verhältnisse oder die persönliche Lebensgestaltung vom Bewerber erlangen, wenn diese Daten für die Erfüllung der arbeitsrechtlichen Pflichten nicht erforderlich sind. Die Verarbeitung der Daten wäre z.B. rechtswidrig, wenn der Arbeitgeber aufgrund der Angaben über das Privatleben des Arbeitnehmers seine Beförderung ablehnen würde. Die Übermittlung der personenbezogenen Daten in anonymisierter Form ist vorrangig im Vergleich zur Datenübermittlung in nicht anonymisierter Form

180 *Bygrave*, Data protection law: approaching its rationale, logic and limits, S. 59 f.; *Jóri*, Adatvédelmi kézikönyv, S. 218.

181 „Je weiter die Verarbeitung personenbezogener Daten geht, desto mehr ist auch der Kern der Persönlichkeit des Einzelnen und dessen Würde betroffen.“ *Buchner*, Informationelle Selbstbestimmung im Privatrecht, S. 86.

z.B. beim Betriebsübergang. Der Grundsatz der Erforderlichkeit ist verletzt, wenn z.B. der Grund der Beendigung des Arbeitsverhältnisses im Zeugnis aufgeführt wird und das sonst auf die Beurteilung der Arbeitsleistung des Arbeitnehmers tatsächlich nicht auswirkt.

Die Verarbeitung der Daten ist in zeitlicher Hinsicht erforderlich, wenn die Verarbeitungsschritte nach Treu und Glauben aktuell notwendig sind. Der Grundsatz der Erforderlichkeit ist verletzt, wenn der Arbeitgeber z.B. Prognosedaten zur Beurteilung der Eignung des Bewerbers erhebt. Zur Erforderlichkeit gehört auch die Proportionalität von Zweck und Mittel.[182] Aufgrund des Grundsatzes der Erforderlichkeit soll die totale Durchleuchtung der Persönlichkeit des Betroffenen verhindert werden. Der Arbeitgeber darf z.B. kein Persönlichkeitsprofil über den Arbeitnehmer erstellen.

Datenqualität

Die verarbeiteten personenbezogenen Daten müssen den folgenden Anforderungen nach § 7 lit. b und c ungDSG entsprechen: sie müssen präzise, vollständig und, wenn notwendig, aktuell und die Art ihrer Speicherung dazu geeignet sein, dass der Betroffene nur für die zum Speichern erforderliche Zeit identifiziert werden kann.[183] In Bezug auf Art. 6 Abs. 1 lit. d und e RL 95/46/EG hat der Gesetzgeber die Grundsätze der Verarbeitung personenbezogener Daten vollständig umgesetzt.

Die Voraussetzungen über die Datenqualität erfordern das Erstellen eines authentischen Bildes des Betroffenen. Dieser Grundsatz wäre verletzt, wenn z.B. der Arbeitgeber sich aufgrund eines Horoskops für die Kündigung des Arbeitnehmers entscheidet.

Der Arbeitgeber muss wahre und richtige Daten über den Arbeitnehmer an einen Dritten mitteilen. Er verletzt z.B. den guten Ruf des Arbeitnehmers, wenn die Behauptung einer Tatsache objektiv unwahr ist und inhaltlich verletzend, und sie die Beurteilung des Betroffenen negativ beeinflussen kann.[184] Der Arbeitgeber ist z.B. verpflichtet, die Telefondaten richtig zu erfassen, um die Kosten der Telefonnutzung am Arbeitsplatz gerecht zu verteilen.

Die Werturteile über den Arbeitnehmer müssen wahrheitsgemäß erfasst werden. Die Anwendung des Lügendetektors ist z.B. zur Überprüfung der Richtigkeit der Aussagen des Arbeitnehmers unzulässig.[185] Diese Methode kann zur Durchsetzung des Grundsatzes der Datenqualität nicht angewendet werden, weil das die Persönlichkeitsrechte des Arbeitnehmers unverhältnismäßig beeinträch-

---

182 *Balogh*, JK 1997, 274.

183 § 7 Abs. 1 lit. b-c ungDSG.

184 BH 2001/469, BH 2002/135, BH 2002/223.

185 (354/A/2000) ABI 2000, 244 ff.; (940/K/2008) ABI 2008, (363/P/2009), (369/P/2009) ABI 2009.

tigen würde. Die Auswertung der physiologischen Merkmale der Änderung des Zustandes des Betroffenen zur Beurteilung der Eignung des Bewerbers für eine Stelle oder im Arbeitsverhältnis verstößt auch gegen den Grundsatz der Erforderlichkeit.[186]

Nach dem Grundsatz der Datenqualität hat der Arbeitgeber den Personenbezug der Daten insbesondere durch technische Maßnahmen z.B. bei der Kontrolle der Nutzung elektronischer Geräte am Arbeitsplatz oder bei der Videoüberwachung zu minimieren.

Der Grundsatz über die Qualität der Daten wäre verletzt, wenn z.B. der Arbeitgeber unrichtige Daten über die fachlichen Kenntnisse des ehemaligen Arbeitnehmers im Internet veröffentlichen würde.

Bewertung der Umsetzung des Art. 6 RL 95/46/EG ins ungarische Recht

Nach der Stellungnahme der Datenschutzgruppe hat der Arbeitgeber bei der Verarbeitung personenbezogener Daten die elementaren Datenschutzgrundsätze wie folgt zu beachten: Zweckbindung, Transparenz, Zulässigkeit, Verhältnismäßigkeit, sachliche Richtigkeit und Aufbewahrung der Daten, Sicherheit und Sensibilisierung der Beschäftigten. Diese Anforderungen werden in Art. 6 bzw. Art 7 und 8 RL 95/46/EG geregelt und sie sind hinsichtlich jeder Art der Verarbeitung personenbezogener Daten im Arbeitsverhältnis anzuwenden.[187]

Ferner hat sie betont, dass Artikel 6, 7 und 8 kumulative Wirkung haben.[188] Die in Art. 6 aufgeführten Grundsätze sind unerlässlich für die Schutzwirkung der Richtlinie bezüglich der Verarbeitung der Arbeitnehmerdaten. Im ungarischen Recht sind die Datenschutzgrundsätze von erheblicher Bedeutung, weil sie die Anwendung des Rechtfertigungsgrundes der Einwilligung ergänzen. Die Grundsätze in Bezug auf die Qualität der Daten nach Art. 6 RL 95/46/EG werden ins ungarische Recht makellos umgesetzt, die mithilfe der richtlinienkonformen Auslegung weiterentwickelt werden können.

Konkretisierung der Kriterien der Interessenabwägung und die Datenschutzgrundsätze

Interessenabwägung als Methode für die Rechtfertigung der Datenverarbeitung

Beim Vorliegen der Einwilligung des Betroffenen in die Datenverarbeitung muss anhand der Datenschutzgrundsätze geprüft werden, ob das Recht auf

186 Zur Funktionen des Lügendetektors *siehe Bollók,* BSZ 1987, 41 et seq; *Agárdi/Kármán*, BSZ 1999, 96 et seqq.; *Orosházi/Németh/Faragó*, BSZ 2000, 111.

187 *Artikel-29-Datenschutzgruppe*, Stellungnahme 8/2001, 21.

188 *Artikel-29-Datenschutzgruppe*, Stellungnahme 8/2001, 21.

Schutz personenbezogener Daten verletzt ist.[189] Die Rechtmäßigkeit der Verarbeitung personenbezogener Daten kann mithilfe einer Interessenabwägung ermittelt werden, die im Arbeitsverhältnis spezielle Merkmale aufweist.[190] Der Kontext der Datenverarbeitung, die Art der personenbezogenen Daten, die Natur der Datenverarbeitungsschritte, die Eigenschaften des Arbeitgebers und der Typ der Arbeitsleistung beeinflussen die Auslegung der Datenschutzgrundsätze im Einzelfall.[191]

Der Persönlichkeitsschutz setzt die Untersuchung der Interessen der Parteien voraus.[192] Es ist zu klären, ob die mit dem Datenschutz zusammenhängenden Interessen des Arbeitgebers und des Arbeitnehmers rechtlich schützenswert sind und es einen Zusammenhang zwischen einem anerkannten Grundsatz und einem schutzwürdigen Interesse gibt.[193] Die Interessen des Arbeitgebers an der Verarbeitung personenbezogener Daten sind mannigfaltig (z.B. Stärkung der Wettbewerbsfähigkeit, Vorbeugung der Straftaten im Betrieb, Schutz des Lebens und der Gesundheit der Arbeitnehmer).[194] Die Interessen des Arbeitnehmers am Schutz seiner personenbezogenen Daten müssen hinsichtlich des konkreten Sachverhalts analysiert werden.[195] Die billigenswerten Interessen müssen durch einen Vergleich ausgewählt werden und man muss darüber entscheiden, ob die berechtigten Interessen des Arbeitgebers die schützenswerten Interessen des Arbeitnehmers überwiegen. Bei der Durchsetzung des Interesses des Arbeitgebers dürfen die Belange des Arbeitnehmers nicht unverhältnismäßig beeinträchtigt werden.[196]

---

189 *Canaris*, Juristische Blätter 4/1991, 209; Artikel-29-Datenschutzgruppe: Stellungnahme 8/2001, 14, 17; *Delaporte*, D. Soc 4/2001, 405 ff; *Földesi*, Állam- és Jogtudomány 1-2/2003, 36 f.

190 *Canaris*, Juristische Blätter 4/1991, 209; Artikel-29-Datenschutzgruppe: Stellungnahme 8/2001, 14, 17; *Delaporte*, D. Soc 4/2001, 405 ff; *Vigneau*, CLLPJ 2002, 507 ff.; *Földesi*, Állam- és Jogtudomány 1-2/2003, 36 f.

191 6, 7, 8 ILO code of practice; 4, 5, 6, 8, 10, 14 Empfehlung des Europarates Nr. (89) 2.

192 *Mauczka*, in: Festschrift zur Jahrhundertfeier des Allgemeinen Bürgerlichen Gesetzbuches 1. Juni 1911, S. 279; *Szladits*, in: *Szladits* (Hrsg.), Magyar magánjog, Általános rész, személyi jog, S. 184; *Hubmann*, Das Persönlichkeitsrecht, S. 159 ff.; *Brosette*, Der Wert der Wahrheit im Schatten des Rechts auf informationelle Selbstbestimmung, S. 260 ff.; *Sólyom*, JK 1984, 669; Kritisch *Druey*, Information als Gegenstand des Rechts, S. 212.

193 *Kis*, Vannak-e emberi jogaink?, S. 100; *Baston-Vogt*, Der sachliche Schutzbereich des zivilrechtlichen allgemeinen Persönlichkeitsrechts, S. 152 ff.

194 *Craig*, Privacy and Employment Law, S. 5 ff., 16 ff., 53 ff.; *Goldberg*, in: *Blanpain* (Hrsg.), Labour Law, Human Rights and Social Justice Liber Amicorum of Ruth Ben-Israel, S. 166 f.; *Jeffery*, CLLPJ 2002, 262.

195 *Kelly*, ILR, 1/2000, 9.

196 *Román*, in: *Ádám* (Hrsg.), Alapjogok és alkotmányozás, Az emberi jogok szabályozása az új Alkotmányban, S. 215.

Die Methode der Interessenabwägung kann aber nicht in jedem Fall im Arbeitsverhältnis angewendet werden, wenn z.B. eines der gegenüberstehenden Interessen durch ein subjektives Recht unterstützt wird. Der Zweck der Datenverarbeitung muss in diesem Fall festgestellt werden.[197] Das Interesse ist nicht billigenswert, wenn es die Rechte sowie die Persönlichkeitsrechte der anderen verletzt.

Die Merkmale, die die Interessenabwägung prägen, können nur exemplarisch hervorgehoben werden. Im Folgenden werden einzelne Probleme der Gewichtung der Interessen aufgezeigt.

Interessen des Arbeitgebers im Tendenzbetrieb

Zweck der Datenverarbeitung

Die Tendenzverfolgungsinteressen des Arbeitgebers und die persönlichkeitsrechtlichen Interessen des Arbeitnehmers sind miteinander schwierig vereinbar.[198] Der Tendenzbetrieb funktioniert auf ein gewisses Ziel ausgerichtet und verfolgt bestimmte Zwecke z. B. politische, konfessionelle, wissenschaftliche, künstliche, karitative.[199]

Nur einzelne Aspekte des Tendenzbetriebs werden im Gesetz erfasst.[200] Der Tendenzschutz bezieht sich auf zweierlei Tätigkeiten nach dem geltenden Recht, die an die religiöse oder andere weltanschauliche Überzeugung oder an die Zugehörigkeit zu einer nationalen oder ethnischen Minderheit anknüpfen. Ungeachtet der Vorschriften des GGFC existieren aber andere Tätigkeiten mit der Tendenzeigenschaft. Folglich müssen die Merkmale des Tendenzbetriebs im Einzelfall geprüft werden. Das Ziel und die Art der Tätigkeit des Arbeitgebers sind zu untersuchen, die Aufgaben des Arbeitnehmers sind auch von Relevanz und das Ausmaß der Verpflichtung zur Folgung des Ziels des Arbeitgebers ist speziell zu betrachten.

Es ist fraglich, ob dieses Ziel die Rechtmäßigkeit der Verarbeitung personenbezogener Daten beeinflussen kann, und inwieweit der Arbeitgeber die Da-

197 *Gellért* (Hrsg.), A Polgári Törvénykönyv Magyarázata, S. 48 f.

198 *Neumann-Duesberg*, BB 1973, 950; *Waquet*, L'Entreprise et les Libertés du Salarié, S. 146.

199 *Frey*, Der Tendenzbetrieb im Recht der Betriebsverfassung und des Arbeitsverhältnisses, S. 30; Im ausländischen Schrifttum wird dieses Thema ausführlich behandelt. Siehe *Reuss*, RdA 1956, 210 f.; *Neumann-Duesberg*, BB 1973, 949 ff.; *Buchner*, ZfA 1979, 346 ff.; *Savatier*, D. Soc. 1/1990, 54; *Lyon-Caen*, Les libertés publiques et l'emploi, S. 60; „les enterprises affinitaires" *Ray*, D. Soc. 5/1991, 382 ff.; *Rudolph*, Stellenbewerbung und Datenschutz, S. 43; *Löwisch*, FS Wlotzke, S. 382 ff.; *Waquet*, L'Entreprise et les Libertés du Salarié, S. 145 f.; *Le Goff*, Droit du travail et société Les relations individuelles de travail, S. 483 f.; *Bauschke*, ZTR 2/2006, 70; *Scheriau*, AiB 3/2006, 146.

200 § 22 lit. b GGFC.

ten des Arbeitnehmers im Tendenzbetrieb im Hinblick auf das spezielle Ziel des Betriebs verarbeiten darf.

Rechtmäßigkeit der Verarbeitung personenbezogener Daten im Tendenzbetrieb

Die Zulässigkeit der Datenverarbeitung ist hinsichtlich der Rechte und der Pflichten des Arbeitnehmers im Tendenzbetrieb zu prüfen. Es ist zu bejahen, dass die Datenverarbeitung angesichts des speziellen Ziels des Arbeitgebers spezifiziert und erweitert werden kann. Die Rechtfertigungsgründe der Datenverarbeitung müssen mithilfe der Datenschutzgrundsätze im Einzelfall geprüft werden. Der Arbeitgeber darf z.B. Daten über die Parteizugehörigkeit des Bewerbers für eine verantwortungsvolle Stelle in der Druckerei der Partei erheben.

Es ist umstritten, inwieweit der Arbeitnehmer tendenztreu sein muss und wie sich das auf die Rechtmäßigkeit der Datenverarbeitung auswirkt. Hinsichtlich der Tendenzträger wird anerkannt, dass der Arbeitnehmer verpflichtet ist, zur Verwirklichung der Tendenz beizutragen.[201] Bei den mit der Tendenz unmittelbar nicht zusammenhängenden Tätigkeiten darf der Arbeitnehmer sich nicht tendenzwidrig verhalten.[202] Tendenzträger und Nichttendenzträger müssen bei der Beurteilung der Rechtmäßigkeit der Verarbeitung personenbezogener Daten unterschiedlich behandelt werden. Die Sekretärin der Partei muss z.B. die Tätigkeit der Partei aktiv fördern, dagegen ist die Putzfrau nur verpflichtet, das Ziel der Tendenz zu beachten. Der Arbeitgeber kann diesbezüglich Daten über das Verhalten der Arbeitnehmer rechtmäßig erheben.

Interessen des Arbeitnehmers unter speziellen Arbeitsbedingungen

Nach geltendem Recht können die Arbeitsbedingungen im Anwendungsbereich des ungArbGB durch die Parteien im Arbeitsverhältnis ausgehandelt werden. Die Maßstäbe des Bewertens der Rechtmäßigkeit der Datenverarbeitung variieren demgemäß von Fall zu Fall.

Der Inhalt der auszuübenden Tätigkeit und die Arbeitsbedingungen beeinflussen die Beurteilung der Zulässigkeit der Datenverarbeitung durch den Arbeitgeber. Als Beispiel ist der Arbeitnehmer am Telearbeitsplatz zu erwähnen.

Im ungArbGB werden die Bedingungen der Verarbeitung personenbezogener Daten des Arbeitnehmers am Telearbeitsplatz gesondert geregelt.[203]

---

201 *Neumann-Duesberg*, BB 1973, 951 f.; *Buchner*, ZfA 1979, 349 f.

202 *Röper*, NJW 1975, 1873 f.

203 § 192/D ungArbGB Im Sinne dieses Gesetzes ist ein Telearbeit verrichtender Arbeitnehmer: der Arbeitnehmer, der eine in den Tätigkeitsbereich des Arbeitgebers fallende Tätigkeit regelmäßig an einem von ihm gewählten Ort, der nicht der Sitz bzw. die Niederlassung des Arbeitgebers ist, mit informationstechnologischen und EDV-Mitteln verrichtet und das Ergebnis der Arbeitsverrichtung mit elektronischen Mitteln weiterleitet; *Paál* (Hrsg.), Távmunka tanácsadó, S. 70; *Makó/Keszi/Mester*, Társadalomkutatás 2-3/2004, 220.

Der Umfang der Datenverarbeitung hängt vom Ausmaß der Kontrollrechte des Arbeitgebers ab. [204] Die Konkretisierung der Arbeitsbedingungen wird den Parteien überlassen, die die datenschutzrechtlichen Aspekte der Abwicklung des Arbeitsverhältnisses festlegen können.[205]

Der Arbeitgeber hat spezielle Pflichten zu erfüllen. Er darf die Daten in Verbindung mit der Erreichbarkeit des die Telearbeit verrichtenden Arbeitnehmers über elektronische Mittel dem Dritten nur in den im Gesetz festgelegten Fällen oder mit Zustimmung des die Telearbeit verrichtenden Arbeitnehmers übergeben.[206] Für die Bedingungen des Schutzes der im Laufe der Arbeitsverrichtung verwendeten bzw. angefallenen Daten muss der Arbeitgeber sorgen.[207]

Ausübung der Rechte des Betroffenen bezüglich der Datenverarbeitung nach dem ungDSG

Die Vorschriften des ungDSG sind im Arbeitsverhältnis anzuwenden, weil die arbeitsrechtlichen Regelungen keine Vorgaben bezüglich der Ausübung der datenschutzrechtlichen Rechte des Arbeitnehmers enthalten. Der Arbeitnehmer kann daher aufgrund des „Rechts auf informationelle Selbstbestimmung“ die Verarbeitung personenbezogener Daten „kontrollieren“, welche Befugnisse im ungDSG verankert werden.[208]

Information und Transparenz

Der Arbeitgeber ist verpflichtet, den Arbeitnehmer über die wichtigsten Faktoren der Verarbeitung personenbezogener Daten zu informieren. Nach § 6 Abs. 2 ungDSG ist der Betroffene - eindeutig und detailliert über alle mit der Verarbeitung seiner Daten verbundenen Fakten, insbesondere über den Zweck und die Rechtsgrundlage der Datenverarbeitung, die Identität der zur Datenverarbeitung und Datenverarbeitung im Auftrag berechtigten Person, die Dauer der Datenverarbeitung bzw. darüber zu informieren, wem die Daten bekannt gemacht werden können. Die Information muss sich auch auf die Rechte und die Möglichkeit der Inanspruchnahme eines Rechtswegs durch den Betroffenen hinsichtlich der Datenverarbeitung erstrecken.

§ 6 Abs. 2 ungDSG steht in Einklang mit Art. 10 und 11 RL 95/46/EG, weil die wichtigsten Anforderungen der Richlinie ins ungarische Recht wortwörtlich

---

204 § 192/G Abs. 1 ungArbGB; *Bankó,* JURA 2/2004, 8.

205 § 192/E Abs. 1 lit. b ungArbGB Die Parteien müssen sich über die Bedingungen der zur Ausübung der sich aus dem Arbeitsverhältnis ergebenden Rechte und zur Erfüllung der Pflichten notwendigen Kontakthaltung zwischen dem Arbeitgeber und dem Telearbeit verrichtenden Arbeitnehmer vereinbaren.

206 § 192/E Abs. 7 ungArbGB.

207 § 192/E Abs. 8 ungArbGB *siehe* Kapitel III über die Ausübung des Einsichtsrechts des Arbeitgebers bei der Kontrolle der Telearbeit aus datenschutzrechtlicher Sicht.

208 §§ 11-16/A ungDSG.

umgesetzt werden. Die im § 6 Abs. 2 ungDSG festgelegten Informationen stimmen mit der in der Richtlinie geregelten Informationen grundsätzlich überein.

Das ungDSG verzichtet auf eine Differenzierung zwischen der Datenerhebung bei dem Betroffenen (Art. 10) oder bei einem Dritten (Art. 11). § 6 Abs. 2 ungDSG regelt beide Fälle der Datenerhebung gleichermaßen hinsichtlich der Rechte des Betroffenen. Das Gesetz stellt nicht auf den Unterschied Erhebung beim Betroffenen oder nicht beim Betroffenen.

Einige Unterschiede zwischen den Regelungen sind zu bemerken. Die Unterrichtung entfällt z.B. auch nicht nach § 6 Abs. 2 ungDSG im Gegensatz zum Art. 10 lit. c RL 95/46/EG, wenn die Voraussetzung über die Notwendigkeit der Information zur Gewährleistung der Verarbeitung nach Treu und Glauben nicht erfüllt ist.

Ferner werden die Informationen zur Frage, ob die Beantwortung der Fragen verpflichtend oder freiwillig ist sowie mögliche Folgen einer unterlassenen Beantwortung in Art. 10 lit. c RL 95/46/EG im ungDSG nicht geregelt. Die Informationen über die verarbeiteten Datenkategorien werden auch nicht im ungDSG nach Art. 11 lit. c RL 95/46/EG übernommen.

Auskunftsrecht

Der Arbeitnehmer hat ein Auskunftsrecht. [209] Er kann vom Arbeitgeber verlangen, im nach § 12 Abs. 1 Satz 1 ungDSG bestimmten Maße über die erhobenen Daten und über die einzelnen Schritte der Datenverarbeitung informiert zu werden.

Nach § 12 Abs. 1 Satz 1 ungDSG erteilt der Verantwortliche für die Datenverarbeitung auf Antrag des Betroffenen eine Auskunft über die durch ihn verarbeiteten bzw. durch den von ihm beauftragten Auftragsverarbeiter verarbeiteten Daten des Betroffenen, den Zweck, die Rechtsgrundlage bzw. die Dauer der Datenverarbeitung, den Namen, die Anschrift (den Sitz) und die mit der Datenverarbeitung zusammenhängende Tätigkeit des Auftragsverarbeiters und ferner darüber, wer und zu welchem Zweck die Daten erhält oder erhalten hat.

Der Arbeitgeber muss z.B. den Arbeitnehmer über den Namen des Graphologen informieren, dem er die Schriftprobe des Arbeitnehmers schickt und über die Prinzipien der Auswertung der Handschrift.

Der Arbeitgeber muss dem Arbeitnehmer die im § 12 Abs. 1 ungDSG genannten Auskünfte erteilen, die in Art. 12 lit. a RL 95/46/EG geregelt werden. Im § 12 Abs. 1 ungDSG werden die Informationen über die Herkunft der Daten ausdrücklich nicht erwähnt. Im Vergleich zum Art. 12 lit. a RL 95/46/EG wird

---

209 (237/A/1996) ABI 1995-1996,70; (714/A/2002) ABI 2002, 77 f.; (229/A/2005, 693/A/2005) ABI 2005, 85; 167/A/2006-3, ABI 2006.

aber die Rechtsgrundlage der Datenverarbeitung vom Auskunftsrecht des Betroffenen erfasst.

Anders als Art. 12 Abs. 1 RL 95/46/EG wird im § 12 ungDSG nicht ausdrücklich ausgeführt, dass die Auskunft in „angemessenen Abständen" und „ohne zumutbare Verzögerung" erfolgen sollte. Diese Grundsätze werden aber durch Festlegung von Fristen im § 12 Abs. 2 ungDSG klargestellt. Der Verantwortliche für die Datenverarbeitung muss die Auskunft innerhalb kürzester Zeit nach der Einreichung des Antrags, höchstens jedoch innerhalb von 30 Tagen schriftlich, in allgemein verständlicher Form erteilen.[210]

Der Arbeitnehmer kann auf das Auskunftsrecht nicht verzichten. Der Arbeitgeber darf die Erteilung der Auskunft dem Betroffenen nur dann verweigern, wenn das Gesetz dies in den in § 16 des ungDSG festgelegten Fällen ermöglicht.[211] Der Verantwortliche für die Datenverarbeitung ist verpflichtet, dem Betroffenen den Grund für die Verweigerung der Auskunft mitzuteilen.[212]

Die Auskunft ist unter bestimmten Voraussetzungen in Einklang mit dem Art. 12 lit. a RL 95/46/EG unentgeltlich. Die Erteilung der Auskunft ist nach § 12 Abs. 3 Satz 1 ungDSG kostenlos, wenn der Antragssteller beim Verantwortlichen für die Datenverarbeitung im laufenden Jahr noch keinen auf den gleichen Bereich bezogenen Auskunftsantrag eingereicht hat. In sonstigen Fällen kann eine Kostenerstattung nach § 12 Abs. 3 Satz 2 ungDSG festgelegt werden. Eine bereits gezahlte Kostenerstattung ist nach § 12 Abs. 3 Satz 3 ungDSG zurückzuzahlen, wenn die Daten rechtswidrig verarbeitet wurden oder der Antrag auf Auskunft zu einer Berichtigung geführt hat.

Recht auf Datenkorrektur

Der Betroffene hat das Recht die Berichtigung der personenbezogenen Daten nach § 14 Abs. 1 ungDSG in Einklang mit dem Art. 12 lit. b RL 95/46/EG zu beantragen. Der Arbeitnehmer hat ein berechtigtes Interesse an der Richtigkeit seiner Daten, weil die Entscheidung des Arbeitgebers durch falsche Angaben z.B. in einer Referenz negativ beeinflusst werden kann.

Die nicht der Wahrheit entsprechenden personenbezogenen Daten sind vom Arbeitgeber zu berichtigen.[213] Er muss von sich aus die unrichtigen Daten korrigieren.

Es ist fraglich, welche personenbezogenen Daten als unrichtig anzusehen sind, deshalb muss im Einzelfall ermittelt werden, ob die Daten, die Werturteile, die aus den Daten deduzierten Konsequenzen und die persönlichen Ansichten als richtig berücksichtigt werden können.

---

210 § 12 Abs. 2 ungDSG.
211 § 13 Abs. 1 ungDSG.
212 § 13 Abs. 2 ungDSG.
213 § 14 Abs. 1 ungDSG.

Die Voraussetzungen der Berichtigung der Daten werden im ungDSG nicht ausführlich festgeschrieben. Die Frist der Berichtigung ist von großer Bedeutung, sie wurde aber weder im ungDSG noch in der RL 95/46/EG geregelt. Die verfahrensrechtlichen Garantien des Rechts auf Berichtigung und die Einzelheiten der Durchführung der Berichtigung fehlen im ungarischen Recht.

Anspruch auf Löschung

Der Arbeitnehmer kann die Löschung seiner Daten aus den im ungDSG festgelegten Gründen verlangen.[214] Nach § 14 Abs. 2 ungDSG sind die personenbezogenen Daten zu löschen, wenn ihre Verarbeitung rechtswidrig ist; der Betroffene dies - nach § 11 Abs. 1 lit. b ungDSG - beantragt; sie unvollständig oder falsch sind - und dieser Zustand rechtmäßig nicht korrigiert werden kann -, vorausgesetzt, dass ein Gesetz die Löschung nicht ausschließt; der Zweck der Verarbeitung personenbezogener Daten weggefallen oder die in einem Gesetz festgelegte Frist für die Speicherung der Daten abgelaufen ist; das Gericht oder der Datenschutzbeauftragte dies angeordnet hat.[215]

Von der Berichtigung und dem Löschen sind der Betroffene sowie alle Personen in Einklang mit Art. 12 lit. c RL 95/46/EG zu benachrichtigen, denen die Daten früher zum Zweck der Datenverarbeitung übermittelt worden waren.[216] Von einer Benachrichtigung kann abgesehen werden, wenn dies angesichts des Zwecks der Verarbeitung personenbezogener Daten die berechtigten Interessen des Betroffenen nicht verletzt.[217]

Die Frist zur Löschung wird nicht gesetzlich geregelt. Es ist zu beachten, dass nach der Erfüllung des Zwecks der Datenerhebung die Daten des Arbeitnehmers gelöscht werden müssen. Nach der Beendigung des Arbeitsverhältnisses kann die Frist zur Löschung mit Rücksicht auf die spätere gerichtliche Geltendmachung der Ansprüche des Arbeitnehmers vom Arbeitgeber gesetzt werden. Nach den Stellungnahmen des ungarischen Datenschutzbeauftragten dürfen die personenbezogenen Daten des Arbeitnehmers nach dem Ablauf der gesetzlichen Fristen zum Einlegen eines Rechtsmittels gelöscht werden.[218]

Die dargestellte Vorschrift des ungDSG steht in Einklang mit Art. 12 lit. b RL 95/46/EG und sie genügt den Anforderungen des Artikels 12 lit. b und c RL 95/46/EG.

Das Recht auf Sperrung von Daten wird im ungDSG nicht geregelt, die Mitgliedstaaten können aber mit anderen rechtlichen Instrumenten als mit der

---

214 Löschen ist das Unkenntlichmachen gespeicherter personenbezogener Daten derart, dass sie nicht mehr wiederhergestellt werden können. § 2 Nr. 12 ungDSG.

215 § 14 Abs. 2 lit. a bis e ungDSG.

216 § 15 Satz 1 ungDSG.

217 § 15 Satz 2 ungDSG.

218 (570/K/2002) ABI 2002, 77.

Sperrung den Schutz des Betroffenen zu erreichen.[219] Die Sperrung wird im ungDSG hinsichtlich des Einspruchsrechts vorgesehen.[220]

Einspruchsrecht

Der Arbeitnehmer hat ein Einspruchsrecht nach dem ungDSG, das nach dem Art. 14 der RL 95/46/EG in das Gesetz aufgenommen wird.[221] Der Betroffene kann gegen die Verarbeitung seiner personenbezogenen Daten Einspruch erheben, wenn die Verarbeitung (Übermittlung) der personenbezogenen Daten ausschließlich zur Geltendmachung des Rechts oder berechtigten Interesses des Verantwortlichen für die Datenverarbeitung oder der Daten übernehmenden Person notwendig ist, ausgenommen, wenn die Datenverarbeitung durch ein Gesetz angeordnet wurde oder ein Gesetz im Übrigen die Ausübung des Einspruchsrechts ermöglicht.[222]

Der Verantwortliche für die Datenverarbeitung muss - bei gleichzeitiger Aussetzung der Datenverarbeitung - den Einspruch nach Einreichung des Antrags in kürzester Zeit, doch innerhalb von höchstens 15 Tagen prüfen und den Antragsteller von dessen Ergebnis schriftlich informieren.[223] Ist der Einspruch begründet, muss der Verantwortliche für die Datenverarbeitung - einschließlich der weiteren Datenerhebung und Datenübermittlung - einstellen und die Daten sperren sowie vom Einspruch bzw. von den auf Grund dessen ergriffenen Maßnahmen all die unterrichten, denen er die vom Einspruch betroffenen personenbezogenen Daten vorher übermittelt hatte und die für die Geltendmachung des Einspruchsrechts sorgen müssen.[224]

Ist der Betroffene mit der Entscheidung des Verantwortlichen für die Datenverarbeitung nicht einverstanden, kann er sich gegen die Entscheidung - innerhalb von 30 Tagen nach deren Mitteilung – nach dem ungDSG an ein Gericht wenden.[225]

Einschränkung der Rechte des Arbeitnehmers

Die Einschränkung der datenschutzrechtlichen Rechte des Betroffenen wird in Einklang mit dem Art. 13 Abs. 1 der RL 95/46/EG im § 16 ungDSG geregelt. Die einzelnen Rechte des Arbeitnehmers können unter strengen Voraussetzungen nach dem ungDSG eingeschränkt werden. Die Rechte des Betroffenen auf Auskunft, auf Berichtigung und auf Löschung können durch ein Gesetz im

219 *Damman/Simitis*, EG-Datenschutzrichtlinie, S. 198.
220 § 16/A. Abs. 2 ungDSG.
221 § 16/A Abs. 1 ungDSG.
222 Das Zitat ist nicht vollständig. Siehe § 16/A Abs. 1 ungDSG.
223 § 16/A Abs. 2 Satz 1 ungDSG.
224 § 16/A Abs. 2 Satz 2 ungDSG.
225 § 16/A Abs. 3 ungDSG; Die Löschung der Daten wird auch im Zusammenhang mit der Ausübung des Einspruchsrechts ausführlich geregelt. Siehe § 16/A Abs. 5-6 ungDSG.

Interesse der äußeren und inneren Sicherheit des Landes, so der Landesverteidigung, der nationalen Sicherheit, der Verbrechensprävention oder der Strafverfolgung, ferner aus wirtschaftlichen oder finanziellen Interessen des Staates oder der Selbstverwaltung bzw. aus bedeutenden wirtschaftlichen oder finanziellen Interessen der Europäischen Union sowie zur Vorbeugung und Aufdeckung der mit der Berufsausübung zusammenhängenden disziplinarischen und ethischen Vergehen bzw. von Pflichtverletzungen im Arbeitsrecht und Arbeitsschutz - in allen Fällen einschließlich Kontrolle und Aufsicht - und ferner zum Schutz der Rechte des Betroffenen oder anderer beschränkt werden.[226]

Automatisierte Einzelentscheidung

Art. 15 RL 95/46/EG bietet für die Mitgliedstaaten Handlungsfreiheit hinsichtlich der Zulassung automatisierter Einzelentscheidungen. Welche Maßnahmen geeignet sind, wird der Einschätzung des Gesetzgebers überlassen.

Nach § 9/A. Abs. 1 ungDSG darf eine ausschließlich mit rechentechnischen Mitteln durchgeführte Bewertung des persönlichen Kennzeichens des Betroffenen mittels automatisierter Datenverarbeitung nur erfolgen, wenn er dem ausdrücklich zugestimmt hat oder ein Gesetz dies ermöglicht.[227] Dem Betroffenen muss eine Möglichkeit zur Darlegung seines Standpunktes gesichert werden.[228]

§ 9/A Abs. 1 ungDSG enthält nicht die in Art. 15 Abs. 1 RL 95/46/EG festgelegten Anforderungen über die automatisierten Einzelentscheidungen. Der Inhalt des Rechts keiner automatisierten Einzelentscheidung unterworfen zu werden, wird im ungDSG nicht konkretisiert. Meines Erachtens sind daher die Merkmale der automatisierten Einzelentscheidung nach Art. 15 Abs. 1 RL 95/46/EG mithilfe richtlinienkonformer Auslegung bezüglich des § 9/A ungDSG zu berücksichtigen.

Die in Art. 15 Abs. 2 lit. a RL 95/46/EG geregelten Voraussetzungen werden ins ungarische Recht nicht umgesetzt. Der Gesetzgeber hat die in Art. 15 Abs. 2 lit. b RL 95/46/EG geregelten Bedingungen im ungDSG übernommen und er hat außerdem für einen weiteren Rechtfertigungsgrund entschieden, der in der Richtlinie nicht geregelt wird. Die ausdrückliche Einwilligung des Betroffenen kann die Verwendung automatisierter Einzelentscheidung nach § 9/A Abs. 1 ungDSG rechtfertigen. Es ist fraglich, ob diese Lösung mit der Richtlinie in Einklang steht, weil der Schutz des Betroffenen nach Art. 15 Abs. 2 RL 95/46/EG dadurch nicht in vollem Umfang gewährleistet werden kann.

Die Garantien zur Wahrung der berechtigten Interessen des Betroffenen werden im ungDSG nicht detailliert geregelt, folglich sind die allgemeinen Grundsätze über den Schutz der Persönlichkeitsrechte anzuwenden.

---

226 § 16 ungDSG.

227 § 9/A Abs. 1 Satz 1 ungDSG.

228 § 9/A Abs. 1 Satz 2 ungDSG.

Fazit

Die vergleichende Analyse der RL 95/46/EG und des ungDSG zeigt, dass die Voraussetzungen der Verarbeitung personenbezogener Daten dank der Novellierung des ungDSG zum großen Teil in beiden Rechtsquellen ähnlich sind.

Im Gegensatz zu den zahlreichen verschiedenen Bedingungen der Datenverarbeitung in der RL 95/46/EG werden aber im ungDSG nur die Einwilligung des Betroffenen und die „gesetzliche Ermächtigung“ als Rechtfertigungsgründe geregelt, so dass die Rechtmäßigkeit der Datenverarbeitung ergänzend mithilfe der Datenschutzgrundsätze zu ermitteln ist. Die Interessenabwägung erweist sich nur unter bestimmten Voraussetzungen als nützliche Methode, denn es gibt keinen einheitlichen Maßstab, an dem die Interessen der Parteien gemessen werden können.

Die Vorschriften der RL 95/46/EG sind von großer Bedeutung bei der Auslegung des ungDSG über die Rechte des Betroffenen. Beide Rechstquellen spielen eine wichtige Rolle bezüglich der Wahrnehmung der Rechte des Arbeitnehmers bei der Verarbeitung seiner Daten im Arbeitsverhältnis und bilden die rechtliche Grundlage des Auskunftsrechts, des Rechts auf Datenkorrektur, des Anspruches auf Löschung und des Einspruchsrechts. Die datenschutzrechtlichen Rechte des Betroffenen haben die Funktion, ein ausgewogenes Informationsverhältnis zwischen den Parteien zu schaffen.

Arbeitnehmerdatenschutz im ungarischen Recht

Der ungarische Datenschutzbeauftragte als Wegbereiter

Der Arbeitnehmerdatenschutz wurde in den neunziger Jahren im ungarischen Arbeitsrecht thematisiert.[229] Der ungarische Datenschutzbeauftragte hat den Arbeitnehmerdatenschutz vorangetrieben und in seinen Stellungnahmen die Problemfälle der Verarbeitung personenbezogener Daten zwischen dem Arbeitgeber und dem Arbeitnehmer festgelegt.

Der ungarische Datenschutzbeauftragte hat sich insbesondere mit den folgenden Themen befasst: Erhebung der besonders schützenswerten Daten des Bewerbers im Anbahnungsverhältnis, Rechtmäßigkeit der ärtzlichen Einstellungsuntersuchung, Verwendung psychologisches Eignungstests, Einsatz eines Lügendetektors, Übermittlung von Arbeitnehmerdaten an Dritte, Erstellung eines Persönlichkeitsprofils, Abhören der Telefongespräche, Videoüberwachung, betriebliche Regelung des Whistleblowing, Einsetzen von GPS zur Kontrolle des Verhaltens des Arbeitnehmers, Verarbeitung personenbezogener Daten

229 Zur historischen Entwicklung Siehe *Weltner*, JK 1963, 106 ff.; *Törő*, JK 1983, 365 ff.; *Arany Tóth*, A személyiségvédelem szabályozásának fejlődése a magyar munkajogban, S. 53 ff.

des ehemaligen Arbeitnehmers nach der Beendigung des Arbeitsverhältnisses und Durchsetzung der datenschutzrechtlichen Rechte des Betroffenen.[230]

Die Eigenständigkeit des Arbeitnehmerdatenschutzes wird Schritt für Schritt anerkannt, weil die arbeitsrechtlichen Fragestellungen wegen der Komplexität der Verarbeitung personenbezogener Daten zugenommen haben. Der ungarische Datenschutzbeauftragte hat dazu beigetragen, dass das Datenschutzbewußtsein im Arbeitsverhältnis verstärkt wird und der Arbeitnehmerdatenschutz durch seine öffentliche Tätigkeit etabliert wird.

Arbeitnehmerdatenschutz und allgemeiner Datenschutz

Der Arbeitnehmerdatenschutz hat sich auf der Grundlage des allgemeinen Datenschutzrechts entwickelt und er ist heute noch mit dem allgemeinen Datenschutz eng verbunden. Die Abgrenzung ist zwischen den beiden Rechtsgebieten schwierig, weil die Rechtsquellen miteinander verknüpft sind. Obwohl wird der Schutz personenbezogener Daten des Arbeitnehmers durch viele bereichsspezifische Vorgaben – vor allem zum Zwecke der Durchführung administrativer Maßnahmen – geregelt, werden die grundlegenden Voraussetzungen des Arbeitnehmerdatenschutzes nicht gesondert geregelt. Die allgemeinen datenschutzrechtlichen Vorschriften sind deshalb hinsichtlich der Verarbeitung der Arbeitnehmerdaten anzuwenden, die die Gewährleistung des Schutzes der Arbeitnehmerdaten gewissermaßen erschwert.

Die Schwierigkeit der Abgrenzung des Arbeitnehmerdatenschutzes und des allgemeinen Datenschutzes besteht darin, dass das ungArbGB nach der Umsetzung der RL 95/46/EG ins ungarische Recht nicht geändert wurde. Die harmonisierten Regeln des ungDSG werden nicht mit dem ungArbGB in Einklang gebracht.

Verhältnis zwischen dem ungArbGB und dem ungDSG

Im ungArbGB werden nur die einzelnen Verarbeitungsschritte personenbezogener Daten des Arbeitnehmers geregelt.[231] Diese Vorschriften bilden kein kohärentes System, ein umfassender Schutz personenbezogener Daten des Arbeitnehmers wurde im ungArbGB nicht verwirklicht.

Aus der Unvollständigkeit der datenschutzrechtlich relevanten Vorschriften des ungArbGB folgt, dass andere Rechtsquellen zum Schutz der Arbeitnehmerdaten berücksichtigt werden müssen. Bei der Auslegung des ungArbGB ist da-

---

230 (237/A/1996) ABI 1995-1996,70; (714/A/2002) ABI 2002, 77 f.; (229/A/2005, 693/A/2005) ABI 2005, 85; 167/A/2006-3, ABI 2006, (570/K/2002) ABI 2002, 77, (693/K/1998) ABI 1998, 329 f.; (750/A/2004, 1598/K/2004) ABI 2004, 107, (529/A/2006-3) ABI 2006; (1561/A/2006-3) ABI 2006, (598/P/2007) ABI 2007.

231 § 3 Abs. 4 und § 22/A Abs. 2-3 und § 69 und § 70/A Abs. 3 und § 77 Abs. 1 und § 192/E Abs. 6-8 und § 140/A Abs. 1 und § 103 Abs. 3 ungArbGB.

her das ungDSG zu beachten. Im Gesetz gibt es aber keinen Hinweis darüber, wann das ungDSG bei der Verarbeitung personenbezogener Daten im Arbeitsverhältnis angewendet werden darf.[232]

Nach herrschender Meinung ist das ungDSG bei der Verarbeitung der Arbeitnehmerdaten durch den Arbeitgeber maßgebend.[233] Das ungDSG ist ein Rahmengesetz und kann vor allem dann einbezogen werden, wenn das ungArbGB keine Vorschriften über die konkrete Frage enthält. Die Abgrenzung der Anwendungsbereiche dieser Gesetze ist manchmal schwierig, weil die Vorschriften des ungArbGB oft unklar sind und die Regeln des ungDSG zu allgemein sind.

Die wichtigsten datenschutzrechtlichen Begriffe und das ungArbGB

Personenbezogene Daten und das ungArbGB

Der Gegenstand der Verarbeitung personenbezogener Daten wird im ungArbGB im Vergleich zu der RL 95/46/EG und dem ungDSG unterschiedlich bezeichnet. Die Tatsache, die Angabe und die Meinung sind als Objekt der einzelnen Schritte der Datenverarbeitung beschrieben, jedoch ist deren Begriff nicht geklärt.[234] Meines Erachtens umfasst der Begriff der personenbezogenen Daten auch diese Angaben im ungArbGB, wenn sie den Anforderungen des ungDSG genügen.

Datenverarbeitung nach dem ungArbGB

Der Begriff der Datenverarbeitung nach dem ungDSG sind schwierig mit den Vorschriften des ungArbGB gleichzusetzen, weil das Mitteilen der Daten an einen Dritten[235], die Veröffentlichung der Daten[236] und die Abgabe einer Erklärung oder die Ausfüllung eines Datenblattes[237] im ungDSG nicht erwähnt werden. Als Datenverarbeitung gelten z.B. das Erfassen der Daten des Bewerbers während des Einstellungsgesprächs, das Auswerten eines Tests im Assessment Center und die Systematisierung der Daten des Arbeitnehmers in einem Zeiterfassungssystem.

Der Begriff der Datenverarbeitung wird im ungArbGB nicht präzisiert, deshalb ist es fraglich, ob die Definition der Datenverarbeitung nach dem ungDSG sich auf die Datenverarbeitungsschritte im ungArbGB erstreckt. Es ist im Ein-

---

232 Ausgenommen § 70/A ungArbGB.

233 *Fabók*, MSZ 2000, 39; *Breznay*, A munka törvénykönyve, S. 20 f.; *Hartai*, MSZ 1/2003, 46 f.; *Hovánszki*, MSZ 7-8/2004, 70; *Hajdú*, A munkavállalók személyiségi jogainak védelme, S. 171 ff; *Kollonay*, A magyar munkajog I., S. 43; *Cséffán*, A Munka Törvénykönyve és Magyarázata, S. 13; *Berki*, in: *Simándi* (Hrsg.), A munka törvénykönyve magyarázata, S. 276 ff.

234 § 3 Abs. 4 und § 192/E Abs. 7 ungArbGB.

235 § 3 Abs. 4 und § 192/E Abs. 7 ungArbGB.

236 § 22/A Abs. 2 und 69 und § 77 Abs. 1 ungArbGB.

237 § 77 Abs. 1 ungArbGB.

zelfall zu ermitteln, ob die Vorschriften des ungDSG für die Verarbeitung der Arbeitnehmerdaten Anwendung finden.

Der Arbeitgeber als Verantwortliche für die Datenverarbeitung

Der Verantwortliche für die Datenverarbeitung kann im Einzelfall geprüft werden.[238] Nach dem ungArbGB können der Arbeitgeber, die Gewerkschaft und der Betriebsrat personenbezogene Daten verarbeiten, deshalb können sie als Verantwortliche für die Datenverarbeitung nach dem ungDSG betrachtet werden.

Der Arbeitgeber kann in der eigenen Person als Verantwortlicher für die Datenverarbeitung auftreten und er hat die Befugnis, die Aufgabe der Verarbeitung personenbezogener Daten in der Arbeitsorganisation an andere Personen zu delegieren.[239] Die Berechtigten zur Datenverarbeitung können in der Anordnung des Arbeitgebers oder im Reglement über den Datenschutz festschrieben werden. Beim Feststellen des Verantwortlichen für die Datenverarbeitung sind der Zweck der Datenverarbeitung und seine Rolle beim Festsetzen des Zwecks zu prüfen.[240]

Zulässigkeit der Verarbeitung personenbezogener Daten nach dem ungArbGB

Die Voraussetzungen der Rechtmäßigkeit der Verarbeitung personenbezogener Daten werden im ungArbGB unterschiedlich und im Vergleich zu der RL 95/46/EG und zum ungDSG enger geregelt.

Die Verarbeitung personenbezogener Daten ist zulässig, wenn dies aufgrund des Gesetzes oder mit der Einwilligung des Betroffenen erfolgt, die berechtigten Interessen des Arbeitgebers nicht gefährdet oder die Persönlichkeitsrechte des Arbeitnehmers nicht verletzt.[241] Es handelt sich um alternativ verbindliche Bedingungen nach dem ungArbGB, weil sie nach der Art, nach dem Rechtssubjekt und nach dem Gegenstand der Verarbeitung der Daten eingreifen.

Ermächtigung des Gesetzes und Einwilligung des Arbeitnehmers als Rechtfertigungsgründe

Die gesetzliche Ermächtigung und die Einwilligung des Betroffenen kommen in den Spezialfällen im ungArbGB als Rechtfertigungsgründe in Betracht.[242]

Der Arbeitgeber darf die auf den Arbeitnehmer bezogenen Tatsachen, Daten und Meinungen einem Dritten nur in dem im Gesetz festgelegten Fall oder mit Zustimmung des Arbeitnehmers mitteilen.[243] Der Arbeitgeber darf nur mit der

238 *Jóri*, Adatvédelmi Kézikönyv, S. 143.
239 *Jóri*, Adatvédelmi Kézikönyv, S. 143.
240 BH 2000/384.
241 § 3 Abs. 4 Satz 1 und § 77 Abs. 1 und § 192/E Abs. 7 ungArbGB.
242 § 70/A Abs. 3 ungArbGB; § 3 Abs. 4 Satz 1 ungArbGB; § 192/E Abs. 7 ungArbGB.
243 § 3 Abs. 4 Satz 1 ungArbGB.

Zustimmung des Arbeitnehmers einem Dritten Auskunft z.B. über die Leistungsfähigkeit des Betroffenen erteilen.

Es handelt sich um die Übermittlung der Informationen über den Arbeitnehmer an Dritten nach dem ungDSG. Die Übermittlung der Kündigungsgründe an Dritten ist z.B. ohne Zustimmung des Betroffenen unzulässig.[244]

Diese allgemein formulierten Kriterien werden bezüglich der Telearbeit spezifiziert. Der Arbeitgeber darf die Daten in Verbindung mit der Erreichbarkeit des Telearbeit verrichtenden Arbeitnehmers über elektronische Mittel dem Dritten nur in den im Gesetz festgelegten Fällen oder mit Zustimmung des Telearbeit verrichtenden Arbeitnehmers übergeben.[245]

Die gesetzliche Ermächtigung und die Einwilligung werden im ungArbGB hinsichtlich der anderen Verarbeitungsschritte der personenbezogenen Daten nicht erwähnt. Es ist unklar, inwieweit diese Rechtfertigungsgründe während der Verarbeitung der Arbeitnehmerdaten berücksichtigt werden müssen.

Verbot der Verletzung von Persönlichkeitsrechten des Arbeitnehmers

Das ungArbGB schreibt im Zusammenhang mit einzelnen Datenverarbeitungsschritten vor, dass diese die Persönlichkeitsrechte des Arbeitnehmers nicht verletzen dürfen. Dieses Verbot bezieht sich auf die Veröffentlichung und auf die Erhebung von Arbeitnehmerdaten.[246] Die Veröffentlichung eines willkürlichen Werturteils über den Arbeitnehmer, das eine wahre Tatsache in einem falschen Licht erscheinen lässt, kann die Rufschädigung hervorrufen und die Persönlichkeitsrechte des Betroffenen verletzen.[247]

Das Verbot der Verletzung der Persönlichkeitsrechte des Arbeitnehmers ist ein zwingendes gesetzliches Gebot.[248] Nicht nur das Recht auf Schutz personenbezogener Daten sondern auch die anderen Persönlichkeitsrechte sind zu wahren. Die Verletzungstatbestände werden offen gelassen.

Verbot der Gefährdung berechtigter wirtschaftlicher Interessen des Arbeitgebers

Das Verbot der Gefährdung berechtigter wirtschaftlicher Interessen des Arbeitgebers wird im ungArbGB im Zusammenhang mit der Veröffentlichung der Daten durch die Gewerkschaft und durch den Betriebsrat betont.[249] Die Gewerkschaft oder die im Interesse der Gewerkschaft mit einer Vollmacht vorgehende Person darf die bei ihrer Tätigkeit bekannt gewordenen Daten und Tatsachen nur veröffentlichen, wenn die berechtigten Wirtschaftsinteressen des Arbeitgebers

244 (559/K/1998) ABI 1998, 83.

245 § 192/E Abs. 7 ungArbGB.

246 § 22/A und 69 und § 77 Abs. 1 ungArbGB.

247 BH 1993/89, BH 2003/407, BH 2007/151.

248 *Siehe* § 8 Abs. 2 ungArbGB.

249 § 22/A. Abs. 2 und § 69 ungArbGB.

nicht gefährdet bzw. die Persönlichkeitsrechte der Arbeitnehmer nicht verletzt werden.[250] Die wirtschaftlichen Interessen des Arbeitgebers werden weder im Gesetz noch in der Rechtsprechung erörtert. Es ist unklar, wann die Veröffentlichung der Daten die berechtigten Interessen des Arbeitgebers gefährden kann.

Disharmonie zwischen dem ungArbGB und dem ungDSG

Die Voraussetzungen der rechtmäßigen Verarbeitung personenbezogenen Daten im ungArbGB können nicht eindeutig ausgelegt werden, weil die im ungArbGB angegebenen Begriffe nicht verdeutlicht werden und die Terminologie sich von den Begriffsbestimmungen des ungDSG unterscheidet.

Die Rechtfertigungsgründe der Verarbeitung personenbezogener Daten im ungArbGB sind im Vergleich zum ungDSG weniger ausgeprägt, deshalb sind die Vorschriften des ungDSG bezüglich der Verarbeitung der Arbeitnehmerdaten anzuwenden. Vor diesem Hintergrund ist es ersichtlich, dass die Beurteilung der Rechtmäßigkeit der Verarbeitung personenbezogener Daten notwendigerweise nach den allgemeinen datenschutzrechtlichen Vorschriften möglich ist. Das führt dazu, dass die arbeitsrechltichen Tatbestände nach dem ungDSG nicht vollständig geklärt werden können und der Arbeitnehmerdatenschutz sich im Zusammenhang mit dem allgemeinen Datenschutz entwickeln kann.

Ein weiteres Problem scheint zu sein, dass das ungArbGB die Verarbeitung der Arbeitnehmerdaten ungeachtet der Vorschriften der RL 95/46/EG und des ungDSG regelt. Die Rechtfertigungsgründe der Verarbeitung personenbezogener Daten im ungArbGB sind im Vergleich zum ungDSG weniger ausgeprägt. Es ist offen gelassen, wann die Vorschriften des ungDSG über die Bedingungen der Datenverarbeitung im Arbeitsverhältnis anzuwenden sind.

Ferner ist es festzustellen, dass die Voraussetzungen der Datenverarbeitung sowohl in der RL 95/46/EG als auch im ungDSG sehr abstrakt formuliert sind. Beide Regelungen sind recht vage. Deswegen ist es schwierig in der Praxis, die Rechtmäßigkeit der Datenverarbeitung im konkreten Fall zu ermitteln. Zwar bildet die RL 95/46/EG den wichtigsten Orientierungspunkt bei der Auslegung des ungDSG, wegen seines allgemeinen Charakters hilft das ungDSG im Arbeitnehmerdatenschutz in manchen Fällen kaum weiter. Die Auslegung der Voraussetzungen der Verarbeitung personenbezogener Daten ist im Einzelfall problematisch, weil das ungDSG keine ausführlichen Regeln über die Prüfung der Rechtmäßigkeit der Verarbeitung der Arbeitnehmerdaten enthält.

250 § 22/A Abs. 2 ungArbGB Eingefügt durch das Gesetz Nr. VIII/2005.

Perspektiven der Umsetzung der RL 95/46/EG im ungarischen Arbeitsrecht

Die relevanten Vorschriften der RL 95/46/EG und die Entwürfen über eine Richtlinie zum Schutz der Arbeitnehmerdaten können als Inspirationsquelle zur Weiterentwicklung des Datenschutzes in Ungarn betrachtet werden, weil der Rechtsdurchsetzungsgrad im Bereich des Arbeitnehmerdatenschutzes in Ungarn schwach ist. Das kann teilweise auf die Tatsache zurückgeführt werden, dass die Regelung des Schutzes der Persönlichkeitsrechte des Arbeitnehmers bei der Verarbeitung personenbezogener Daten lückenhaft ist. Es gibt wenige Urteile über die Verletzung des Rechts auf Schutz personenbezogener Daten des Arbeitnehmers.

Die Notwendigkeit der Entwicklung des geltenden Rechts hängt von mehreren Faktoren ab. Das ungarische Verfassungsgericht und die Gerichte könnten vor allem den Durchsetzungsgrad des Datenschutzes sowie die Verwirklichung der Ziele der RL 95/46/EG beeinflussen.[251] Die bereichspezifischen Regelungen sollen deshalb mit der RL 95/46/EG in Einklang gebracht werden und die Durchsetzung der datenschutzrechtlichen Rechte muss verstärkt werden.

Die arbeitsrechtliche Kodifikation des Datenschutzes ist problematisch, weil die verschiedenen Rechtsquellen schwierig miteinander in Einklang gebracht werden können. [252] Die gesellschaftliche Kultur und die Tradition des Datenschutzes im Lande beeinflusst die Form der Regelung des Arbeitnehmerdatenschutzes.[253] Meiner Meinung nach ist die gesetzliche Verankerung der grundlegenden Garantien der Verarbeitung personenbezogener Daten des Arbeitnehmers zu empfehlen, weil die Regeln über den Arbeitnehmerdatenschutz fast unüberschaubar sind. Es ist wünschenswert, die allgemeinen datenschutzrechtli-

---

251 *Prechal*, Directives in EC Law, S. 91 und 131 ff.

252 *Siehe* in Deutschland *Simitis*, Schutz von Arbeitnehmerdaten Regelungsdefizite – Lösungsvorschläge, S. 10 ff.; *Zöllner*, Daten- und Informationsschutz im Arbeitsverhältnis, S. 3; *Däubler*, RDV 6/1999, 243 ff.; *Tinnenfeld*, NZA 2000, 981 ff.; *Gola/Wronka*, Handbuch zum Arbeitnehmerdatenschutz, S. 1 ff.

253 Zum länderspezifischen Muster *Siehe* das finnische Gesetz über den Schutz des Privatlebens des Arbeitnehmers Act on the Protection of Privacy in Working Life 8 June 2001 (No. 477) in: *Blanpain* (Hrsg.), International Encyklopaedia for Labour Law and industrial relations Legislation 1. Finland Suppl. 278 (March 2004), S. 153 ff.; Act on the Protection of Privacy in Working Life (759/2004) www.finlex.fi/en/laki/ kaannokset/ 2004/en20040759.pdf ; *Arany Tóth*, Acta Humana 4/2005, 55 ff.; *dies.*, in: *Kollonay/ Petrovics* (Hrsg.), Liber Amicorum-Studia Ida Hágelmeyer Dedicata, Band 1, S. 7 ff.; zu den europarechtlichen Initiativen *Siehe Simitis*, European Law Journal 1/1999, 45 ff.; *Simitis*, RdA 5/2003, 43 ff.; *Hajdú*, A munkavállalók személyes adatainak védelme az EU és a tagállamok jogában, különös tekintettel az elektronikus kommunikációra, S. 87 ff.

chen Vorgaben im Arbeitsrecht zu präzisieren und systematisch zu erfassen.[254] Der Rechtssicherheit halber sollte der Gesetzgeber die wichtigsten Bereiche des Arbeitnehmerdatenschutzes im ungArbGB regeln.[255] Ziel der Regelung sollte insbesondere die Zusammenführung des in verschiedenen Vorschriften geregelten Datenschutzes sein, die Verbesserung der Verständlichkeit, die Vereinfachung der Durchsetzung von Rechten und die verbesserte Kontrolle durch Aufsichtsgremien.[256]

Infolge des Nachlassens der Verhandlungen über eine gemeinsame Konzeption des Arbeitnehmerdatenschutzes auf EG-Ebene ist es Zeit nachzudenken, unter welchen Voraussetzungen eine Regelung in diesem Bereich sinnvoll ist. Es ist umstritten, ob der Schutz der Verarbeitung der Arbeitnehmerdaten auf Gemeinschaftsebene geregelt werden soll.[257]

Insgesamt bieten die zitierten datenschutzrechtlichen Vorschriften einen angemessenen Schutz bei der Verarbeitung personenbezogener Daten der Arbeitnehmer in Ungarn, die Verbesserung des Datenschutzes bleibt aber eine ständige Aufgabe. Wie die Kommission in dem Ersten Bericht über die Durchführung der RL 95/46/EG festgestellt hat, „eine vollständige Umsetzung der Richtlinie erfordert normalerweise (neben der Verabschiedung von Durchführungsbestimmungen) eine zweite Phase, die hauptsächlich die Überprüfung anderer Rechtsvorschriften, die zu den Richtlinienerfordernissen im Widerspruch stehen könnten, beinhaltet, und/oder den Erlass bestimmter allgemeiner Vorschriften und geeigneter Garantien in den Fällen, in denen Ausnahmeregelungen der Richtlinie in Anspruch genommen werden. Diese zweite Phase der Umsetzung hat, (...) , in einigen Mitgliedstaaten noch gar nicht begonnen, und in einigen Mitgliedstaaten, in denen sie bereits in Angriff genommen wurde, ist sie noch nicht sehr weit gediehen. (...) Eine allgemeine, ernste Sorge, (...) , gilt dem Befolgungsgrad, der Durchsetzung und dem Kenntnisstand über den Datenschutz, die offensichtlich unzureichend sind. Ein allgemeiner Aktionspunkt der Kom-

---

254 Zur Kodifikation des Arbeitnehmerdatenschutzes *Siehe Zöllner*, Daten- und Informationsschutz im Arbeitsverhältnis, S. 3 ff.; *Griese*, Zur Notwendigkeit und Effektivität eines verbesserten datenrechtlichen Persönlichkeitsschutzes im Arbeitsrecht, S. 28 ff.; *Buchner*, Informationelle Selbstbestimmung im Privatrecht, S. 96 ff.

255 Argumente für die Rechtssicherheit *Siehe Grobys*, BB 2003, 682. Verneinend *Fleck*, BB 2003, 310.

256 *Mesler*, Arbeitnehmerdatenschutz, S. 303 ff.

257 *Simitis*, RdA 2003, 46 f; Nach der Auffassung der „Schule von Chicago“ ist es nicht notwendig, die Verarbeitung der Informationen zu regeln, weil der Markt der Informationen sich selbst reguliert. *Posner*, Georgia Law Review 3/1978, 393 ff.; *ders.*, Buffalo Law Review 1979, 1 ff.; *Bloustein*, Georgia Law Reveiw 1978, 429 ff.; *Baker*, Georgia Law Review 1978, 475 ff.; Siehe das Verhältnis zwischen Persönlichkeits-, Vermögens- und Immaterialgüterrechten *Götting*, Persönlichkeitsrechte als Vermögensrechte, S. 4 ff.; *Amelung*, Der Schutz der Privatheit im Zivilrecht, S. 182 ff.

mission, (...) , wird daher die Zusammenarbeit mit Mitgliedstaaten, Kontrollstellen und Betroffenen zur Ermittlung der Gründe hierfür und zur Erarbeitung gangbarer Lösungen für diesen Problemkreis sein."[258] Diese Aufforderung gilt auch für den Gesetzgeber in Ungarn, weil die Leitidee des Datenschutzes im Arbeitsrecht aus den genannten Gründen nicht vollständig durchgesetzt ist.

Datenschutz und Persönlichkeitsschutz im ungarischen Arbeitsrecht

Dogmatische Einordnung des Datenschutzes im ungarischen Arbeitsrecht

Persönlichkeitschutz und Arbeitnehmerdatenschutz

Schutzpflicht des Arbeitgebers

Die dogmatische Einordnung des Schutzes der Persönlichkeit des Arbeitnehmers sowie des Datenschutzes ist im Schrifttum umstritten. Die einzelnen Aspekte der Verarbeitung personenbezogener Daten des Arbeitnehmers werden im Rahmen der Pflicht des Arbeitgebers zum Persönlichkeitsschutz dargestellt.[259] Einer Meinung zufolge werden sowohl der Schutz der Persönlichkeit des Arbeitnehmers als auch der Schutz der Arbeitnehmerdaten als Schutzpflicht des Arbeitgebers angesehen.[260] Nach anderer Meinung wird der Persönlichkeitsschutz als Grenze der Ausübung der Rechte des Arbeitgebers betrachtet.[261]

Die Verarbeitung der Daten über den Arbeitnehmer wird von wenigen Autoren im Zusammenhang mit der Fürsorgepflicht als Nebenpflicht des Arbeitgebers erörtert.[262] Der Arbeitgeber ist bei der Ausübung seiner Leitungsmacht verpflichtet, die immateriellen Interessen des Arbeitnehmers kraft der Fürsorgepflicht zu berücksichtigen.[263] Der Inhalt der Fürsorgepflicht wird aber nicht konkretisiert.[264] Es ist fraglich, inwieweit die Fürsorgepflicht den Schutz der

---

258 Erster Bericht der Kommission, 13 ff.

259 In diesem Zusammenhang ist die Frage aufgeworfen worden, ob der Arbeitgeber die Daten des Arbeitnehmers an den Dritten übermitteln dürfe. Es wurde anerkannt, dass die Übermittlung personenbezogener Daten nur zulässig ist, soweit dies Gesetz erlaubt oder der Arbeitnehmer dazu zugestimmt hat. *Ádám/Kiss/Pethő*, A munka törvénykönyve magyarázatokkal, S. 11; *Ádám*, in: *Kollonay* (Hrsg.), A magyar munkajog I., S. 219.

260 *Ádám*, in: *Kollonay* (Hrsg.), A magyar munkajog I., S. 217; *Petrovics*, Munkajog, S. 150 f.

261 *Román*, A munkajog alapintézményei II., S. 56, 227.

262 *Román*, Munkajog, S. 145; *Radnay*, Munkajog, S. 118.

263 *Kiss*, Munkajog, S. 201 und 183 f.

264 *Román*, A munkajog alapintézményei II., S. 18., 27 ff.; *Radnay*, Munkajog, S. 118 f.; *Ádám*, in: *Kollonay* (Hrsg.), A magyar munkajog I., S. 220.

ideellen Interessen des Arbeitnehmers umfasst.[265] Im ungarischen Arbeitsrecht besteht diese Pflicht nicht. Sie wurde nach der paternalistischen Theorie am Anfang des zwanzigsten Jahrhunderts konzipiert.[266] Der Schutz personenbezogener Daten des Arbeitnehmers wurde im Hinblick auf die Fürsorgepflicht nicht diskutiert.

Der Schutz der Persönlichkeit des Arbeitnehmers ist unter den Nebenpflichten des Arbeitgebers einzustufen. Meines Erachtens kann der Schutz personenbezogener Daten auch als eine selbständige Nebenpflicht des Arbeitgebers betrachtet werden.[267] Die konkrete Schutzpflicht des Arbeitgebers orientiert sich an den datenschutzrechtlichen Vorschriften des geltenden Rechts.

Wesensmerkmale des Schutzes der Persönlichkeit des Arbeitnehmers

Der Persönlichkeitsschutz dient dem Schutz der ideellen Interessen des Arbeitnehmers durch den Arbeitgeber. Nach herrschender Auffassung wird die freie Entfaltung der Persönlichkeit, die Selbstbestimmung, die persönliche Autonomie und die Unversehrtheit der Persönlichkeit durch den Persönlichkeitsschutz garantiert.[268]

Die Förderung der Persönlichkeitsentfaltung des Arbeitnehmers

Die Autoren stellen einen Unterschied zwischen der aktiven Förderung der Persönlichkeitsentfaltung und dem Schutz vor Eingriffen in die Persönlichkeitsrechte fest. [269] Ich schließe mich der Meinung an, nach der der Arbeitgeber die freie Entfaltung der Persönlichkeit des Arbeitnehmers fördern muss.[270] Er darf die berechtigten Interessen des Arbeitnehmers nicht gefährden und ihm keinen

---

265 *Kramer*, DRdA 1975, 113; *Tomandl*, in: *Tomandl* (Hrsg.), Treue- und Fürsorgepflicht im Arbeitsrecht, S. 18 ff.; *Spielbüchler/Grillberger*, Arbeitsrecht I. Individualarbeitsrecht, S. 330; *Román*, A munkajog alapintézményei II., S. 29 ff.; *Brors*, Die Abschaffung der Fürsorgepflicht: Versuch einer vertragstheoretischen Neubegründung der Nebenpflichten des Arbeitgebers, S. 47 ff.

266 *Meszlény*, Magánjogpolitikai tanulmányok, S. 197 ff.

267 Gleichermaßen *Füsthy*, in: *Simándi* (Hrsg.), A munkajog nagy kézikönyve, S. 331 und 338.

268 *Lábady*, A magyar magánjog (polgári jog) általános része, S. 267.

269 *Zlinszky*, A magyar magánjog mai érvényében különös tekintettel a gyakorlat igényeire, S. 382; *Bozóky*, A személyjogokról, in: *Fodor* (Hrsg.), Magyar Magánjog Általános rész, Személyjog, S. 455; *Raffay*, A magyar magánjog kézikönyve, S. 98; *Kolosváry*, Magánjog, S. 103; *Meszlény*, Magyar magánjog, S. 224 ff.; *Balás P.* in: *Szladits* (Hrsg.), Magyar magánjog, S. 624; *Szászy*, A magyar magánjog alapintézményei, S. 127; *Weltner*, JK 1963, 106 ff.; *Törő*, MJ 1970, 85 f.; *Erőss*, MJ 1972, 672; *Sólyom*, JK 1979, 673; *Törő*. JK 1983, 364; *Petrik*, MJ 2004, 260; *Varga* (Hrsg.), A munkavédelmi törvény magyarázata, S. 27.

270 *Törő*, Személyiségvédelem a polgári jogban, S. 45 und 59; *Törő*, JK 1983, 364.

Schaden zufügen.[271] Die freie Entfaltung der Persönlichkeit umfasst z.B. die Befugnis des Arbeitnehmers, die datenschutzrechtlichen Rechte ausüben zu können.

Schutz der Persönlichkeit vor Eingriffen

Der Arbeitgeber hat im Arbeitsverhältnis die Persönlichkeitsrechte des Arbeitnehmers zu schützen.[272] Diese Pflicht zielt darauf ab, der Rechtsschutz des Arbeitnehmers zu erhöhen, das sich insbesondere auf den Schutz des Lebens, der Gesundheit, der körperlichen Unversehrtheit, der Würde, der Ehre, des beruflichen Ansehens, der Privatsphäre und der personenbezogenen Daten des Arbeitnehmers bezieht.[273]

Der Arbeitgeber hat sich jedes nicht gerechtfertigten, willkürlichen Eingriffs in die Persönlichkeitsrechte des Arbeitnehmers zu enthalten.[274] Er darf den Arbeitnehmer nicht in eine Situation versetzen, in der er auf seine Rechte verzichtet und muss sich des Verhaltens enthalten, das die Persönlichkeitsrechte des Arbeitnehmers beeinträchtigen kann.[275]

Der Arbeitgeber hat den Arbeitnehmer vor den Eingriffen von Dritten und von Mitarbeitern zu schützen. Meines Erachtens ist der Arbeitgeber auch verpflichtet, den die Persönlichkeitsrechte gefährdenden Aktivitäten und Unterlassung vorzubeugen.

Schutz der Persönlichkeit des Arbeitnehmers nach geltendem Recht

Der Gedanke des Persönlichkeitsschutzes des Arbeitnehmers wurde erst im ungArbGB eingeführt.[276] Das war ein bedeutsamer Schritt in der Kodifikation des Arbeitsrechts, der den Schutz der immateriellen Interessen des Arbeitnehmers vorantreiben kann. Der Schutz der Persönlichkeitsrechte des Arbeitnehmers befindet sich in einer frühen Entwicklungsphase in Ungarn, deshalb sind die rechtlichen Grundlagen des Persönlichkeitsschutzes lückenhaft.

Rechtliche Grundlage des Persönlichkeitsschutzes im ungArbGB

Die arbeitsrechtlichen Regelungen wurden nach der Wende tiefgreifend reformiert. Der Arbeitsmarkt hängt von den wirtschaftlichen Verhältnissen ab, die die

---

271 *Gáspárdy*, JK 1970, 596.

272 *Vincenti*, A munka magánjogi szabályai, S. 114.

273 *Vincenti*, A munka magánjogi szabályai. S. 8; *Törő*, Személyiségvédelem a polgári jogban, S. 153 ff; *Szekfű*, JK 11/1991, 230 f.; *Kollonay*, A magyar munkajog I, S. 217 ff.

274 *Vincenti*, A munka magánjogi szabályai. S. 8, 114; § 3 und 4 ungArbGB.

275 Zur Konkretisierung des Inhalts des Persönlichkeitsschutzes im Arbeitsrecht *siehe Román*, in: *Both/Pólay/Tóth* (Hrsg.), Studia in Honorem Ladislai Nagy Septuagenarii Acta Universitatis Szegediensis De Attila József Nominatae Tomus XXXI., S. 281.

276 Gesetz Nr. XXII/1992 zum Arbeitsgesetzbuch ist am 1. Juli 1992 in Kraft getreten.

Positionen des Arbeitgebers und des Arbeitnehmers erheblich beeinflussen.[277] Der Gesetzgeber hat die Rechte und Pflichten im Arbeitsverhältnis im ungArbGB eingebettet, die die privatautonome Rechtsgestaltung der Parteien begünstigt.[278] Der Persönlichkeitsschutz des Arbeitnehmers wurde im Gesetz als Zielsetzung nicht verankert, der Gesetzgeber hat den Schutz der Persönlichkeitsrechte nur rudimentär behandelt.[279] Im Folgenden wird die wichtigste Vorschrift über den Schutz immaterieller Interessen des Arbeitnehmers im ungArbGB dargestellt.

§ 8 Abs. 2 ungArbGB als persönlichkeitsrechtliche Generalklausel

§ 8 Abs. 2 ungArbGB schreibt generell den Schutz der Persönlichkeit des Arbeitnehmers vor. „Der Arbeitnehmer darf im Voraus auf keines seiner Rechte verzichten, die den Schutz seines Arbeitslohns und seiner Persönlichkeit gewährleisten, und er darf im Voraus auch keine Vereinbarung abschließen, die diese Rechte zu seinem Nachteil beeinträchtigen würde".[280]

Diese Vorschrift ist den Entwürfen des ungarischen bürgerlichen Gesetzbuches nachgebildet.[281] Im Gegensatz zu diesen Materialien wurde der Gegenstand des Rechtsverzichts im ungArbGB nicht erfasst. Es ist unklar, was unter Persönlichkeitsrechten nach § 8 Abs. 2 ungArbGB zu verstehen ist.

Verbot des Verzichtes auf die Persönlichkeitsrechte

Das Verbot des Rechtsverzichtes wurde im § 8 Abs. 2 Satz 1 ungArbGB verankert, um die Existenz des Arbeitnehmers zu schützen.[282] Wegen der Ungenauigkeit der Formulierung des Satzes ist es schwierig, der Inhalt des Rechtsverzichtes zu konkretisieren.

Der Arbeitnehmer darf weder freiwillig noch aufgrund eines äußeren Einflusses im Voraus auf seine Persönlichkeitsrechte verzichten. Das ist ein zwingendes gesetzliches Verbot.[283]

---

277 Gesetzesentwurf zum ungArbGB.

278 *Kiss*, A piac és az emberi tényező, S. 223.

279 Vgl: § 8 Abs. 2, § 77 Abs. 1, § 109 Abs. 2 ungArbGB.

280 § 8 Abs. 2 ungArbGB.

281 § 1612 in: A magyar általános polgári törvénykönyv tervezete- első szöveg 1900, S. 361; § 1316 in: A Polgári Törvénykönyv törvényjavaslata 1914, S. 326; § 1568 in: *Magyar Királyi Igazságügyminisztérium* (Hrsg.), Magyarország magánjogi törvénykönyve 1928, S. 414; *Meszlény*, Magánjog-politikai tanulmányok, S. 51 ff.

282 *Siehe zur Problematik des Rechtsverzichtes Meszlény*, Magánjogpolitikai tanulmányok, S. 197 ff.; *Singer*, JZ 1995, 1134 f.; *Schwabe*, JZ 1998, 66 f.

283 *Ádám/ Kiss/ Pethő*, A munka törvénykönyve magyarázatokkal, S. 19.

Verbot der übermäßigen Beeinträchtigung der Persönlichkeitsrechte aufgrund einer Vereinbarung

Die Persönlichkeitsrechte dürfen durch eine Vereinbarung nicht beeinträchtigt werden.[284] Die Parteien dürfen keine Vereinbarung treffen, durch die die Persönlichkeitsrechte des Arbeitnehmers zu seinen Nachteil beeinträchtigt würden. Die Vereinbarung wäre nichtig, wenn der Arbeitnehmer z. B. der Verarbeitung seiner personenbezogenen Daten zu einem unbestimmten Zweck für unbegrenzte Zeit zustimmen würde.

Der Arbeitnehmer darf nicht auf seine Rechte im Voraus verzichten und nachträglich der Beeinträchtigung seiner Persönlichkeitsrechte zustimmen.[285]

Schutz der Persönlichkeit des Arbeitnehmers nach dem ungArbGB

§ 8 Abs. 2 ungArbGB ist die bedeutungsvollste Grundlage für den Persönlichkeitsschutz im Arbeitsverhältnis. Diese Vorschrift garantiert ein Mindestmaß des Schutzes der immateriellen Interessen des Arbeitnehmers, die Pflicht zur Förderung der Entfaltung der Persönlichkeit des Arbeitnehmers kann nicht aus § 8 Abs. 2 ungArbGB abgeleitet werden.

Mittelbar kann aber das Wesen dieser Pflichten in anderen Pflichten des Arbeitgebers und des Arbeitnehmers entdeckt werden. Von großer Bedeutung ist die Beschäftigungspflicht, aufgrund derer der Arbeitgeber alle materiellen und persönlichen Voraussetzungen der Arbeit gewährleisten muss.[286] Nach § 102 Abs. 3 ungArbGB hat der Arbeitgeber die Ausführung der Arbeit so zu organisieren, dass der Arbeitnehmer seine Rechte ausüben und seine Pflichten erfüllen kann, wie sie sich aus dem Arbeitsverhältnis ergeben, und dem Arbeitnehmer die zur Verrichtung der Arbeit notwendigen Informationen und Anleitungen zu geben bzw. den Erwerb der zur Verrichtung der Arbeit erforderlichen Kenntnisse zu sichern.

Der Arbeitgeber darf z. B. die Erbringung der Arbeitsleistung des Arbeitnehmers im Arbeitsverhältnis weder verhindern noch einschränken, weil derartige Maßnahmen die Persönlichkeitsrechte des Arbeitnehmers vor allem das Recht auf Arbeit verletzen.[287]

Andererseits ist die Pflicht zur Zusammenarbeit der wichtigste Anhaltspunkt für den Persönlichkeitsschutz. Nach § 103 Abs. 1 lit. c ungArbGB hat der Ar-

---

284 Es handelt sich um eine Vereinbarung, wenn die gegenseitig geäußerte rechtswirksame Willensübereinstimmung der Parteien vorhanden ist. *Siehe* § 7 Abs. 6 ungArbGB.

285 *Siehe* § 75 Abs. 3 ungBGB; *Szladits,* in: *Szladits* (Hrsg.), Magyar magánjog, S. 370; *Gellért* (Hrsg.), A Polgári Törvénykönyv Magyarázata, S. 273.

286 *Miholics*, A magyar munkajog I., S. 60, 121; *Kiss,* Munkajog, S. 195; *Kertész/Pál /Radnay*, Munkajogi kézikönyv, S. 180.

287 BH 2005/348; BH 2001/467/I; EBH 2000/359; EBH 2000/249; BH 1999/402; BH 1979/204.

beitnehmer mit seinen Arbeitskollegen zusammenzuarbeiten und seine Arbeit so auszuführen sowie sich so zu verhalten, dass dies die Gesundheit und die körperliche Unversehrtheit anderer nicht gefährdet, deren Arbeit nicht stört bzw. keine materielle Schädigung oder falsche Beurteilung hervorruft.

Die Pflicht zum Schutz der Persönlichkeit wird im Arbeitsverhältnis insbesondere hinsichtlich der allgemeinen Grundsätze der Rechtsausübung und der Verpflichtung zur Arbeitsleistung in der Rechtsprechung anerkannt.[288] Die Pflicht zur Zusammenarbeit umfasst z. B. den Mitarbeitern gegenseitig zustehende Respekt und das die Würde beachtende Verhalten, die bei der Verarbeitung personenbezogenen Daten sehr wichtig sind.[289]

Funktion des Persönlichkeitsschutzes im Arbeitsrecht hinsichtlich des Datenschutzes

Der Arbeitnehmerdatenschutz hat die Funktion, den Rechtschutz des Arbeitnehmers zu erhöhen und die individuellen Interessen der Arbeitnehmer zu schützen. Der Persönlichkeitsschutz und der Datenschutz dienen der Annäherung und dem Ausgleich der unterschiedlichen Interessen der Parteien, die sich einerseits auf den Schutz der Autonomie und der Freiheit der Person andererseits auf Zugang zur Information beziehen.[290] Die gegenseitige Beachtung der mit dem Arbeitsverhältnis zusammenhängenden Rechte ist mithilfe des Persönlichkeitsschutzes zu verwirklichen.[291] Es handelt sich um die Koordination des rechtlich relevanten Verhaltens der Parteien in verschiedenen Rechtspositionen im Rechtsverhältnis im Zusammenhang mit dem Persönlichkeitsschutz bzw. mit dem Datenschutz.[292] Aufgrund einer Interessenabwägung ist es möglich, das Gleichgewicht der Interessen zu ermitteln.[293] Es ist zu prüfen, ob die Maßnahme

---

288 BH 2006/201.

289 BH 2006/201.

290 *Mauczka*, in: Festschrift zur Jahrhundertfeier des Allgemeinen Bürgerlichen Gesetzbuches 1. Juni 1911, S. 279; *Szladits*, in: *Szladits* (Hrsg.), Magyar magánjog, Általános rész, személyi jog, S. 184; *Hubmann*, Das Persönlichkeitsrecht, S. 159 ff.; *Brosette*, Der Wert der Wahrheit im Schatten des Rechts auf informationelle Selbstbestimmung, S. 260 ff.; *Sólyom*, JK 1984, 669; Kritisch *Druey*, Information als Gegenstand des Rechts, S. 212.

291 „Persönlichkeitsrecht des Arbeitnehmers" ist der Oberbegriff für alle gegenüber dem Arbeitgeber rechtlich geschützten Persönlichkeitsinteressen des Arbeitnehmers. *Thees*, Das Arbeitnehmer-Persönlichkeitsrecht als Leitidee des Arbeitsrechts, S. 354; *Selmi*, Louisana Law Review 2006, 8. ff.

292 *Petrik*, A személyiség jogi védelme, S. 39.

293 *Griese*, Zur Notwendigkeit und Effektivität eines verbesserten datenrechtlichen Persönlichkeitsschutzes im Arbeitsrecht, S. 26; „équilibre entre le respect des prérogatives nécessaires au bon fonctionnement de l'entreprise d'une part et celui des libertés individuelles des candidats à un emploi et des salariés dans l'exécution du contrat de travail, d'autre part.» *Lyon-Caen*, Les libertés publiques et l'emploi, S. 9;

des Arbeitgebers in Bezug auf den Persönlichkeitsschutz als rechtmäßig begründet werden kann.[294]

Das Arbeitsrecht und der zivilrechtliche Schutz der Persönlichkeit

Das ungArbGB regelt den Schutz der Persönlichkeit des Arbeitnehmers partiell. Folglich kann das Wesen des Persönlichkeitsschutzes anhand der zivilrechtlichen Konzeption über den Schutz der Persönlichkeitsrechte konkretisiert werden. Im Folgenden werden die Schwerpunkte des Persönlichkeitsschutzes des Arbeitnehmers bezüglich des zivilrechtlichen Schutzes der Persönlichkeit dargestellt.

Der Persönlichkeitsschutz des Arbeitnehmers und das ungBGB

Im Bürgerlichen Gesetzbuch (ungBGB) werden die Garantien der Persönlichkeitsrechte verankert.[295] Es ist aber umstritten, ob dieses Gesetz im Arbeitsverhältnis berücksichtigt werden kann.[296]

Das ungBGB enthält keine Vorschriften über die Anwendung des zivilrechtlichen Persönlichkeitsschutzes im Arbeitsrecht. Im ungArbGB wird das Verhältnis zwischen diesen zwei Gesetzen auch nicht verdeutlicht.

In der Rechtsprechung wurde anerkannt, dass die Bestimmungen des ungBGB in den im ungArbGB nicht geregelten Fällen Anwendung finden, wenn sie die arbeitsrechtlichen Grundsätze nicht verletzen.[297] Das ungBGB fungiert in dieser Hinsicht als Grundlage bei der Auslegung einzelner Tatbestände bezüglich der Verletzung der Persönlichkeitsrechte im Arbeitsverhältnis.[298]

Im Schrifttum bejahen mehrere Autoren, dass der zivilrechtliche Persönlichkeitsschutz nach dem ungBGB im Arbeitsrecht maßgebend ist.[299] Meiner Meinung nach können die Vorschriften des ungBGB nach umfassender Bewertung im Arbeitsrecht beachtet werden, weil das System und der Gedanke des zivilrechtlichen Persönlichkeitsschutzes im Vergleich zum Arbeitsrecht äußerst un-

---

Craig, Privacy and Employment law, S. 6 ff.; *Woolfson*, Journal of Common Market Studies 1/2006, 196 ff.; *Bull*, NJW 2006, 1623.

294 *Wiese*, ZfA 3/1971, 283; *Finkin*, Chicago-Kent Law Review 1996, 225 ff.

295 §§ 75-83 Gesetz Nr. IV/1959 zum Bürgerlichen Gesetzbuch (ungBGB).

296 Zur Schutzfunktion des Arbeitsrechts *Nagy*, A munkaerőpiac flexibilitása és a munkát végzők munkajogi védelme, S. 243; *Radnay*, in: *Ploetz/Tóth* (Hrsg.), A munkajog és a polgári jog kodifikációs és funkcionális összefüggései, S. 257 ff.

297 EBH 2000/258.

298 BH 1979/204; BH 1999/402; BH 2002/305; BH 2001/467.

299 *Fabók*, MSZ 4/2000, 39; *Ádám/Kiss/ Pethő*, A munka törvénykönyve magyarázatokkal, S. 65; *Kiss*, in: *Ploetz/Tóth* (Hrsg.), A munkajog és a polgári jog kodifikációs és funkcionális összefüggései, S. 235; *Hajdú*, A munkavállalók személyiségi jogainak védelme, S. 168; *Kertész/Pál/Radnay*, Munkajogi kézikönyv, S. 109; *Kiss*, Munkajog, S. 184; *Cséffán*, A Munka Törvénykönyve és Magyarázata, S. 144 f.; *Berki*, in: *Simándi* (Hrsg.), A munka törvénykönyve magyarázata, S. 276 f.

terschiedlich sind.[300] Der Persönlichkeitsschutz im Zivilrecht und im Arbeitsrecht weist nur zum Teil Ähnlichkeiten auf, denn die Interessen am Persönlichkeitsschutz sind im Arbeitsverhältnis eingeschränkt. In anderer Hinsicht sind die persönlichkeitsrechtlichen Interessen umfangreicher als im zivilrechtlichen Rechtsverhältnis.[301] Mit Rücksicht auf die Tendenz der Individualisierung im Arbeitsrecht kann nicht eindeutig festgestellt werden, in welchem Umfang der Schutz der Persönlichkeitsrechte im Arbeitsverhältnis zur Geltung gebracht werden kann.[302]

Einzelne Persönlichkeitsrechte des Arbeitnehmers

Im Schrifttum werden die einzelnen Persönlichkeitsrechte des Arbeitnehmers unterschiedlich dargestellt.[303] Es herrscht keine Einigkeit über die Gliederung der Persönlichkeitsrechte in der Literatur.[304]

---

300 Zur Eigenartigkeit der arbeitsrechtlichen und der zivilrechtlichen Regelungen *Siehe Törő*, JK 1983, 364; *Kiss*, in: *Ploetz/Tóth* (Hrsg.), A munkajog és a polgári jog kodifikációs és funkcionális összefüggései, S. 198 ff.; *Ádám*, in: *Kollonay* (Hrsg.), A magyar munkajog I., S. 217.

301 *Rivero*, D. Soc. 1982, 421 ff.; *Teyssié*, D. Soc. 1988, 374 ff.; *Pärli*, Zeitschrift für Arbeitsrecht und Arbeitslosenversicherung 4/2005, 227.

302 Zur Individualisierung *Adam*, L' Individualisation du Droit du Travail, S. 54 ff.; Aus soziologischer Sicht Siehe z.B. „Self at Work" *Casey*, Work, Self and Society After Industrialism, S. 83 ff.; *Beck/Beck-Gernsheim*, Individualization, S. 12 ff.; *Weiskopf/ Loacker*, The International Review of Management Studies 4/2006, 396 ff.

303 *Wiese*, ZfA, 1971, 317; *Trutmann*, in: FS Frank Vischer, S. 469 ff.; *Wyler*, Droit du travail, S. 216 ff.; *Blomeyer*, in: *Richardi/Wlotzke* (Hrsg.), Münchener Handbuch zum Arbeitsrecht Band 1 Individualarbeitsrecht I., S. 1968 ff.; *Finkin*, CLLPJ 2002, 577 ff.; *Waquet*, L'enterprise et les libertés du salarié, S. 83 ff.; *Dietrich/Preis/Müller-Glöge/ Schaub*, Erfurter Kommentar zum Arbeitsrecht, S. 27 ff. und 35 ff.; *Schaub/Koch/Linck*, Arbeitsrechts-Handbuch, S. 186 ff., 199 ff., 494 ff.; *Hajdú*, A munkavállalók személyiségi jogainak védelme, S. 172 ff.; *Baerdemaeker/Kokot*, jjt 2006 N 935, 2 ff.; *Wiese*, ZfA 2006, 635 ff.

304 *Zlinszky*, A magyar magánjog mai érvényében különös tekintettel a gyakorlat igényeire, S. 382; *Reiner*, Jogi Szemle 8/1891, 184; *Bozóky*, in: *Fodor* (Hrsg.), Magyar Magánjog Általános rész, Személyjog, S. 455; *Vadász*, Magánjogunk főbb elvei és az uj jogfejlődés, S. 72; *Meszlény*, Magyar magánjog, S. 224 ff.; *Meszlény*, Magyar Jogászegyleti Értekezések 7/XXVI., 290 ff.; *Személyi*, A névjog, S. 67; *Ladányi*, Ügyvédek Lapja 12/1904, 4; 13/1994, 3; 14/1904, 5; *Raffay*, A magyar magánjog kézikönyve, S. 98; *Kállay*, A Magyar Magánjog Vezérfonala, S. 47; *Almási*, Ungarisches Privatrecht, S. 163; *Kolosváry*, Magánjog, S. 103; *Szladits*, Magyar magánjog Általános rész, személyi jog, S. 184; *Balás*, in: *Szladits* (Hrsg.), Magyar magánjog, S. 624; *Szászy*, A magyar magánjog alapintézményei, S. 127; *Törő*, Személyiségvédelem a polgári jogban, 153 ff.; *Jobbágyi*, JK 7-8/2000, 263; Az új Polgári törvénykönyv koncepciója, Magyar Közlöny 15/2002 II., 28 ff.; *Petrik*, MJ 5/2004 259.

In der Rechtsprechung werden verschiedene Persönlichkeitsrechte des Arbeitnehmers z. B. Recht auf Schutz des Privatlebens ausgearbeitet, die aus dem ungBGB und aus der ungarischen Verfassung abgeleitet sind.[305]

Im ungBGB werden die folgenden Rechte verankert: das Namensrecht[306], der Schutz des guten Rufes[307] und das Recht auf private Wohnung.[308] Einzelne Rechte werden bezüglich der Verletzung der Persönlichkeit verankert. Darunter fallen das Gebot der Gleichbehandlung, der Schutz der Gewissensfreiheit, der persönlichen Freiheit, der körperlichen Unversehrtheit, der Gesundheit, der Ehre, der Menschenwürde[309], des Bildnisses und der Tonaufnahme[310], des Brief-, Privat- und Geschäftsgeheimnisses [311] und das Verbot der Verletzung der Persönlichkeitsrechte bei der Verarbeitung personenbezogener Daten.[312]

Die im ungBGB geregelten einzelnen Persönlichkeitsrechte sind auch im Arbeitsverhältnis zu achten, der Arbeitgeber hat sie und die in der Rechtsprechung ausgearbeiteten Persönlichkeitsrechte nach § 8 Abs. 2 ungArbGB zu schützen.[313]

Umfang des Schutzes der Persönlichkeitsrechte des Arbeitnehmers

Reichweite des § 75 Abs. 1 ungBGB und § 8 Abs. 2 ungArbGB

Nach § 75 Abs. 1 Satz 1 ungBGB hat jedermann die Persönlichkeitsrechte zu achten. Nach § 75 Abs. 1 Satz 2 ungBGB stehen diese Rechte unter dem Schutz des Gesetzes. Der Persönlichkeitsschutz verleiht daher jeder Person ein absolutes Recht auf Abwehr von Persönlichkeitsverletzungen.[314]

Durch § 75 Abs. 1 Satz 1 wird jedermann dazu angehalten, die Persönlichkeitsrechte von niemandem zu verletzen. Der allgemeine Persönlichkeitsschutz durch § 75 ungBGB wird im Arbeitsverhältnis durch § 8 Abs. 2 ungArbGB dahin konkretisiert, dass der Arbeitgeber die Persönlichkeitsrechte des Arbeitnehmers zu schützen hat. Die Pflicht zum Schutz der Persönlichkeit des Arbeitnehmers und die Gewährleistung des Rechts auf die freie Entfaltung der Persönlichkeit sind die wichtigsten Elemente des Persönlichkeitsschutzes im Arbeits-

---

305 z. B. Recht auf Schutz des Privatlebens BH 2001/61; Recht auf Arbeit BH 1999/402; Schutz der Würde des Arbeitnehmers EBH 2000/359 und 249; Schutz des guten Rufes BH 1999/204.

306 § 77 Abs. 1 ungBGB.

307 § 78 Abs. 1 ungBGB.

308 § 82 ungBGB.

309 § 76 ungBGB.

310 § 80 Abs. 1 ungBGB.

311 § 81 Abs. 1 ungBGB.

312 § 83 Abs. 1 ungBGB.

313 *Petrik*, A személyiség jogi védelme, S. 35.

314 *Petrik*, A személyiség jogi védelme, S. 34.

recht, die die spezielle Beurteilung des Schutzes immaterieller Interessen des Arbeitnehmers im Arbeitsverhältnis begründen.[315]

Persönlichkeitsrechte und Schranken der Ausübung der Rechte des Arbeitgebers

Das Arbeitsverhältnis als besonderes Schuldverhältnis weist spezielle Merkmale im Vergleich zum bürgerlich-rechtlichen Schuldverhältnis auf. Die Persönlichkeit des Arbeitnehmers ist infolge der Wesensmerkmale des Arbeitsverhältnisses dem Zugriff des Arbeitgebers in besonders hohem Maße ausgesetzt.[316]

Durch die persönliche Abhängigkeit des Arbeitnehmers unterscheidet sich das Arbeitsverhältnis vom bürgerlich-rechtlichen Schuldverhältnis.[317] Die Weisungsgebundenheit des Arbeitnehmers und seiner Eingliederung in eine fremde Arbeitsorganisation sind auch zu berücksichtigen. Der Arbeitnehmer hat die Arbeitsleistung persönlich, nach den Weisungen des Arbeitgebers und an den angeordneten Ort zu leisten und er ist verpflichtet, während der Arbeitzeit zur Verfügung des Arbeitgebers zu stehen.[318]

Nach § 104 Abs. 1 ungArbGB hat der Arbeitnehmer die Arbeit nach der Anweisung des Arbeitgebers zu verrichten. Der Arbeitnehmer hat die Weisung nicht zu erfüllen, wenn die Durchführung gegen eine Rechtsvorschrift oder eine auf das Arbeitsverhältnis bezogene Regelung verstößt.[319]

Der Arbeitnehmer ist daher verpflichtet, den innerhalb der gesetzlich geregelten Schranken erlassenen Weisungen des Arbeitgebers nachzukommen. Er hat aber die Weisungen nicht zu befolgen, die rechtswidrig oder vertragswidrig sind. Unzulässig sind Weisungen, welche gegen die Vorschriften über den Persönlichkeitschutz verstoßen. Weisungen, die die Persönlichkeitsrechte des Arbeitnehmers verletzen, sind deshalb rechtswidrig. Die Anordnung einer Kontrolle mit Leibesvisitation am Arbeitsplatz kann z.B. die Würde des Arbeitnehmers verletzen, wenn durch die Maßnahme in die Persönlichkeitsrechte des Arbeitnehmers unangemessen eingegriffen wird.[320]

---

315 *Törő*, Személyiségvédelem a polgári jogban, S. 43 ff.

316 *Kollonay*, A magyar munkajog I, S. 217.

317 *Kiss*, Munkajog, S. 94, 148; *Kollonay*, A magyar munkajog I, S. 73.

318 Nach § 103 lit. a ungArbGB ist der Arbeitnehmer verpflichtet, am vorgeschriebenen Ort und zur rechten Zeit in einem arbeitsfähigen Zustand zur Arbeit zu erscheinen und seine Arbeitszeit bei der Arbeit zu verbringen bzw. dem Arbeitgeber während dieser Zeit zur Verrichtung der Arbeit zur Verfügung stehen. Nach § 103 lit. b ungArbGB ist weiterhin der Arbeitnehmer verpflichtet seine Arbeit mit der zu erwartenden Sachkenntnis und Sorgfalt bzw. nach den auf die Arbeit bezogenen Regeln, Vorschriften und Weisungen auszuführen. Nach § 103 lit. d ungArbGB hat der Arbeitnehmer seine Arbeit persönlich zu verrichten.

319 § 104 Abs. 2 ungArbGB.

320 EBH 2000/249.

Die Schutzbedürftigkeit des Arbeitnehmers ist hinsichtlich der Natur des Arbeitsverhältnisses als Dauerschuldverhältnis und der Merkmale der Leistungspflicht des Arbeitnehmers ist zu bejahen. Der Arbeitgeber hat alle zumutbaren Maßnahmen zu treffen, um die Persönlichkeit des Arbeitnehmers zu schützen. Der Persönlichkeitschutz im Arbeitsrecht hat eine spezielle Funktion im Vergleich zum zivilrechtlichen Persönlichkeitsschutz nämlich der Freiheitsbeschränkung des Arbeitnehmers und den Eingriffen in seine Persönlichkeit Grenzen zu setzen.[321] Die Persönlichkeitsrechte des Arbeitnehmers sind andererseits begrenzt durch die Rechte des Arbeitgebers, die sich aus der wirtschaftlichen Betätigungsfreiheit und aus seiner Leitungsmacht ergeben. Die Pflicht des Arbeitgebers zum Schutz der Persönlichkeitsrechte des Arbeitnehmers muss mit den berechtigten Interessen des Arbeitgebers und der anderen Mitarbeiter in Einklang stehen.

Persönlichkeitsschutz bei der Verarbeitung personenbezogener Daten

Der Schutz der Persönlichkeitsrechte des Arbeitnehmers bei der Verarbeitung personenbezogener Daten wird durch das ungBGB und die ungarische Verfassung garantiert.[322] Die Bewahrung der immateriellen Interessen des Arbeitnehmers kann in der Komplexität dieser Normen beleuchtet werden. Im Folgenden wird die Rolle des Rechts auf Schutz personenbezogener Daten nach § 83 ungBGB und des Rechts auf informationelle Selbstbestimmung nach den Entscheidungen des ungarischen Verfassungsgerichts im Zusammenhang mit dem Arbeitnehmerdatenschutz erörtert. Es wird untersucht, inwieweit das ungBGB und die ungarische Verfassung bei der Konkretisierung der Reichweite des Datenschutzes im Arbeitsrecht berücksichtigt werden können.

Recht auf Schutz personenbezogener Daten des Arbeitnehmers

Recht auf Schutz personenbezogener Daten nach § 83 ungBGB

Das ungBGB, das ungDSG und die ungarische Verfassung wurden mit dem Inkrafttreten des ungDSG in Einklang gebracht.[323] Die grundlegende Harmonie der datenschutzrechtlichen Vorgaben wurde 1993 durch das Änderungsgesetz erzielt.[324] Die Konzeption der bereichspezifischen Regelungen blieb aber unterschiedlich.

---

321 *Román*, A munkajog alapintézményei II., S. 46, 56, 227.

322 §§ 75-83 ungBGB, § 59 Abs. 1 ungarische Verfassung Gesetz Nr. XX von 1949 über die Verfassung der Republik Ungarn.

323 *Sólyom*, Világosság 1/1988, 54; *Sólyom*, in: *Majtényi/ Molnár/Petri/Szabó* (Hrsg.), Az elektronikus információszabadság, S. 176; *Harmathy*, in: Libri Amicorum Lontai Endre, S. 72 ff.

324 § 33 Gesetz Nr. LXIII/1992 und § 40 Abs. 4 lit. a Gesetz Nr. XCII/1993.

§ 83 Abs. 1 ungBGB schreibt vor, dass die Persönlichkeitsrechte bei der Datenverarbeitung mithilfe eines Rechners oder auf andere Art und Weise nicht verletzt werden dürfen.[325]

Sonderstellung des Rechts auf Schutz personenbezogener Daten

Es ist umstritten, ob ein Recht auf Schutz personenbezogener Daten als besonderes Persönlichkeitsrecht nach § 83 ungBGB anerkannt werden kann.[326] Während der Kodifikation des ungBGB wurde das Problem der systematischen Einordnung des Rechts auf Schutz personenbezogener Daten erkannt.[327] Mehrere Autoren sind der Meinung, dass das Recht auf die Bewahrung der personenbezogenen Daten als besonderes Persönlichkeitsrecht angenommen werden kann.[328]

Meines Erachtens kann das Recht auf Schutz personenbezogener Daten aus dem allgemeinen Persönlichkeitsrecht nach § 75 Abs. 1 ungBGB abgeleitet werden.[329] Der Bezug zum in der Verfassung benannten Recht auf Schutz personenbezogener Daten spielt auch eine wichtige Rolle.[330] Es ist fraglich, ob das Recht auf informationelle Selbstbestimmung nach den Entscheidungen des ungarischen Verfassungsgerichts als Basis eines besonderen Persönlichkeitsrechts im privatrechtlichen Rechtsverhältnis in Betracht kommen kann, weil die Auslegung des Rechts auf Schutz personenbezogener Daten mit Rücksicht auf das informationelle Selbstbestimmungsrecht nicht geklärt ist. Dies soll im Folgenden näher dargestellt werden.

Recht auf informationelle Selbstbestimmung nach den Entscheidungen des ungarischen Verfassungsgerichts

Das ungarische Verfassungsgericht nimmt eine Vorreiterrolle im Datenschutz ein. Der Schutz personenbezogener Daten ist dank seiner Tätigkeit in der ungarischen Rechtsordnung verwurzelt. In Art. 59 Abs. 1 der ungarischen Verfassung wird das Recht auf Schutz personenbezogener Daten formuliert.[331]

---

325 § 83 Abs. 1 ungBGB wurde durch Gesetz Nr. IV/1977 eingefügt.

326 *Gellért* (Hrsg.), A Polgári Törvénykönyv Magyarázata, S. 316; Verneinend *Nagy/Pecze*, Polgári Jog I., S. 45.

327 Magyar Közlöny II/15/2002, 30; Polgári Törvénykönyv Javaslat, S. 41; *Jobbágyi*, JK 2000, 263; *Petrik*, MJ 2004, 269.

328 *Jobbágyi*, JK 2000, 263; *Petrik*, MJ 2004, 269; *Gellért* (Hrsg.), A Polgári Törvénykönyv Magyarázata, S. 316; Im Gegenteil *Nagy/Pecze*, Polgári Jog I., S. 45; Veszprém Megyei Bíróság 1. Pf. 20 575/2000/11. in, BDT 9/2002, 15; Budapesti II. és III. Kerületi Bíróság 13. P. 21 642/1999. Fővárosi Bíróság 48. Pf. 21 793/2000 in, BDT 11/2001, 11 f.; BH 2005/348.

329 Zur Konkretisierung des allgemeinen Persönlichkeitsrechts *siehe* Magyar Közlöny II/15/2002, 29.

330 Art. 59 Abs. 1 ungarische Verfassung.

331 Art. 59 Abs. 1 des Gesetzes Nr. XX/1949 zur Verfassung der Republik Ungarn.

Das ungarische Verfassungsgericht interpretiert dieses selbständige Grundrecht als informationelles Selbstbestimmungsrecht nach dem Vorbild des „Volkszählungsurteiles" des deutschen Bundesverfassungsgerichts.[332] Das BVerfG hat ein umfassendes informationelles Selbstbestimmungsrecht als „aus dem Gedanken der Selbstbestimmung folgende Befugnis des Einzelnen, grundsätzlich selbst zu entscheiden, wann und innerhalb welcher Grenzen persönliche Lebenssachverhalte offenbart werden," durch das in Art. 2 Abs. 1 in Verbindung mit Art. 1 Abs. 1 GG geschützte allgemeine Persönlichkeitsrecht entwickelt.[333] Insofern sind Angaben über eine Person unabhängig von der Sphäre, aus der sie stammen, sensibel und schutzbedürftig, weil durch die Verarbeitung und Verknüpfung ein für sich gesehen belangloses Datum einen neuen Stellenwert bekommen kann, gibt es „kein belangloses Datum".

Das Recht auf Schutz personenbezogener Daten wird mittelbar aus Art. 54 Abs. 1 der ungarischen Verfassung über den Schutz der Menschenwürde abgeleitet.[334] Das ungarische Verfassungsgericht hat den Inhalt des informationellen Selbstbestimmungsrechts in der Entscheidung Nr. 15/1991 konkretisiert.[335] Gemäß dem Recht auf Schutz personenbezogener Daten „kann jeder über die Preisgabe und die Verwendung seiner personenbezogenen Daten bestimmen, die personenbezogenen Daten dürfen mit der Einwilligung des Betroffenen erhoben und verwendet werden. Die Datenverarbeitungsschritte müssen für jedermann verfolgbar und kontrollierbar sein. Jeder hat das Recht zu wissen, wer, wo, wann und zu welchem Zweck seine personenbezogenen Daten nutzt".[336]

Das wichtigste Merkmal dieses Rechts ist die Einwilligung des Betroffenen. Er ist berechtigt, über den Umfang der preiszugebenden Daten, über die Art des Mitteilens und über die Wahl der Kommunikationspartner frei zu entscheiden.[337]

---

332 BVerfGE 65, 1; *Vogelgesang*, Grundrecht auf informationelle Selbstbestimmung?, S. 51 ff.; *Griese*, Zur Notwendigkeit und Effektivität eines verbesserten datenrechtlichen Persönlichkeitsschutzes im Arbeitsrecht, S. 50 ff.; *Buchner*, Informationelle Selbstbestimmung im Privatrecht, S. 41 ff.

333 BVerfGE 65, 1/42 f.

334 8/1990. (IV. 23.) Entscheidung des ungarischen Verfassungsgerichts, ABH 1990, 42 ff.; 23/1990. (X. 31.) Entscheidung des ungarischen Verfassungsgerichts, ABH 1990, 88 ff.; 64/1991. (XII. 17.) Entscheidung des ungarischen Verfassungsgerichts, ABH, 258 ff.; *Zoltán*, MJ 9/1996, 533; *Sári*, Alapjogok, S. 122 ff.

335 15/1991. (IV. 13.) Entscheidung des ungarischen Verfassungsgerichts, ABH 1991, 39 ff.

336 15/1991. (IV. 13.) Entscheidung des ungarischen Verfassungsgerichts, ABH 1991, 39 ff.; 20/1990. (X. 4.) Entscheidung des ungarischen Verfassungsgerichts, ABH 1990, 69 ff.; 11/1990. (V. 1.) Entscheidung des ungarischen Verfassungsgerichts, ABH 1990, 156 ff.

337 *Győrfi*, in: *Halmai* (Hrsg.) A megtalált Alkotmány? A magyar alapjogi bíráskodás első kilenc éve, S. 231; *Gräf*, Datenschutz und Privatheit, S. 173; *Vogelgesang*, Grundrecht

Beim Präzisieren des Rechts auf informationelle Selbstbestimmung spielt der Grundsatz der Zweckbindung eine große Rolle.[338] Die Zweckbindung der Verarbeitung personenbezogener Daten muss ständig beachtet werden. [339] Die übermäßige Ausweitung des Zweckes ist mit den Anforderungen an Grundrechtsbeschränkungen nicht vereinbar.[340] Das Herstellen des Persönlichkeitsprofils sowie das Zusammensetzen der einzelnen Daten ungeachtet ihres ursprünglichen Verarbeitungskontexts, verletzt die Menschenwürde.[341]

Eine andere Garantie des Rechts auf informationelle Selbstbestimmung ist die Einschränkung der Übermittlung und der Veröffentlichung der personenbezogenen Daten.[342] Die Daten aus mehreren Datenbanken dürfen ohne Einwilligung des Betroffenen nicht übermittelt und miteinander verknüpft werden.[343]

Die von dem Recht auf Schutz personenbezogener Daten geschützten Interessen

Die geschützten Interessen im Zusammenhang mit dem Recht auf Schutz personenbezogener Daten können nicht eindeutig festgestellt werden.[344] Es handelt sich vor allem um den Schutz der persönlichen Individualität.[345] Nach den Entscheidungen des ungarischen Verfassungsgerichts sind die Interessen an der authentischen Bewertung der Persönlichkeit, an der Vorbeugung der totalen Durchleuchtung, an der freien Entscheidung über die Datenübermittlung und an der Prävention des Abzeichnens eines Persönlichkeitsprofils zu schützen. Der Betroffene ist berechtigt, die Eingriffe in seine Persönlichkeitsrechte bei der Verarbeitung personenbezogener Daten abzuwehren. Diese Belange sind auch im Arbeitsverhältnis zu schützen.

---

auf informationelle Selbstbestimmung?, S. 123; Kritisch *Druey*, Information als Gegenstand des Rechts, S. 393 ff.; *Albers*, Informationelle Selbstbestimmung, S. 162.

338 15/1991. (IV. 13.) Entscheidung des ungarischen Verfassungsgerichts, ABH 1991, 39 ff.

339 22/2004 (VI. 19.) Entscheidung des ungarischen Verfassungsgerichts, ABH 2004, 367 ff.; 36/2005. (X. 5.) Entscheidung des ungarischen Verfassungsgerichts, ABH 2005, 390 ff.

340 65/2002 (XII. 3.) Entscheidung des ungarischen Verfassungsgerichts, ABH 2002, 357 ff.

341 15/1991 (IV. 13.) Entscheidung des ungarischen Verfassungsgerichts, ABH 1991, 39 ff.

342 59/1998. (XII. 11.) Entscheidung des ungarischen Verfassungsgerichts, ABH 1998, 512 ff.

343 46/1995 (VI. 30.) Entscheidung des ungarischen Verfassungsgerichts, ABH 1995, 219 ff.; 15/1991. (IV. 13.) Entscheidung des ungarischen Verfassungsgerichts, ABH 1991, 39 ff.

344 *Brosette*, Der Wert der Wahrheit im Schatten des Rechts auf informationelle Selbstbestimmung, S. 228 f.; *Aebi-Müller*, Personenbezogene Informationen im System des zivilrechtlichen Persönlichkeitsschutzes, S. 233 ff.

345 *Petrik*, A személyiség jogi védelme, S. 18.

Verletzung des Rechts auf Schutz personenbezogener Daten nach dem geltenden Recht

Im ungArbGB wird nur die Übermittlung der Daten ohne gesetzliche Ermächtigung oder ohne Einwilligung des Arbeitnehmers als Pflichtverletzung anerkannt.[346]

Im Hinblick auf die Voraussetzungen der rechtmäßigen Verarbeitung der Daten ist dieses Recht nach dem ungDSG verletzt, wenn der Arbeitgeber die Daten ohne Zustimmung des Betroffenen oder ohne „gesetzliche Ermächtigung“ oder ungeachtet der Datenschutzgrundsätze verarbeitet.[347]

Die Kriterien der Verletzung des Rechts auf Schutz personenbezogener Daten sind nach dem § 83 ungBGB schwierig zu ermitteln.[348] Es hängt damit zusammen, dass durch die Verletzung der ideellen Interessen des Betroffenen bei der Datenverarbeitung mehrere Persönlichkeitsrechte sowie der Schutz des guten Rufes, der Ehre, der Menschenwürde usw. betroffen sind. Der Inhalt des Rechts auf Schutz personenbezogener Daten kann mit Rücksicht auf die anderen Persönlichkeitsrechte näher bestimmt werden, die dogmatischen Grundzüge der Verletzung der Persönlichkeitsrechte sind aber nicht einheitlich ausgearbeitet.[349]

Verletzungstatbestände in der Rechtsprechung

In der Rechtsprechung werden die Eingriffe in die Persönlichkeitsrechte bei der Verarbeitung personenbezogener Daten verschiedenartig behandelt. Es sind zwei Fallgruppen der Verletzungstatbestände zu unterscheiden.

Einerseits spielt die Verletzung der Persönlichkeitsrechte durch die Veröffentlichung der Daten eine wichtige Rolle. Nach herrschender Meinung ist der Anspruch auf Ersatz des immateriellen Schadens an sich ohne Beweis des Eintritts eines Schadens begründet, wenn bestimmte sensitive Informationen veröffentlicht werden.[350] Die Bekanntmachung von „neutralen“ Tatsachen gilt nicht als Verletzung der Persönlichkeitsrechte.[351] In der Rechtsprechung wird die Rechtsverletzung aufgrund der allgemein bekannten Eigenschaft einer Tatsache

346 *Ádám/Kiss/Pethő*, A munka törvénykönyve magyarázatokkal, S. 11; *Ádám*, in: *Kollonay* (Hrsg.), A magyar munkajog I., S. 219; *Horváth*, in: *Simándi* (Hrsg.), A munka törvénykönyve magyarázata, S. 29.

347 3 § Abs. (1)-(2) ungDSG; § 5 und § 7 ungDSG.

348 Siehe die Verletzungstatbestände nach dem Entwurf über die Kodifikation des ungBGB in: Polgári Törvénykönyv Javaslat, S. 41.

349 *Törő*, 11/1972 JK, 550 f.; Zufolge einer Meinung gelten das Ablehnen der Beantwortung sowie das Verweigern der Antwort einer unzulässigen Frage des Arbeitgebers und der daraus folgenden Ausfall der Abschließung des Arbeitsvertrages als Verletzung der Persönlichkeitsrechte. *Hajdú*, A munkavállalók személyiségi jogainak védelme, S. 169.

350 BH 2004/103/II.; BH 1996/304; BH 1995/273.

351 BH 2002/223.

konstatiert, z.B. laut der allgemeinen Auffassung fällt eine Missfallen erweckende Veröffentlichung einer Tatsache über das Sexualleben des Betroffenen unter eine nachteilige Einschätzung, die deswegen als offenkundig anzuerkennen ist.[352]

Andererseits sind die Fälle relevant, bei denen es sich um die Übermittlung der Daten an den Dritten handelt.[353] Die Übermittelung der Daten kann zur Verletzung der Persönlichkeitsrechte führen. Der Arbeitgeber verletzt das Recht auf Schutz des guten Rufes des Arbeitnehmers, wenn er z. B. Briefe über den Grund der Beendigung des Arbeitsverhältnisses des Arbeitnehmers seinem Geschäftspartner schickt und der Arbeitnehmer den verursachten Schaden beweisen kann.

In der Rechtsprechung werden die Sachverhalte im Rahmen des allgemeinen Persönlichkeitsrechts geklärt, die im Grunde genommen selbständig bezüglich des Rechts auf Schutz personenbezogener Daten qualifiziert werden könnten. Die Verletzung des guten Rufes, der Menschenwürde und der Ehre wird hinsichtlich der Verarbeitung personenbezogener Daten am häufigsten von den Gerichten geprüft.

Es gibt eine neue Richtung in der Rechtsprechung, aufgrund derer die Rechtfertigungsgründe der Datenverarbeitung, nämlich die gesetzliche Ermächtigung und die Einwilligung des Betroffenen nach dem ungDSG, berücksichtigt werden.[354] Der Arbeitgeber kann – über das Gehalt und sonstige Zuwendungen des Arbeitnehmers – dem Ehepartner, als berechtigte Person für die Geltendmachung des Kinderunterhalts nur danach Auskunft geben, wenn das Gericht die Pfändung des Unterhaltsbeitrages angeordnet hat. Zuvor verletzt die Übermittlung dieser Daten das Recht auf Schutz personenbezogener Daten des Arbeitnehmers.[355]

---

352 BH 2004/103/II., Die allgemein bekannten Tatsachen sind solche Angaben, die für mehrere Leute bekannt sind und der Wert der Information von der gesellschaftlichen Überzeugung geprägt ist.

353 *Ádám/Fekete/Radnay/Stéfán/Tallián*, Munkajog 1995-1998 Munkajogi Döntvénytár II., Mfv. II. 10718/1997/4, S. 745 f.; (103/A/1997) ABI 1997, 97; Die Übermittelung der sensitiven Informationen wird mit Rücksicht auf den Schutz der Privatgeheimnisse geprüft. BH 2004/103/I; Sz. V. B. 16. P. 21. 713/2000/36.

354 BH 2005/348; LfB Pf. 23 255/1998. in: BDT 11/2001, 9 f. und Fővárosi Bíróság 48. 21 793/2000. in: BDT 11/2001, 11 f.; Veszprém Megyei Bíróság 1. Pf. 20 575/2000/11, in: BDT 9/2002, 14 ff.; BH 2002/222.

355 BH 2005/348.

Einschränkung des Rechts auf informationelle Selbstbestimmung nach den Entscheidungen des ungarischen Verfassungsgerichts

Zur Beurteilung der Verletzung des Rechts auf informationelle Selbstbestimmung sind die Maßstäbe nach Art. 8 Abs. 2 der ungarischen Verfassung zu beachten.[356] Bezüglich der Einschränkung des Grundrechts ist der so genannte Erforderlichkeits- und Verhältnismäßigkeitstest maßgebend.[357]

Das informationelle Selbstbestimmungsrecht darf ausnahmsweise eingeschränkt werden, wenn die Einschränkung unvermeidlich, erforderlich und verhältnismäßig ist.[358] Die einschränkenden Normen sind hinsichtlich Art. 59 Abs. 1 der ungarischen Verfassung inhaltlich verfassungsmäßig, wenn sie die Garantien der individuellen Rechte des Betroffenen berücksichtigen.[359] Die Normen, die die Erhebung, Sammlung, Speicherung, Verwendung, Übermittlung, Veröffentlichung, Änderung, Verhinderung der Weiterverwendung, Herstellung der neuen Information oder Verwendung jeder Art regeln, sind relevant. Die konkreten Bedingungen der Einholung der Einwilligung des Betroffenen müssen gewährleistet werden.[360] Die Rechtfertigungsgründe der Einschränkung der Grundrechte sind unterschiedlich, dazu nimmt das ungarische Verfassungsgericht von Fall zu Fall Stellung.[361]

Die Rechtmäßigkeit der Einschränkung des Rechts auf informationelle Selbstbestimmung wird mithilfe anderer Grundrechte sowie des Rechts auf Schutz der Menschenwürde und der Privatsphäre bewertet. Mittelbar sind die Unternehmensfreiheit[362], das Recht auf Eigentum und die Meinungsfreiheit einbezogen. Ferner sind die Berufsfreiheit, der Schutz des guten Rufes und des

---

356 z. B. 45/2005. (XII. 14.) Entscheidung des ungarischen Verfassungsgerichts, ABH 2005, 569 ff.

357 65/2002. (XII. 3.) Entscheidung des ungarischen Verfassungsgerichts, ABH 2002, 357 ff.; 50/2003. (XI. 5.) Entscheidung des ungarischen Verfassungsgerichts, ABH 2003, 566, 578; *Kukorelli*, in: *Kukorelli* (Hrsg.), Az alkotmányozás évtizede, S. 97; *Ádám*, in: *Mezey* (Hrsg.), Hatalommegosztás és jogállamiság, S. 170 ff.; *Sólyom*, Az alkotmánybíráskodás kezdetei Magyarországon, S. 399 und 425 ff.; Der Rationalitätstest ist anzuwenden, wenn es sich um ein von der Verfassung geschütztes Recht ohne Grundrechtsgehalt handelt. *Halmai/Tóth* in: *Halmai/Tóth* (Hrsg.), Emberi jogok, S. 134.

358 46/1995. (VI. 30.) Entscheidung des ungarischen Verfassungsgerichts, ABH 1995 223; 54/2000. (XII. 18.) Entscheidung des ungarischen Verfassungsgerichts, ABH 2000, 516 ff.; 6/1998. (III. 11.) Entscheidung des ungarischen Verfassungsgerichts, ABH 1991, 91 ff.; 1234/B/1995 Entscheidung des ungarischen Verfassungsgerichts, ABH 1999, 524 ff.

359 15/1991. (IV. 13.) Entscheidung des ungarischen Verfassungsgerichts, ABH 1991, 39 ff.

360 15/1991 (IV. 13.) Entscheidung des ungarischen Verfassungsgerichts, ABH 1991, 39 ff.

361 *Győrfi*, Az Alkotmánybíráskodás politikai karaktere, S. 85; *Balogh/Holló/Kukorelli/Sári* (Hrsg.), Az Alkotmány magyarázata, S. 229.

362 54/1993 (X. 13.) Entscheidung des ungarischen Verfassungsgerichts, ABH 1993, 340.

Privatgeheimnisses von Relevanz. Das allgemeine Persönlichkeitsrecht kommt in Betracht, wenn keine anderen Grundrechte anwendbar sind.[363] Die Menschenwürde bildet die absolute Grenze der Bewertung der Beschränkung der Grundrechte und der Einschränkung des Rechts auf informationelle Selbstbestimmung.[364]

Die Einschränkung des informationellen Selbstbestimmungsrechts wurde im Zusammenhang mit der wirtschaftlichen und sozialen Rechten selten geprüft. In den Entscheidungen über das Betreiben des elektronischen Überwachungssystems wird das Verhältnis zwischen dem Recht auf informationelle Selbstbestimmung und dem Recht auf Eigentum geklärt.[365] Der Eigentümer muss bei der Ausübung seiner Rechte die Rechte und berechtigten Interessen anderer beachten.[366] Der Gesetzgeber ist verpflichtet, die Wahrung der Grundrechte sowie den Schutz der Privatsphäre und den Schutz personenbezogener Daten bei der Konkretisierung der Rechte des Eigentümers zu gewährleisten.[367]

Auswirkungen des Rechts auf informationelle Selbstbestimmung im Arbeitsverhältnis

Bei der Auslegung des Rechts auf Schutz personenbezogener Daten des Arbeitnehmers spielt das Recht auf informationelle Selbstbestimmung eine wichtige Rolle. Es ist fraglich, ob die Parteien im Arbeitsverhältnis sich auf dieses Grundrecht berufen können. [368] In der ungarischen Literatur wird die Auswirkung der Grundrechte vor allem im Zivilrecht erörtert.[369]

---

363 34/1992 (VI. 1.) Entscheidung des ungarischen Verfassungsgerichts, ABH 1992, 192 ff.; 8/1990. (IV. 23.) Entscheidung des ungarischen Verfassungsgerichts, ABH 1990, 42 ff.; 58/2001. (XII. 7.) Entscheidung des ungarischen Verfassungsgerichts, ABH 2001, 527 ff.; *Sólyom*, Az alkotmánybíráskodás kezdetei Magyarországon, S. 452 f.

364 75/1995 (XII. 21.) Entscheidung des ungarischen Verfassungsgerichts, ABH 1995, 376 ff.; *Balogh*, in: *Halmai* (Hrsg.), A megtalált Alkotmány? A magyar alapjogi bíráskodás első kilenc éve, S. 126 f.; *Balogh/Holló/Kukorelli/Sári* (Hrsg.), Az Alkotmány magyarázata, S. 216; Die Verfassungsmäßigkeit der Regelung über die Datenverarbeitung bei der elektronischen Überwachung z.B. wurde nicht nach Art. 59 Abs. 1 der ungarischen Verfassung sondern mit Hinblick auf den Schutz der Menschenwürde analysiert. 36/2005. (X. 5.) Entscheidung des ungarischen Verfassungsgerichts, ABH 2005, 390 ff.

365 36/2005 (X. 5.) Entscheidung des ungarischen Verfassungsgerichts, ABH 2005, 390 ff.

366 58/1994 (XII. 14.) Entscheidung des ungarischen Verfassungsgerichts, ABH 1994, 334 ff.; 2299/B/1991. Entscheidung des ungarischen Verfassungsgerichts, ABH 1992, 570.

367 22/2004 (VI. 19.) Entscheidung des ungarischen Verfassungsgerichts, ABH 2004, 367 ff.; 36/2005 (X. 5.) Entscheidung des ungarischen Verfassungsgerichts, ABH 2005, 390 ff.

368 *Gamillscheg*, Die Grundrechte im Arbeitsrecht, S. 78 ff.; *Camastral*, Grundrechte im Arbeitsverhältnis, S. 56 f.; *Gremper*, Arbeitsrechtliche Aspekte der Ausübung verfassungsmäßiger Rechte, S. 35 ff.; *Meyrat*, Droits fondamentaux et droit du travail, S. 142 ff.; *Ogier-Bernaud*, Les droits constitutionnels des travaileurs, S. 42 ff; *Baston-Vogt*,

Nach dem herrschenden Verständnis der Grundrechte ist der Staat verpflichtet, die Grundrechte zu wahren und zu schützen.[370] Nach ständiger Rechtsprechung des Verfassungsgerichts erschöpft sich die Verpflichtung des Staates, die grundlegenden Rechte zu respektieren und zu schützen, in Verbindung mit den Grundrechten nicht darin, dass er sich davor hüten muss, dieselben zu verletzen, vielmehr schließt diese Verpflichtung auch ein, dass der Staat für die notwendigen Voraussetzungen der Geltendmachung dieser Rechte Sorge tragen muss.[371]

Es herrscht keine Einigkeit darüber, ob und in welchem Umfang das Rechtsverhältnis zwischen dem Arbeitgeber und dem Arbeitnehmer durch die Grundrechte beeinflusst wird. [372] Grundrechte sind Abwehrrechte des Bürgers gegen den Staat und haben die Aufgabe, vor Eingriffen der öffentlichen Gewalt Schutz zu gewährleisten. [373]

Unmittelbare Drittwirkung des Rechts auf informationelle Selbstbestimmung

Die meisten Autoren lehnen die unmittelbare Drittwirkung der Grundrechte ab.[374] Die Grundrechte können im Arbeitsverhältnis nicht angewendet werden, weil die Rechtsnatur dieser Rechte sich von den Wesensmerkmalen der Rechte im Arbeitsverhältnis erheblich unterscheidet.[375]

Der sachliche Schutzbereich des zivilrechtlichen allgemeinen Persönlichkeitsrechts, S. 331 ff.; *Wiese*, ZfA 2006, 632 ff.

369 *Pokol*, Társadalmi Szemle 5/1991, 122 ff.; *Sonnevend*, Fundamentum 4/1998, 80; *Vékás*, Az új polgári törvénykönyv elméleti előkérdései, S. 152 f.

370 64/1991 (XII. 17.) Entscheidung des ungarischen Verfassungsgerichts, ABH 1991, 258; 57/2001. (XII. 5.) Entscheidung des ungarischen Verfassungsgerichts, ABH 2001, 484; *Halmai/Tóth* in: *Halmai/Tóth* (Hrsg.), Emberi jogok, S. 106; *Holló/Balogh* (Hrsg.), Az értelmezett Alkotmány, S. 142.

371 64/1991 (XII. 17.) Entscheidung des ungarischen Verfassungsgerichts, ABH 1991, 258, 30/1992 (V. 26.), 34/1992 (VI. 1.), 60/1993 (XI. 29.), 48/1998 (XI. 23.), 37/2000 (X. 31.), 55/2001 (XI. 29), 27/2002 (VI. 28.), 12/2004 (IV. 7.), 75/2008 (V. 29.) Entscheidungen des ungarischen Verfassungsgerichts.

372 *Sári*, JK 1/2006, 5.

373 *Szekfű*, JK 2/1992, 54; *Kukorelli*, Alkotmányjog, S. 150; *Chronowski/ Drinóczi/ Petrétei/Tilk/Zeller*, Magyar Alkotmányjog III. Alapvető jogok, S. 27 f.

374 *Pokol*, Társadalmi Szemle 5/1991, 122 ff.; *Sonnevend*, Fundamentum 4/1998, 80; *Vékás*, Az új polgári törvénykönyv elméleti előkérdései, S. 152 f.; *Kiss*, JURA 1/2003, 90; *Pokol*, *Buchner*, Informationelle Selbstbestimmung im Privatrecht, S. 46 ff.

375 Verneinend *Lábady*, A magyar magánjog (polgári jog) általános része, S. 163; *Lomnici* in: *Halmai* (Hrsg.), Alapjogi bíráskodás I. Sajtószabadság és személyiségi jogok, S. 40; *Harmathy*, MJ 11/2004, 644, 647.

Mittelbare Drittwirkung des Rechts auf informationelle Selbstbestimmung

Nach herrschender Meinung wirken die Grundrechte über die Normen des Privatrechts zwischen Privatrechtssubjekten.[376] Laut der Lehre von der mittelbaren Drittwirkung müssen die Grundrechte bei der Rechtsanwendung über die zivilrechtlichen Generalklauseln sowie über das Gebot von Treu und Glauben berücksichtigt werden.[377]

Im Schrifttum wird bejaht, dass die Gerichte die Tatbestände über den Persönlichkeitsschutz verfassungskonform auslegen müssen.[378] In der Praxis aber lassen sie die Grundrechte bei der Auslegung der Generalklauseln außer Acht.[379] In der Rechtsprechung werden die Persönlichkeitsrechte im Lichte der Grundrechte unterschiedlich konkretisiert.[380] Die verfassungskonforme Auslegung kommt in Betracht, wenn die Bestimmungen eines Gesetzes nicht hinreichend genau formuliert sind. Die Vorschriften über die Persönlichkeitsrechte sowie der Inhalt der Persönlichkeitsrechte können mithilfe der Grundrechte unterschiedlich interpretiert werden.[381] Es ist fraglich, inwieweit die Grundrechte bei der

---

376 *Balogh/Holló/Kukorelli/Sári* (Hrsg.), Az Alkotmány magyarázata, S. 709; 58/2001. (XII. 7.) Entscheidung des ungarischen Verfassungsgerichts, ABH 2001, 527 ff.; *Halmai*, in: *Halmai/Tóth* (Hrsg.), Emberi jogok, S. 228; *Bíró*, in: *Miskolczi Bodnár* (Hrsg.), A civilisztika fejlődéstörténete, S. 54.

377 *Canaris*, AcP 1984, 223; *Binder*, DRdA 1985, 18; *Saladin*, SJZ 1988, 382 f.; *Hager*, JZ 1994, 374; *Kley*, in: *Geiser/Schmid/ Walter-Busch* (Hrsg.), Arbeit in der Schweiz des 20. Jahrhunderts Wirtschaftliche, rechtliche und soziale Perspektiven, S. 436 f.; *Lábady*, A magyar magánjog (polgári jog) általános része, S. 163; *Boemke/Gründel*, ZfA 2001, 250 f.; *Gösku*, SJZ 2002, 100; *Oetker*, RdA 2004, 11; *Lenkovics*, in: *Sajó* (Hrsg.), Alkotmányosság a magánjogban, S. 116 ff.; Zur mittelbaren Drittwirkung *siehe Leisner*, Grundrechte und Privatrecht, S. 285 ff.; *Hubmann*, Das Persönlichkeitsrecht, S. 107 ff.; *Schwerdtner*, Das persönlichkeitsrecht in der deutschen Zivilrechtsordnung, S. 126 ff.; *Linnenkohl*, BB 1998, 58 ff.; *Ramm*, JZ 1991, 6 f.; *Brosette*, Der Wert der Wahrheit im Schatten des Rechts auf informationelle Selbstbestimmung, S. 179 ff.; *Marion Baston-Vogt*, Der sachliche Schutzbereich des zivilrechtlichen allgemeinen Persönlichkeitsrechts, S. 399 ff.; *Boemke/Gründel*, ZfA 2001, 250 ff.; *Ruffert*, Vorrang der Verfassung und Eigenständigkeit des Privatrechts, S. 89 ff.; *Kraushaar/Kraushaar*, Die Grundrechte in der Rechtsprechung des Bundesverfassungsgerichts und ihr Einfluss auf die Entwicklung des individuellen Arbeitsrechts, S. 62 ff.; *Buchner*, Informationelle Selbstbestimmung im Privatrecht, S. 48 ff.

378 *Kiss*, JK 11/1996, 452; *Vosskuhle*, Archiv des öffentlichen Rechts 2000, 182 ff.; *Varga*, Ombudsmanok Magyarországon, S. 74; *Halmai*, in: *Halmai/Tóth* (Hrsg.), Emberi jogok, S. 224 f.; *Holló /Balogh* (Hrsg.), Az értelmezett Alkotmány, S. 393.

379 *Harmathy*, MJ 11/2004, 648.

380 *Sári*, JK 1/2006, 6.

381 *Sólyom*, Az alkotmánybíráskodás kezdetei Magyarországon, S. 140.; *Lábady*, A magyar magánjog (polgári jog) általános része, S. 162; 34/1992. (VI. 1.) Entscheidung des ungarischen Verfassungsgerichts, ABH 1992, 192 ff.

Auslegung des allgemeinen Persönlichkeitsrechts nach dem ungBGB berücksichtigt werden können.[382]

Im Datenschutzrecht und im Arbeitsrecht wird der Persönlichkeitsschutz durch Generalklauseln garantiert. Dieser Tatsache zufolge sind die Grundrechte im diesen Bereich von wesentlicher Bedeutung. Die Auslegung des informationellen Selbstbestimmungsrechts bereitet im Privatrechtsverhältnis Schwierigkeiten, weil die Garantien des Rechts auf informationelle Selbstbestimmung in den Entscheidungen des ungarischen Verfassungsgerichts abstrakt ausgearbeitet sind und die Datenschutzgrundsätze nicht hinreichend präzisiert werden. Die Gerichte sollen sich für die verfassungskonforme Auslegung einsetzen.[383]

Fazit

Der Schutzbereich des Rechts auf Schutz personenbezogener Daten kann mithilfe mehrerer Rechtsquellen bestimmt werden, die in den einzelnen Rechtsgebieten unterschiedlich ausgeprägt sind.

Der Schutz der Persönlichkeit bei der Verarbeitung personenbezogener Daten wird im ungBGB teilweise konkretisiert und in der Rechtsprechung nicht einheitlich anerkannt. Im Schrifttum ist die Interpretation des Rechts auf Schutz personenbezogener Daten umstritten. Das Recht auf informationelle Selbstbestimmung nach den Entscheidungen des ungarischen Verfassungsgerichts kann nur schwierig bei der Präzisierung des Rechts auf Schutz personenbezogener Daten herangezogen werden, weil die Verletzungstatbestände sowie die Beeinträchtigung der Persönlichkeitsrechte bei der Datenverarbeitung nicht ausführlich geklärt wurden. Der Inhalt des Rechts auf Schutz personenbezogener Daten wird mit Rücksicht auf den Wandel der Bedeutung des Datenschutzes in der ungarischen Rechtsordnung nicht erschöpfend geklärt, das sich beträchtlich auf den Arbeitnehmerdatenschutz auswirkt.

Der ungarische Datenschutzbeauftragte zitiert die Grundrechte oft in seinen Stellungnahmen.[384] Er berücksichtigt die Grundrechte bei der Auslegung der datenschutzrechtlichen Vorschriften des ungDSG und bei der Abgrenzung des Schutzbereiches des Rechts auf Schutz personenbezogener Daten der Arbeitnehmer. Insbesondere sind die Datenschutzgrundsätze auslegungsbedürftig, deshalb sind die Grundrechte hinsichtlich der Abwägung der Interessen des Arbeitnehmers und des Arbeitgebers von erheblicher Bedeutung.

---

382 Előterjesztés „A nem vagyoni kártérítés a polgári és a munkaügyi perekben" tárgyú, a Baranya Megyei Bíróság Polgári- és Közigazgatási Kollégiumának 2000. november 17-én megtartott kollégiumi ülésére. in: BDT 2/2001, 15 f.; *Sólyom*, Az alkotmánybíráskodás kezdetei Magyarországon, S. 140; Az új Polgári Törvénykönyv koncepciója melléklet az 1003/2003. (I. 25) Korm. Határozathoz in: Magyar Közlöny 8/2003, 802.

383 *Kiss*, JK 11/1996, 452; *Vosskuhle*, Archiv des öffentlichen Rechts 2000, 182 ff.; *Varga*, Ombudsmanok Magyarországon, S. 74.

384 (1511/P/2007) ABI 2007.

Recht auf Schutz des Privatlebens des Arbeitnehmers und das Recht auf Schutz personenbezogener Daten

Schutz des Privatlebens im ungarischen Recht

Bei der Abgrenzung des Schutzbereiches des Rechts auf Schutz personenbezogener Daten kommt das Privatleben als Schutzgut in Betracht. In der RL 95/46/EG wird das Recht auf Privatsphäre ausdrücklich geregelt. Im ungarischen Recht wurde der Schutz des Privatlebens in den Entscheidungen des ungarischen Verfassungsgerichts ausgearbeitet. Im Schrifttum werden der Schutz des Privatlebens beim Umgang mit personenbezogenen Informationen und der Begriff des Privatlebens unterschiedlich erörtert.[385]

---

385 Die Auslegung des Rechts auf Schutz des Privatlebens ist auch in der ausländischen Literatur sehr umstritten. *Siehe* im US-amerikanischen Schrifttum *Warren/Brandeis*, Harvard Law Review 5/1890, 216 ff.; *Bloustein*, New York University Law Review 1964, 962; *Shils*, Laws and Contemporary Problems 1966, 305; *Beaney*, Laws and Contemporary Problems 1966, 254; *Fried*, Yale Law Journal 1968, 482; *Gavison*, Yale Law Journal 3/1980, 436; *Decker*, Employee Privacy Law and Practice, S. 12 f.; *Shepard/ Duston*, Workplace Privacy , S. 6 f. und 85 ff.; *Koral*, Employee Privacy Rights, S. 8 ff.; *Perritt*, Workplace Torts: Rights and Liabilities, S. 201; *Green/ Reibstein*, Employer's Guide to Workplace Torts, S. 118 f.; *Feliu*, Primer on Individual Employee Rights, S. 211; *Gerhart*, CLLJ 1/1995, 178; *Froomkin*, Stanford Law Review 2000, 1468; *Friedman*, in: *Frankel* (Hrsg.), The right to privacy, S. 186 f.; *Goldberg*, in: *Blanpain* (Hrsg.), Labour Law, Human Rights and Social Justice Liber Amicorum in Honour of Ruth Ben-Israel, S. 163 ff.; *Brygrave*, Data Protection Law Approaching Its Rationale, Logic and Limits, S. 133 f.; *Spencer*, San Diego Law Review 2002, 843 ff.; *Finkin*, Chicago-Kent Law Reveiw http://cyber .law.harvard.edu/privacy /EmployeePrivacy(Finkin).htm 01. 06. 05, 2; XVII World Congress of Labour Law and Social Security Montevideo, Uruguay 3-5 September 2003 National Report Australia in:www.alla.law.unimelb.edu.au/assets/ISLLSS%Report1doc 2003.07.11; *Finkin*, Louisiana Law Review, 2/2006 SSRN: http://ssrn.com/abstract=886371; *Nehf*, Washington Law Review 2003, 1 ff.; *Sugarman*, Berkeley Journal of Employment and Labor Law 2003, 402 ff.; im deutschen und schweizerischen Schrifttum *Hubmann*, Das Persönlichkeitsrecht, S. 269 ff.; Schwenk, NJW 1968, 823; *Seidel*, Datenbanken und Persönlichkeitsrecht, S. 65; *Zöllner*, Daten- und Informationsschutz im Arbeitsverhältnis, S. 19 f.; *Druey*, in: *Böckli/Hinderling/Eichenberger/Tschudi* (Hrsg.), FS Frank Vischer, S. 9 ff.; *Mayer-Maly*, Ausgewählte Schriften, S. 201.; *Reisinger*, in: *Pawlikowsky* (Hrsg), Auf dem Weg zur Informationsgesellschaft Datenschutz Leitfaden und Materialien, S. 20 f.; *Thees*, Das Arbeitnehmer-Persönlichkeitsrecht als Leitidee des Arbeitsrechts, S. 317 ff.; *Aebi-Müller*, Personenbezogene Informationen im System des zivilrechtlichen Persönlichkeitsschutzes, S. 233 ff.; *Balthasar*, Der Schutz der Privatshpäre im Zivilrecht, S. 165 ff.; im französischen Schrifttum *Savatier*, D. Soc. 1990, 58; *Lyon-Caen*, Les libertés publiques et l'emploi, S. 60 ff.; *Supiot*, Critique du droit du travail, S. 64; *Tissot*, D. Soc 1995, 223; *Teyssié* (Hrsg.), La personne en droit du travail, S. 37 ff.; *Goff*, Droit du travail et société, S. 465 ff.; *Bouchet*, D. Soc. 2002,

Nach herrschender Meinung ist die Privatsphäre frei vom äußeren Eindringen.[386] Zur Privatsphäre gehören Lebensvorgänge, die man nur einem kleinen, begrenzten Kreis von Personen offenlegt. Der Schutz des Privatlebens wird im Sinne des Schutzes gegen Ausspähen und Aushorchen des Privatlebens und der Verbreitung der diesbezüglichen Informationen verstanden. In der Literatur werden keine privatrechtlichen Privatsphärenkonzeptionen ausgearbeitet. Uneinigkeit herrscht hinsichtlich der Kriterien für die Einrodnung eines Verhaltens als privat oder öffentlich.

Der Schutz des Privatlebens wird von den Autoren unterschiedlich ausgelegt. Im früheren Schrifttum wird die Freiheit von Beeinflussung betont. Der Mensch ist Individuum und als Privatperson hat ein berechtigtes Interesse daran, allein für sich unter seinen vertraulichen Lebensumständen leben zu können.[387] Nach anderer Meinung bedeutet das Privatleben das Recht auf intimes Zusammentreffen.[388] Die Intimsphäre umfasst die persönlichen Angelegenheiten, die der Kenntnis Dritter entzogen bleiben sollen.

Der ungarische Datenschutzbeauftragte hat sich auch mit der Reichweite des Schutzes des Privatlebens befasst. Er hat festgestellt, dass die Durchsuchung der Umkleidekabinen der Arbeitnehmer rechtswidrig ist.[389] Der Arbeitgeber darf die persönlichen Gegenstände, Kleidung, Dokumente und Taschen der Arbeitnehmer nicht willkürlich durchsuchen, weil das das Recht auf Schutz der Privatsphäre verletzt.[390] Die Weisung des Arbeitgebers gegenüber dem Arbeitnehmer sich auszuziehen im Rahmen einer Torkontrolle zum Zweck des Vermögensschutzes beim Verdacht von Straftaten an der Kasse, verletzt das Recht auf Privatleben des Arbeitnehmers.[391]

Die Freiheit des Privatlebens wird darüber hinaus im Rahmen der Menschenwürde erörtert.[392] Das Privatleben hat seine verfassungsrechtliche Grundlage wie das allgemeine Persönlichkeitrecht in Art. 54 Abs. 1 der ungarischen Verfassung. Die Achtung des Privatlebens bildet einen Kernbereich der Menschenwürde. Das Recht auf den Schutz der Menschenwürde bedeutet, dass die Autonomie und die Selbstbestimmung des Individuums einen Kernbereich hat, der der Einwirkung anderer entzogen ist und damit der Mensch Subjekt bleiben

---

80 ff.; *Pélissier/Supiot/Jeammaud*, Droit du travail, S. 959; *Waquet*, L'Entreprise et les Libertés du Salarié, S. 111 ff.; *Waquet*, D. Soc 1/2004, 25 ff.; *Gatumel*, Le droit du travail en France, S. 73; *Lepage*, D. Soc. 2006, 364 ff.

386 *Sólyom*, JK 6/1979, 336.

387 *Meszlény*, Magyar Jogászegyleti Értekezések 7/XXVI., 310 f.

388 *Majtényi*, in: *Glatz* (Hrsg.), Információs társadalom és jogrendszer, S. 95.

389 (1511/P/2007) ABI 2007.

390 (699/P/2008) ABI 2008.

391 (1349/P/2008). ABI 2008.

392 *Zoltán*, MJ 9/1992, 531; *Petrik*, A személyiség jogi védelme, S. 18; *Szoboszlai*, Fundamentum 2/2002, 77.

kann und nicht zum bloßen Mittel oder Objekt herabwürdigt werden darf.[393] Der Schutz der Würde des Betroffenen ist bezüglich des Datenschutzes von erheblicher Bedeutung. Das ungDSG zielt unter anderem darauf ab, der Schutz der Menschenwürde und die Freiheit der Entfaltung der Persönlichkeit zu gewährleisten.[394]

Schutz des Privatlebens des Arbeitnehmers im ungarischen Arbeitsrecht

Der Schutz des Privatlebens des Arbeitnehmers wird im Zusammenhang mit der Verarbeitung der Arbeitnehmerdaten in Ungarn kaum diskutiert. Der Schutz des Privatlebens tritt hinsichtlich des außerdienstlichen Verhaltens des Arbeitnehmers in den Vordergrund. Das Privatleben des Arbeitnehmers wird bezüglich der Ausübung der Rechte und der Erfüllung der Pflichten im Arbeitsverhältnis untersucht.[395] Dies soll im Folgenden näher dargestellt werden.

Das ungArbGB und der Schutz des Privatlebens des Arbeitnehmers

Die gesetzliche Verankerung des Schutzes des Privatlebens des Arbeitnehmers ist im Gesetz Nr. II/1967 zum Arbeitsgesetzbuch niedergelegt. Nach diesem Gesetz war der Arbeiter verpflichtet, sich seiner Arbeit würdig außerhalb des Arbeitsplatzes zu benehmen.[396] Er durfte die wirtschaftlichen Interessen des Arbeitgebers nicht gefährden und den Ruf des Unternehmens nicht beeinträchtigen. Dieses Gebot hat sich auf das mit dem Arbeitsverhältnis nicht zusammenhängenden Verhalten des Arbeiters bezogen.[397]

Diese Idee wurde in das ungArbGB nicht aufgenommen, dieses regelt das außerdienstliche Verhalten des Arbeitnehmers nicht.[398] In der Rechtsprechung wurde das oben genannte Gebot konkretisiert.[399] Der Arbeitnehmer darf sich nicht so verhalten, dass die Interessen des Arbeitgebers beeinträchtigt werden. Der gute Ruf und das Ansehen des Arbeitgebers sind durch das Verhalten des

---

393 23/1990. (X. 31) Entscheidung des ungarischen Verfassungsgerichts, ABH 1990, 88 ff.; 64/1991 (XII. 17.) Entscheidung des ungarischen Verfassungsgerichts, ABH 1991, 258 ff.

394 Begründung zum § 1 ungDSG; R (89) ET Explanatory memorandum 43.

395 *Conaghan,* in: *Conaghan/Rittich* (Hrsg.), Labour Law, Work, and Family Critical and Comparative Perspectives, S. 38; *Kollonay*, in: *Kollonay/Petrovics* (Hrsg.), Liber Amicorum-Studia Ida Hágelmeyer Dedicata, Band 2. S. 19.

396 § 36 Abs. 2 Gesetz Nr. II/1967 über das ungarische Arbeitsgesetzbuch (aufgehoben am 1 Juli 1992).

397 *Nagy/Weltner*, A munka törvénykönyve magyarázata, S. 490.

398 Nach der Wende wird dieses Prinzip im Beamtenrecht eingeführt. § 39 Abs. 2 Gesetz Nr. XXIII/1992.

399 Baranya Megyei Bíróság 1. Mf. 20 983/2000/4. in: BDT 2/2001; Mfv. II. 10 009/1998/2; *Ádám/Fekete/Radnay/Stéfán/Tallián*, Munkajog 1995-1998 Munkajogi Döntvénytár II., S.1046 f.; BH 2000/267.

Angestellten gefährdet, wenn er z. B. seine pornografischen Lichtbildaufnahmen in einer erotischen Zeitschrift veröffentlicht. Dieser Tat kann zum Spott und Horn über den Arbeitgeber führen, deshalb ist das rechtswidrig.[400]

Schutz des Privatlebens des Arbeitnehmers in der Rechtsprechung

Die Grenzen des Privatlebens und des außerdienstlichen Verhaltens des Arbeitnehmers werden von den Gerichten nicht aufgezeigt. Der Zweck des Verhaltens des Arbeitnehmers wird im Zusammenhang mit dem Schutz des Privatlebens erforscht.[401] Die eigenmächtige Nutzung des Dienstfahrzeuges für private Zwecke z.B. gilt als Pflichtverletzung.[402] Die persönlichen und die arbeitsplatzrelevanten Interessen des Arbeitnehmers sind aber manchmal schwierig zu klären, weil die Pflichten im Arbeitsverhältnis sich auf den privaten Lebensbereich des Arbeitnehmers erstrecken können.[403]

Die privaten Tätigkeiten des Arbeitnehmers spielen eine wichtige Rolle bei der Rechtfertigung der Kündigungsgründe.[404] Die außerordentliche Kündigung ist z. B. gerechtfertigt, wenn der Fischwächter sich in seiner Freizeit heimlich am seinen Arbeitsplatz aufhält und ein Fangnetz, Fische und Sacke in seinem Fischerboot besitzt.[405]

Bezüglich des außerdienstlichen Verhaltens des Arbeitnehmers werden die Privatinteressen des Arbeitnehmers umfassend und im Hinblick darauf geprüft, ob sie die wirtschaftlichen und immateriellen Interessen des Arbeitgebers gefährden.[406] Es wird untersucht, ob das Gebot von Treu und Glauben durch das Verhalten des Arbeitnehmers verletzt ist.[407] Dieses Gebot ist z.B. verletzt, wenn

---

400 Mfv. II. 10 009/1998/2; *Ádám/Fekete/Radnay/Stéfán/Tallián*, Munkajog 1995-1998 Munkajogi Döntvénytár II., S.1046 f.

401 EBH 1999/53; BH 2005/260.

402 BH 2005/226.

403 *Siehe* im deutschen Schrifttum *Wiese*, ZfA 1971, 299 ff.; *Degener*, Das Fragerecht des Arbeitgebers gegenüber Bewerbern, S. 65 f.; *Schwerdtner*, Das Persönlichkeitsrecht in der deutschen Zivilrechtsordnung, S. 79 f.; *Griese*, Zur Notwendigkeit und effektivität eines verbesserten datenrechtlichen Persönlichkeitsschutzes im Arbeitsrecht, S. 76 ff.; *Thees*, Das Arbeitnehmer-Persönlichkeitsrecht als Leitidee des Arbeitsrechts, S. 317 ff.; *Boemke*, Schuldvertrag und Arbeitsverhältnis, S. 346; *Amelung*, Der Schutz der Privatheit im Zivilrecht, S. 9 ff.;im französischen Schrifttum *Lyon-Caen*, Les libertés publiques et l'emploi, S. 60 ff.; *Savatier*, D. Soc. 1/1990, 57; *Supiot*, Critique du droit du travail, S. 64 und 185; *Leveneur*, in: *Teyssié* (Hrsg.), La personne en droit du travail, S. 37 ff.; *Waquet*, L' Enterprise et les Libertés du Salarié, S. 111 ff.; *Waquet*, D. Soc. 1/2004, 25 ff.; *Le Goff*, Droit du travail et société, S. 465 ff.; *Lepage*, D. Soc. 4/2006, 368 ff; *Conaghan*, in: *Conaghan/Rittich* (Hrsg.), Labour Law, Work, and Family, S. 38.

404 BH 1996/450; BH 2004/388; BH 2006/62; BH 2006/64; EBH 2003/894; BH 2005/300.

405 EBH 2003/894.

406 BH 1999/573; BH 2004/388; BH 2004/483; BH 2005/226; BH 2005/331.

407 BH 1999/573.

der krankgeschriebene Arbeitnehmer an seinem Arbeitsplatz für eigene Zwecke geschäftliche Verhandlungen führt.[408] Die unmittelbaren und wirklichen Auswirkungen der rechtswidrigen privaten Tätigkeit des Arbeitnehmers auf das Arbeitsverhältnis und die Beeinträchtigung der Interessen des Arbeitgebers werden von den Gerichten in meisten Fällen geprüft.

Offene Fragen über den Schutz des Privatlebens im ungarischen Arbeitsrecht

Das Verhältnis des Schutzes des Privatlebens und des Arbeitnehmerdatenschutzes wird weder im Schrifttum noch in der Rechtsprechung geklärt. Die Abgrenzung des außerdienstlichen Verhaltens des Arbeitnehmers ist umstritten, weil die eigennützigen privaten Tätigkeiten sich in manchen Fällen mit den arbeitsrechtlichen Pflichten verknüpfen und die beruflichen Interessen des Arbeitnehmers sich mit den privaten Interessen überschneiden. Diese Verquickung kommt auch in den Rechten und in den Pflichten im ungArbGB zum Ausdruck.[409]

Meines Erachtens dient der Schutz des Privatlebens dazu, dass die privaten Umstände des Lebens des Arbeitnehmers unter strengen Voraussetzungen auf die Beurteilung seines Verhaltens im Arbeitsverhältnis Auswirkung haben können. Aus den privaten Tätigkeiten des Arbeitnehmers können ausnahmsweise rechtliche Konsequenzen für das Arbeitsverhältnis gezogen werden. Nach einer einzelfallgerechten Interessenabwägung kann die Rechtmäßigkeit des Einbezugs der privaten Umstände bei der Verarbeitung personenbezogener Daten ermittelt werden, weil die Grenzen der Privatsphäre des Arbeitnehmers im Allgemeinen nicht aufgezeigt werden können.[410]

Schutz des Privatlebens und das ungBGB

Das Recht auf Schutz des Privatlebens wird im ungBGB nicht verankert.[411] Das Recht auf Schutz der Privatsphäre wird im Zusammenhang mit dem Schutz des Privatgeheimnisses und der Intimität in der Praxis bewertet. Es wird in der Rechtsprechung festgestellt, dass der willkürliche Eingriff ins Privatleben die Persönlichkeitsrechte verletzt.[412] Der Eingriff ist willkürlich, wenn das ausdrücklich gegen den Willen des Betroffenen erfolgt und das unter den konkreten Umständen nicht gerechtfertigt werden kann.

---

408 BH 1999/573.

409 § 76/C Abs. 4, § 83/A Abs. 2; § 105 Abs. 3; § 127 Abs. 2,5,6; § 132 Abs. 2; § 134 Abs. 3; § 134 Abs. 6; § 137; § 138 Abs. 5; § 138 Abs. 6; § 139 Abs. 1; § 140 Abs. 1; § 165 Abs. 1; § 107; § 90 Abs. 1 ungArbGB.

410 *Balázs*, in: *Szladits* (Hrsg.), Magyar Magánjog I. Általános rész Személyi Jog, S. 639; *Törő*, MJ 1970, 82; *Petrik*, A személyiség jogi védelme, S. 142 f.

411 Für die Kodifikation des Rechts auf den Schutz des Privatlebens *Zoltán*, MJ 1992, 537 f.; *Lábady*, Acta Humana 1995, 84 f.; Polgári Törvénykönyv Javaslat, S. 40.

412 Sz. V. B. 16. P. 22. 203/2002/8; BH 2001/61.

Dieses Recht kann aufgrund des allgemeinen Persönlichkeitsrechts im zivilrechtlichen Rechtsverhältnis durch verfassungskonforme Auslegung Anwendung finden.[413]

Recht auf Freiheit des Privatlebens und Schutz der Privatsphäre nach den Entscheidungen des ungarischen Verfassungsgerichts

Das Recht auf Freiheit des Privatlebens wird in der Verfassung nicht verankert, sondern wurde aus dem allgemeinen Persönlichkeitsrecht abgeleitet und auf Grund des Einflusses von Art. 8 EMRK in den Entscheidungen des ungarischen Verfassungsgerichts präzisiert.[414]

Der Schutz des Privatlebens wurde hinsichtlich des außerdienstlichen Verhaltens der Angestellten im öffentlichen Dienst geprüft.[415] Es wurde festgestellt, dass „das unwürdige außerdienstliche Verhalten eines Angestellten negative Rechtsfolgen sowie Disziplinarmaßnahmen nach sich ziehen kann, wenn das Verhalten die Interessen des Arbeitgebers beeinträchtigt und sich dies unmittelbar und tatsächlich auf das Beschäftigungsverhältnis, auf den Status des Angestellten und auf die gesellschaftlich wesentlichen Merkmale seines Posten auswirkt. Fehlen diese Voraussetzungen, ist die Grundrechtsbeeinträchtigung unzulässig und unnötig sowie unverhältnismäßig hinsichtlich des Schutzes der Privatsphäre und der Persönlichkeitsrechte des Angestellten".[416] In die Privatsphäre des Angestellten kann der Arbeitgeber ausnahmsweise nur in begründeten Fällen z.B. zum Zwecke des Schutzes des dringlichen Allgemeininteresses, des öffentlichen Lebens, des Respekts des öffentlichen Dienstes und des wichtigen Interesses des Arbeitgebers eingreifen.[417]

Diese Maßstäbe können im Bereich der Privatwirtschaft nicht im vollen Umfang angewendet werden, weil die Rechte und Pflichten des Angestellten im Vergleich zum Arbeitsverhältnis unterschiedlich sind. Der Angestellte des öffentlichen Dienstes ist verpflichtet, seine Pflichten im Hinblick auf das öffentliche Interesse zu erfüllen.[418] Der Arbeitnehmer hat dagegen die wirtschaftlichen Interessen des Arbeitgebers zu beachten. Folglich ist zu prüfen, ob die Ein-

---

413 (1722/A/2005) ABI 2005, 359 ff.

414 58/2001 (XII. 7.) Entscheidung des ungarischen Verfassungsgerichts, ABH 2001, 527 ff.; *Lábady*, Acta Humana 1995, 84 f.

415 56/1994 (XI. 10.) Entscheidung des ungarischen Verfassungsgerichts, ABH 1994, 312 ff.

416 56/1994 (XI. 10.) Entscheidung des ungarischen Verfassungsgerichts, ABH 1994, 312 ff.

417 Zum Begriff des Allgemeininteresses Siehe *Sárándi*, Visszaélés a joggal, S. 249; *Sajó*, in: *Lamm* (Hrsg.), Van és legyen a jogban: tanulmányok Peschka Vilmos 70. születésnapjára, S. 241 ff.

418 § 39. Abs. 2 Gesetz Nr. XXXIII/1992 über die Rechtsstellung von Angestellten.

schränkung des Rechts auf Schutz des Privatlebens des Arbeitnehmers angesichts der wirtschaftlichen Belange des Arbeitgebers gerechtfertigt werden kann.

Das Recht auf Schutz der Privatsphäre wird als ein Aspekt des Rechts auf Schutz der Menschenwürde betrachtet.[419] Das Recht auf informationelle Selbstbestimmung wird im engen Zusammenhang mit dem Recht auf Schutz der Privatsphäre bewertet.[420]

Das Wesen des Schutzes der Privatsphäre ist insbesondere der Schutz vor unerwünschtem Eindringen in die Privatsphäre des Betroffenen, das bei der Beurteilung der Rechtmäßigkeit der Verarbeitung personenbezogener Daten maßgebend ist.[421]

Zusammenwirken des Persönlichkeitsschutzes und des Datenschutzes

Im ungarischen Recht sind die dogmatischen Grundlagen des Datenschutzes im Persönlichkeitsschutz verwurzelt. Persönlichkeitsschutz und Datenschutz sind miteinander eng verbunden, trotzdem ist der Datenschutz ein eigenständiges Rechtsgebiet.

Die RL 95/46/EG gilt in vollem Umfang für die Arbeitnehmerdaten. Folglich sind die Überlegungen zum Schutz der Privatsphäre und der Persönlichkeitsrechte von großer Bedeutung bei der Beurteilung der Rechtmäßigkeit der Datenverarbeitung. Infolge der Tatsache, dass der Persönlichkeitsschutz den wichtigsten Bezugspunkt zum Arbeitnehmerdatenschutz bildet, die Rechtsprechung des EuGH zum Schutz der Grundrechte und Grundfreiheiten spielt eine große Rolle beim Bewerten der Eingriffe in die Persönlichkeitsrechte bei der Verarbeitung der Arbeitnehmerdaten. Die Wirkung der RL 95/46/EG könnte sich demgemäß am ehesten durch die nationalen Gerichte entfalten.

Die Konzeption des Arbeitnehmerdatenschutzes wird im Hinblick auf den Persönlichkeitsschutz erörtert. Aus den dargestellten Rechtsquellen ergibt sich, dass ein partieller Schutz der immateriellen Interessen des Arbeitnehmers im § 8 Abs. 2 ungArbGB festgeschrieben wird. Es ist unklar, in welchem Umfang der Arbeitnehmer im Arbeitsverhältnis den Schutz der Persönlichkeitsrechte einschließlich des Schutzes der Arbeitnehmerdaten vom Arbeitgeber erwarten kann. Es herrscht keine Einigkeit darüber, ob die detaillierte Kodifikation der

---

419 56/1994 (XI. 10.) Entscheidung des ungarischen Verfassungsgerichts, ABH 1994, 312 ff.; 46/1991. (IX. 10.) Entscheidung des ungarischen Verfassungsgerichts, ABH 1991, 184 ff.

420 15/1991 (IV. 13.) Entscheidung des ungarischen Verfassungsgerichts, ABH 1991, 39 ff.; 22/2004 (VI. 19.) Entscheidung des ungarischen Verfassungsgerichts, ABH 2004, 367 ff.; 36/2005. (X. 5.) Entscheidung des ungarischen Verfassungsgerichts, ABH 2005, 390 ff. Das wird bei der elektronischen Überwachung ausdrücklich betont.

421 36/2005 (X. 5.) Entscheidung des ungarischen Verfassungsgerichts, ABH 2005, 390 ff.

mit dem Persönlichkeitsschutz sowie mit dem Arbeitnehmerdatenschutz zusammenhängenden Rechte des Arbeitnehmers und Pflichten des Arbeitgebers notwendig ist.[422] Im Hinblick auf die Weiterentwicklung des Persönlichkeitsschutzes des Arbeitnehmers sind viele Kriterien zu beachten. Die ökonomischen, die rechtspolitischen Faktoren und die Wertvorstellungen in der Gesellschaft beeinflussen die Entscheidung, ob die Verbesserung des Persönlichkeitsschutzes im Arbeitsrecht durchgeführt werden kann.

Die Richtungen des Zusammenfassens der Vorgaben über den Persönlichkeitsschutz in einem Gesetz sind mannigfaltig. Es ist fraglich, ob die Kodifikation des Rechts auf die freie Entfaltung der Persönlichkeit notwendig ist, weil anhand der „Präferenzautonomie" des Individuums nicht einheitlich bestimmt werden kann, in welchem Ausmaß die Förderung der Entfaltung der Persönlichkeit des Arbeitnehmers dem Arbeitgeber zumutbar ist.[423] Es ist schwierig, die gesellschaftlichen und die individuellen Wertvorstellungen bei der gesetzlichen Regelung des Persönlichkeitsschutzes in Einklang zu bringen.[424]

Meines Erachtens wäre die Regelung der Garantien des Persönlichkeitsschutzes im ungArbGB nützlich, weil die persönlichkeitsrechtlichen Interessen durch die privatautonome Rechtsgestaltung der Parteien nur schwierig durchgesetzt werden können. Die Interessen des Arbeitnehmers können dadurch intensiver berücksichtigt werden.[425] Das Verhältnis zwischen dem ungBGB und dem ungArbGB soll geklärt werden, um die Spaltung der zivilrechtlichen und der arbeitsrechtlichen Konzeption des Persönlichkeitsschutzes zu überwinden.

Die RL 96/46/EG vertritt die Konzeption des Schutzes personenbezogener Daten umfangreicher als das ungDSG. Es handelt sich um verschiedene Dimensionen des Schutzes ideeller Interessen. Die Kernfrage des europäischen Arbeitnehmerdatenschutzes stimmt aber mit den grundlegenden Fragen des Persönlichkeitsschutzes im ungarischen Recht überein.

Die Gesamtschau der erörterten Fragen lässt erkennen, dass es sich um ein komplexes Thema handelt. Der Arbeitnehmer hat das Recht auf Schutz personenbezogener Daten bei der Datenverarbeitung durch den Arbeitgeber. Er darf

---

422 *Siehe* Fragen der Kodifikation des Arbeitsrechts in Deutschland *Herschel*, Gesetzbuch der Arbeit heute?, DB 1959, 1440 ff.; *Erdsiek*, NJW 1961, 647 ff.; *Richardi*, in: *Behrends/Sellert* (Hrsg.), Der Kodifikationsgedanke und das Modell des Bürgerlichen Gesetzbuches (BGB), S. 185 ff.; *Schlochauer*, FS Wlotzke, S. 128 ff.; in Ungarn *Törő*, MJ 2/1970, 85 f.; *Erőss*, MJ 11/1972, 672.; *Sólyom*, JK 6/1979, 673; *Jobbágyi*, JK 2000, 263; *Petrik*, MJ 2004, 260.

423 *Behrens*, in: *Bydlinski/Mayer-Maly* (Hrsg.), Die ethischen Grundlagen des Privatrechts, S. 49 ff.; *Eidenmüller*, Effizienz als Rechtsprinzip, S. 328 ff.

424 *Schnorr*, in: FS Strasser, S. 124; „Der Rechtsschutz der Persönlichkeit ist auch im Arbeitsrecht letztlich nur eine Verrechtlichung ehrwürdiger alter moralischer Vorstellungen (…)." *Ehmann*, in: FS Wiese, S. 118.

425 Gleichermaßen *Simitis*, in: *Rogowski/Wilthagen* (Hrsg.), Reflexive Labour Law, S. 199.

auf sein Recht auf Schutz personenbezogener Daten nach § 8 Abs. 2 ungArbGB nicht verzichten. Der Arbeitgeber ist verpflichtet, die personenbezogenen Daten des Arbeitnehmers in Einklang mit dem geltenden Recht zu verarbeiten. Es ist eine selbständige Nebenpflicht des Arbeitgebers.

Die konzeptionelle Schwäche des Rechts auf Schutz personenbezogener Daten spiegelt sich beim Schutz der Arbeitnehmerdaten wider. Der Schutzbereich des Rechts auf Schutz personenbezogener Daten des Arbeitnehmers wird speziell nicht geklärt. Die theoretische Fundierung des Schutzes des Privatlebens des Arbeitnehmers fehlt. Ferner ist das Verhältnis zwischen dem Recht auf Schutz personenbezogener Daten und dem Recht auf Schutz des Privatlebens bezüglich des Rechts auf Privatsphäre nach der RL 95/46/EG nicht eindeutig geklärt.

Die Voraussetzungen der Rechtmäßigkeit der Datenverarbeitung und der Ausübung der Rechte des Betroffenen werden in Einklang mit der RL 95/46/EG ins ungarische Recht umgesetzt. Inwiefern die Transparenz der Datenverarbeitung dem Arbeitgeber zumutbar ist, kann mithilfe einer Interessenabwägung geklärt werden.

Schutz besonderer Kategorien personenbezogener Daten des Bewerbers

In diesem Kapitel werden die individualrechtlichen Grundlagen der Erhebung besonderer Kategorien personenbezogener Daten im Anbahnungsverhältnis dargestellt. Dieses vorvertragliche Vertrauensverhältnis ist aus datenschutzrechtlicher Sicht ein interessantes Gebiet, weil es unterschiedliche Pflichten des Arbeitgebers und des Bewerbers mit arbeitsrechtlichen Besonderheiten bestehen. Während der Vertragsverhandlungen kommt dem Datenschutz hoher Stellenwert zu.

Anhand der praktischen Probleme der Erhebung der Daten über den Gesundheitszustand werden weiterhin einzelne Aspekte der Anwendung der allgemeinen datenschutzrechtlichen Vorschriften ausführlich erörtert. Es wird untersucht, inwieweit die allgemeinen Voraussetzungen der Datenverarbeitung nach der RL 95/46/EG und dem ungDSG mit den arbeitsrechtlichen Regelungen und mit den bereichspezifischen Regeln in Einklang gebracht werden können.

Voraussetzungen der rechtmäßigen Erhebung der besonders schützenswerten Daten im Anbahnungsverhältnis

Die Erhebung der personenbezogenen Daten des Bewerbers

Im Anbahnungsverhältnis spielt die Erhebung personenbezogener Daten des Bewerbers eine zentrale Rolle. Der Begriff der Erhebung der Daten wird im ungDSG nicht geregelt. Sie ist als eine Phase der Verarbeitung personenbezogener Daten im Sinne des ungDSG anzusehen und erstreckt sich auf das Beschaffen der Daten über den Betroffenen. Beispiele für Datenerhebung sind Fragebogen, Erfragen personenbezogener Angaben, Entnahme einer Blutprobe zwecks Analyse, ärztliche Anamnese und Diagnose bei der Einstellungsuntersuchung.

Vertragsfreiheit und Datenschutz

Die Durchsetzung der datenschutzrechtlichen Regelungen hängt mit den grundlegenden Prinzipien der Rechtsordnung zusammen. Die rechtlichen Positionen des Bewerbers und des Arbeitgebers sind insbesondere durch die Vertragsfreiheit beeinflusst.[426] Gemäß der Vertragsfreiheit können die Parteien frei darüber entscheiden, ob sie miteinander einen Arbeitsvertrag schließen wollen. Die

---

426 *Kelemen*, A szerződésen alapuló kötelem, S. 22; *Flume*, Rechtsgeschäft und Privatautonomie, S. 136 ff.; *Dietrich*, RdA 1995, 130 f.

Wahl des Vertragspartners und die inhaltliche Gestaltung des Vertrages hängen von dem Willen der Parteien ab.[427] Der Arbeitgeber kann die Bewerber unabhängig auswählen und der Bewerber kann den Arbeitsplatz frei aussuchen.[428]

Der Persönlichkeitsschutz engt gewissermaßen die Ausübung der Rechte des Arbeitgebers sowie die privatautonome Rechtausübung im Anbahnungsverhältnis ein.[429] Die Vertragsfreiheit wird durch die datenschutzrechtlichen Vorschriften mittelbar eingeschränkt, weil die Erhebung der Daten gerechtfertigt werden muss. Der Datenschutz wirkt positiv auf die Verhandlungsposition der „schwächeren Vertragspartei".[430]

Im Anbahnungsverhältnis ist der Schutz der Rechte der Parteien anders geprägt als im Arbeitsverhältnis.[431] Die allgemeinen Grundsätze der Rechtsausübung sowie das Gebot von Treu und Glauben und das Verbot der ungerechten Rechtsausübung spielen vor dem Abschluss des Arbeitsvertrages eine wichtige Rolle.[432]

Bei der Abgrenzung der rechtmäßigen Fälle der Datenerhebung gibt es Schwierigkeiten, weil die Daten hinsichtlich des künftigen Arbeitsverhältnisses im Anbahnungsverhältnis erhoben werden. Der Arbeitgeber will sich im Anbahnungsverhältnis ein umfassendes Bild von dem Bewerber machen und bemüht sich die Datenerhebung effizient zu gestalten. Der Arbeitgeber hat Interesse an der „Erforschung" der Persönlichkeit des Bewerbers. Der Bewerber ist bestrebt, eine vorteilhafte Beurteilung seiner Eigenschaften aufgrund der personenbezogenen Daten zu erreichen. Der Persönlichkeitsschutz sowie der Datenschutz bildet eine wichtige Basis für den Bewerber bei der Durchsetzung seiner Interessen.[433]

Besonderheit der Erhebung besonderer Kategorien personenbezogener Daten des Bewerbers

Die Erhebung der besonders schützenswerten Daten ist im Anbahnungsverhältnis von großer Bedeutung. Der Begriff der besonders schützenswerten Daten

---

427 *Miholics*, A magyar munkajog I., S. 57; *Radnay*, Munkajog, S. 89 f.; *Kiss*, Munkajog, S. 42 f.; *Berki*, in: *Simándi* (Hrsg.), A munka törvénykönyve magyarázata, S. 237 ff.; *Bíró*, in: *Miskolczi Bodnár* (Hrsg.), A civilisztika fejlődéstörténete, S. 50 f.

428 1178/B/1991 AB határozat, ABH 1993. 564 f.

429 *Degener*, Das Fragerecht des Arbeitgebers gegenüber Bewerbern, S. 60 f; *Radnay*, Munkajog, S. 89 f.; *Kollonay*, A magyar munkajog I, S. 91.

430 *Ichino*, RdA 1998, 276 Der Mangel an Informationen am Arbeitsmarkt ist einer der Hauptgründe für die ungleiche Verhandlungsmacht von Arbeitnehmern und Unternehmern.

431 *Lábady*, A magyar magánjog (polgári jog) általános része, S. 282.

432 § 3-4 ungArbGB.

433 *Befort*, Hofsra Labor Law Journal 2/1997, 365 ff.; *Finkin*, Columbia Business Law Review 2000, 403 ff.

wird im § 2 Nr. 2 ungDSG geregelt, hinsichtlich des Schutzes des Privatlebens des Betroffenen werden aber andere im ungDSG nicht erwähnten Daten als „sensible Daten" in der Praxis angesehen. Darunter fallen z. B. Personendaten und Codes[434], die Daten über das Alter[435], die Daten über den Wohnsitz[436], die Daten über die ausgeübten Tätigkeiten vor der Wende[437], die Daten über das Vermögen[438] und die Daten über die familiären Verhältnisse.[439] Diese Daten sind keine besonders schützenswerten Daten im Sinne des ungDSG, die Erhebung derer kann aber zur erheblichen Konsequenzen im Anbahnungsverhältnis führen.

Im Folgenden wird es auf die Erhebung der besonders schützenswerten Daten des Bewerbers nach den wichtigsten bereichspezifischen Regelungen und anhand der Stellungnahmen des ungarischen Datenschutzbeauftragten eingegangen.

Die arbeitsrechtlichen Vorschriften über die Erhebung der besonders schützenswerten Daten

Erhebung der Bewerberdaten nach § 77 Abs. 1 ungArbGB

Eine Generalklausel ist von zentraler Bedeutung für die Erhebung personenbezogener sowie besonders schützenswerter Daten im ungArbGB. Nach § 77 Abs. 1 ungArbGB „kann vom Arbeitnehmer nur die Abgabe einer solchen Erklärung oder die Ausfüllung eines solchen Formulars gefordert werden bzw. ihm gegenüber nur eine solche Eignungsuntersuchung vorgenommen werden, die seine Persönlichkeitsrechte nicht verletzen und zur Begründung des Arbeitsverhältnisses wesentliche Informationen geben würden".

Personeller Anwendungsbereich des § 77 Abs. 1 ungArbGB

Im Schrifttum sind die Auffassungen über den Anwendungsbereich dieser Vorschrift kontrovers. Es ist umstritten, ob der personelle Anwendungsbereich dieser Vorschrift sich auf den Bewerber bezieht.

---

434 § 5 Abs. 1-2 Gesetz Nr. XX/1996; (110/A/2001) ABI 2001, 92; (722/A/2001) ABI 2001, 92.

435 *Weber*, AuR 11/2002, 404; *Leuchten*, NZA 22/2002, 1257; *Mohr*, Schutz vor Diskriminierungen im Europäischen Arbeitsrecht, S. 271; *Waltertmann*, NZA 22/2005, 1268; *Kocher*, Das europäische Recht zur Altersdiskriminierung, S. 316;

436 (155/A/1995) ABI 1995-1996, 185 f.

437 (27/A/1995) ABI 1995-1996, 207 ff.

438 (510/K/1998) ABI 1998, 81.

439 (71/A/1999) ABI 1999, 75; (656/K/1999) ABI 1999, 75.

Nach herrschender Meinung ist § 77 Abs. 1 ungArbGB auch für den Bewerber maßgebend.[440] Andere Autoren bejahen, dass diese Vorschrift vor allem im Anbahnungsverhältnis maßgebend ist.[441] Manche Autoren sogar behaupten, dass § 77 Abs. 1 ungArbGB im Anbahnungsverhältnis nicht anwendbar ist.[442] Meines Erachtens folgt aus der Gesetzessystematik, dass § 77 Abs. 1 ungArbGB das Anbahnungsverhältnis umfasst.[443]

Sachlicher Anwendungsbereich des § 77 Abs. 1 ungArbGB

Fragwürdig ist der sachliche Anwendungsbereich des § 77 Abs. 1 ungArbGB. Die Abgabe einer Erklärung, die Ausfüllung eines Formulars und die Eignungsuntersuchung wurden festgelegt, die eine Datenverarbeitung nach dem ungDSG darstellen.[444] Die Abgabe einer Erklärung und die Ausfüllung eines Formulars gelten als Informationsbeschaffung durch eine bestimmte Person. Die Abgabe einer Erklärung kann durch eine mündliche Mitteilung entstehen. Die Ausfüllung eines Formulars kommt durch das schriftliche Festhalten der Daten zustande. Es ist festzustellen, dass § 77 Abs. 1 ungArbGB im Zusammenhang mit jeder Form der Datenverarbeitung anzuwenden ist. Die in den durch § 77 Abs. 1 ungArbGB nicht geregelten Fällen der Verarbeitung der Daten ist das ungDSG anzuwenden.

Zulässigkeit der Datenerhebung nach § 77 Abs. 1 ungArBG

Die Zulässigkeit der Datenerhebung hängt von zwei Voraussetzungen nach § 77 Abs. 1 ungArBG ab.

Bei der Erhebung personenbezogener Daten des Bewerbers dürfen seine Persönlichkeitsrechte nicht verletzt werden. Die Erhebung der Daten ist rechtswidrig, wenn z.B. der Arbeitgeber dadurch das Recht auf den Schutz des Privatgeheimnisses des Bewerbers verletzt.

Das ungArGB betont weiterhin, dass nur die zur Begründung des Arbeitsverhältnisses wesentlichen Informationen erhoben werden dürfen. Durch diese Vorschrift werden die Datenschutzgrundsätze der Erforderlichkeit und der Verhältnismäßigkeit im Arbeitsrecht konkretisiert. Im Folgenden soll das Problem der Abgrenzung der wesentlichen Informationen näher dargestellt werden.

---

440 § 77 Abs. 1 ungArbGB ist im Anbahnungsverhältnis und im Arbeitsverhältnis anzuwenden. *siehe Ádám/Kiss/Pethő*, A munka törvénykönyve magyarázatokkal, S. 65; *Cséffán*, A Munka Törvénykönyve és Magyarázata, S. 144 f.

441 *siehe Fabók*, MSZ 2000, 39 f.; *Kertész/Pál/Radnay*, Munkajogi kézikönyv, S. 109.

442 *siehe Breznay*, A munka törvénykönyve, S. 115; *Berki*, in: *Simándi* (Hrsg.), A munka törvénykönyve magyarázata, S. 277.

443 Manchmal weist das ungArbGB auf den Arbeitnehmer hin, ungeachtet der Tatsache, dass es das Anbahnungsverhältnis betrifft. § 3 Abs. 2 Satz 2 ungArbGB; § 80 Abs. 1 ungArbGB.

444 § 2 Nr. 9 ungDSG.

Merkmal der „Wesentlichkeit"

Das Kriterium der „Wesentlichkeit" ist nach den zivilrechtlichen und arbeitsrechtlichen Grundsätzen auszulegen. Entsprechend dem Entwurf des ungArbGB „darf der Arbeitgeber vom Arbeitnehmer ausschließlich solche Daten und die mit der Arbeitsleistung zusammenhängenden Tatsachen erheben, die für die Personalinformationssysteme notwendig sind".[445] Die zur Begründung des Arbeitsverhältnisses wesentlichen Informationen müssen nach § 77 Abs. 1 ungArbGB daher für die künftige Erfüllung der Pflichten und für die Ausübung der Rechte des Arbeitnehmers notwendig sein und sich auf die Arbeitsleistung des Betroffenen beziehen.

Merkmal der „Wesentlichkeit" im Zivilrecht

Während der Vertragsverhandlungen müssen die Parteien sich über die wesentlichen Vertragsbedingungen einigen.[446] Allgemein wird im Zivilrecht die Eigenart der wesentlichen Information umschrieben. Die Tatsache und der Umstand können als wesentlich angesehen werden, wenn sie nach Verkehrsanschauung bei Verhandlungen über den Abschluss eines Vertrages wichtig sind oder die Vertragspartei erkennen könnte, dass die Tatsache für den Entschluss des anderen Teils von entscheidender Bedeutung ist. Maßgeblich sind auch solche Angaben, die die Beteiligten angesichts ihrer Willenserklärungen oder nach den begleitenden Umständen vermutlich für wesentlich gehalten haben.[447] Es handelt sich um Tatsachen, die objektiv von Bedeutung sein können.

Merkmal der „Wesentlichkeit" im Arbeitsrecht

Im Gegensatz zu den zivilrechtlichen Prinzipien treten im Arbeitsrecht die Merkmale der auszuführenden Tätigkeit in den Vordergrund.[448] Die Zulässigkeit der Datenerhebung beurteilt sich danach, ob die Daten im Hinblick auf die Stelle die Eignung des Bewerbers betreffen. Gelten somit die Informationen im Arbeitsrecht als wesentlich, wenn sie zum Beurteilen der Eignung des Bewerbers anhand der aus der Natur der Anforderungen der künftigen Arbeitsleistung ergebenen vernünftigen Kriterien notwendig sind.[449]

Die objektiv und die subjektiv wesentlichen Informationen sind zu berücksichtigen. Aufgrund der privatautonomen Rechtsausübung kann der Arbeitgeber

---

445 Gesetzesentwurf zum ungArbGB.

446 *Gellért* (Hrsg.), A Polgári Törvénykönyv Magyarázata, S. 762.

447 *Ádám/Kiss/Pethő*, A munka törvénykönyve magyarázatokkal, S. 18; *Breznay*, A munka törvénykönyve, S. 31; *Gellért* (Hrsg.), A Polgári Törvénykönyv Magyarázata, S. 801; *Kiss*, Munkajog, S. 132; *Kertész/Pál/Radnay*, Munkajogi kézikönyv, S. 25; *Kollonay*, A magyar munkajog I., S. 59; BH 1975/22/I.

448 (234/K/2000) ABI 2000, 88.

449 MK 97 (Stellungnahme der arbeitsrechtlichen Abteilung des Obersten Gerichtshofes Nr. 97).

seine eigenen Auswahlkriterien zur Geltung bringen. Der objektive und subjektive Ermessensspielraum des Arbeitgebers ist aber durch allgemeine Rechtsgrundsätze beschränkt. Es handelt sich um die Verhältnismäßigkeit der Rechtsausübung des Arbeitgebers, die von den Gerechtigkeitsvorstellungen in der Gesellschaft abhängt.[450] Der Arbeitgeber darf die Daten vom Bewerber mit Berücksichtigung der Grundsätze des ungArbGB erheben und er hat die Erfüllung der berechtigten Erwartungen der anderen Partei zu fördern.[451]

Merkmal der „Arbeitsplatzbezogenheit"

Der Arbeitgeber darf nur solche Daten vom Bewerber erheben, die zur Beurteilung der Eignung des Bewerbers notwendig sind. Im Hinblick auf das Merkmal der Arbeitsplatzbezogenheit dürfen solche Daten erhoben werden, die sich in engem Kausalzusammenhang mit der Eignung des Bewerbers für die konkrete Stelle stehen.[452]

Merkmal der „Sensitivität" und das arbeitsrechtliche Maßstab für die Beurteilung der Rechtmäßigkeit der Datenverarbeitung

Die Unterscheidung zwischen den Arten der personenbezogenen Daten weist Schwierigkeiten auf, weil die Rechtmäßigkeit der Datenverarbeitung nicht von den Eigenschaften der Daten sondern vom Kontext der Verarbeitung abhängt. Nach herrschender Auffassung sind die Regelungen des ungDSG auch im Anbahnungsverhältnis maßgebend.[453] Die Rechtfertigungsgründe der Erhebung personenbezogener Daten lassen sich nur schwierig konkretisieren. Die Auslegung der Datenschutzgrundsätze und des Prinzips der „Wesentlichkeit" kann in Bezug auf die Rechtmäßigkeit der Datenerhebung zu verschiedenen Ergebnissen führen. Aufgrund der Datenschutzgrundsätze kann die Zulässigkeit der Datenerhebung genauer ermittelt werden. Der Leitgedanke des § 77 Abs. 1 ungArbGB und die Grundsätze des ungDSG sind unterschiedlich, deshalb stimmt das Prinzip der „Wesentlichkeit" teilweise mit den Anforderungen der Grundsätze der Erforderlichkeit und der Zweckbindung nach dem ungDSG überein. Es ist umstritten, wann die wesentlichen Informationen als unentbehrlich bezeichnet werden können. Nach dem Grundsatz der Erforderlichkeit können die Daten enger

---

450 *Román*, FS Benedek, S. 253; Kritisch *Preis*, in: FS für Thomas Dieterich, S. 439 f.

451 Er muss das Willkürverbot nach § 4 ungArbGB auch beachten. *Miholics*, Munkajogi kézikönyv, S. 49.

452 In der Rechtsprechung wurde die Untauglichkeit für die Aufgaben der Arbeitsstelle teilweise erörtert. Das bedeutet, dass der Arbeitnehmer die für ihn erteilten Aufgaben wegen eines in seiner Person liegenden Grundes (Fähigkeit, Talent, Veranlagung) nicht ausführen kann. BH 2007/96.

453 *Fabók*, MSZ 2000, 39; *Breznay*, A munka törvénykönyve, S. 20 f.; *Hartai*, MSZ 1/2003, 46 f.; *Hovánszki*, MSZ 7-8/2004, 70; *Kollonay*, A magyar munkajog I., S. 43; *Hajdú*, A munkavállalók személyiségi jogainak védelme, S. 171 ff.

als nach § 77 Abs. 1 ungArbGB bestimmt werden. § 77 Abs. 1 ungArbGB kann auch so verstanden werden, dass solche Daten verarbeitet werden dürfen, welche für die Beurteilung der Eignung des Bewerbers angemessen und notwendig sind. Eine einzelfallgerechte Abwägung ist mit Rücksicht auf die Datenschutzgrundsätze vorzunehmen.

Schwäche des geltenden Rechts

§ 77 Abs. 1 ungArbGB regelt das Maß der zulässigen Erhebung personenbezogener Daten im Arbeitsrecht. Die Interpretation dieser generalklausalartigen Vorschrift führt zur Dissonanz bezüglich des ungDSG, weil der Gesetzgeber während der Kodifikation des ungArbGB die zeitgemäßen datenschutzrechtlichen Modelle nicht berücksichtigt hat. Das Verabschieden des ungDSG hat die Regelungen des ungArbGB wie z.B. den Inhalt des § 77 Abs. 1 ungArbGB nicht beeinflusst, diese zwei Rechtsquellen wurden nicht in Einklang gebracht.

Es gibt verschiedene Lösungsmöglichkeiten, die Verknüpfung zwischen den arbeitsrechtlichen Vorschriften und den Datenschutzgesetzen herzustellen.[454] Meiner Meinung nach wäre die Konkretisierung der Regeln des ungDSG hinsichtlich des Anbahnungsverhältnisses die wünschenswerte Lösung. Die Voraussetzungen der Zulässigkeit der Erhebung personenbezogener Daten sollen im Arbeitsrecht klargestellt werden.

Die mit der Datenerhebung zusammenhängenden Rechte und Pflichten des Arbeitgebers im ungarischen Arbeitsrecht

Bei der Beurteilung der Zulässigkeit der Datenerhebung sind die allgemeinen Grundsätze des Vertragsrechts zu beachten. Die mit der Datenerhebung zusammenhängenden Rechte des Arbeitgebers dürfen in Einklang mit dem ungDSG ausgeübt werden.[455]

---

454 Art. 328b OR (Eingefügt durch Anhang Ziff. 2 des BG vom 19. Juni 1992 über den Datenschutz, in Kraft seit 1. Juli 1993).; *Rudolf*, Stellenbewerbung und Datenschutz, S. 18; *Rehbinder*, Schweizerisches Arbeitsrecht, S. 96; *Riesselmann-Saxer*, Datenschutz im privatrechtlichen Arbeitsverhältnis, S. 22; Code du Travail Article 121-6 (inséré par Loi n 92-1446 du 31 décembre 1992 art. 25 II Journal Officiel du 1er janvier 1993).

455 Zwischen Arbeitgeber und Bewerber herrscht sich ein asymmetrisches Informationsverhältnis. Die Informationsrechte und -pflichten sind unter anderem von der künftigen Art der Arbeitsleistung bestimmt. *Trebilcock*, The Limits of Freedom of Contract, S. 102 ff.; *Thees*, Das Arbeitnehmer-Persönlichkeitsrecht als Leitidee des Arbeitsrechts, S. 62 ff.; *Fleischer*, Informationsasymmetrie im Vertragsrecht, S. 105 f. und 137; *Buchner*, Informationelle Selbstbestimmung im Privatrecht, S. 103 f.

Datenerhebung und die allgemeinen Grundsätze des Arbeitsrechts

In Ungarn wird die Auffassung vertreten, dass die Datenerhebung des Arbeitgebers durch die allgemeinen Grundsätze des Arbeitsrechts eingeschränkt ist. In der Rechtsprechung wurde aufgrund der Pflicht zur Zusammenarbeit und des Grundsatzes von Treu und Glauben das Verbot der ungerechtfertigten Schädigung anerkannt.[456] Nach dem Gebot von Treu und Glauben haben die Parteien im Arbeitsverhältnis die Interessen der anderen Partei zu beachten, so dass, kein Schaden dem anderen zugefügt werden kann und sie sollen sich über die wesentlichen Tatsachen aufklären und auf eine irreführende Verhaltensweise verzichten.[457]

Meiner Meinung nach ergäbe sich daraus, dass der Arbeitgeber bei der Erhebung personenbezogener Daten die berechtigten Interessen des Bewerbers und seine Persönlichkeitsrechte zu bewahren hat. Die Rechtmäßigkeit der Datenerhebung durch Befragen ist nach dem ungArbGB und dem ungDSG zu prüfen.

Das sog. Fragerecht des Arbeitgebers wird in Ungarn kaum diskutiert. Nach herrschender Meinung in der ausländischen Literatur darf der Arbeitgeber dem Bewerber solche Fragen stellen, die mit der künftigen Arbeitspflicht in einem objektiven und unmittelbaren Zusammenhang steht.[458] Zum Ermitteln der Zulässigkeit der Frage ist eine Abwägung der gegenläufigen Interessen der Verhandlungsparteien vorzunehmen.[459]

Pflicht des Arbeitgebers zur Zusammenarbeit bei der Datenerhebung

Die Pflicht zur Zusammenarbeit spielt eine wichtige Rolle bei der Erhebung personenbezogener Daten des Bewerbers im Anbahnungsverhältnis. Nach dem ungArbGB „muss der Arbeitgeber den Bewerber über alle Fakten, Umstände bzw. deren Änderung informieren, die vom Gesichtspunkt der Ausübung der Rechte und der Erfüllung der Pflichten im Anbahnungsverhältnis bedeutend sind".[460] Gemäß der Pflicht zur Zusammenarbeit sind die Parteien dazu verpflichtet, die andere Partei über bedeutungsvolle Umstände aufzuklären. Der Umfang der „Informationspflicht" sowie die Fakten und die Umstände, die für

---

456 EBH 1999/41.

457 EBH 1999/41 Leitsätze.

458 Zum Fragerecht *Degener*, Das Fragerecht des Arbeitgebers gegenüber Bewerbern, S. 130, *Hoffman*, ZfA 1/75, 11 ff.; *Pellegrini*, Die Anfechtung des Arbeitsvertrages wegen Willensmängeln, S. 106 f.; *Zöllner*, Daten- und Informationsschutz im Arbeitsverhältnis, S. 33 f.; *Huber*, Rechtsprobleme der Personalakte, S. 65; *Schwarz*, Der gläserne Arbeitnehmer?, S. 29 ff.; *Buchner*, NZA 1991, 578; *Wohlgemuth*, ArbuR 2/1992, 47; *Kaehler*, ZfA 3/2006, 520 ff.

459 *Hoffman*, ZfA 1/75, 10; *Egger*, DRdA 1982, 91; *Rabanser*, ecolex 1993, 179 f.

460 § 3 Abs. 2 ungArGB.

die Rechtsausübung und für die Pflichterfüllung von Bedeutung sind, können im Einzelfall bestimmt werden.[461]

Rechte und Pflichten des Bewerbers hinsichtlich der Datenerhebung durch den Arbeitgeber

Vor dem Abschluss des Arbeitsvertrages besteht eine Aufklärungspflicht des Bewerbers. Im Schrifttum fehlt eine konsequente Terminologie bezüglich der Bezeichnung der mit der Informationsbeschaffung zusammenhängenden Rechte und Pflichten. In der Literatur werden unterschiedliche Begriffe wie Auskunftspflicht[462], Aufklärungs- und Benachrichtigungspflicht[463], Offenbarungspflicht[464], Mitteilungspflicht[465] und Informationspflicht[466] verwendet.

Der Inhalt der Aufklärungspflichten wurde im Anbahnungsverhältnis nicht präzisiert. Nach herrschender Auffassung sind diese Pflichten als Teil der Pflicht zur Zusammenarbeit anzusehen.[467] Die Pflicht zur Zusammenarbeit gehört zu den Nebenpflichten der Parteien im Arbeitsverhältnis, die darunter fallende Informationspflichten sind aber nicht konkretisiert.[468]

Nach herrschender Ansicht in der ausländischen Literatur hat der Bewerber aufgrund der Aufklärungspflicht die zulässigen Fragen des Arbeitgebers zu beantworten.[469] Die Offenbarungspflicht wurde als eine weitere Kategorie anerkannt, folglich ist der Bewerber von sich aus verpflichtet, bestimmte Umstände dem Arbeitgeber zu offenbaren.[470]

---

461 *Trebilcock*, The Limits of Freedom of Contract, S. 102 ff.; *Brors*, in: *Ott/Schäfer* (Hrsg.), Ökonomische Analyse des Arbeitsrechts, S. 215 ff.; *Adams*, Ökonomische Theorie des Rechts, S. 73 ff.

462 *Kertész/Pál/Radnay*, Munkajogi kézikönyv, S. 109 f.

463 *Breznay*, A munka törvénykönyve, S. 19; *Radnay*, Munkajog, S. 72; BH 1998/374.

464 *Ádám/Kiss/Pethő*, A munka törvénykönyve magyarázatokkal, S. 10 f.

465 *Kelemen*, A jóhiszeműség és tisztesség a magánjogban, S. 55; *Ádám/Kiss/Pethő*, A munka törvénykönyve magyarázatokkal, S. 10 f.; *Breznay*, A munka törvénykönyve, S. 19; *Kollonay*, A magyar munkajog I., S. 40.

466 *Román*, A munkajog alapintézményei II., S. 141.

467 *Román*, A munkajog alapintézményei II., S. 141; *Ádám/Kiss/Pethő*, A munka törvénykönyve magyarázatokkal, S. 10 f.; *Breznay*, A munka törvénykönyve, S. 19; *Kertész/Pál/Radnay*, Munkajogi kézikönyv, S. 109 f.; *Kollonay*, A magyar munkajog I., S. 40; Anders *Weltner*, Az érvénytelenség és orvoslása a munkajogban, S. 50.

468 *Kiss*, Munkajog, S. 146.

469 *Degener*, Das Fragerecht des Arbeitgebers gegenüber Bewerbern, S. 38; *Hofmann*, ZfA 1/75, 2 f.; *Egger*, DRdA 1982, 90 f.; *Holzapfel*, Wechselseitigkeit von Informationspflichten bei Begründung von Arbeitsverhältnissen, S. 26; *Rudolph*, Stellenbewerbung und Datenschutz, S. 33 f. (Auskunfspflicht); im Gegenteil *Breidenbach*, Die Voraussetzungen von Informationspflichten beim Vertragsschluß, S. 52.

470 *Neumann*, DB 1961, 1291 ff.; *Weber-Scherrer*, Rechtliche Aspekte der Information zwischen den Arbeitsvertragsparteien unter besonderer Berücksichtigung des

Aufklärungspflicht des Bewerbers

Die Aufklärungspflicht wird im Rahmen der Pflicht zur Zusammenarbeit in das ungArbGB eingefügt.[471] Diese Vorschrift betont generell die Pflicht zur Mitteilung wesentlicher Informationen, die zur Rechtsausübung und Pflichterfüllung im Anbahnungsverhältnis bedeutsam sind, so dass die relevanten Rechte und Pflichten nicht konkretisiert wurden.[472]

Es ist fraglich, inwieweit der Arbeitgeber im Zusammenhang mit der Aufklärungspflicht des Bewerbers personenbezogene Daten erheben darf. Einer Auffassung zufolge hat der Bewerber Informationen an den Arbeitgeber zu übermitteln, die zur ungestörten Erfüllung der Pflichten und zur sorgfältigen Rechtsausübung des Arbeitgebers notwendig sein können.[473] Das Verlangen des Preisgebens der Informationen kann weiterhin gerechtfertigt werden, wenn das Interesse des Arbeitgebers die Interessen des Bewerbers auf Geheimhaltung überwiegt.[474]

Im Anbahnungsverhältnis ist eine Interessenabwägung vorzunehmen, die sich am künftigen Arbeitsverhältnis orientiert. Aus dem personengebundenen Charakter des Arbeitsverhältnisses ergibt sich, dass die Persönlichkeitsmerkmale des Bewerbers bezüglich des Arbeitsverhältnisses bewertet werden.[475] Die Aufklärungspflicht richtet sich demgemäß nach Umständen, die die Leistungspflichten beeinflussen können.

Solche Umstände sind hinsichtlich der Aufklärungspflicht im Anbahnungsverhältnis maßgebend, die das künftige Erbringen der Arbeitsleistung mit großer Wahrscheinlichkeit erheblich verhindern könnten. Es handelt sich um Risikofaktoren, deren Erkennen dem Arbeitgeber nicht zumutbar ist.

Manche Autoren sind der Meinung, dass der Grundsatz von Treu und Glauben objektiv auf das Ausmaß der Aufklärungspflicht hinweist.[476] Meines Erachtens kann die Rechtmäßigkeit der Erhebung personenbezogener Daten mithilfe dieses Gebots nicht angemessen ermittelt werden.[477]

Notwehrrechts der Lüge, S. 191 f.; *Hümmerich*, NZA 2002, 1305; Anders *Rudolph*, Stellenbewerbung und Datenschutz, S. 34.

471 § 3 Abs. 3 ungArbGB; Eingefügt durch § 2 Gesetz Nr. 2001/XVI.

472 § 3 Abs. 3 ungArbGB; Eingefügt durch § 2 Gesetz Nr. 2001/XVI.

473 *Román*, A munkajog alapintézményei II., S. 141.

474 *Román*, A munkajog alapintézményei II., S. 141.

475 „personal work nexus", personality, personalness *Freedland*, ILJ 2006, 10 ff.; Richtlinie von Minister für Beschäftigungspolitik und Arbeit, sowie von Minister für Finanzwesen Nr. 7001/2005. (MK 170.) FMM-PM über die Kriterien beim Qualifizieren der Verträge über die Verrichtung der Arbeit, MK 2005/170, S. 12089.

476 *Kelemen*, A jóhiszeműség és tisztesség a magánjogban, S. 64; *Földi*, A jóhiszeműség és tisztesség elve, S. 101.

477 *Fried*, Contract as Promise A Theory of Contractual Obligation, S. 74 ff.

Offenbarungspflicht des Bewerbers

Es ist umstritten, inwieweit der Arbeitgeber mit Rücksicht auf die Offenbarungspflicht des Bewerbers personenbezogene Daten erheben darf und, wann der Bewerber dem Arbeitgeber Informationen offenbaren muss. Im Einzelfall ist darüber zu entscheiden, ob das Offenbaren der Angaben dem Bewerber zumutbar ist.[478] Es ist zu prüfen, inwieweit der Arbeitgeber über die verkehrswesentlichen Umstände verfügt. Manche Autoren behaupten, dass ein erhöhter Maßstab hinsichtlich der Zumutbarkeit für den Arbeitgeber bei der Informationsbeschaffung aufgrund der Pflicht zur Zusammenarbeit gilt.[479] Die Offenbarungspflicht verpflichtet den Bewerber, dem Arbeitgeber Informationen weiterzugeben, die zur Abwicklung des Arbeitsverhältnisses unentbehrlich sind.[480]

Interessenabwägung bei der Datenerhebung

Die mit der Datenerhebung zusammenhängenden Rechte und Pflichten des Arbeitgebers und des Bewerbers sind gegenseitig zu prüfen. Der Grundsatz von Treu und Glauben und die Pflicht zur Zusammenarbeit sind bei der Beurteilung der Rechtmäßigkeit der Datenerhebung nach dem ungarischen Arbeitsrecht einzubeziehen. Gemäß diesen allgemeinen Prinzipien darf der Arbeitgeber die personenbezogenen Daten des Bewerbers eingeschränkt erheben und im Einzellfall muss eine Interessenabwägung vorgenommen werden, um die Rechtmäßigkeit der Datenerhebung zu ermitteln.

Die Aufklärungs- und die Offenbarungspflicht des Bewerbers spielen eine wichtige Rolle bei der Erhebung personenbezogener Daten im Anbahnungsverhältnis. Laut der Aufklärungspflicht hat der Bewerber alle Angaben dem Arbeitgeber preiszugeben, die der Erfüllung der arbeitsvertraglichen Pflichten entgegenstehen. Nach § 77 Abs. 1 ungArbGB bezieht sich die Aufklärungspflicht des Bewerbers auf die zur Begründung des Arbeitsverhältnisses wesentlichen Angaben, deren Mitteilen seine Persönlichkeitsrechte nicht verletzt.

Die Bedingungen der Datenerhebung im Anbahnungsverhältnis haben sich nicht umfassend herauskristallisiert, weil die Interessen der Parteien im Auswahlverfahren sehr facettenreich sind. Es sind deshalb viele Komponenten bei der Interessenabwägung zu berücksichtigen.

Ergebnis

Die datenschutzrechtlichen und die allgemeinen vorvertraglichen Pflichten weisen Unterschiede auf. Die schuldrechtlichen Prinzipien der Informationsbeschaffung vor dem Abschluss des Arbeitsvertrages sind als traditionelle Grundlagen

---

478 *Gellért* (Hrsg.), A Polgári Törvénykönyv Magyarázata, S. 39.

479 Für diese Meinung sind *Miholics*, A magyar munkajog, S. 45; *Ádám/Kiss/Pethő*, A munka törvénykönyve magyarázatokkal, S. 10.

480 BH 2001/138; BH 2002/244/II.

des Informationsverhaltens der Parteien anzuerkennen. Diese sollen aber hinsichtlich des Datenschutzes weiterentwickelt werden. Die Rechtmäßigkeit der Erhebung der besonders schützenswerten Daten muss nach dem ungDSG und nach der RL 95/46/EG geprüft werden, wenn das nach dem ungArbGB nicht ermittelt werden kann.

Dem ungArbGB und dem ungDSG ist es schwierig zu entnehmen, wann die Datenerhebung zulässig ist. Die ungenaue Formulierung der Vorschrift § 77 Abs. 1 ungArbGB bereitet Schwierigkeiten bei der Beurteilung der Rechtmäßigkeit der Datenerhebung im Anbahnungsverhältnis. Nach § 77 Abs. 1 ungArbGB kann man keine eindeutigen Rückschlüsse auf die Rechtmäßigkeit der Erhebung personenbezogener Daten ziehen. Das Prinzip der „Wesentlichkeit" ist umstritten, weil die subjektiven und die objektiven wesentlichen Informationen ungeklärt sind. Es ist fraglich, inwieweit ein mittelbarer Zusammenhang zwischen der Daten und der künftigen Arbeitspflicht reicht, um die Zulässigkeit der Datenerhebung zu behaupten.

Auf gesetzlicher Ebene wurde ein ausgeglichenes Verhältnis zwischen dem ungDSG und den schuldrechtlichen Vorschriften des ungArbGB unvollständig verwirklicht. Bei der Anwendung der Datenschutzgrundsätze im Arbeitsrecht ist die Bewertung der Rechtmäßigkeit der Verarbeitung der besonders schützenswerten Daten wegen der abstrakten Formulierung des ungDSG und der RL 95/46/EG schwierig. Nach den allgemeinen datenschutzrechtlichen Regeln des ungDSG und nach dem ungArbGB wird ein erhöhter Maßstab für den Schutz sensibler Daten gesichert, der in den bereichspezifischen Vorschriften konkretisiert wird.

Praktische Probleme der Erhebung der Daten über den Gesundheitszustand des Bewerbers

Erhebung personenbezogener Daten über den Gesundheitszustand des Bewerbers

Verarbeitung der Gesundheitsdaten nach der RL 95/46/EG

Die Daten über die Gesundheit verlangen aufgrund ihrer Sensibilität ein höheres Maß an Schutz nach Art. 8 Abs. 1 RL 95/46/EG.[481] Sie unterliegen damit nicht den allgemeinen Vorschriften der RL 95/46/EG über den Schutz personenbezogener Daten, sondern auch den besonderen Vorschriften über die Verarbeitung sensibler Daten in Artikel 8 RL 95/46/EG. Vom generellen Verbot der Verarbeitung der Gesundheitsdaten werden in Art. 8 Abs. 2 RL 95/46/EG jedoch Ausnahmen gemacht, die für die Verarbeitung personenbezogener Daten zu dem

481 *Engelschion*, European Journal of Health Law 2002, 191 ff; *Hooghiemstra*, European Journal of Health Law 2002, 182. f.

speziellen Zweck der Erbringung gesundheitsbezogener Dienstleistungen wie Vorsorge, Diagnostik, Therapie und Nachsorge sowie zu Vewaltungszwecken gelten. Bei der Verarbeitung der Gesundheitsdaten muss der Grundsatz der Zweckbindung bewahrt werden. Eine weitere Voraussetzung ist, dass die Verarbeitung der Daten durch ärztliches oder sonstiges Personal erfolgt, das dem Berufsgeheimnis oder einer entsprechenden Geheimhaltungspflicht unterliegt.

Der medizinische Sektor wird vom Verbot der Verarbeitung besonderer Kategorien personenbezogener Daten ausgenommen. Die sensible Daten dürfen verarbeitet werden, wenn „die Verarbeitung der Daten zum Zweck der Gesundheitsvorsorge, der medizinischen Diagnostik, der Gesundheitsversorgung oder Behandlung oder für die Verwaltung von Gesundheitsdiensten erforderlich ist und die Verarbeitung dieser Daten durch ärztliches Personal erfolgt, das nach dem einzelstaatlichen Recht, einschließlich der von den zuständigen einzelstaatlichen Stellen erlassenen Regelungen, dem Berufgeheimnis unterliegt, oder durch sonstige Personen, die einer entsprechenden Geheimhaltungspflicht unterliegen."[482]

Die dargestellten Ausnahmebestimmungen sind erschöpfend und eng auszulegen und sie beziehen sich auf die Verarbeitung der Gesundheitsdaten im Allgemeinen.

Die Weiterentwicklung des Schutzes der Gesundheitsdaten nach der Initiative der Kommission

Nach der zweiten Phase der Anhörung der Sozialpartner zum Schutz von personenbezogenen Daten von Arbeitnehmern hat die Kommission einen Vorschlag über die Verarbeitung der Daten über den Gesundheitszustand ausgearbeitet.[483]

Die Gesundheitsdaten sollen nur nach den gesetzlich festgelegten Vorschriften für angemessenen Datenschutz im Arbeitsumfeld verarbeitet werden. Sie sollen nur verarbeitet werden, wenn dies notwendig ist, a) die Tauglichkeit des Arbeitnehmers für wichtige Funktionen des besonderen Arbeitsplatzes festzustellen, b) die arbeitsmedizinischen und sicherheitsrelevanten Vorschriften zu erfüllen oder c) den Anspruch auf Sozialhilfe festzustellen.

Gesundheistdaten sollen nur von medizinischem Fachpersonal oder von Personal im Arbeitsumfeld verarbeitet werden, die einer gleichwertigen ärztlichen Schweigepflicht wie medizinisches Fachpersonal unterliegen. Die Gesundheitsdaten sind getrennt von allen sonstigen personenbezogenen Daten aufzubewahren.

Bei ärztlichen Untersuchungen ist der Arbeitgeber nur über die Ergebnisse zu der betreffenden Entscheidung über die Beschäftigung zu informieren.

---

482 Art. 8 Abs. 3 RL 95/46/EG.

483 Zweite Phase der Anhörung, 14.

Stellungnahme der Sozialpartner

Die Meinungen der Sozialpartner sind über die Weiterentwicklung der RL 95/46/EG hinsichtlich der Verarbeitung personenbezogener Daten über den Gesundheitszustand sehr unterschiedlich.[484] UNICE ist der Ansicht, dass diese Frage in den Richtlinien über Sicherheit und Gesundheitsschutz geregelt ist. UEAPME vertritt die Meinung, dass Art. 6 RL 95/46/EG hinreichend ist und weitere Regelungen auf nationaler Ebene verabschiedet werden müssen. Der EGB meint, dass der Arbeitgeber keine Angaben über detaillierte medizinische Daten erlangen darf. Er darf nur erfahren, ob der Bewerber für die künftige Stelle tauglich ist. EUROCADRES ist der Meinung, dass besondere Sorgfalt für die Verarbeitung dieser Daten geboten ist.

Begriff der Daten über den Gesundheitszustand

Auswirkung der RL 95/46/EG

Die RL 95/46/EG enthält keine Definition der Daten über die Gesundheit. Im Einzelfall muss geprüft werden, ob die Daten sich auf die Gesundheit der betroffenen Person beziehen.

Nach der Rechtsprechung des Europäischen Gerichtshofes ist der Begriff „Daten über Gesundheit" angesichts des Zwecks der RL 95/46/EG weit auszulegen und er bezieht sich auf alle Informationen, die die Gesundheit einer Person unter allen Aspekten - körperlichen wie psychischen - betreffen.[485] Die Angabe z. B., dass sich eine Person den Fuß verletzt hat und partiell krankgeschrieben ist, zu den personenbezogenen Daten über die Gesundheit im Sinne von Art. 8 Abs. 1 RL 95/46/EG gehört.[486]

Begriff der Daten über den Gesundheitszustand nach dem ungarischen Recht

Die Auslegung der Daten über den Gesundheitszustand wird durch die Legaldefinition der Gesundheitsdaten beeinflusst, die im Gesetz über den Schutz der Daten im Gesundheitswesen (GSchVDG) erörtert ist.[487] Gesundheitsdaten sind Angaben über den körperlichen, mentalen und psychischen Zustand des Betroffenen, über die Sucht und die Daten über die Umstände einer Krankheit, unabhängig davon, ob sie vom Betroffenen oder von einer anderen Person mitgeteilt worden sind; die von der Gesundheitsstelle ermittelten, überprüften, abgemessenen, aggregierten oder deduzierten und mit diesen Daten in Verbindung ge-

---

484 Zweite Phase der Anhörung, 20.

485 *EuGH*, Rs. C-101/01, Slg. 2003, I-12971, Rn. 50 (Lindquist).

486 *EuGH*, Rs. C-101/01, Slg. 2003, I-12971, Rn. 51 (Lindquist).

487 § 3 Abs. 1 lit. a GSchVDG, Gesetz Nr. XLVII /1997 über den Schutz und die Verarbeitung von Gesundheitsdaten und der damit zusammenhängenden personenbezogenen Daten (GSchVDG).

brachten Daten gehören hierher, z.B. Daten über die Berufskrankheit[488], über die Behinderung[489], und Daten über einen Arbeitsunfall.[490]

Den Gesundheitsdaten kommt ein besonderer Stellenwert im Anbahnungsverhältnis zu, weil der Arbeitgeber ein berechtigtes Interesse an der Untersuchung der gesundheitlichen Eignung des Bewerbers hat. Im Folgenden werden die Voraussetzungen der Erhebung der Gesundheitsdaten bei der Einstellungsuntersuchung dargestellt.

Erhebung personenbezogener Daten über den Gesundheitszustand nach dem ungArGB

Die Vorausssetzungen nach § 77 Abs. 1 ungArbGB

Nach § 77 Abs. 1 ungArbGB können nur solche Eignungsuntersuchungen vorgenommen werden, die die Persönlichkeitsrechte des Bewerbers nicht verletzen und zur Begründung des Arbeitsverhältnisses wesentliche Informationen geben würden.

Die Eignungsuntersuchung umfasst verschiedene Untersuchungen des Bewerbers, weil die Eignung des Betroffenen für die konkrete Stelle vielschichtig geprüft werden kann.[491] Der Arbeitgeber ist interessiert daran, alle möglichen Informationen über die Arbeitsfähigkeit des Bewerbers zu erhalten. Er ist berechtigt, jedoch nur sämtliche Gesundheitsdaten zu erheben, durch die er damit rechnen kann, dass der Bewerber seiner künftigen Arbeit auf Dauer oder erneut nicht nachkommen kann.[492]

Es ist weitaus umstritten, inwieweit der Arbeitgeber berechtigt ist, Prognosedaten zu erheben.[493] Die Interessen des Arbeitgebers, die Krankheitsveranlagungen seiner Arbeitnehmer zu kennen, sind grundsätzlich nicht schutzwürdig. Bei Arbeitsplätzen, die der spezifischen arbeitsmedizinischen Vorsorge unters-

---

488 § 2 lit. a Verordnung NM Nr. 27/1996. (VIII. 28.) über das Ankündigen und das Überprüfen der Berufskrankheiten und der Angelegenheiten mit erhöhtem Risiko; BH 2003/515.

489 § 4 lit. a zum Begriff der Behinderten *siehe* das Gesetz Nr. 1998/XXVI über die Rechte und die Chancengleicheit von Behinderten.

490 § 87 Abs. 3 Gesetz Nr. 1993/XCIII über den Arbeitsschutz (ASchG); BH 2003/212.

491 *Klein,* Munkapszichológia, S. 294; *Plette*, A munkapszichológia gyakorlati kérdései, S. 167; *Ungváry*, Munkaegészségtan, S. 112; BH 2007/96; In diesem Unterkapitel werden die Voraussetzungen der psyhischen Eignung des Bewerbers nicht erörtert.

492 *Radnay*, GJ 1993, 19.

493 *EuGH*, Rs. T-10/93, Slg. 1994, II-179, Rn. 5 (A/Kommission); Es geht um die Daten, die sich nicht nur auf gegenwärtige körperliche oder psychische Störungen stützen, sondern auch auf eine medizinisch begründete Prognose künftiger Störungen, die in absehbarer Zukunft die ordnungsgemäße Ausübung der vorgesehenen Tätigkeit in Frage stellen können.

tellt sind, kann aber die Durchführung einer Untersuchung mit prognostischem Anteil zulässig sein.[494]

Offenbarungspflicht des Bewerbers

Des Weiteren stellt sich die Frage, ob der Bewerber verpflichtet ist, seine Gesundheitsdaten nach Treu und Glauben und aufgrund der Pflicht zur Zusammenarbeit dem Arbeitgeber mitzuteilen. Hinsichtlich des § 77 Abs. 1 ungArbGB bezieht sich die Aufklärungspflicht auf die Angaben, die die wesentlichen Merkmale der gesundheitlichen Eignung des Bewerbers für die vorgesehene Tätigkeit umschließen.[495]

Eine Offenbarungspflicht bezüglich einer Krankheit ist zu bejahen, wenn der Arbeitnehmer infolge der Krankheit ganz oder teilweise an der Erfüllung der Arbeitspflicht gehindert wäre. Der Bewerber hat z.B. dem zu Arbeitgeber offenbaren, wenn in absehbarer Zeit Heilbehandlungen erfolgen werden. Eine Offenbarungspflicht liegt bezüglich ansteckender Krankheiten bei epidemiologisch sensitiven Arbeitsplätzen gegenüber dem Arzt vor.[496]

Vorrang der bereichspezifischen Vorschriften

Die Grenze der Zulässigkeit der Erhebung der Gesundheitsdaten ergibt sich aus einer Abwägung der berechtigten Interessen der Parteien nach dem ungArbGB. Andere bereichspezifische Vorschriften müssen aber zuzüglich beachtet werden, weil sie im Vergleich zum ungArbGB als lex specialis gelten.

Voraussetzungen der Erhebung der Daten über den Gesundheitszustand nach dem GSchVDG

Die Voraussetzungen der Erhebung der Gesundheitsdaten sind im GSchVDG geregelt. Diese Daten dürfen zu den im Gesetz festgelegten Zwecken unter anderem zur Untersuchung der Berufseignung erhoben werden.[497] Zu diesem Zweck dürfen solche Gesundheitsdaten und Personendaten verarbeitet werden, die zur Verwirklichung des Zwecks unbedingt notwendig sind.[498] Der zuständige Arzt trifft die Entscheidung darüber, welche Daten im Einzelfall erhoben werden müssen.[499]

Dieses Gesetz regelt die Verarbeitung der Daten über den Gesundheitszustand zwischen dem Zuständigen für Krankenversorgung und dem Betroffe-

---

494 z.B. § 4 Abs. 2 lit. e Verordnung Nr. 26/2000 (IX. 30.) EüM über den Schutz gegen die krebserregenden Stoffe am Arbeitsplatz und über die Prävention der damit zusammenhängenden Gesundheitsschädigung.

495 Zum Begriff der Arbeitsunfähigkeit Siehe § 87 Abs. 5/A AschG; BH 2007/96.

496 Siehe § 62 Abs. 1 Gesetz Nr. 1997/ CLIV; § 4 Abs. 7 Verordnung Nr. 33/1998.

497 § 4 Abs. 2 lit. n GSchVDG.

498 § 4 Abs. 4 GSchVDG.

499 § 9 Abs. 1 Satz 2 GSchVDG.

nen.[500] Der Betroffene ist verpflichtet, seine Gesundheits- und Personendaten an den Zuständigen für Krankenversorgung auf Aufforderung zur Durchführung der Einstellungsuntersuchung zu übermitteln.[501]

Erhebung der Daten über den Gesundheitszustand bei der Einstellungsuntersuchung nach bereichspezifischen Vorschriften

Datenerhebung bei der Einstellungsuntersuchung nach der Verordnung Nr. 33/1998

Der Arbeitgeber hat eine Einstellungsuntersuchung bei der einzustellenden Person vor dem Beginn der Arbeit hinsichtlich jeder Neueinstellung eines Arbeitnehmers nach der Verordnung Nr. 33/1998 (VI. 24) über die Einstellungs- und Eignungsuntersuchung (Verordung Nr. 33/1998) machen zu lassen.[502] Der Arbeitnehmer und der Arbeitslose, die an der Einstellungsuntersuchung nicht teilgenommen haben oder als arbeitsunfähig eingestuft wurden, dürfen nicht eingestellt werden.[503] Die Abgrenzung des Anwendungsbereiches der Verordnung Nr. 33/1998 ist schwierig, weil es nicht eindeutig ist, ob sie für den Bewerber im Anbahnungsverhältnis gilt. Der Bewerber als Adressat wurde nicht genannt, nur der Arbeitnehmer und der Arbeitslose wurden aufgelistet.[504] Der Begriff des Bewerbers und der „einstellenden Person" wurde nicht definiert.[505]

Die datenschutzrechtlichen Aspekte der obligatorischen Einstellungsuntersuchung wurden in der Verordnung Nr. 33/1998 nicht konkretisiert, somit sind die zitierten Regeln des GSchVDG zu beachten.

Informationelle Selbstbestimmung bei der Einstellungsuntersuchung

Die allgemeine Pflicht des Arbeitgebers zur Durchführung einer Einstellungsuntersuchung aufgrund der Verordnung Nr. 33/1998 beeinflusst den Ablauf der Datenerhebung. Der ungarische Datenschutzbeauftragte hat festgestellt, dass die obligatorische Einstellungsuntersuchung an sich das Recht auf Schutz personenbezogener Daten des Betroffenen nicht verletzt.[506] In der Rechtsprechung wird

---

500 § 12 Abs. 1 GSchVDG.

501 § 13 lit. b Anhang 2 GSchVDG.

502 § 4 Abs. 1 und § 15 Abs. 3 lit. a Verordnung Nr. 33/1998.

503 § 16 Verordnung Nr. 33/1998.

504 § 2 Abs. 1 lit. a, d Verordnung Nr. 33/1998; Zum Begriff der Arbeitslosen Siehe § 58 Abs. 5 lit. d Gesetz Nr. 1991/IV.

505 Der Beginn des Erbringens der Arbeitsleistung wird als Voraussetzung für die Durchführung der Einstellungsuntersuchung eingegeben. Es ist unklar, ob der Abschluss des Arbeitvertrages notwendig ist.

506 (270/A/2000, 759/A/2000, 359/A/2001) ABI 2001, 92 ff.

andererseits anerkannt, dass die Einwilligung des Betroffenen zur Durchführung der Eignungsuntersuchung eingeholt werden muss.[507]

Zweck der Einstellungsuntersuchung und Zweckbindung der Datenerhebung

Nach der Verordnung Nr. 33/1998 bezweckt eine Einstellungsuntersuchung das Überprüfen der Interaktion der Belastung am Arbeitsplatz und der Fähigkeit des Betroffenen zum Bewältigen dieser Belastung.[508] Die Einstellungsuntersuchung hat eine präventive Wirkung.[509]

Der Zweck der Datenerhebung hängt mit der Prüfung der Tauglichkeit des Bewerbers zusammen.[510] Es ist bei der Einstellungsuntersuchung zu prüfen, ob der Bewerber die personellen Bedingungen für eine die Gesundheit nicht gefährdende und sichere Verrichtung der Arbeit erfüllt.[511]

Rechtmäßigkeit der Datenerhebung bei der Einstellungsuntersuchung

Es ist fraglich, inwieweit der Arzt personenbezogene Daten des Bewerbers erheben darf. Nach der Verordnung Nr. 33/1998 ist das durch die in der Arbeitsmedizin herausgebildeten Standards bestimmt. Die erhebenden Daten sind in der Verordnung aufgelistet.[512] Der Arzt darf ausschließlich die zum Zwecke der Eignungsuntersuchung notwendigen Daten erheben.[513] Der ungarische Datenschutzbeauftragte hat festgestellt, dass der Facharzt für Arbeitsmedizin vom

---

507 BH 2005/367.

508 § 1 lit. a Verordnung 33/1998; Siehe zum Begriff der Untersuchung § 3 lit. k Gesetz Nr. 1997/CLIV über das Gesundheitswesen; Die Einstellungsuntersuchung ist eine arbeitsmedizinische Untersuchung, die der Beurteilung der Arbeitsfähigkeit und der gesundheitlichen Eignung des Bewerbers hinsichtlich der Merkmale des Arbeitsplatzes dient. *Ungváry* (Hrsg.), Munkaegészségtan, S. 84 und S. 705 ff.; *Plette*, A munkapszichológia gyakorlati kérdései, S. 167.

509 *Ungváry* (Hrsg.), Munkaegészségtan, S. 705.

510 Nach § 49 Abs. 1 ASchG darf der Arbeitnehmer im Arbeitsumfeld eingesetzt werden, wenn er die zur Arbeitsleistung geeigneten lebenswichtigen biologischen Fähigkeiten besitzt; die Beschäftigung des Arbeitnehmers seine Gesundheit nicht beeinträchtigt, bzw. seine körperliche Integrität und die gesunde Entwicklung der Jugendlichen nicht schädlich beeinflusst; die Beschäftigung des Arbeitnehmers nicht mit den Gefahren für seinen Nachwuchs verbunden ist; es die Gesundheit und die körperliche Integrität der Drittpersonen nicht gefährdet und sich für die Arbeit - nach den Festlegungen in gesonderten Rechtsvorschriften - als geeignet erweist.

511 § 3 Abs. 4 Verordnung Nr. 33/1998.

512 Anhang Nr. 13 zur Verordnung Nr. 33/1998.

513 § 14 Abs. 1 Satz 2 Verordnung Nr. 33/1998; Eingefügt durch § 7 Verordnung ESzCsM Nr. 80/2003. (XII. 23.) über Veränderung der Verordnung Nr. 33/1998, 22 Januar 2004 in Kraft getreten.

Arbeitnehmer nur die zur Beurteilung der Tauglichkeit notwendigen Daten rechtmäßig erheben darf.[514]

Datenerhebung und das Dokument über den Gesundheitszustand

Der Arzt stellt den Gesundheitspass bei der Eignungsuntersuchung aus, der zahlreiche in der Verordnung Nr. 33/1998 festgestellte Daten umfasst.[515] Er darf aber nur die wesentlichen Daten in den Gesundheitspass eintragen.[516]

Es ist umstritten, welche Daten bei der Einstellungsuntersuchung in das Dokument über den Gesundheitszustand eintragen werden dürfen, weil die Rechtmäßigkeit der Erhebung personenbezogener Daten bei der Einstellungsuntersuchung hinsichtlich des Grundsatzes der Zweckbindung schwierig zu beurteilen ist.[517] Aus dem Begriff der Einstellungsuntersuchung ergibt sich, dass die prognostischen und die prädiktiven Daten ebenfalls in Betracht kommen könnten.[518] Es ist daher unklar, welche Grenzen das Vorhersagen aus zeitlicher Hinsicht hat. In der Praxis werden die Einstellungsuntersuchungen nicht zukunftsorientiert durchgeführt, es geht nämlich um die Überprüfung des aktuellen Gesundheitszustandes des Bewerbers vor Beginn der Arbeitsleistung.[519]

Der Arzt ist berechtigt, die Daten nach den Merkmalen des Arbeitsplatzes zum Zeitpunkt der Einstellung zu erheben. Die zukunftsorientierte Untersuchung wird nicht speziell geregelt und der Arzt darf nach den Grundsätzen des GSchVDG die Eignung des Bewerbers für die vorgesehene Tätigkeit im aktuellen Zustand beurteilen und die dazu unentbehrlichen Daten erheben.[520]

---

514 (270/A/2000, 759/A/2000, 359/A/2001) ABl 2001, 92 ff.

515 § 14 Abs. 1 Satz 1 Verordnung Nr. 33/1998; Anhang Nr. 13 zur Verordnung Nr. 33/1998.

516 § 14 Abs. 1 Satz 2 Verordnung Nr. 33/1998; Eingefügt durch § 7 Verordnung ESzCsM Nr. 80/2003. (XII. 23.) über Veränderung der Verordnung Nr. 33/1998, 22 Januar 2004 in Kraft getreten.

517 *Ungváry* (Hrsg.), Munkaegészségtan, S. 708; Der Umfang der medizinischen Untersuchung ist weit. Hierunter fällt unter anderem eine allgemeine ärztliche Untersuchung, die Erfassung der Laborwerte und die Eigen- und Familienanamnese. Anhang Nr. 13 zur Verordnung Nr. 33/1998; Während der Einstellungsuntersuchung muss der Bewerber die chronischen Krankheiten und die regelmäßige Einnahme von Medikamenten dem Arzt offenbaren.

518 In der Medizin unterscheidet man begrifflich zwischen Prognose und Prädiktion. Unter einer Prognose versteht man eine Aussage über den weiteren Verlauf einer Erkrankung. Demgegenüber ist Prädiktion eine Aussage über das Risiko für eine Krankheit, die bisher noch nicht ausgebrochen ist. In: *Nationaler Ethikrat*, Stellungnahme, S. 8.

519 Die in der Verordnung Nr. 33/1998 geregelten periodischen Untersuchungen dienen zur ständigen Kontrolle der Gesundheit des Arbeitnehmers.

520 § 5 Abs. 1-2 ungDSG; § 4 Abs. 4 GSchVDG.

Die Beurteilung der Tauglichkeit des Bewerbers wird für einen konkreten Arbeitsplatz durchgeführt.[521] Die Merkmale des Arbeitsplatzes werden vom Arbeitgeber konkretisiert, weil er die Reihenfolge, die Richtung und die Häufigkeit der ärztlichen Untersuchung und seine Aufgaben schriftlich festzulegen hat.[522] Er ist verpflichtet, einen Facharzt für Arbeitsmedizin über den Plan der Untersuchungen zu konsultieren und er muss die Angaben über den Arbeitsplatz an die für die Untersuchung zuständige Person übermitteln, die zur Beurteilung der Tauglichkeit des Bewerbers notwendig sind.[523] Das Organ für Arbeitsmedizin darf die außer den Gesundheitsdaten erlangten Daten nicht veröffentlichen.[524]

In der Praxis kommt es vor, dass der Arbeitgeber dem Arzt nicht ausreichende Daten weiterleitet, weil er manchmal kein langfristiges Interesse am Schutz der Arbeitsfähigkeit eines Arbeitnehmers wegen der Fluktuation am Arbeitsmarkt hat. Die ergänzenden fachärztlichen Untersuchungen verursachen unerwünschte Kosten für das Unternehmen, deshalb treten die präventiven Maßnahmen am Arbeitplatz häufig aus finanziellen Gründen in Ungarn in den Hintergrund.

Datenerhebung bei der hygienischen Untersuchung

Die hygienische Untersuchung ist von der Einstellungsuntersuchung zu unterscheiden. Nach der Verordnung Nr. 33/1998 ist eine hygienische Untersuchung in bestimmten Fällen vor dem Beginn der Arbeitsleistung durchzuführen.[525] Sie ermöglicht die Stellungnahme darüber, ob der Betroffene am epidemiologisch sensitiven Arbeitsplatz mit einer ansteckenden Krankheit oder mit Krankheitserregern die Gesundheit anderer gefährdet.[526] Nach dem Wortlaut der Verordnung Nr. 33/1998 ist die hygienische Untersuchung am epidemiologisch sensitiven Arbeitsplatz obligatorisch. In diesem Fall ist der Arbeitnehmer verpflichtet, ein vorgeschriebenes Formular auszufüllen.[527] Meiner Meinung nach gelten diese Vorschriften auch für den Bewerber im Anbahnungsverhältnis trotz der Unbestimmtheit des Textes.[528]

---

521 § 3 Abs. 1 Verordnung Nr. 33/1998.
522 § 15 Abs. 1 lit. a Verordnung Nr. 33/1998.
523 § 15 Abs. 6 Verordnung Nr. 33/1998; § 15 Abs. 2 Verordnung Nr. 33/1998.
524 § 15 Abs. 6 Verordnung Nr. 33/1998.
525 § 4 Abs. 4 Verordnung Nr. 33/1998.
526 § 1 lit. c und § 3 Abs. 5 Verordnung Nr. 33/1998.
527 Anhang Nr. 2 und 17 zur Verordnung Nr. 33/1998.
528 Siehe § 4 Abs. 7 Verordnung Nr. 33/1998.

Das Ergebnis der hygienischen Untersuchung wird im Dokument über den Gesundheitszustand festgestellt, das Angaben über den Gesundheitszustand des Betroffenen enthält.[529]

Arbeitsmedizinisches Attest

Das arbeitsmedizinische Attest enthält Informationen über die Eignung des Betroffenen für die konkrete Stelle. Der Arzt darf die Schlussfolgerungen in der Form „für den Arbeitsplatz geeignet", „nicht geeignet", „geeignet unter Vorbehalt" im Attest festschreiben.[530] Das ist eine Garantie zur Verwirklichung des Grundsatzes der Erforderlichkeit. Darüber hinaus dürfen keine Angaben im Attest erfasst werden, weil das das Recht auf Schutz personenbezogener Daten verletzt.[531] Die anderen Daten über den Gesundheitszustand des Bewerbers dürfen nicht im Attest zusammengefasst werden.[532]

Übermitteln der Gesundheitsdaten an den Arbeitgeber

Die ärztliche Beurteilung der Eignung des Bewerbers wird in der in der Verordnung Nr. 33/1998 angegebenen Form im Attest an den Arbeitgeber übermittelt.[533] Die Ursache der Untauglichkeit wird dem Arbeitnehmer von dem Arzt mitgeteilt, dies kann nur mit schriftlicher Zustimmung des Betroffenen dem Arbeitgeber weitergeleitet werden.[534] Nach den Stellungnahmen des ungarischen Datenschutzbeauftragten darf der Arbeitgeber über solche Daten informiert werden, die sich auf die Tauglichkeit des Bewerbers für die vorgesehene Tätigkeit beziehen.[535]

Recht auf Geheimhaltung des Artzgeheimnisses und die Übermittlung der Gesundheitsdaten

Die Personen im Gesundheitswesen müssen die personenbezogenen Daten und die Gesundheitsdaten vertraulich verarbeiten.[536] Sie dürfen nur an den Berech-

529 § 14 Abs. 1 Satz 1 Verordnung Nr. 33/1998; Zum Begriff des Dokuments über den Gesundheitszustand § 2 lit. e GSchVDG; § 3 lit. p Gesetz Nr. 1997/CLIV über das Gesundheitswesen.

530 § 13 Abs. 1 Verordnung Nr. 33/1998; (270/A/2000; 759/A/2000; 359/A/2001) ABI 2001, 93 f.

531 (465/P/2009) ABI 2009.

532 Der Arzt kann die Einschränkung der Beschäftigung des Betroffnen vorschreiben. § 13 Abs. 2 Verordnung Nr. 33/1998.

533 § 13 Abs. 4 Verordnung Nr. 33/1998.

534 § 13 Abs. 5 Verordnung Nr. 33/1998.

535 (219/A/1996; 525/A/1996) ABI 1995-1996, 82 f.

536 § 25 Abs. 1 GSchVDG.

tigten diese Daten übermitteln. Der Betroffene ist berechtigt zu bestimmen, wem seine Daten teilweise oder völlig offenbart werden dürfen.[537]

Der Arzt und die Fachkräfte im Gesundheitswesen sind verpflichtet, die personenbezogenen Daten über den Gesundheitszustand auch nach der ärztlichen Behandlung geheim zu halten.[538]

Die Vorschriften über das Arztgeheimnis sind im Verhaltenskodex oder im Reglement festgelegt.[539] Das Arztgeheimnis ermöglicht eine Weitergabe von Informationen mit Offenbarungsbefugnis.[540] Diese kann in einer Schweigepflichtentbindung mit der schriftlichen Zustimmung des Betroffenen oder in einer gesetzlichen Offenbarungsbefugnis liegen.[541] Nach dem GSchVDG ist das Übermitteln der Gesundheitsdaten an bestimmte Organe rechtmäßig. Der Arbeitgeber wurde im Gesetz nicht erwähnt.[542] Das Dokument über den Gesundheitszustand des Bewerbers darf nicht an den Arbeitgeber gelangen, das bleibt im Besitz des Arztes.[543]

Die Verantwortlichen für die Verarbeitung der Gesundheitsdaten

Die Einstellungsuntersuchung und die Beurteilung der Tauglichkeit des Arbeitnehmers werden vom Facharzt für Arbeitsmedizin in der ersten Instanz durchgeführt.[544] Sind der Arbeitnehmer und der Arbeitgeber mit dem Ergebnis der Untersuchung oder mit der Beurteilung des Arztes von der ersten Instanz nicht einverstanden, können sie die Beurteilung der Tauglichkeit des Arbeitnehmers innerhalb von 15 Tagen bei der zweiten Instanz nämlich beim Institut für Arbeitsmedizin erneut beantragen.[545]

Die freie Wahl des Arztes durch den Betroffenen wurde in der Verordnung Nr. 33/1998 nicht verankert. Andererseits gibt es kein Verbot einen Arzt nach der Entscheidung des Arbeitnehmers zu wählen. Ein Anspruch des Arbeitgebers gegenüber dem Bewerber auf Durchführung einer ärztlichen Untersuchung

---

537 Das Recht auf Geheimhaltung des Artzgeheimnisses § 25 Abs. 2 Gesetz Nr. 1997/CLIV über das Gesundheitswesen; Zum Begriff des Arztgeheimnisses § 3 lit. d GSchVDG.

538 BH 1999/156.

539 *Ungváry* (Hrsg.), Munkaegészségtan, S. 761; SZTE Szent-Györgyi Albert Orvos és Gyógyszertudományi Centrum Általános Orvostudományi Kar Adatvédelmi Szabályzat 2005.02.15. www.szote.u-szeged.hu/aok/infoh.htm 2006.04.04.

540 § 7 Abs. 1 GSchVDG.

541 § 7 Abs. 2 lit. a. GSchVDG.

542 § 23 Abs. 1 GSchVDG.

543 Eingefügt durch § 18 Abs. 2 lit. c Verordnung EüM Nr. 61/1999. (XII. 1.); § 14 Abs. 6 Verordnung Nr. 33/1998.

544 Die Zuständigen für diese Untersuchungen werden bezüglich des Bewerbers und des Arbeitslosen nicht in der Verordnung Nr. 33/98 festgeschrieben. § 11 Abs. 1 Verordnung Nr. 33/1998.

545 § 12 Abs. 1 Verordnung Nr. 33/1998; Für den Arbeitslosen sind die in der Verordnung Nr. 33/1998 angegebenen Organe zuständig. § 12 Abs. 2 Verordnung Nr. 33/1998.

durch einen bestimmten Arzt kann anerkannt werden, wenn eine Untersuchung notwendig erscheint, um den Zweck des Arbeitsverhältnisses zu erreichen.

Rechte des Bewerbers bezüglich des Dokuments über den Gesundheitszustand

Recht auf Auskunft

Der Auskunftsanspruch des Bewerbers wird in der Verordnung Nr. 33/1998 nicht verankert und die Kriterien des „informed consent" werden hinsichtlich der Einstellungsuntersuchung nicht konkretisiert. Der Anspruch des Betroffenen über die Verarbeitung seiner Gesundheitsdaten informiert zu werden ist implizit durch die Verordnung Nr. 33/1998 garantiert.[546] Der Arzt hat den Bewerber über die Risiken der Beschäftigung am konkreten Arbeitsplatz zu informieren.[547]

Das Auskunftsrecht wird im Gesetz über das Gesundheitswesen geregelt.[548] Im GSchVDG wird dieses Recht im Zusammenhang mit der Verarbeitung der Daten zum Zwecke der ärztlichen Behandlung verankert.[549]

Einsichtsrecht und Recht auf Berichtigung

Der Bewerber kann sich über die im Dokument über den Gesundheitszustand erfassten Daten erkundigen. Er hat das Recht, in die über ihn geführten Dokumente Einsicht zu nehmen und hat einen Anspruch auf eine schriftliche Begutachtung über seine Gesundheitsdaten zum begründeten Zweck auf eigene Kosten.[550] Der Bewerber hat das Recht auf Berichtigung.[551] Die dargestellten Individualrechte können mit Rücksicht auf den Geheimnisschutz der Dritten ausgeübt werden.[552] Nach der ärztlichen Behandlung können die Daten im Dokument über den Gesundheitsschutz von Drittperson unter strengen Formvorschriften mit der Zustimmung des Betroffenen eingesehen werden.[553]

Der Arbeitgeber darf Gesundheitsdaten aus dem Dokument über den Gesundheitszustand nicht erheben; er kann den Bewerber nicht auffordern, ihm einen Auszug oder eine Kopie des Dokuments vorzulegen.[554]

---

546 Anhang Nr. 13 zur Verordnung Nr. 33/1998.

547 Anhang Nr. 13 zur Verordnung Nr. 33/1998.

548 § 24 Abs. 1 und Abs. 3 lit. a Gesetz Nr. 1997/CLIV;§ 7 Abs. 3 GSchVDG; § 3 lit. c GSchVDG; Das Gesetz über Gesundheitswesen enthält keine Definition der ärztlichen Behandlung.

549 § 7 Abs. 3 und § 11 Abs. 1 GSchVDG.

550 § 24 Abs. 3 lit. b, c, e und Abs. 2 Gesetz Nr. CLIV/1997.

551 § 24 Abs. 4 GSchVDG.

552 § 24 Abs. 5 GSchVDG.

553 § 24 Abs. 8 GSchVDG.

554 § 7 Abs. 3 GSchVDG; Der Bewerber hat seinen Gesundheitspass nach der Beendigung des Arbeitverhältnisses dem Facharzt für Arbeitsmedizin bei der Einstellungsuntersuchung vorweisen. § 14 Abs. 5 Verordnung Nr. 33/1998.

Für die Aufbewahrung der gespeicherten Daten im Dokument über den Gesundheitszustand vom Zuständigen für die Einstellungsuntersuchung gelten spezielle Fristen von Gesetzes wegen.[555]

Die RL 95/46/EG und das ungarische Recht

Aus den zitierten Vorschriften folgt, dass strenge Voraussetzungen bei der Erhebung der Gesundheitsdaten zu beachten sind. Die Gesundheitsdaten sind besonders schützenswerte Daten nach dem ungDSG, die mit der schriftlichen Einwilligung des Betroffenen oder aufgrund des Gesetzes verarbeitet werden dürfen.[556] Das ungDSG kann angewendet werden, wenn ein Gesetz nichts anderes anordnet.

Die allgemeine Pflicht für die betroffene Person, sich einer vorläufigen ärztlichen Einstellungsuntersuchung zu unterziehen, spielt eine wichtige Rolle bei der Beurteilung der Rechtmäßigkeit der Erhebung der Gesundheitsdaten. Nach dem GSchVDG und der Verordnung Nr. 33/1998 ergibt sich, dass der Arbeitgeber die Gesundheitsdaten vom Bewerber nicht erheben darf.

Das ungarische Recht steht in Einklang mit dem Art. 8 RL 95/46/EG. Die allgemeinen Datenschutzgrundsätze wie der Grundsatz der Erforderlichkeit, der Zweckbindung, der Datenqualität und der Datenvorbehaltung werden in den zitierten bereichspezifischen Vorschriften hinsichtlich der Eignungsuntersuchung ausführlich geregelt. Die in Art. 8 Abs. 3 RL 95/46/EG festgelegten Anforderungen werden im GSchVDG verwirklicht. Die Verpflichtung zur rechtmäßigen Verarbeitung der Arbeitnehmerdaten wird in der Verordnung Nr. 33/1998 nur rudimentär festgeschrieben, deshalb sind auch die Regeln des GSchVDG, des ungDSG und des ungArbGB zu beachten. Die Voraussetzungen der Verarbeitung der Gesundheitsdaten sind gesetzlich zersplittert verankert, so es wäre sinnvoll, sie zu vereinheitlichen. Weiterhin wäre es vorteilhaft, die Rechte des Bewerbers bezüglich der Verarbeitung personenbezogener Daten bei der Eignungsuntersuchung zu konkretisieren.

Im Folgenden werden einzelne Aspekte der Erhebung der Gesundheitsdaten an den Fallbeispielen dargestellt.

Erhebung der Daten über HIV und Aids

Schutz der Privatsphäre und die Daten über HIV und Aids

Die Daten über HIV und Aids sind besonders sensible Daten für den Betroffenen. Das innerstaatliche Recht muss nach Art. 8 EMRK geeignete Vorkehrungen treffen, um zu verhindern, dass personenbezogene medizinische Daten of-

---

555 Eingefügt durch § 18 Abs. 2 lit. c Verordnung EüM Nr. 61/1999. (XII. 1.); § 14 Abs. 6 Verordnung Nr. 33/1998.

556 § 2 Nr. 2 lit. b ungDSG; § 3 Abs. 2 lit. a, c ungDSG; (359/A/2001) ABI 2001, 251 ff.

fengelegt werden, dies gilt in besonderem Maße für die Vertraulichkeit von Informationen über eine HIV-Infektion oder Aids Erkrankung.[557]

Ungarn gehört zu den Staaten mit geringer HIV-Prevalenz.[558] Das Problem der Erhebung der Daten über HIV und Aids im Anbahnungsverhältnis wird im Zusammenhang mit der Seuchenbekämpfung diskutiert. Die datenschutzrechtlichen Aspekte der Eignungsuntersuchung werden hinsischtlich des Arbeitsschutzes ausgearbeitet. Es ist fraglich, ob der Arbeitgeber Daten über die HIV-Infektion und Aids-Erkrankung im Anbahnungsverhältnis erheben darf. Bei der HIV-Infektion und der Aids-Erkrankung geht es um einen Spezialfall.[559]

Im Folgenden werden die grundlegenden Fragen der Erhebung der Daten über die HIV-Infektion und Aids-Erkrankung ausgeführt.

Erhebung der Daten über HIV und Aids nach dem ungDSG

Daten über die HIV-Infektion und Aids-Erkrankung sind personenbezogene Daten über den Gesundheitszustand nach dem ungDSG.[560] Die Bedingungen der Datenerhebung werden im ungDSG speziell nicht verankert; nur einzelne bereichspezifische Verordnungen enthalten Vorschriften über die Verarbeitung der Daten über die HIV-Infektion und Aids-Erkrankung.

Die Voraussetzungen der Erhebung personenbezogener Daten über den Gesundheitszustand müssen beachtet werden, wenn nichts anderes angeordnet wird.[561] Die Erhebung der Daten über HIV und Aids kann gerechtfertigt werden, wenn der Betroffene mit Rücksicht auf die Datenschutzgrundsätze seine Einwilligung schriftlich gegeben hat.[562] Die Voraussetzungen der Rechtmäßigkeit der Erhebung dieser Daten sind im Schrifttum nicht einheitlich geklärt.[563]

Die Daten über HIV und Aids dürfen bei der fachärztlichen Eignungsuntersuchung erhoben werden. Der Bewerber ist verpflichtet, dem Arzt die HIV-Infizierung und die Aids-Erkrankung mitzuteilen, wenn die Infizierung oder die

---

557 EGMR, Fall Z gegen Finnland, Urt. 25. 02. 1997 Rn. 96; EGMR, Fall L. L. gegen Frankreich, Urt. 10. 10. 2006, Rn. 44; EGMR, Fall Armonienė gegen Lithuania, Urt. 25. 11. 2008, Rn. 40.

558 2005 und 2006 im Vergleich zu 2002-2004 hat die Anzahl der HIV-Infizierten zugenommen. in: HIV/AIDS – Magyarország A regisztrált HIV-fertőzött személyek nemenkénti megoszlása a verifikálás éve szerint 2007. augusztus 3. Epinfo Epidemiológiai Információs Hetilap 2007 Johan Béla Országos Epidemológiai Központ.

559 Die Untersuchung auf HIV-Antikörper wird teilweise durch die bereichspezifischen Verordnungen als lex specialis geregelt.

560 § 2 Nr. 2 lit. b ungDSG.

561 § 3 Abs. 2 lit. a, c ungDSG; § 4 GSchVDG; § 9 Abs. 1 GSchVDG.

562 § 3 Abs. 2 lit. a ungDSG.

563 *Richardi*, NZA 1988, 73 ff.; *Lichtenberg/Schücking*, NZA 1990, 42 ff.; *Heacock/Orvis*, Harvard Journal of Law and Public Policy 1990, 689 ff.; *Starke*, HIV-Infektion und AIDS-Erkrankung im Arbeitsverhältnis, S. 44 ff.; *Weber*, HIV-Infektion und AIDS im öffentlichen Dienstrecht, S. 57 ff.

Erkrankung die Fähigkeit des Bewerbers zur künftigen Leistungserbringung erheblich einschränkt oder ausschließen kann. Beim Vorliegen der HIV-Infektion ist die Eignung des Bewerbers anders zu beurteilen als bei der Aids-Erkrankung. Bei HIV-Infizierten ohne Krankheitssymptome ist im Gegensatz zu Aids mangels Vorliegens einer Beeinträchtigung eine Leistungsminderung kaum anzunehmen. Der Arzt darf grundsätzlich die Eignung des Bewerbers für die vorgesehene Tätigkeit zum Zeitpunkt der Einstellung feststellen.

Rechtliche Grundlagen der Durchführung eines HIV-Tests

Die Testung auf HIV-Antikörper erfordert unterschiedliche Tests, die dem Betroffenen unterschiedlich zugänglich sind.[564] Die Kriterien des Zugangs zum HIV-Test werden durch bereichspezifische Vorschriften geregelt.

Die Pflicht zur Durchführung eines HIV-Tests ist ausnahmsweise begründet. Das besteht in den vom Gesetz über das Gesundheitswesen festgelegten Fällen.[565] Die Prävention der Epidemie ist das wichtigste Interesse an der Früherkennung der HIV-Infizierung. Nach dem zentralen Gedanken des geltenden Rechts dagegen geht es im Anbahnungsverhältnis um heterogenere Belange der Parteien.

Die Rechtmäßigkeit der Durchführung eines HIV-Tests hängt mit der rechtlichen Grundlage der ärztlichen Einstellungsuntersuchung zusammen, bezüglich derer die Verordnung Nr. 18/2002 und die Verordnung Nr. 18/1998 maßgebend sind.[566] Die Untersuchung über die HIV-Infizierung und die Aids-Erkrankung kann durch die in der Verordnung Nr. 18/2002 bestimmte Organe durchgeführt werden.[567]

Der freiwillige HIV-Test

Nach der Verordnung Nr. 18/2002 bietet die zuständige Stelle für die Untersuchung und für die ärztliche Behandlung des Betroffenen nach vorheriger Aufklärung die freiwillige Untersuchung auf HIV-Antikörper dem Betroffenen an, der von Gesetzes wegen der verbindlichen Untersuchung nicht unterzogen werden kann, aber er ist hinsichtlich der HIV-Infizierung in erhöhtem Maße gefährdet, wenn die zuständige Stelle die gefährdete Situation erkennt, oder sie Daten über das Risiko der verstärkten Ansteckung während der gesundheitlichen Versorgung erhebt.[568]

---

564 *Kane*, AIDS Hiradó 1999, 4 ff.; *Bánhegyi/Tóth/Fürst*, HIV-Fertőzés-AIDS, S. 118.

565 § 59 Abs. 4 Gesetz über das Gesundheitswesen; § 1 Abs. 1 lit. a Verordnung ESzCsM 18/2002. (XII. 28.) über die Maßnahmen und Untersuchungen zur Verbeugung des Aids (Verordnung Nr. 18/2002).

566 Verordnung Nr. 18/2002 und Verordnung NM Nr. 18/1998. (VI. 3.) über die epidemiologischen Maßnahmen (Verordnung Nr. 18/1998).

567 § 10 Verordnung Nr. 18/2002; § 59 Abs. 8 Gesetz über das Gesundheitswesen.

568 § 9 Abs. 1 Verordnung Nr. 18/2002.

Der Begriff des Risikos der verstärkten Ansteckung wurde nicht erörtert. Die Voraussetzungen des Feststellens der gefährdeten Situation wurden in der Verordnung Nr. 18/2002 nicht detailliert festgehalten.[569] Spezielle Personen sind in der Verordnung aufgelistet, die als gefährdet qualifiziert werden können. Die Subjekte der Gefährdung werden im arbeitsrechtlichen Kontext nicht konkretisiert und die Parteien im Anbahnungsverhältnis als Risikofaktor werden nicht erwähnt. Nach der Stellungnahme des ungarischen Datenschutzbeauftragten kann das Recht auf informationelle Selbstbestimmung nur bei der unmittelbaren Gefahr der Ansteckung eingeschränkt werden. Umgekehrt würde eine totale Kontrolle zur Verhinderung der HIV-Infizierung stattfinden, die beliebig regelmäßig wiedergeholt werden könnte.[570]

Taucht während einer gesundheitlichen Versorgung, die aus anderen Gründen als wegen der Ansteckungsgefahr vorgenommen wird, der Verdacht einer HIV-Infizierung auf, so bietet die zuständige Stelle für die gesundheitliche Versorgung dem Betroffenen, der der verbindlichen Untersuchung nicht unterzogen werden kann, die freiwillige Untersuchung an. [571] Die Kriterien der Untersuchung wurden nicht präzisiert. Nach weiter Auslegung ist es zu bejahen, dass diese Vorschrift bei der Einstellungsuntersuchung anwendbar ist.

Die informationelle Selbstbestimmung beim HIV-Test

Die Blutabnahme für den HIV-Test und das Auswerten der daraus erlangten Daten tangieren die Persönlichkeitsrechte des Bewerbers. Die Aufklärungspflicht des Arztes ist deshalb von fundamentaler Bedeutung, weil der Betroffene nach der vorherigen Aufklärung über den Zweck des HIV-Tests seine Einwilligung zur Durchführung des Tests erteilen kann. Die schriftliche Einwilligung muss sich auf die Durchführung des Tests erstrecken.[572] Die heimlich vorgenommene Untersuchung verletzt die Persönlichkeitsrechte des Bewerbers.[573]

Der Betroffene kann aufgrund des Rechts auf informationelle Selbstbestimmung seine eventuelle HIV-Infizierung freiwillig erfahren. Das „Recht auf Nicht-Wissen" muss auch im Anbahnungsverhältnis garantiert werden. Außerhalb der gesetzlichen Spezialfälle darf ein Test nur mit der Einwilligung des Betroffenen vorgenommen werden.[574] Die freiwillige Untersuchung kann anonym auf eigenen Antrag durchgeführt werden.[575] Meines Erachtens darf der

569 § 9 Abs. 3 Verordnung Nr. 18/2002.; *Csernus*, HIV/AIDS és Emberi Jogok Magyarországon, S. 47.

570 (633/B/1996) ABI.

571 § 9 Abs. 2 Verordnung Nr. 18/2002.

572 *EuGH*, Rs. C-404/92 P, Slg. 1994, I-4738, Leitsätze des Urteils Rn. 4 (X/Kommission).

573 § 3 Abs. 2 lit. a ungDSG.

574 § 59 Abs. 5 Gesetz über das Gesundheitswesen; § 8 Abs. 1 Verordnung Nr. 18/2002; § 15 Abs. 6 GSchVDG.

575 § 8 Abs. 2 Verordnung Nr. 18/2002; (1454/H/2004) ABI 2004, 235 ff.

Arbeitgeber den Bewerber zur Durchführung des freiwilligen HIV-Tests und zur Übermittlung der Ergebnisse nicht auffordern.

Bei der aus epidemiologischen Gründen vorgenommenen Untersuchung tritt auch die Selbstbestimmung des Betroffenen in den Vordergrund. In diesem Fall muss die zuständige Stelle für die gesundheitliche Versorgung in Zusammenarbeit und mit der Einwilligung des Betroffenen die medizinisch begründeten Eingriffe bezüglich der Krankheit vornehmen und Maßnahmen treffen.[576]

Pflicht zur Durchführung eines HIV-Tests nach der Verordnung Nr. 18/2002

Die Verordnung Nr. 18/2002 ist bezüglich der obligatorischen HIV-Untersuchung zu beachten. Die Erhebung der Daten anhand eines Testergebnisses wird am detailliertesten im Gesundheitsdienst festgeschrieben.[577] Die Verordnung schreibt „für Personen, die unter bestimmten Umständen arbeiten, eine Vorsorgeuntersuchung auf das Vorliegen einer HIV-Infizierung vor. Außerhalb des Gesundheitsdienstes muss eine Person auf HIV-Antikörper getestet werden, wenn sie während der Berufsausübung oder anderer wirtschaftlicher Betätigung – ausgenommen die Tätigkeiten der Arbeitnehmer im Gesundheitswesen – regelmäßig oder gelegentlich mit menschlichem Blut, mit ansteckendem menschlichem Sperma oder mit Ausscheidungen unmittelbar in Berührung kommen kann, und durch die bei der Ausübung der Tätigkeit ereignete Verletzung zu ihrer HIV-Infizierung geführt haben könnte und sie andere mit ihrem eigenen Blut oder mit eigenen Ausscheidungen infizieren könnte“.[578] In der Verordnung Nr. 18/2002 wurden die auszuübenden konkreten Tätigkeiten nicht präzisiert. Nach enger Auslegung sind hier relativ seltene Berufe betroffen. Das verbindliche Testen ist in speziell aufgezählten Fällen vorzunehmen. Es ist im Einzelfall zu prüfen, ob der Arbeitnehmer unter den Geltungsbereich dieser Vorschrift z.B. im internationalen Luftverkehr fällt.

Über die Notwendigkeit der Untersuchung entscheidet der zuständige Arzt.[579] Nach der zitierten Vorschrift ist ein HIV-Test bei einer Körperverletzung vor allem im Arbeitsverhältnis durchzuführen. Vor der Ausübung der einschlägigen Tätigkeit kann nur eventuell ein Test verlangt werden, das wurde aber in der Verordnung Nr. 18/2002 ausdrücklich nicht verankert. Die Bedingungen des Tests wurden bezüglich des Anbahnungsverhältnisses nicht geregelt. Das Ablehnen des Tests vom Bewerber wird in der Verordnung Nr. 18/2002 nicht thematisiert.[580] Es ist umstritten, ob die Verordnung Nr. 18/2002 bei der

576 § 62 Abs. 4 Gesetz über das Gesundheitswesen.

577 Diese Regelungen werden nicht erörtert. Siehe § 1 Abs. 1 lit. a und b Verordnung Nr. 18/2002; § 31 Abs. 4 Verordnung Nr. 18/1998.

578 § 1 Abs. 1 lit. b Verordnung Nr.18/2002; § 59 Abs. 4 lit. a Gesetz über das Gesundheitswesen.

579 § 1 Abs. 2 Verordnung Nr. 18/2002.

580 § 2 Verordnung Nr. 18/2002.

Begründung des Arbeitsverhältnisses anwendbar ist. Meiner Meinung nach ist der Bewerber, der die in der Verordnung aufgelisteten Aufgaben verrichtet, verpflichtet, sich vor dem Beginn der Arbeitsleistung einem HIV-Antikörpertest zum Schutze der Gesundheit anderer zu unterziehen.

Beschränkung der Einstellung des Bewerbers nach der Verordnung Nr. 18/1998

Die Beschränkungen der Einstellung des Bewerbers werden aus epidemiologischen Gründen in der Verordnung Nr. 18/1998 festgeschrieben. Die Person, die an der gesetzlich vorgeschriebenen Untersuchung nicht teilgenommen hat oder als ansteckend ausgewiesen ist, darf für die gesetzlich festgeschriebene Tätigkeit nicht eingestellt werden.[581] Das ist eine allgemeingültige Vorschrift im Anwendungsbereich der Verordnung. Es ist umstritten, inwieweit dies im Anbahnungsverhältnis anzuwenden ist. Die Durchführung des HIV-Tests wurde ausschließlich im Bezug auf die Arbeitnehmer im Gesundheitswesen festgelegt. Andere epidemiologisch gefährdende Tätigkeiten wurden nicht aufgelistet.

Ärztliche Einstellungsuntersuchung und Durchführung eines HIV-Tests nach der Verordnung Nr. 33/1998

Die Verordnung Nr. 33/1998 enthält keine Vorschrift über den HIV-Test im Anbahnungsverhältnis.[582] Der HIV-Test wird von ihrem Anwendungsbereich nicht umfasst. Nimmt der Arzt bei der Einstellungsuntersuchung Indizien für eine HIV-Infizierung wahr, kann er den Betroffenen zum Facharzt überweisen. Der Betroffene kann diese Untersuchung ablehnen und seine Einwilligung verweigern. Die Einstellungschancen sind in diesem Fall gemindert. Der Bewerber hat keinen Einstellungsanspruch gegen den Arbeitgeber. Es ist umstritten, für welche Tätigkeiten ein Test zum Feststellen der Eignung als begründet in Betracht kommen kann.

HIV-Test auf Verlangen des Arbeitgebers nach dem ungArbGB

Im ungArbGB wurde die Durchführung eines HIV-Tests spezifisch nicht konkretisiert. Es gibt kein gesetzliches Verbot des Aufforderns zu einer Untersuchung dieser Art. Die Möglichkeit der Durchführung eines HIV-Tests auf Verlangen des Arbeitgebers ist nicht ausgeschlossen. Es ist z.B. umstritten, ob die ausländischen Arbeitnehmer einem HIV-Test unterzogen werden können.[583]

Meiner Meinung nach kann aufgrund der berechtigten billigenswerten Interessen der Parteien die Zulässigkeit des Verlangens eines HIV-Tests nach § 77 Abs. 1 ungArbGB beurteilt werden. Zur Interessenabwägung wurden aber keine

581 § 31 Abs. 1 Verordnung Nr. 18/1998.

582 § 3 Abs. 7 und § 14 Abs. 3 Verordnung Nr. 33/1998.

583 § 33 und § 86 Abs. 1 lit. h Gesetz Nr. I/2007 über die Anreise und über den Aufenthalt der Personen hinsichtlich des Rechts auf Freizügigkeit in der Europäischen Gemeinschaft.

konkreten Maßstäbe weder in der Rechtsprechung noch in den Stellungnahmen des ungarischen Datenschutzbeauftragten ausgearbeitet. Die Vorschriften des ASchG, des ungDSG und die allgemeine Grundsätze des Arbeitsrechts sind sinngemäß zu beachten.

Bei medizinisch begründetem Verdacht einer Infizierung kann der Arzt eine Untersuchung mit der Einwilligung des Bewerbers anlässlich des Verlangens des Arbeitgebers anbieten. Die konkreten Umstände, wann ein HIV-Test durchführbar ist, werden nicht festgestellt. Das Fachwissen des Arztes ist von erheblicher Bedeutung. Ausschlaggebend ist weiterhin die Beschreibung der Merkmale des Arbeitsplatzes, die vom Arbeitgeber dem Arzt weiterleitet wird.[584]

Eine ärztliche Untersuchung auf Verlangen des Arbeitgebers gegenüber dem Bewerber zum Überprüfen der Eignung ist anzuerkennen, wenn es arbeitsmedizinisch begründet ist. Bei der Überweisung zum Facharzt muss die Einwilligung des Bewerbers eingeholt werden.[585]

Meiner Meinung nach kann das Auffordern zur Durchführung eines HIV-Tests nur ausnahmsweise gerechtfertigt werden. Der Arbeitgeber ist eingeschränkt dazu berechtigt, vom Arzt die Durchführung eines HIV-Antikörpertest zu fordern. Andere Voraussetzungen eines HIV-Tests sind nicht erschöpfend geklärt. Es bleibt offen, welche Tätigkeiten besonders sicherheitsrelevant sind. Meines Erachtens verletzt das unbegründete, medizinisch unnötige und unverhältnismäßige Durchführen eines Tests die Persönlichkeitsrechte des Bewerbers nach § 77 Abs. 1 ungArBG. Der Test ist z.B. rechtswidrig, wenn der Bewerber sich um eine Stelle als EDV-Fachmann bewirbt.

Übermittlung der Daten an den Arbeitgeber aufgrund des HIV-Tests

Die Übermittelung des Ergebnisses des Tests an den Betroffenen ist durch den zuständigen Arzt abzuwickeln.[586] Das Weiterleiten der Daten im Falle einer negativen Diagnose ist nicht ausdrücklich geregelt. Ist der Befund des ersten Testverfahrens positiv, muss ein Bestätigungstest durchgeführt werden.[587] Das Preisgeben der Daten eines positiven Bestätigungstests dem Betroffenen ist ausführlich in der Verordnung Nr. 18/2002 geregelt.[588] Die Übermittelung der Daten an den Arbeitgeber wird nicht konkretisiert. Der Arzt ist der ärztlichen Schweigepflicht unterworfen, so darf er die Angaben des Tests dem Arbeitgeber nicht mitteilen. Der Betroffene ist zur Aufhebung der Schweigepflicht berechtigt

---

584 § 15 Abs. 6 Verordnung Nr. 33/1998.

585 BH 2005/367.

586 § 13 Abs. 2 und § 4 Abs. 4 Verordnung Nr. 18/2002.

587 §§ 11 und 12 Verordnung Nr. 18/2002.

588 § 5 Verordnung Nr. 18/2002.

und kann den Arzt von seiner Pflicht zur Geheimhaltung durch schriftliche Zustimmung z.B. bezüglich der Berufskrankheit entbinden.[589]

Hat sich der Bewerber mit der Übermittlung des Testergebnisses einverstanden erklärt, darf der Arzt es dem Arbeitgeber weiterleiten.

Es ist fraglich, ob die Erweiterung der Befugnisse des Arbeitgebers zur Erhebung personenbezogener Daten aufgrund der spezifischen Merkmale einer HIV-Infektion gerechtfertigt werden kann.

Meines Erachtens darf sich der Arbeitgeber über den Gesundheitszustand des Bewerbers in der Form „geeignet" „ungeeignet" oder „mit Beschränkungen geeignet" vergewissern. Der Umfang der erhobenen Daten darf mit Rücksicht auf die Datenschutzgrundsätze nicht ausgedehnt werden.

Die zuständige Stelle darf die Ergebnisse des Tests an den Arbeitgeber nicht übermitteln. In der Verordnung Nr. 18/2002 wird diese Befugnis nicht geregelt. Mangels gesetzlicher Ermächtigung ist es dem Arbeitgeber verwehrt, sich über den Befund unmittelbar oder mittelbar zu informieren.

Eckpunkte des geltenden Rechts hinsichtlich der Durchführung eines HIV-Tests und der Datenerhebung über HIV und Aids

Die allgemeinen Voraussetzungen der Verarbeitung der Daten über den Gesundheitszustand werden nach dem Vorbild der RL 95/46/EG im GSchVDG geregelt, die bereichspezifischen Vorschriften bieten aber bei der Verarbeitung der Daten über HIV und Aids trotzdem keinen umfassenden Schutz. Die zitierten Vorschriften regeln nicht die Rechtmäßigkeit der Aufforderung des Arbeitgebers zu einer ärztlichen Untersuchung des Bewerbers über die HIV-Infektion oder die Aids-Erkrankung. Nach dem geltenden Recht kann ein HIV-Test durchgeführt werden, wenn es laut des Gesetzes oder aufgrund einer Verordnung gestattet ist, oder es auf einer behördlichen Maßnahme basiert. Eine derartige Untersuchung im Anbahnungsverhältnis wird nur in Ausnahmefällen geregelt. Für spezielle Berufsgruppen ist es obligatorisch, einen HIV-Test für besonders infektionsgefährdete Tätigkeiten zu dulden, die Aspekte der Untersuchung auf Antikörper sind in der Verordnung 18/2002 am ausführlichsten geregelt. Die freiwillige Untersuchung aus epidemiologischen und anderen begründeten Gründen stellt eine Alternative zum obligatorischen Test dar. Aus epidemiologischen Gründen kann eine freiwillige Untersuchung nach dem Ermessen des Arztes durchgeführt werden. Ein freiwilliger Test kann weiterhin gerechtfertigt sein, wenn der Verdacht einer Ansteckung entsteht. Es handelt sich um eine fachärztliche Entscheidung über die Begründetheit des Tests. Die Umstände der Begründung der Untersuchung wurden nicht näher präzisiert. Die dritte Möglichkeit des Durchführens eines Tests beruht auf dem Antrag des Betroffenen.

589 § 7 Abs. 2 lit. a GSchVDG; § 25 Abs. 2 Gesetz Nr. 1997/CLIV über das Gesundheitswesen.

Das ist der umstrittenste Punkt bei der Beurteilung der Rechtmäßigkeit des Verlangens einer Untersuchung durch den Arbeitgeber. Der Gesetzgeber soll darüber entscheiden, inwieweit der Arbeitgeber die Durchführung eines HIV-Tests verlangen darf. Der Arzt trägt die Verantwortung in besonderem Maße bei der Beurteilung der Notwendigkeit eines Tests. Es ist unentbehrlich, die rechtlichen Garantien des Vornehmens einer solchen Untersuchung zu konkretisieren.

Die speziellen Aspekte der Erhebung der Daten über HIV-Infizierung und Aids-Erkrankung werden im ungarischen Recht unvollständig geklärt. Es ist umstritten, ob der Arbeitgeber berechtigt ist, diese Daten zu erheben.

Die Beurteilung der Rechtmäßigkeit der Durchführung des HIV-Tests und der Erhebung der Daten über die HIV-Infizierung und Aids-Erkrankung hängen miteinander zusammen. Es handelt sich um eine Entscheidung über die zulässige Einschränkung des Rechts auf Schutz personenbezogener Daten. Die Fälle, wo die Datenerhebung über HIV-Infizierung und Aids-Erkrankung obligatorisch ist, werden ausnahmsweise geregelt. Abgesehen von diesen Fällen kann die Rechtmäßigkeit der Durchführung des Tests oder der Datenerhebung durch Interessenabwägung ermittelt werden.

Erhebung personenbezogener Daten über die Drogenabhängigkeit im Anbahnungsverhältnis

Zulässigkeit des Drogentests nach der Initiative der Kommission

Im Zusammenhang mit der Weiterentwicklung der RL 95/46/EG sind die personenbezogenen Daten über die Drogenabhängigkeit von großer Bedeutung. Nach der zweiten Phase der Anhörung der Sozialpartner zum Schutz von personenbezogenen Daten von Arbeitnehmern hat die Kommission die wichtigsten Voraussetzungen der Durchführung eines Drogentests wie folgt zusammengefasst:[590]

Drogentestsdaten sollen nur erfasst und verarbeitet werden, um festzustellen, ob ein Arbeitnehmer seine besonderen Aufgaben unter Einhaltung der Sicherheit für sich und andere durchführen kann. Systematische allgemeine Tests können nur für besonders sicherheitsempfindliche Arbeitsplätze gerechtfertigt werden. Individuelle Drogentests können gerechtfertigt sein, wenn ausreichender Verdacht besteht, dass ein bestimmter Arbeitnehmer Drogen einnimmt, die eine erhebliche Gefahr für die Sicherheit von Mitarbeitern und der Öffentlichkeit bewirken.

Drogentestdaten können nur erfasst und im Rahmen eines freiwilligen Programms für die Bekämpfung des Drogenmissbrauchs verarbeitet werden. Drogentestdaten sollen nur von qualifizierten medizinischen Fachleuten unter Einhaltung der Vorschriften für Vertraulichkeit erfasst und verarbeitet werden. Die

---

590 Zweite Phase der Anhörung, 15 f.

Tests sollen zuverlässig und genau sein und strengen Qualitätskontrollverfahren unterliegen.

Stellungnahme der Sozialpartner

Die Meinungen der Sozialpartner sind über die Weiterentwicklung der RL 95/46/EG hinsichtlich der Verarbeitung personenbezogener Daten aufgrund eines Drogentests sehr unterschiedlich.[591] UNICE ist der Ansicht, dass die Verarbeitung dieser Daten aus Sicherheitsgründen rechtmäßig ist.[592] UEAPME vertritt die Meinung, dass Art. 6 RL 95/46/EG hinreichend ist und weitere Regelungen auf nationaler Ebene verabschiedet werden müssen. Der EGB meint, dass es keine Notwendigkeit für obligatorische allgemeine Drogentests besteht. EUROCADRES ist der Meinung, dass besondere Sorgfalt für die Verarbeitung dieser Daten geboten ist.

Interessen des Arbeitgebers zur Erhebung von Daten über die Drogenabhängigkeit nach dem ungarischen Recht

Rechtspolitisch wird der Prävention und der Drogenbekämpfung im Arbeitsverhältnis große Wichtigkeit beigemessen.[593] Nach geltendem Recht sind bestimmte Handlungen in Verbindung mit dem Rauschgift als Straftat anzusehen.[594] Die datenschutzrechtlichen Dimensionen dieses Themas sind durch das Kriminalisieren der Handlungen mit dem Rauschgift beeinflusst.

Der Arbeitgeber hat beträchtliches Interesse an der Erhebung der Daten über die Drogenabhängigkeit zum Zwecke der Beurteilung der Berufseignung des Bewerbers. Der Arbeitnehmer muss in einem arbeitsfähigen Zustand zur Arbeit erscheinen und seine Arbeitsfähigkeit nicht durch Drogenkonsum beeinträchtigen, weil das negative Konsequenzen am Arbeitsplatz hat und sich ungünstig auf die Verrichtung der Arbeit und auf die Interessen des Unternehmens auswirkt.[595] Der Arbeitgeber hat kein Interesse am Einstellen eines Bewerbers mit Drogenproblemen mit Rücksicht auf seine arbeitschutzrechtlichen Pflichten.[596]

---

591 Zweite Phase der Anhörung, 20.

592 Zweite Phase der Anhörung, 20.

593 *Bayer*, A kábítószer, S. 277; *Bácskai/Gerevich*, Kokainprobléma Magyarországon, S. 38 f.; *Varga/Mágori/Tárkány/Hajnal/Vetró/Weinmann*, Beszámoló Jelentés A kábítószerek, gyógyszerek és alkohol előfordulási gyakorisága munkahelyeken című pályázatról, S. 1 ff.; *Ifjúsági és Sportminisztérium*, Nemzeti Stratégia a kábítószer-probléma visszaszorítására 2000, S. 48, 51, und 67; *Buda*, Addiktológia 1/2005, 79; *Szociális és Munkaügyi Minisztérium*, Jelentés a magyarországi kábítószerhelyzetről 2006, S. 69.

594 §§. 282.-282/C ungStGB; § 283 ungStGB; 2/2003. BJE; *Lévay*, Fundamentum 1/2001, 49 ff.; *Lévay*, JK 2002, 245 ff.

595 Godfrey/*Parrott*, in: *Ghodse* (Hrsg.), Addiction at Work: Tackling Drug Use and Misuse in the Workplace, S. 24; *Kalapos*, Bevezetés az alkohológiába, S. 41 ff.; § 103 Abs. 1

Datenerhebung bei der Kontrolle des Drogenkonsums nach dem ungArbGB

Im ungArbGB wurden die Voraussetzungen der Erhebung personenbezogener Daten über den Drogenkonsum oder vom Einsatz des Drogentests hinsichtlich der Kontrolle der Arbeitsfähigkeit des Arbeitnehmers im Allgemeinen geregelt.

Der Arbeitgeber und der Bewerber verfolgen verschiedene Interessen. Der Arbeitgeber hat ein berechtigtes Interesse an der Einstellung der Bewerber, die mit Drogenproblemen nicht belastet sind. Der Schutz der Persönlichkeitsrechte des Bewerbers ist deshalb mit Rücksicht auf die Interessen des Arbeitgebers umfassend zu prüfen.[597] Nach der Entscheidung des ungarischen Verfassungsgerichts kann das Recht auf die freie Entfaltung der Persönlichkeit hinsichtlich der Drogen eingeschränkt werden.[598]

Das Drogenverhalten des Betroffenen ist von wesentlicher Bedeutung für die künftige Arbeitsleistung nach § 77 Abs. 1 ungArbGB. Der Drogenkonsum oder die Drogenabhängigkeit hat Auswirkungen auf die Ausübung der arbeitsrechtlichen Rechte und Pflichten, weil die psychoaktive Stoffe Bewusstseinsveränderung hervorrufen und die Arbeitsfähigkeit des Arbeitnehmers beeinflussen.[599]

Es ist im Einzelfall zu bewerten, ob die Angaben über das Drogenverhalten des Bewerbers für die Stelle als wesentlich im Sinne des § 77 Abs. 1 ungArbGB qualifiziert werden können. Meines Erachtens wären die Daten über die Drogenabhängigkeit zur Beurteilung der Eignung des Bewerbers wesentlich, wenn er sich z.B. um eine Stelle als Erzieher in einem Kinderheim bewirbt.

Erhebung personenbezogener Daten über die Drogenabhängigkeit nach der Verordnung Nr. 33/1998

Die Verordnung Nr. 33/1998 enthält keine Regeln über die Kontrolle des Drogenkonsums oder des Verzehrs psychotroper Mittel während der Einstellungsuntersuchung. Nach dieser Verordnung ist der Arzt berechtigt, im Rahmen der Anamnese der Lebensführung einzelne Daten über das krankhafte Leiden des

---

lit. a ungArGB; § 49 Abs. 1 ASchG; § 60 Abs. 1 und §§ 50, 61 lit. a und § 62 ASchG.; *Kertész/Pál/Radnay*, Munkajogi kézikönyv, S. 172; *Kiss*, Munkajog, S. 147 ff.

596 § 102 Abs. 2 ungArbGB; § 54 Abs. 1 ASchG.

597 *Griego*, Computer High Technology Law Journal 1988, 165 ff.; *Fogel/Kornblut/Porter*, University of Miami Law Review 1988, 553 ff.; *Cornish/Louria*, William and Mary Law Review 1991, 95 ff.; *Isbister*, Dalhouise Journal of Legal Studies 1996, 255 ff.; *Craig*, Privacy and Employment Law, S. 176 ff.; *Godkin*, Dalhouise Journal of Legal Studies 2000, 191 ff.; *Aalberts*, Real Property, Probate and Trust Journal 2003, 480 ff.

598 54/2004. (XII. 13.) Entscheidung des ungarischen Verfassungsgerichts, ABH 2004, 690 ff.; *Győrfi*, Fundamentum 1/2005, 73 ff.; *Lévay*, Fundamentum 1/2005, 86 ff.

599 *Bayer*, A kábítószer, S. 16; BH 2000/432.

Bewerbers zu erheben, die Drogenabhängigkeit und die Rauschgiftsucht werden aber nicht erwähnt.[600]

Der Arzt kann die gesundheitliche Eignung des Bewerbers nur dann beurteilen, wenn der Bewerber ihm Angaben über die eventuelle Beeinträchtigung der künftigen Arbeitsleistung gibt. Er muss den Arzt über die Umstände seines Suchtverhaltens aufklären, während der Arzt den Arbeitgeber im Attest ausschließlich über die Eignung des Bewerbers informieren darf.[601]

Erhebung personenbezogener Daten über die Drogenabhängigkeit nach dem ungDSG

Das ungDSG regelt nicht speziell die Erhebung personenbezogener Daten über das Drogenverhalten oder über die Drogenabhängigkeit. Die Begriffe dieser Daten werden nicht beschrieben. Nach den Stellungnahmen des ungarischen Datenschutzbeauftragten sind die Daten über den Drogenkonsum oder über die Drogenabhängigkeit besonders schützenswerte Daten nach dem ungDSG.[602] Nach herrschender Ansicht sind die Daten über die Drogenabhängigkeit als Daten über den Gesundheitszustand einzustufen.[603]

Die Vorschriften über die Erhebung personenbezogener Daten über den Gesundheitszustand sind grundsätzlich bei der Erhebung der Daten über das Drogenverhalten oder die Drogenabhängigkeit anzuwenden.[604] Dennoch ist es unklar, ob der Arbeitgeber Daten über den Konsum psychotroper Mittel erheben darf.

Die Daten über das Drogenverhalten können zu verschiedenen Zwecken im Anbahnungsverhältnis erhoben werden. Die Voraussetzungen des Erbringens der Arbeitsleistung und die arbeitsschutzrechtlichen Maßnahmen können die Erhebung der Daten in den meisten Fällen rechtfertigen.[605] Es muss sich um solche Bedingungen des Verrichtens der künftigen Arbeit handeln, die die erhöhte Verantwortung des Arbeitgebers bei der Auswahl des Bewerbers beweisen, z.B. Sicherheit des Luftverkhers, Schutz des Lebens und der Gesundheit der Dritten, großes finanzielles Risiko.

Meiner Meinung nach ist die Erhebung der Daten über die Drogenabhängigkeit rechtmäßig, wenn z. B. erhöhte Konzentrationsfähigkeit, gutes Reaktionsvermögen, Zuverlässigkeit und Präzision für die Erbringung der Arbeit notwendig sind z. B. bei Fluglotsen. Die Erhebung dieser Daten kann nach dem Grund-

600 Anhang Nr. 13 Verordnung Nr. 33/1998.
601 § 13 Verordnung Nr. 33/1998.
602 (1994/H/2004) ABI 2005, 338 ff.
603 *Pelle*, Fundamentum 1/2001, 175.
604 (1994/H/2004) ABI 2005, 338 ff.
605 *Snahall/ Patel*, in: *Ghodse* (Hrsg.), Addiction at Work: Tackling Drug Use and Misuse in the Workplace, S. 89.

satz der Erforderlichkeit gerechtfertigt werden, wenn die Einstellung eines Bewerbers mit Drogenproblemen z.B. die zwischenmenschlichen Kontakte am Arbeitsplatz erheblich beeinträchtigen würde.[606]

Rechtmäßigkeit der Durchführung eines Drogentests

Die Voraussetzungen des Einsatzes des Drogentests im Anbahnungsverhältnis sind ungeklärt, spezielle gesetzliche Regelungen fehlen in diesem Bereich. Es ist umstritten, ob der Arbeitgeber berechtigt ist, eine Untersuchung auf Drogenabhängigkeit zu verlangen.[607]

Stellungnahme des ungarischen Datenschutzbeauftragten

Die Rechtmäßigkeit des Einsatzes des Drogentests wird im Schrifttum bezüglich des Arbeitsverhältnisses geprüft. Nach den Stellungnahmen des ungarischen Datenschutzbeauftragten ist die Anwendung des Drogentests im Arbeitsverhältnis nicht akzeptabel, weil die freiwillige Einwilligung des Betroffenen wegen des asymmetrischen Informationsverhältnisses nicht eingeholt werden kann.[608] Der Test kann die Privatsphäre beeinträchtigen und die Persönlichkeitsrechte des Betroffenen verletzen, deshalb ist der Einsatz des Drogentests im Arbeitsverhältnis ohne gesetzliche Ermächtigung unzulässig.

Stellungnahme Nr. 1 über die behörderliche Probenentnahme

Es herrscht keine Einigkeit über die Bedingungen des Durchführens des Drogentests. Die Grundlagen des Verfahrens der behördlichen Probenentnahme über die Prüfung des Rauschgifts[609] und der psychotropen Mittel[610] werden speziell in der Stellungnahme des staatlichen Instituts für Forensische Medizin und Toxikologie festgelegt.[611] Die Schritte der biologischen Probenentnahme werden ausführlich geregelt. Urin-, Blut-, Haar-, Speichelproben werden als Basis für den Test anerkannt, die personenbezogene Daten im Sinne des ungDSG sind.[612] Der

---

606 *Hegedűs*, MSZ 2007, 80.

607 *Sárosi*, Munkahelyi drogtesztek: A türelmetlenség nem kifizetődő 2005, 14.

608 (1994/H/2004) ABI 2005, 338 ff.

609 1. sz. melléklet 142/2004. (IV. 29.) Korm. rendelet a kábítószerekkel és pszichotróp anyagokkal végezhető tevékenységekről A kábítószerek jegyzéke.

610 1. sz. melléklet 142/2004. (IV. 29.) Korm. rendelet a kábítószerekkel és pszichotróp anyagokkal végezhető tevékenységekről A pszichotrópok anyagok jegyzéke.

611 Az Országos Igazságügyi Toxikológiai Intézet 1. sz. módszertani levele a kábítószerek és pszichotróp hatású anyagok igazságügyi toxikológiai vizsgálatáról különböző humán testnedvekből, hatósági minatvételezés alapján Igazságügyi Közlöny 1999, S. 74 ff. (Stellungnahme Nr. 1)

612 *Veress*, BSZ 2/2000, 68 ff.; *Burkhard/Mußhoff* (Hrsg.), Haaranalytik Technik und Interpretation in Medizin und Recht, S. 300 ff.

Test verfügt nicht über ausschließliche Beweiskraft nach der Stellungnahme, deshalb müssen die Ergebnisse des Tests kontrolliert werden.[613]

Die Stellungnahme Nr. 1 ist jedenfalls wertvoll für die Erkennung der praktischen Probleme der Probenentname beim Drogentest. Die Regelung der Methode der Probenentnahme, der Berechtigten zur Analyse und der Überprüfung der Ergebnisse ist unentbehrlich beim Schutz des Rechts auf informationelle Selbstbestimmung.

Durchführung eines Drogentests und die Kontrolle der Arbeitsfähigkeit des Arbeitnehmers nach der Rechtsprechung

Nach herrschender Meinung ist der Arbeitnehmer zur Duldung der Kontrolle der Arbeitsfähigkeit verpflichtet.[614] Er muss dem Arbeitnehmer offenbaren, wenn seine Arbeitsfähigkeit durch Drogenkonsum oder durch ein anderes Präparat herabgesetzt ist.[615]

Der Arbeitgeber kann regelmäßig das Einhalten des Drogenverbots kontrollieren.[616] Verweigert nach der Rechtsprechung der Arbeitnehmer das Zusammenwirken bei der Kontrolle des Drogeneinflusses, können Disziplinarmaßnahmen eingesetzt werden.[617] Das unbegründete Ablehnen des Drogentests kann zur Kündigung des Arbeitverhältnisses führen.[618] Das Verweigern der begründeten Kontrolle gilt als Pflichtverletzung.[619] Der Arbeitgeber darf den Drogentest ordnungsgemäß anordnen. Die unverhältnismäßige Kontrolle ist rechtswidrig.[620] In diesem Fall kann das Ablehnen der Untersuchung nicht als unzulässig betrachtet werden.[621]

---

613 Stellungnahme Nr. 1, 375.

614 *Miholics*, A magyar munkajog I., S. 133; *Berznay*, A munka törvénykönyve, S. 186; *Kollonay*, A magyar munkajog I., S. 171.

615 *Arany/ Cséffán/Dabis*, A Munka Törvénykönyve és magyarázata iratmintákkal, S. 178; *Kollonay*, A magyar munkajog I., S. 171.; *Cséffán*, A Munka Törvénykönyve és Magyarázata, S. 293 f.

616 MK 122 (Stellungnahme der arbeitsrechtlichen Abteilung des Obersten Gerichtshofes Nr. 122).

617 MK 122 (Stellungnahme der arbeitsrechtlichen Abteilung des Obersten Gerichtshofes Nr. 122).

618 *Radnay*, GJ 1996, 16; *Kertész/Pál/Radnay*, Munkajogi kézikönyv, S. 157; Cs. M. B. 2. Mf. 20. 078/1996/2; Sz. M. B. 6. M. 467./2004/3; Sz. V. B. 4. M. 742/2000/18; Sz. M. B. 2. M. 668/2003/4; BH 2001/243; MK 122 (Stellungnahme der Arbeitsrechtlichen Abteilung des Obersten Gerichtshofes Nr. 122).

619 *Kollonay*, A magyar munkajog I., S. 171 f.

620 MK 122 (Stellungnahme der arbeitsrechtlichen Abteilung des Obersten Gerichtshofes Nr. 122).

621 *Román*, A munkajog alapintézményei II, S. 229, BH 1998/198.

Drogentest und Verarbeitung personenbezogener Daten im Anbahnungsverhältnis

Die Bedingungen der Drogenkontrolle können vor allem im Kollektivvertrag, im Arbeitsvertrag und im Reglement zum Arbeitsschutz präzisiert werden, weil der Arbeitgeber die Einzelheiten der Kontrolle der Arbeitsfähigkeit festschreiben kann.[622]

Meines Erachtens kann die Durchführung des Drogentests unter strengen Voraussetzungen im Anbahnungsverhältnis zulässig sein. Der Drogentest kann die Persönlichkeitsrechte des Bewerbers verletzen, weil der Arbeitgeber z. B. Angaben über das Privatleben des Bewerbers durch den Test erlangen kann, außerdem kann der Test fehlerhafte Ergebnisse bringen, die zum Erstellen eines falschen Bildes über den Bewerber führen kann. [623]

Die Erhebung der Daten über die Drogenabhängigkeit ist wichtig für die Einschätzung der drogenbedingten Leistungs- und Sicherheitsrisiken im Falle der Einstellung des Bewerbers.

Nach dem ungDSG dürfen die Ergebnisse mit der schriftlichen Einwilligung des Bewerbers an den Arbeitgeber übermittelt werden.[624] Durch die Probenentnahme z.B. Haaranalyse können aufschlussreiche Angaben über den Drogenkonsum erlangt werden, folglich wären die Grundsätze der Erforderlichkeit und der Zweckbindung verletzt, wenn der Arbeitgeber z.B. die Einstellung des Bewerbers im Bezug auf einen „bedeutungslosen“ Drogenkonsum in der Vergangenheit ablehnen würde. Es ist im Einzelfall zu prüfen, ob die Durchführung eines Drogentests und die Auswertung der Ergebnisse im Anbahnungsverhältnis rechtmäßig sind.

Ergebnis

Die Erhebung der Daten über die Drogenabhängigkeit ist wichtig für die Einschätzung der drogenbedingten Leistungs- und Sicherheitsrisiken im Fall der Einstellung des Bewerbers. Die allgemeinen datenschutzrechtlichen Vorschriften bilden einen unzureichenden Bezugspunkt diese Risiken einzuschätzen. Die Regeln über die Verarbeitung der Gesundheitsdaten sind abstrakt formuliert, deshalb kann die Rechtmäßigkeit der Durchführung eines Drogentests im An-

---

622 Gesetzesentwurf zum ungArbGB § 103; *Miholics*, Magyar munkajog I, S. 132; *Ádám/Kiss/Pethő*, A munka törvénykönyve magyarázatokkal, S. 92; *Breznay*, A munka törvénykönyve, S. 186; *Kiss*, Munkajog, S. 149; *Cséffán*, A Munka Törvénykönyve és Magyarázata, S. 293 f.; *Horváth*, in: *Simándi* (Hrsg.), A munka törvénykönyve magyarázata, S. 499 ff.

623 (1994/H/2004) ABI 2005, 338 ff.; *Fried*, Computer High Technology Law Journal 4/1988, 143 ff.; *Nyíri*, BSZ 11/1997, 114; *Cheng/Henry*, in: *Ghodse* (Hrsg.), Addiction at work: Tackling Drug Use and Misuse in the Workplace, S. 190.

624 Atv. 3. § (2) bek. lit. a.

bahnungsverhältnis und der Erhebung der daraus erlangten Daten nur von Fall zu Fall ermittelt werden. Meines Erachtens ist es unentbehrlich, die gesetzlichen Grundlagen für die Durchführung des Drogentests festzuschreiben. Es wäre vorteilhaft, eine umfassende Regelung über die Verarbeitung personenbezogener Daten beim Drogentest zu verabschieden. Der Einklang von arbeitsrechtlichen Regeln mit den strafrechtlichen Vorschriften und mit den Gesetzen im Gesundheitswesen soll verwirklicht werden.

Nach den Stellungnahmen des ungarischen Datenschutzbeauftragten darf der Drogentest für bestimmte Arbeitnehmer bezüglich bestimmter Arbeitsplätze durchgeführt werden, so dass der personelle Anwendungsbereich des Tests auf die besonders risikoreichen Tätigkeiten eingeengt werden muss. Die Untersuchung kann vor allem aus Sicherheitsgründen vorgenommen und vom Fachpersonal durchgeführt werden. Die Ergebnisse dürfen durch Experten im Gesundheitswesen analysiert werden.

Die Garantien des Übermittelns des Befundes des Drogentests müssen klargestellt werden. Das Exemplar des Tests muss dem Betroffenen ausgehändigt werden und die unabhängige Kontrolle der Ergebnisse muss gewährleistet werden.

Meiner Meinung nach müssen die Voraussetzungen bezüglich des Drogentests mit Rücksicht auf die wissenschaftliche Entwicklung gesetzlich konkretisiert werden. Die Bedingungen der Abgabe der Einwilligung und des Ablehnens des Tests sollen konkretisiert werden. Die Voraussetzungen der klinischen Untersuchung und der biologischen Probenentnahme müssen verdeutlicht werden. Die Maßnahmen des Arbeitgebers beim begründeten Verdacht des Drogenkonsums sollen geklärt werden.

Das Verhältnis zwischen dem Arbeitgeber und den Laboratorien müssen also präzisiert werden und die Unabhängigkeit der zuständigen Stelle für die Untersuchung muss sichergestellt werden. Dann soll die Dauer des Aufbewahrens der Proben mit Rücksicht auf die Rechte des Betroffenen festgestellt werden. Es ist zu betonen, dass die Datenschutzgrundsätze nach Art. 6 RL 95/46/EG und nach dem ungDSG hinsichtlich der Verarbeitung der Daten über die Drogenabhängigkeit im Anbahnungsverhältnis konkretisiert werden müssen.

Erhebung genetischer Daten

Der Schutz genetischer Daten ist ein Spezialgebiet im Datenschutz, der in manchen europäischen Ländern gesondert geregelt wird. Die Beurteilung der Rechtmäßigkeit der Erhebung genetischer Daten ist sehr komplex.[625]

625 *Kosztolányi*, MT 2002, 567 f.

Schutz genetischer Daten nach der RL 95/46/EG

Die Datenschutzgruppe hat im Arbeitspapier über genetische Daten die Grundsätze der Verarbeitung genetischer Daten nach der RL 95/46/EG zusammengefasst. Sie vertritt die Ansicht, dass der Informationsgehalt genetischer Daten in der Definition der personenbezogenen Daten nach Art. 2 lit. a RL 95/46/EG Berücksichtigung findet.[626] Genetische Daten sind den Daten über die Gesundheit zuzuordnen. Für die Verarbeitung dieser Daten sind Art. 8 Abs. 3 und Art. 6 RL 95/46/EG maßgebend.[627]

Die Datenschutzgruppe ist der Auffassung, dass die Verarbeitung genetischer Daten im Beschäftigungsbereich prinzipiell verboten werden sollte. Sie sollte nur dann zulässig sein, wenn außergewöhnliche Umstände vorliegen. „In Anbetracht des ganz singulären Charakters genetischer Daten und ihrer Verknüpfung mit Informationen, die Aufschluss geben können über den Gesundheitszustand (…) einer Person, sollten sie als besonders sensible Daten im Sinne von Art. 8 Abs. 1 RL 95/46/EG behandelt werden und deshalb einem stärkeren Schutz unterliegen, wie er in der RL 95/46/EG und in den nationalen Gesetzen zu ihrer Umsetzung vorgesehen ist."[628]

In den Mitgliedstaaten haben es sich verschiedene Regelungsmodelle über die Bedingungen der Erhebung genetischer Daten durchgesetzt.[629] Zwei Linien der Gesetzgebung können hervorgehoben werden. Einerseits gibt es ein generelles Verbot der Erhebung genetischer Daten z.B. in Österreich.[630] Zum anderen wird ein Verbot mit Ausnahmeregel anerkannt. In diesem Fall ist die Verarbeitung genetischer Daten unter bestimmten Bedingungen zulässig.[631]

626 Arbeitspapier über genetische Daten, 6.

627 Arbeitspapier über genetische Daten, 6.

628 Arbeitspapier über genetische Daten, 6; *Gerards/Janssen*, European Journal of Health Law 2006, 351 f.

629 *Deutsch*, NZA 1989, 658 ff.; *Rothstein/Knoppers*, European Journal of Health Law 1996, 150 f.; *Steinforth*, Arizona Law Review 2001, 976 f.; *Sándor*, MT 2002, 623 f.; *Mathieu*, D. Soc. 2004, 260 f.

630 "Arbeitgebern (...) ist es verboten, Ergebnisse von genetischen Analysen von ihren Arbeitnehmern, Arbeitssuchenden zu erheben, zu verlangen, anzunehmen oder sonst zu verwerten. Von diesem Verbot sind auch das Verlangen nach Abgabe und die Annahme von Körpersubstanz für genanalytische Zwecke umfasst." § 67 Gentechnikgesetz BGBl. Nr. 510/1994 geändert durch das Bundesgesetz BGBl. I. Nr. 127/2005.

631 Meinungen über dieses Modell *siehe Williams*, Oklahoma Law Review 1987, 182 ff.; *Rowinski*, Journal of Contemporary Health Law and Policy 1988, 379 ff.; *Rothstein/Gelb/Craig*, American Journal of Law and Medicine 1998, 399 ff.; *Draper*, Berkeley Journal of Employment and Labour Law 1999, 289; *Feldman/Katz*, Hofsra Labor and Employment Law Journal 2002, 416 ff.; *Mathieu*, D. Soc 2004, 260 f.; *Finkin*, Privacy in Employment Law 2005, S. 12.

Nach herrschender Ansicht ist die Erhebung genetischer Daten im Anbahnungsverhältnis durch den Arbeitgeber untersagt, aber die Interessen des Arbeitgebers können in den Ausnahmefällen als schutzwürdig anerkannt werden.[632] Der Schutz der Gesundheit des Arbeitnehmers nimmt die höchste Priorität in der Reihe der Rechtfertigungsgründe zur Erhebung genetischer Daten ein. Die Rechtmäßigkeit der vorsorglichen Untersuchung der Gesundheit anhand genetischer Daten wird fast einstimmig bejaht.[633]

Stellungnahme der Sozialpartner über den Schutz genetischer Daten

Nach der zweiten Anhörung der Sozialpartner über den Arbeitnehmerdatenschutz auf Gemeinschaftsebene haben sich die Meinungen über den Schutz genetischer Daten unterschiedlich herauskristallisiert.[634] UNICE ist der Ansicht, dass der Schutz genetischer Daten vorzugsweise auf nationaler Ebene geregelt werden muss, da dieser Bereich raschen Veränderungen unterliegt. UEAPME vertritt die Meinung, dass Art. 6 RL 95/46/EG angemessenen Schutz bietet und weitere gesetzliche Regelungen auf nationaler Ebene notwendig sind. Der EGB ist für ein absolutes Verbot des Gen-Sreening vor der Einstellung des Arbeitnehmers. Die Arbeitgeber können im Rahmen spezifischer Schutzmaßnahmen, wonach die Ergebnisse dieser Überwachung nur vom betroffenen Arbeitnehmer kontrolliert werden, eine freiwillige genetische Überwachung anbieten. EUROCADRES hält das Verbot der Diskriminierung aufgrund von Gentests für unentbehrlich.

---

632 *siehe Rowinski*, Journal of Contemporary Health Law and Policy 1988, 379 ff.; *Rothstein/Gelb/Craig*, American Journal of Law and Medicine 1998, 399 ff.; *Draper*, Berkeley Journal of Employment and Labour Law 1999, 289; *Feldman/Katz*, Hofsra Labor and Employment Law Journal 2002, 416 ff.; *Mathieu*, D. Soc 2004, 260 f.; *Finkin*, Privacy in Employment Law 2005, S. 12.

633 Recommendations of the European Society of Human Genetics, European Journal of Human Genetics 2003/11, Suppl 2, 12; *Douay*, Travail et Génétique, S. 118 ff.; *Prohászka*, MT 2005, 645 ff.; *Deutsch/ Gergely*, MT 2005, 70 ff.; *Van Damme*, in: European Group on Ethichs in Science and New Technologies to the European Commission (Hrsg.), Genetic Testing in the Workplace, S. 5 ff.; Nationaler Ethikrat, Prädiktive Gesundheitsinformationen bei Einstellungsuntersuchungen, S. 36 ff.

634 Zweite Phase der Anhörung, 20 f.

Rechtmäßigkeit der Erhebung genetischer Daten im ungarischen Recht

Die Vorschriften des Gesetzes Nr. XXI/2008

Die rechtlichen Grundlagen des Schutzes genetischer Daten werden im Gesetz Nr. XXI/2008 über den Schutz humangenetischer Daten, die Regeln humangenetischer Untersuchungen und Forschung, und die Biobanken zusammengefasst.[635]

Im Gesetz wurde Wert auf die Beachtung der Menschenwürde, auf das Recht auf Wissen und nicht Wissen und auf das Recht auf Auskunft gelegt.[636] Die Würde des Menschen und das informationelle Selbstbestimmungsrecht sind bei der genetischen Untersuchung zu schützen.

Die Verarbeitung genetischer Daten ist unter strengen Voraussetzungen zulässig.[637] Die genetischen Daten dürfen nur zum Zweck der genetischen Untersuchung und der humangenetischen Forschung verarbeitet werden.[638] Die humangenetische Untersuchung darf ausschließlich zum Schutz der Gesundheit und zum Zweck der Prävention, der Diagnose, der Therapie oder der Rehabilitation nach hinreichender Aufklärung mit der Einwilligung des Betroffenen durchgeführt werden.[639]

Der Betroffene kann darüber frei entscheiden, ob er das Untersuchungsergebnis erfahren will. Der Arzt darf das Ergebnis einer genetischen Untersuchung nur dem Betroffenen mitteilen, wenn sich nicht aus dem Gesetz ein anderes ergibt.[640] Die genetischen Daten mit Personenbezug dürfen Drittpersonen sowie

---

635 Das Gesetz wurde 5 Mai 2008 verabschiedet. Magyar Közlöny 2008. év 74. szám, p. 4492-4498.

636 Preambulum zum Gesetz Nr. XXI/2008.

637 Genetische Daten: Informationen über das Erbgut einer bestimmten Person, die durch eine genetische Untersuchung gewonnen werden oder im Dokument über den Gesundheitszustand erfasst sind und Hinweise auf das Risiko einer genetischen Anomalie des Betroffenen, auf seine Krankheitsveranlagungen vor dem Auftreten klinischer Symptome, und auf seine körperlichen Eigenschaften sowie Verhaltensmerkmale geben, insofern der Betroffene bestimmbar ist. § 3 Abs. 1 lit. c Gesetz Nr. XXI/2008.

638 § 4 Abs. 1 Gesetz Nr. XXI/2008.

639 § 13 Abs. 1-2 Gesetz Nr. XXI/2008; Genetische Untersuchung: diagnostische, präsymptomatische, prädiktive Untersuchungen, Heterosygote, pränatale, präimplantatische, farmakogenetische laboratorische Untersuchungen, die auf Abklärung von DNS, Varianten von Cromosomen, RNS und Genprodukte von Cromosomen abzielen, die mit der schädlichen Faktoren für die Gesundheit der Menschen verknüpft sind oder helfen diese zu erkennen. § 3 Abs. 1 lit. j Gesetz Nr. XXI/2008; siehe § 8 Abs. 1 Gesetz Nr. XXI/2008.

640 § 6 Abs. 1 und § 7 Abs. 1 Gesetz Nr. XXI/2008.

dem Arbeitgeber nicht offenbart oder übermittelt werden, es sei denn, dass der Betroffene eingewilligt hat oder es vom Gesetzes wegen erlaubt ist.

Aus den Vorschriften des Gesetzes Nr. XXI/2008 folgt, dass die genetischen Daten zum Schutz der Gesundheit verarbeitet werden dürfen. Ausnahmen für genetische Untersuchungen zur Verhütung von Berufskrankheiten und Unfällen wurden nicht geregelt. Die arbeitsschutzrechtlichen Dimensionen der Verarbeitung genetischer Daten wurden nicht erörtert, z.B. die genetischen Untersuchungen zum Arbeitsschutz wurden nicht angesprochen.

Für das Arbeitsrecht gelten keine speziellen Vorschriften. Meines Erachtens darf der Arbeitgeber mangels ausdrücklicher Regelung die Einstellung des Arbeitnehmers nicht von der Durchführung des genetischen Tests abhängig machen und von Bewerbern keine genetische Daten erheben oder die Zurverfügungstellung der Ergebnisse vorgenommener Untersuchungen verlangen. Es ist dem Arbeitgeber verwehrt, genetische Daten unmittelbar und mittelbar zu erheben.

Im Gesetz Nr. XXI/2008 nicht geregelten Fällen finden die Vorschriften des ungDSG und des ungGSchVDG entsprechende Anwendung.[641] Es ist aber schwierig, die Rechtmäßigkeit der Erhebung genetischer Daten zu qualifizieren, weil es Widersprüche unter den Gesetzen gibt.

Erhebung genetischer Daten nach dem ungArbGB

Es ist offen gelassen, ob der Arbeitgeber nach § 77 Abs. 1 ungArbGB berechtigt ist, die genetischen Daten des Bewerbers zu erheben und, wann die Preisgabe der genetischen Daten die Persönlichkeitsrechte des Betroffenen verletzen würde.[642]

Es ist fraglich, inwieweit die Angaben über die genetischen Eigenschaften als wesentlich bezeichnet werden können. Nach dem geltenden Recht spielt die Erhebung genetischer Daten bei der Nutzung krebserregender Stoffe am Arbeitsplatz eine wichtige Rolle. Der Arbeitgeber hat z. B. über die Voraussetzungen des Erbringens der Arbeit unter diesen Umständen den Bewerber nach der Verordnung Nr. 26/2000 über den Schutz gegen die krebserregende Stoffe am Arbeitsplatz und über die Prävention der damit zusammenhängenden Gesundheitsschädigung zu informieren.[643]

Der genetische Datenschutz befindet sich in einer Entwicklungsphase in Ungarn. Meiner Meinung nach darf der Arbeitgeber die genetischen Daten des

---

641 § 29 Gesetz Nr. XXI/2008.

642 *Sabatier*, Steering Committee on Bioethics (CDBI) Working Party on Human Genetics (CDBI-CO-GT4) Strasbourg, 27 October 197 DIR/JUR (97) 13 Bis S. 26 f.

643 § 12 Verordnung Nr. 26/2000 (IX. 30.) EüM über den Schutz gegen die krebserregenden Stoffe am Arbeitsplatz und über die Prävention der damit zusammenhängenden Gesundheitsschädigung.

Bewerbers nur aufgrund eines Gesetzes erheben. Diese Daten sollen zum Schutz der Gesundheit des Arbeitnehmers durch einen Arzt verarbeitet werden, wenn eine Rechtsvorschrift dies vorsieht. Zurzeit gibt es wenige diesbezüglichen Regeln, vermutlich wird aber sich die Situation ändern, wenn die Ergebnisse der Medizin und der Biologie zum Zweck des Schutzes der Gesundheit des Arbeitnehmers umfassend umgesetzt werden.

Erhebung genetischer Daten nach dem ungDSG

Die genetischen Daten sind besonders schützenswerte Daten über den Gesundheitszustand im Sinne des ungDSG. Nach herrschender Meinung vermitteln die genetischen Daten ein umfassendes zukunftsorientiertes Bild über den Gesundheitszustand des Betroffenen.[644] Die Ergebnisse einer genetischen Untersuchung haben umfangreiche Angaben zum Inhalt und die Begründung des Arbeitsverhältnisses kann auch am vielschichtigen Informationsgehalt der genetischen Daten scheitern.[645]

Die Voraussetzungen der Erhebung genetischer Daten im ungDSG können in den Fällen berücksichtigt werden, wenn diese nicht gegen die Vorschriften des Gesetzes Nr. XXI/2008 verstoßen. Die allgemeinen Grundsätze über die Erhebung personenbezogener Daten über den Gesundheitszustand bieten keinen lückenlosen Schutz bei der Erhebung genetischer Daten.[646]

Arbeitsschutzrechtliche Pflichten des Arbeitgebers und Schutz genetischer Daten

Die arbeitsschutzrechtlichen Vorschriften spielen eine wichtige Rolle bei der Präzisierung der Interessen des Arbeitgebers an der Erhebung genetischer Daten. Die genetische Untersuchung zum Arbeitsschutz wird im Rahmen der Gesundheitsüberwachung des Arbeitnehmers unter speziellen Arbeitsbedingungen geregelt. Die Angleichung der nationalen Rechtsvorschriften im Arbeitsschutz wird seit der Verabschiedung der RL 89/391/EG durch die Kommission intensiv

---

644 *Diekgräf*, BB 1991, 1856; *Rothstein*, in: Analyse génétique humaine et protection de la personnalité Colloque international Lausanne 14 avril 1994, S. 133; *Rothstein/Knoppers*, European Journal of Health Law 1996, 155 f.; *Miller*, Journal of Health Care Law and Policy 2000, 225 ff.; *Zaurie*, Genetic Privacy, S. 104 ff.; *Hustead/ Goldman*, American Journal of Law and Medicine 2002, 289; *Sensen* (Hrsg.), Handbook of Genome Research Genomics, Proteomics, Metabolomics, Bioinformatics, Ethical and Legal Issues, S. 86; *Renegar/ Webster/Stuerzebecher/Harty/Ide/Balkite/Rogalski-Salter/Cohen/ Spear/Barnes/Brazell*, Bioethics 2006, 31.

645 *Somfai*, MT 2000, 586 ff.

646 (651/K/2004) ABI 2004, 117 f.

gefördert.[647] Dadurch ist der Gesundheitsschutz der Arbeitnehmer hinsichtlich des Schutzes der genetischen Daten auch von großer Bedeutung.[648]

Persönliche Gesundheits- und Expositionsakten nach der RL 98/24/EG

Die Richtlinie 98/24/EG des Rates vom 7. April 1998 zum Schutz von Gesundheit und Sicherheit der Arbeitnehmer vor der Gefährdung durch chemische Arbeitsstoffe bei der Arbeit sieht verschiedene Vorkehrungen für die Durchführung einer angemessenen Überwachung der Gesundheit der Arbeitnehmer vor, für die die Ergebnisse der Bewertung durch den Arbeitgeber ein Gesundheitsrisiko erkennen lassen.[649] Diese Vorkehrungen, einschließlich der Anforderungen für die Gesundheits- und Expositionsakten sowie deren Verfügbarkeit, werden entsprechend den innerstaatlichen Rechtsvorschriften und Gepflogenheiten eingeführt.[650]

Für jeden Arbeitnehmer, der der Gesundheitsüberwachung unterliegt, werden persönliche Gesundheits- und Expositionsakten geführt und auf dem neuesten Stand gehalten.[651] Gesundheits- und Expositionsakten enthalten eine Zusammenfassung der Ergebnisse der durchgeführten Gesundheitsüberwachung und der für die Exposition der betreffenden Person repräsentativen Überwachungsdaten.[652] Eine biologische Überwachung und damit zusammenhängende Anforderungen können Teil der Gesundheitsüberwachung sein. Die Akten sind in angemessener Weise zu führen, so dass sie zu einem späteren Zeitpunkt unter Berücksichtigung der Schweigepflicht konsultiert werden können. Der zuständigen Behörde ist auf Verlangen eine Kopie der entsprechenden Akten zu übermitteln. Der einzelne Arbeitnehmer erhält auf Verlangen Zugang zu der ihn persönlich betreffenden Gesundheits- und Expositionsakte.[653] In der Verordnung Nr. 25/2000 über die chemische Sicherheit der Arbeitsplätze wird die Registrierungspflicht des Arbeitgebers hinsichtlich der Expositionsdaten in den Expositi-

---

647 *Birk*, in: *Anzinger/Wank* (Hrsg.), Entwicklungen im Arbeitsrecht und Arbeitsschutzrecht, Festschrift für Otfried Wlotzke zum 70. Geburtstag, S. 664 ff.; *Eberlie*, Industrial Law Journal 1990, 91 ff.

648 *Gier*, RdA 1992, 96 ff.

649 Art. 10 Abs. 1 RL 98/24/EG; zur Risikobewertung *Kohte*, ZIAS 1999, 101 ff.

650 Die Gesundheitsüberwachung ist in den Fällen angemessen, in denen die Exposition der Arbeitnehmer gegenüber einem gefährlichen chemischen Arbeitsstoff mit einer bestimmbaren Krankheit oder einer gesundheitsschädlichen Auswirkung zusammenhängen kann und eine Wahrscheinlichkeit besteht, dass die Krankheit oder Auswirkung unter den besonderen Arbeitsbedingungen des Arbeitnehmers auftritt, und das Risikopotential der Untersuchungstechnik für den Arbeitnehmer gering ist. Art. 10 Abs. 1 RL 98/24/EG.

651 Art. 10 Abs. 2 RL 98/24/EG.

652 Art. 10 Abs. 3 Satz 1 RL 98/24/EG.

653 Art. 10 Abs. 3 RL 98/24/EG.

onsakten geregelt.[654] Die ärztliche Untersuchung und die Erhebung genetischer Daten des Bewerbers werden nicht speziell erörtert.[655]

Persönliche Gesundheitsakte nach der RL 2004/37/EG

In der Richtlinie 2004/37/EG des Europäischen Parlaments und des Rates vom 29. April 2004 über den Schutz der Arbeitnehmer gegen Gefährdung durch Karzinogene oder Mutagene bei der Arbeit wird die mit der Gesundheitsüberwachung zusammenhängenden Datenverarbeitung geregelt.

Für jede Tätigkeit, bei der eine Exposition gegenüber Karzinogenen oder Mutagenen auftreten kann, müssen in regelmäßigen Abständen die Art, das Ausmaß und die Dauer der Exposition der Arbeitnehmer ermittelt werden, damit alle Gefahren für die Sicherheit und die Gesundheit der Arbeitnehmer bewertet und entsprechende Maßnahmen festgelegt werden können.

Diese Anforderung wurde in der Verornung Nr. 26/2000 ins ungarische Recht umgesetzt.[656] § 15 Abs. 1 Satz 1 Verordnung Nr. 26/2000 schreibt vor, dass der Arbeitgeber bestimmte personenbezogene Daten des gefährdeten Arbeitnehmers erfassen und aufbewahren muss. Diese Daten müssen ständig überprüft werden und von dem Arzt sowie von den zuständigen Behörden nach § 15 Abs. 2 bis 3 Verordnung Nr. 26 /2000 kontrolliert werden.

Die Mitgliedstaaten stellen eine geeignete Gesundheitsüberwachung der gefährdeten Arbeitnehmer sicher, so dass jeder Arbeitnehmer seine Gesundheit in angemessener Weise überwachen lassen kann. Diese Maßnahmen können individueller oder arbeitsmedizinischer Art sein. In den Fällen, in denen eine Gesundheitsüberwachung erfolgt, wird eine persönliche Gesundheitsakte angelegt.[657]

Den Arbeitnehmern sind Auskünfte und Ratschläge betreffend jede Maßnahme zur Überwachung ihres Gesundheitszustandes, die nach Abschluss der Exposition erfolgen kann, zu erteilen.[658] Gemäß den Rechtsvorschriften der einzelnen Mitgliedstaaten und/oder der dort üblichen Praxis haben die Arbeitnehmer Zugang zu den Ergebnissen der sie betreffenden Gesundheitsüberwachung und kann der betreffende Arbeitnehmer oder der Arbeitgeber eine Überprüfung der Ergebnisse der Gesundheitsüberwachung beantragen.[659]

Das ungarische Recht steht in Einklang mit den dargestellten Vorschriften. Die Verordnung Nr. 26/2000 schreibt vor, dass der Arzt die persönlichen Angaben des Arbeitnehmers und die Ergebnisse der cytogenetischen Untersuchung in

---

654 § 7 Abs. 4 lit. d und Abs. (7) der Verordnung Nr. 25/2000 (IX. 30.) EüM-SzCsM über die chemische Sicherheit der Arbeitsplätze.

655 § 12 Abs. 1 Verordnung Nr. 25/2000.

656 § 15 Abs. 1 Verordnung Nr. 26/2000.

657 Art. 14 Abs. 4 RL 2004/37/EG.

658 Art. 14 Abs. 5 RL 2004/37/EG.

659 Art. 14 Abs. 6 RL 2004/37/EG.

das Dokument über den Gesundheitszustand eintragen muss.[660] Diese Akten unterliegen dem Geheimnisschutz, nur der Arbeitnehmer, der Arzt und der Arbeitsinspektor haben das Recht, in die Dokumente Einsicht zu nehmen.[661]

Erhebung genetischer Daten während der Eignungsuntersuchung

Biologische Monitoring nach der Verordnung Nr. 33/1998 und die genetische Untersuchung

Das biologische Monitoring dient zum Registrieren der Auswirkungen des Arbeitsumfelds auf die Gesundheit des Arbeitnehmers, z.B. die erhöhte Exposition.[662] Die Einzelheiten der Durchführung dieser Kontrolle werden im bestehenden Arbeitsverhältnis in der Verordnung Nr. 33/1998 detailliert festgelegt. Bei der Einstellungsuntersuchung wurde das biologische Monitoring nicht geregelt. Diese Untersuchung darf im Arbeitsverhältnis periodisch und obligatorisch in bestimmten Fällen durchgeführt werden.[663]

Verarbeitung der genetischen Daten bei der Überprüfung der verstärkten Exposition im Arbeitsumfeld

Die Überprüfung der verstärkten Exposition im Arbeitsumfeld für den Arbeitnehmer wird bezüglich des Arbeitsverhältnisses geregelt.[664] Der Arzt kann z.B. bei der Exposition der krebserregenden Stoffe die Durchführung der cytogenetischen Untersuchung dem Arbeitnehmer anbieten.[665] Außerdem ist der Arzt verpflichtet, vor der Beschäftigung des Arbeitnehmers unter krebserregenden Arbeitbedingungen den Betroffenen zu untersuchen.[666] Der Arbeitgeber sorgt dafür, dass der Betroffene an der Eignunguntersuchung teilnehmen kann. Das Ergebnis der Untersuchung darf dem Arbeitgeber nicht übermittelt werden, er darf nur die Tauglichkeit des Betroffenen für die konkrete Stelle erfahren.[667]

Durch die arbeitshygienischen Untersuchungen können die gesundheitsschädigenden Wirkungen bzw. Belastungen auf den Gesundheitszustand des Betroffenen mit Wahrscheinlichkeit eingeschätzt werden.[668] Im Anbahnungsverhältnis wurden die Voraussetzungen der Durchführung der arbeitshygieni-

---

660 § 16 Abs. 4 Satz 1 Verordnung Nr. 26/2000.

661 § 16 Abs. 4 Satz 3 Verordnung Nr. 26/2000.

662 Zum Begriff des biologischen Monitoring § 1 lit. j Verordnung Nr. 33/1998; *Ungváry*, Munkaegészségtan, S. 592.

663 § 6 Verordnung Nr. 33/1998.

664 § 2 lit. b und § 4 Abs. 1 Verordnung NM Nr. 27/1995. (VII. 25.) über die arbeitsmedizinischen Dienstleistungen.

665 § 4 Abs. 2 lit. e Verordnung Nr. 26/2000 EüM; Anhang Nr. 3 Nummer 6 Verordnung Nr. 33/1998.

666 § 16 Abs. 1 Verordnung Nr. 26/2000.

667 § 16 Abs. 4 und § 17 Verordnung Nr. 26/2000.

668 § 7 Nr. 4 und 7 Verordnung Nr. 27/1995.

schen Untersuchungen nicht vollständig präzisiert.[669] Die genetische Untersuchung wird durch den Begriff der arbeitshygienischen Untersuchungen ausdrücklich nicht erfasst.

Datenschutzrechtliche Aspekte der genetischen Untersuchung zum Arbeitsschutz

Es handelt sich um verschiedene Interessen der Parteien im genetischen Datenschutz. Aufgrund der Schutzfunktion des Staates sollen geeignete Maßnahmen zum Schutz der Gesundheit des Arbeitnehmers getroffen werden, die aber aus finanziellen Gründen nur eingeschränkt verwirklicht werden können.

Die Definition der genetischen Untersuchung fehlt im Arbeitsschutz. Die Zulässigkeit der prädiktiven genetischen Diagnostik im Anbahnungsverhältnis wurde im Zusammenhang mit der Pflicht des Arbeitgebers zur Risikoeinschätzung nur in bestimmten Arbeitsbereichen geregelt.[670]

Nach dem geltenden Recht entscheidet der Facharzt über den Umfang der personenbezogenen Daten, die zur Kontrolle der Wirkung der gesundheitsschädigenden Komponente der Arbeit notwendig sind.[671] Die Erhebung der zur prädiktiven genetischen Diagnostik notwendigen Daten wird bei der Exposition krebserregender Stoffe konkretisiert. Bei der Risikoeinschätzung können die Grundsätze des Gesetzes Nr. XXI/2008, GSchVDG und ungDSG rudimentär einbezogen werden.

Fazit

Die Vorschriften des Gesetzes Nr. XXI/2008 fördern erheblich die Entwicklung des Schutzes genetischer Daten in Ungarn, trotzdem besteht Regelungsbedarf bezüglich der Verarbeitung genetischer Daten im Arbeitsrecht. Es ist notwendig, die Voraussetzungen der Erhebung genetischer Daten im Anbahnungsverhältnis und im Arbeitsverhältnis ausführlich festschreiben, weil die generalartige Regelung die Rechtsunsicherheit nicht beheben kann.

Nach dem Wissensstand von Heute sollte die Erhebung der genetischen Daten im Anbahnungsverhältnis grundsätzlich verboten werden. Die genetische Untersuchung muss aus Gründen des Arbeitsschutzes zugelassen werden und Ausnahmeregeln sollen zum Schutz der Gesundheit des Arbeitnehmers verabschiedet werden. Die Erhebung genetischer Daten während der arbeitsmedizinischen Vorsorgeuntersuchung sollte im Spezialfall gerechtfertigt werden.[672] Infolge der wissenschaftlichen Entwicklung der Präventivmedizin müssen künftig die Bedingungen der genetischen Untersuchung und der Übermittlung der Er-

---

669 § 7 Nr. 7 Verordnung Nr. 27/1995.

670 § 54 Abs. 1 lit. g und Abs. 2 ASchG.

671 § 7 Verordnung Nr. 27/1995; Ungváry (Hrsg.), Munkaegészségtan, S. 53 und 81 ff.; *Döbrőssy*, Megelőzés az alapellátásban, S. 14 ff.; *Kertai*, Megelőző orvostan, S. 57 ff.; zum Begriff der Prävention § 87 Nr. 2/A ASchG.

672 Artikel 12 ETS No. 164; § 85 Explanatory Report ETS No. 164.

gebnisse an den Arbeitgeber gesetzlich geregelt werden. Die Bedingungen der Erhebung genetischer Daten durch den Arbeitgeber und durch den Arzt bei der Einstellungsuntersuchung sollten gesetzlich klargestellt werden.

Datenschutzrechtliche Fortschritte zum Schutz der Gesundheitsdaten des Bewerbers

Die RL 95/46/EG erfasst die allgemeinen Anforderungen der Verarbeitung der Gesundheitsdaten und lässt den Mitgliedstaaten ziemlich weiten Ermessensspielraum zu, die Verarbeitung dieser Daten zu regeln.

Art. 8 Abs. 3 RL 95/46/EG erlaubt die Verarbeitung personenbezogener Gesundheitsdaten, wenn drei Voraussetzungen erfüllt sind: Die Verarbeitung muss „erforderlich" sein und „zum Zwecke der Gesundheitsvorsorge, der medizinischen Diagnostik, der Gesundheitsversorgung oder Behandlung oder für die Verwaltung von Gesundheitsdiensten erfolgen und sie muss durch „ärztliches Personal" vorgenommen werden, das „dem Berufsgeheimnis unterliegt".

Diese Bedingungen werden im ungarischen Recht weitestgehend verankert. Die allgemeinen und die bereichspezifischen Regeln genügen diesen Anforderungen, sind sie aber hinsichtlich der Eignungsuntersuchung oder der arbeitsmedizinischen Vorsorgeuntersuchung unzureichend gesichert. Die Vorschriften des ungDSG können in die Beurteilung der Rechtmäßigkeit der Verarbeitung der Arbeitnehmerdaten eingeschränkt einbezogen werden.

Die geltenden bereichspezifischen Vorschriften und die wichtigsten Rechtsquellen sowie das ungArbGB, das ungDSG und das ungBGB sind in manchen Fällen widersprüchlich. Die Rahmenbedingungen der Verarbeitung personenbezogener Daten unterscheiden sich von den einzelnen spezifischen Vorgaben über die Verarbeitung personenbezogener Daten, deshalb hat der Gesetzgeber die Aufgabe, die Eckpunkte des Datenschutzes im Arbeitsverhältnis zu präzisieren.

Die Voraussetzungen der Erhebung der besonders schützenswerten Daten des Bewerbers werden im ungArbGB nicht geregelt. Es ist nach § 77 Abs. 1 ungArbGB schwierig, über die Rechtmäßigkeit der Erhebung personenbezogener Daten durch den Arbeitgeber zu entscheiden, weil die zur Begründung des Arbeitsverhältnisses wesentlichen Angaben nicht abgegrenzt werden können. Die Kriterien der Abwägung der berechtigten datenschutzrechtlichen Interessen der Parteien werden weder in der Rechtsprechung noch im Schrifttum ausgearbeitet. Die Rechtmäßigkeit der Datenerhebung hinsichtlich des Schutzes der Persönlichkeitsrechte wird nach § 77 Abs. 1 ungArbGB kaum geprüft und die Fälle der Rechtsverletzung sind nur rudimentär erörtert.

Mithilfe der Voraussetzungen der Datenverarbeitung und aufgrund der allgemeinen Grundsätze der Rechtsausübung kann die Rechtmäßigkeit der Erhebung personenbezogenen Daten des Bewerbers nur unvollständig konkretisiert werden.

Die Rechtmäßigkeit der Erhebung der besonders schützenswerten Daten lässt sich im Einzelfall nach den allgemeinen datenschutzrechtlichen Vorschriften schwierig begründen. Der erhöhte Schutz der besonders schützenswerten Daten ermöglicht die rechtswidrige Datenerhebung zu beweisen, ist der Formvorschrift an sich aber nicht genügend, die Zulässigkeit der Erhebung personenbezogener Daten zu beurteilen. Die schriftliche Einwilligung des Bewerbers kann nicht als hinreichender Rechtfertigungsgrund angesehen werden. Eine Interessenabwägung ist deshalb anhand der Datenschutzgrundsätze zum Ermitteln der Rechtmäßigkeit der Datenerhebung vorzunehmen.

Nach dem geltenden Recht spielt der Arzt bei der Verarbeitung von Gesundheitsdaten eine zentrale Rolle. Er soll die Arbeitssicherheit fördern und damit den Arbeitnehmer schützen und zugleich auch die Interessen des Arbeitgebers wahren. Diesbezügliche Aufgaben der Ärzte sind in mehreren Rechtsquellen ohne Rücksicht auf die datenschutzrechtlichen Vorschriften geregelt. In verschiedenen Rechtsvorschriften ist vorgesehen, dass bei bestimmten Personengruppen bestimmte gesundheitliche Untersuchungen im Rahmen des Einstellungsverfahrens durchgeführt werden müssen. Wie es am Beispiel des HIV-Tests, Drogentests und der genetischen Untersuchung dargestellt wurde, außer der Pflicht zur gesundheitlichen Untersuchung ist die Verarbeitung der Gesundheitsdaten im Arbeitsrecht unvollständig erörtert.

Die zitierten bereichspezifischen Vorschriften regeln die Datenerhebung sehr unterschiedlich und sie mit dem ungDSG nicht in Einklang gebracht wurden. Die dargestellten Gesetze und Verordnungen können infolgedessen kompliziert interpretiert werden, daraus folgt eine gewisse Rechtsunsicherheit.

Es ist empfehlenswert, die Voraussetzungen der Erhebung personenbezogener Daten im Anbahnungsverhältnis zu präzisieren. Es wäre wünschenswert, europaweit einheitliche datenschutzrechtliche Mindestanforderungen zum Zwecke des Gesundheitsschutzes für die Arbeitnehmer zu schaffen. Daher bedarf es der Festlegung einer Grundlage von einheitlichen Regelungen zum Schutz der Daten über den Gesundheitszustand.[673]

673 *Gevers*, European Journal of Health Law 2000, 158 ff., *Ders.*, European Journal of Health Law 2008, 271; *Kienle*, European Journal of Health Law 2001, 36.

Datenschutz und die Kontrolle der Nutzung technischer Geräte am Arbeitsplatz

Kontrolle der Arbeitnehmer aus datenschutzrechtlicher Sicht

Ausübung der Kontrollrechte und die RL 95/46/EG

Rolle der RL 95/46/EG und der RL 2002/58/EG

Die RL 95/46/EG ist auf die Verarbeitung personenbezogener Daten im Zusammenhang mit der Kontrolle der Nutzung technischer Geräte am Arbeitsplatz anzuwenden, deshalb sind die Vorschriften der RL 95/46/EG bei der Ermittlung der Rechtmäßigkeit der Datenverarbeitung während der Überwachung des E-Mail-Verkehrs und der Internetnutzung maßgeblich.[674]

Der Schutz der Privatsphäre wird durch die RL 2002/58/EG des Europäischen Parlaments und des Rates über die Verarbeitung personenbezogener Daten und den Schutz der Privatsphäre in der elektronischen Kommunikation gewährleistet. Die RL 2002/58/EG sieht vor, dass „die von den Mitgliedstaaten erlassenen rechtlichen, ordnungspolitischen und technischen Bestimmungen zum Schutz personenbezogener Daten, der Privatsphäre und der berechtigten Interessen juristischer Personen im Bereich der elektronischen Kommunikation harmonisiert werden sollten, um Behinderungen des Binnenmarktes der elektronischen Kommunikation nach Artikel 14 des Vertrags zu beseitigen. Die Harmonisierung sollte sich auf die Anforderungen beschränken, die notwendig sind, um zu gewährleisten, dass die Entstehung und die Weiterentwicklung neuer elektronischer Kommunikationsdienste und –netze zwischen Mitgliedstaaten nicht behindert werden."[675]

Die RL 97/66/EG des Europäischen Parlaments und des Rates über die Verarbeitung personenbezogener Daten und den Schutz der Privatsphäre im Bereich der Telekommunikation wurde durch die RL 2002/58/EG ersetzt, um „den Nutzern öffentlich zugänglicher elektronischer Kommunikationsdienste unabhängig von der zugrunde liegenden Technologie den gleichen Grad des Schutzes personenbezogener Daten und der Privatsphäre zu bieten."[676]

Die RL 2002/58/EG ergänzt die RL 95/46/EG. Im Erwägungsgrund 10 RL 2002/58/EG heißt es, dass „die RL 95/46/EG vor allem für alle Fragen des Schutzes der Grundrechte und Grundfreiheiten im Bereich der elektronischen Kommunikation gilt, die von der RL 2002/58/EG spezifisch nicht erfasst wer-

---

674 Arbeitsdokument zur Überwachung der elektronischen Kommunikation, 13.

675 Erwägungsgrund 8 RL 2002/58/EG.

676 Erwägungsgrund 4 RL 2002/58/EG.

den, einschließlich der Pflichten des für die Verarbeitung Verantwortlichen und der Rechte des Einzelnen".

Schutz der Privatshpäre bei der Nutzung technischer Geräte am Arbeitsplatz

Die RL 2002/58/EG bekennt sich zum Schutz der Privatshpäre. Insofern enthält sie zahlreiche Vorschriften, die mittelbar oder unmittelbar die Verwirklichung eines angemessenen Schutzes der Grundrechte und Grundfreiheiten fördern. Sie „dient der Harmonisierung der Vorschriften der Mitgliedstaaten, die erforderlich sind, um einen gleichwertigen Schutz der Grundrechte und Grundfreiheiten, insbesondere des Rechts auf Privatsphäre, in Bezug auf die Verarbeitung personenbezogener Daten im Bereich der elektronischen Kommunikation sowie den freien Verkehr dieser Daten und von elektronischen Kommunikationsgeräten und –diensten in der Gemeinschaft zu gewährleisten".

Datenschutzgrundsätze und Rechtmäßigkeit der Überwachung

Nach der Auffassung der Datenschutzgruppe sind die Datenschutzgrundsätze je nach dem Verarbeitungskontext bei der Überwachung der Nutzung technischer Geräte zu berücksichtigen.

Nach dem Grundsatz der Erforderlichkeit muss der Arbeitgeber jegliche Form der Überwachung daraufhin prüfen, ob sie für einen festgelegten Zweck unbedingt erforderlich ist, bevor er Maßnahmen in dieser Hinsicht ergreift. Traditionelle Kontrollverfahren, die die Privatsphäre des Betroffenen weniger beschränken, sollten sorgfältig in Erwägung gezogen werden, und wenn sie sich als geeignet erweisen, eingesetzt werden, bevor die elektronische Kommunikation in irgendeiner Form überwacht wird.[677] Andererseits darf der Arbeitgeber die personenbezogenen Daten nicht länger aufbewahren, als es für den festgelegten Zweck der Überwachung notwendig ist.

Die Grundsätze der Zweckbindung und die Transparenz spielen eine herausragende Rolle bei der Kontrolle der Nutzung technischer Geräte. Der Arbeitgeber muss den Arbeitnehmern eine leicht zugängliche, klare und genaue Darstellung der Verfahrensrichtlinien für die Überwachung des E-Mail-Verkehrs und der Internetnutzung zur Verfügung zu stellen. Die Arbeitnehmer müssen umfassend über die konkreten Umstände, die eine derartige außerordentliche Maßnahme rechtfertigen würden, und über die Rechweite und den Umfang einer solchen Überwachung unterrichtet werden.

Es muss geklärt werden, in welchem Umfang die im Besitz des Unternehmens befindlichen Kommunikationseinrichtungen vom Arbeitnehmer für die private Kommunikation genutzt werden dürfen. Der Arbeitgeber muss die Gründe und Zwecke einer Überwachung angeben und die Einzelheiten der

---

677 Arbeitsdokument zur Überwachung der elektronischen Kommunikation, 13 f.

Überwachungsmaßnahmen den Arbeitnehmern erörtern. Die Voraussetzungen eines Durchsetzungsverfahrens müssen ebenfalls erläutert werden, aus denen hervorgeht, wie die Mitarbeiter von Verstößen gegen die firmeninternen Verfahrensrichtlinien erkundigt werden können und die Möglichkeit erhalten, ihre Rechte zu schützen.[678]

Die Datenschutzgruppe ist der Auffassung, dass die Verpflichtung zur Information der Kontrollstelle bevor eine vollständig oder teilweise automatisierte Verarbeitung oder eine Mehrzahl von Verarbeitungen durchgeführt wird, das Datenschutzniveau erhöhen kann.

Nach der RL 95/46/EG ist die Verarbeitung personenbezogener Daten der Arbeitnehmer zulässig, wenn sie zur Verwirklichung des berechtigten Interesses des Arbeitgebers erforderlich ist und die Grundrechte der Arbeitnehmer nicht verletzt.[679] Hinsichtlich der sensiblen Daten sind erhöhte Maßstäbe anzuwenden, so dass angemessene Garantien durch nationale Rechtsvorschriften gewährleistet werden müssen.[680]

Nach dem Grundsatz der Verhältnismäßigkeit müssen alle personenbezogenen Daten dem angestrebten Zweck entsprechen, dafür erheblich sein und nicht darüber hinausgehen. Die Kontrollmaßnahmen des Arbeitgebers müssen auf Art und Umfang der jeweiligen Umstände der Verrichtung der Arbeit zugeschnitten sein.[681] Die Systeme für die Verarbeitung elektronischer Kommunikation der Arbeitnehmer sollen darauf ausgelegt sein, den Umfang der verarbeiteten personenbezogenen Daten auf ein absolutes Minimum zu beschränken.[682]

Die sachliche Richtigkeit der Daten muss regelmäßig überprüft und die Aufbewahrungsfristen strikt eingehalten werden.

Anforderungen der Datenschutzgruppe

Die Datenschutzgruppe ist der Auffassung, dass die Datenschutzanforderungen auch für die Kontrolle und Überwachung von Arbeitnehmern gelten, unabhängig davon, ob es um die Überwachung des E-Mail-Verkehrs oder des Internetzugriffs, die Überwachung mit Videokameras oder die Erhebung von Standortdaten geht.[683]

Jede Überwachung muss, um den Anforderungen von Artikel 6 zu genügen, und insbesondere, wenn sie sich auf Artikel 7 lit. f RL 95/46/EG stützt, eine angemessene Reaktion eines Arbeitgebers auf die Risiken sein, mit denen er

---

678 Arbeitsdokument zur Überwachung der elektronischen Kommunikation, 15.
679 Arbeitsdokument zur Überwachung der elektronischen Kommunikation, 17.
680 Arbeitsdokument zur Überwachung der elektronischen Kommunikation, 18.
681 Arbeitsdokument zur Überwachung der elektronischen Kommunikation, 18.
682 Arbeitsdokument zur Überwachung der elektronischen Kommunikation, 19.
683 *Artikel-29-Datenschutzgruppe*, Stellungnahme 8/2001, 29 f.

konfrontiert ist, wobei der legitime Anspruch auf Schutz der Privatsphäre und andere Interessen der Beschäftigten zu berücksichtigen sind.

Alle personenbezogenen Daten, die im Laufe der Überwachung vorgehalten oder verwendet werden, müssen den Zwecken der Kontrolle entsprechen und dafür erheblich sein und dürfen nicht darüber hinaus gehen. Jede Überwachung muss so ausgeführt werden, dass das Eindringen in die Privatsphäre auf ein Mindestmaß beschränkt wird. Sie muss auf den Risikobereich ausgerichtet sein und unter Beachtung der Datenschutzvorschriften sowie gegebenfalls des Briefgeheimnisses erfolgen.

Eine Überwachung muss den Transparenzanforderungen von Art. 10 RL 95/46/EG genügen. Die Beschäftigten müssen über die Existenz der Überwachungsmaßnahmen informiert werden und über die Zwecke, für die personenbezogene Daten verarbeitet werden, und sie müssen darüber hinaus die Informationen erhalten, die erforderlich sind, um eine Verarbeitung nach Treu und Glauben zu garantieren. Nach der RL 95/46/EG gelten keine weniger strengen Bestimmungen für die Überwachung der Internetnutzung und des E-Mail-Verkehrs von Beschäftigten, wenn diese Überwachung durch Kameras erfolgt.

Überwachung der Arbeitnehmer nach der Initiative der Kommission

Ergänzungen zur RL 95/46/EG

Die Kommission schlägt wichtige Ergänzungen zur RL 95/46/EG hinsichtlich der Kontrolle der Nutzung technischer Geräte am Arbeitsplatz nach der zweiten Phase der Anhörung der Sozialpartner zum Schutz von personenbezogenen Daten der Arbeitnehmer vor.[684]

Die folgenden Grundsätze sind bei der Weiterentwicklung des Arbeitnehmerdatenschutzes zu berücksichtigen:

„Die Arbeitnehmervertreter sollen vor der Einführung, Änderung oder Bewertung jedes Systems, das für die Überwachung und Kontrolle von Arbeitnehmern verwendet werden kann, informiert und angehört werden. Eine vorherige Kontrolle durch eine nationale Datenschutzaufsichtsbehörde ist in Betracht zu ziehen.

Eine laufende Überwachung soll nur zulässig sein, wenn dies für die Gesundheit, Sicherheit, Rechtssicherheit oder den Schutz des Eigentums erforderlich ist.

Eine geheime Überwachung solle nur entsprechend den in der nationalen Rechtsprechung festgelegten Schutzbestimmungen erlaubt werden, oder wenn

684 Zweite Phase der Anhörung, 18; Vgl. *Hendrickx*, Protection of workers' personal data in the European Union, S. 119 ff.; *Simitis*, European Law Journal 1999, 59.

begründeter Verdacht auf eine kriminelle Tätigkeit oder sonstige schwerwiegende Missetat besteht.

Zur Gewährleistung der Sicherheit, der Kontrolle oder des einwandfreien Betriebs der Verarbeitungssysteme sollen die erfassten personenbezogene Daten nicht nur zur Kontrolle des Verhaltens einzelner Arbeitnehmer verwendet werden, außer wenn dieser mit dem Betrieb dieser Systeme zu tun hat.

Durch elektronische Überwachung erfasste personenbezogene Daten dürfen nicht das einzige Faktor bei der Bewertung der Leistung von Arbeitnehmern und bei den sie betreffenden Entscheidungen sein.

Ungeachtet von Sonderfällen, wie automatisierte Überwachung für Sicherheitszwecke und aus Gründen des einwandfreien Betriebs des Systems, soll eine Routineüberwachung der privaten E-Mail oder Intenetnutzung von Arbeitnehmern verboten sein. Eine individuelle Überwachung kann stattfinden, wenn begründeter Verdacht auf kriminelle Tätigkeit oder schweres Fehlverhalten besteht wenn, es kein weniger einschneidendes Mittel gibt, den gewünschten Zweck zu erreichen.

Der Arbeitgeber darf die private E-Mail und sonstige private Akten sowie ausdrücklich als privat gekennzeichnete Akten, nicht öffnen, unabhängig davon, ob die Verwendung der Arbeitsmittel für private Zwecke vom Arbeitgeber erlaubt oder nicht erlaubt war. Private E-Mails und Akten sollen als Privatkorrespondenz behandelt werden. Das Briefgeheimnis darf nicht mit allgemeiner Einwilligung des Arbeitnehmers z. B. bei Abschluss des Arbeitsvertrags aufgehoben werden."[685]

Stellungnahme der Sozialpartner zur Weiterentwicklung der RL 95/46EG hinsichtlich der Kontrolle der Nutzung technischer Geräte

Nach der zweiten Phase der Anhörung der Sozialpartner zum Schutz von personenbezogenen Daten von Arbeitnehmern sind die Meinungen über die Überwachung am Arbeitsplatz sehr unterschiedlich.[686]

UNICE meint, dass die Voraussetzungen der Kontolle der Arbeitnehmer in der RL 95/46/EG hinreichend geregelt werden. UEAPME ist der Ansicht, dass diese Frage im Kollektivvertrag auf Unternehmensebene gelöst werden muss. Der EGB vertritt die Meinung, dass das Verbot einer permanenten automatischen Kontrolle anerkannt werden muss. CEC ist der Auffassung, dass die Überwachung der Internet- und E-Mail-Nutzung durch Arbeitnehmer nur aus besonderen Gründen gerechtfertigt werden kann. EUROCADRES zweifelt an der Rolle der Einwilligung bei der Kontrolle der Nutzung techtnischer Geräte am Arbeitsplatz. Der IAO-Verhaltenkodex und die Empfehlung des Europarats

685 Zweite Phase der Anhörung, 18 f.

686 Zweite Phase der Anhörung, 21.

R (89) 2 sind für die Regelung der Überwachung beim Arbeitgeber hinreichend genau formuliert.

Fazit

Die dargestellten Vorschläge zur Überwachung der elektronischen Kommunikation beziehen sich auf die Konkretisierung der Datenschutzgrundsätze aufgrund der RL 95/46/EG hinsichtlich der speziellen Umstände der Datenverarbeitung bei der Überwachung. Die staatlichen Maßnahmen müssen bei der Ausübung ihres Ermessensspielraumes nach der RL 95/46/EG so gestaltet sein, dass der Schutz personenbezogener Daten der Arbeitnehmer bezüglich der Nutzung technischer Geräte gewährleistet wird.

Die Grundsätze der Erforderlichkeit, Verhältnismäßigkeit und Zweckbindung werden im Arbeitsrecht konkretisiert, die bei der Auslegung der Vorschriften der RL 95/46/EG von besonderer Bedeutung sind. Die Kommission hat die wichtigsten Voraussetzungen der Überwachung am Arbeitsplatz erfasst, die für die Weiterentwicklung des Arbeitnehmerdatenschutzes sehr wertvoll sind.

Kontrollrechte des Arbeitgebers im ungarischen Arbeitsrecht

Die Art der Ausübung der Kontrollrechte des Arbeitgebers wird durch die neuen technischen Einrichtungen erweitert, weil sie die Durchführung von Kontrollmaßnahmen erleichtern.[687]

Unter dem Begriff der Kontrollrechte sind verschiedene Befugnisse des Arbeitgebers im ungarischen Arbeitsrecht zusammengefasst, die unterschiedlich geprägt sind.[688] Der Arbeitgeber ist berechtigt das Verhalten des Arbeitnehmers und die Erbringung der Arbeitsleistung am Arbeitsplatz zu kontrollieren.[689] Der Arbeitgeber hat das Recht, das Verhalten und die Leistung des Arbeitnehmers im Zusammenhang mit der Erfüllung seiner Haupt- und Nebenpflichten zu überwachen.

---

687 *Ossberger*, Betriebliche Kontrollen Ihre Voraussetzungen und Grenzen, S. 4 ff.; *Zöllner*, Daten- und Informationsschutz im Arbeitsverhältnis, S. 9; 3.3 und 6.14 Code of practice ont he Protection of workers' personal data ILO; *Ray*, D. Soc. 1992, 525 ff.; *Supiot*, D. Soc. 2000, 131 ff.; *Supiot*, D. Soc. 2002, 13 ff.; *Radé*, D. Soc. 2002, 26 ff.; *Bouchet*, D. Soc. 2002, 78 ff.; *Fragale Filho/Rezende Alvim*, CLLPJ 2002, 569; *Löschnigg*, DRdA 6/2006, 459 ff.; *Williams, Colin C.*,Rethinking the Future of Work, S. 124 ff.

688 *Ossberger*, Betriebliche Kontrollen Ihre Voraussetzungen und Grenzen, S. 3 ff.; *Román*, A munkajog alapintézményei II., S. 43 ff.; *Miholics*, A magyar munkajog I., S. 132 f.; *Waquet*, L'Entreprise et les Libertés du Salarié, S. 163 ff.; *Kiss*, Munkajog, S. 180; *Kollonay*, A magyar munkajog I, S. 171.

689 *Kiss*, Munkajog, S. 180.

Aus datenschutzrechtlicher Sicht können die Befugnisse bei der Kontrolle der Nutzung der technischen Geräte als Verarbeitung personenbezogener Daten interpretiert werden. Dadurch sind die Arbeitnehmer bei der Kontrolle nach dem ungDSG in erhöhtem Maße gegenüber dem Arbeitgeber geschützt.

Bei der Kontrolle der Tätigkeit des Arbeitnehmers am Arbeitsplatz handelt es sich um die Verarbeitung personenbezogener Daten, die sich vor allem auf das Sammeln, die Erhebung, die Verwendung, die Nutzung, das Speichern und die Aufbewahrung der Daten erstrecken kann.[690] Die Verarbeitung personenbezogener Daten gliedert sich in verschiedene Schritte bei der Kontrolle der Nutzung der Telefonanlage und des Internets und bei der Videoüberwachung.

Der Arbeitnehmer ist verpflichtet, seine Arbeit während der Arbeitszeit sorgfältig zu verrichten und die Interessen des Arbeitgebers nämlich den Schutz des Eigentums und des Ansehens des Unternehmens zu beachten.[691] Die schützenswerten Interessen des Arbeitgebers insbesondere die Wahrung der Datensicherheit; Ressourcemanagement; Durchführung von betriebsorganisatorischen Maßnahmen und Vorbeugen von Ordnungswidrigkeiten sind zu respektieren.[692] Im Zusammenhang mit der Einführung des Internets können die Kontrolle des Online-Verhaltens des Arbeitnehmers, die Kontrolle über die Datenübermittlung am Arbeitsplatz und die Prüfung der Produktivität des Arbeitnehmers Schwierigkeiten bereiten.[693] Eine umfassende Interessenabwägung muss im Einzelfall vorgenommen werden, um die berechtigten Interessen der Parteien im Arbeitsverhältnis qualifizieren zu können.[694]

Es ist umstritten, inwieweit der Arbeitnehmer die Kontrolle des Verhaltens am Arbeitsplatz mit Rücksicht auf den Schutz der Persönlichkeitsrechte dulden muss, weil die Fürsorgepflicht vom Arbeitgeber die Beachtung des Schutzes

---

690 *siehe* § 2 Nr. 9 ungDSG; Die oben genannten Schritte der Verarbeitung personenbezogener Daten werden im ungDSG nicht definiert.

691 § 103 Abs. 1 lit. b und c ungArbGB; *Morgan*, McGill Law Journal 1999, 865 ff.; *McIntosh*, Hamline Law Review 2000, 570; *Ciocchetti*, Duke Law & Technology Review 2001, 1 ff.; *Isajiw*, Temple Environmental and Technology Journal 2001, 77 ff.; *Wesche*, Journal of High Technology Law 2002, 114; *Frayer*, Business Lawyer 2002, 858 ff.

692 *Kunos*, BSZ 1999, 28 ff.; *Kesan*, Working Paper 2001, 33 ff.; *Ciocchetti*, Duke Law & Technology Review 2001, 4; *Däubler*, Internet und Arbeitsrecht, S. 115; *Chapman*, North Carolina Law & Technology 2003, 123; *Blanpain/Van Gestel*, Use and Monitoring of E-Mail, Intranet and Internet Facilities at Work, S. 31 ff.

693 *Kesan*, Illionis Law and Economic Working Papers Series 2001, 48 ff.; *Colucci*, in: *Blanpain* (Hrsg.), The Impact of the Internet and New Technologies on the Workplace, 22 ff.

694 *Jekyné Wohlfarth*, BSZ 1999, 43 ff.; *Nagy*, BSZ 1999, 16; *Matus*, ÜL 2000, 19 ff.; *Laczi*, MJ 2001, 726 ff.; *Gergely*, BSZ 2002, 31 ff.; *Medveczky*, BSZ 2003, 5 ff.; *Parti*, BSZ 2004, 204; *P. Nagy*, BSZ 2004, 186 ff.; *Nagy*, BSZ 2004, 169 ff.; *Peszleg*, ÜL 2005, 25 ff.

personenbezogener Daten des Arbeitnehmers verlangt.[695] Im Folgenden wird die Rechtmäßigkeit der Ausübung der Kontrollrechte des Arbeitgebers aus datenschutzrechlicher Sicht im Hinblick auf den Schutz der immateriellen Interesse des Arbeitnehmers schwerpunktmäßig bewertet.

Kontrolle der Internetnutzung am Arbeitsplatz

Die Überwachung der betrieblichen Online-Aktivitäten des Arbeitnehmers durch den Arbeitgeber weist Besonderheiten auf.

Im ungarischen Arbeitsrecht gibt es keine spezielle Regelung über die Internetnutzung am Arbeitsplatz. [696] Typischerweise sind diese Fragen im Kollektivvertrag festgelegt.[697] Die gesetzlichen Vorschriften und Verhaltenkodizes spielen auch eine wichtige Rolle.[698] In Ungarn haben die Einzelmaßnahmen des Arbeitgebers unter den Regelungsinstrumenten eine Dominanz. Die Internetnutzung am Arbeitsplatz ist in mehreren Rechtsquellen geregelt.[699] Im Folgenden soll dies näher dargestellt werden.

Zulässigkeit der Kontrolle nach dem ungArbGB

Der Arbeitgeber hat die Befugnis, die Regeln der Nutzung des Internets am Arbeitsplatz vorzuschreiben.[700] Er kann die Nutzung zeitlich, örtlich und inhaltlich begrenzen.

---

695 *Román*, A munkajog alapintézményei II., S. 228 f.; *Lenkovics*, Dologi Jog, S. 88.

696 Vorbildliche Modelle sind nach den innerstaatlichen Traditionen vorhanden. *Hazel*, ILJ 2002, 321 ff.; *Kuner*, European Data Privacy Law and Online Business, S. 180 ff.; *Artikel 29 Datenschutzgruppe*, Arbeitsdokument zum Thema Verarbeitung personenbezogener Daten aus der Videoüberwachung; *Artikel 29 Datenschutzgruppe*, Arbeitsdokument zur Überwachung der elektronischen Kommunikation von Beschäftigten; 6. 14, Code of Practice on the Protection of workers′ personal data ILO.

697 Convention collective de travail N° 81 du 26 Avril 2002 relative à la protection de la vié privée des travailleurs à l'egard du contrôle des données de communication electroniques en reseau; *Löschnigg*, IT-KV Kollektivvertrag für Angestellte von Unternehmen im Beriech Dienstleistungen in der automatischen Datenverarbeitung und Informationstechnik, S. 47 ff.

698 759/2004 Act on the Protection of Pivacy in Working Life; *Bouchet*, La Cybersurveillance sur les lieux de travail Adopté par la Commission nationale de l'informatique et des libertés en séance plénière du 5 févriér 2002.

699 *Rasin/ Moan*, Missouri Law Review 2001, 793 ff.; *Hetcher*, Harvard Journal of Law & Technology 2001, 149 ff.; *Aoustin*, Liasions sociales Numéro spécial 2002, 108 ff.; Tárki Rt, Lakossági részvétel az információs társadalomban Információs társadalom Monitoring tanulmányok 2001, S. 77 ff.; *Poullet/Dinant*, in: *T. Kenyon/Richardson* (Hrsg.), New Dimensions in Privacy Law International and Comparative Perspectives, S. 60 ff.

700 *Thiele*, ecolex 2001, 613; *Däubler*, Internet und Arbeitsrecht, S. 99; *Hanau/ Hoeren/ Dirk*, Private Internetnutzung durch Arbeitnehmer, S. 20 ff.

Die Parteien können sich über die Inanspruchname der technischen Geräte im Arbeitsvertrag einigen, die Kollektivverträge sind auch wichtige Regelungsinstrumente. Am häufigsten kommen aber die Einzelmaßnahmen des Arbeitgebers (z.B. betriebliche Ordnung) in Betracht.

Mangels ausdrücklicher Regelung ist es schwierig, den erlaubten Umfang der Nutzung zu ermitteln. Beim Festlegen des Umfangs der Nutzung sind die allgemeinen Grundsätze des Arbeitsrechts zu berücksichtigen. Die Reglementierung der Nutzung hat Auswirkungen auf die Arbeitsleistung des Arbeitnehmers. Der Arbeitgeber ist verpflichtet, den Arbeitnehmer vorher über die wichtigsten Elemente der Kontrolle aufzuklären.[701]

Die Rechtmäßigkeit der Ausübung der Kontrolle über die Internetnutzung am Arbeitsplatz wird im Zusammenhang mit der Telearbeit im ungArbGB geregelt.[702] Es handelt sich um die Kontrolle der Nutzung von informationstechnologischen und elektronischen Einrichtungen am Telearbeitsplatz.[703]

Kontrolle der Telearbeit

Der Arbeitgeber kann die Erfüllung der Leistungspflicht des Arbeitnehmers am Telearbeitsplatz ausschließlich in begründeten Fällen kontrollieren.[704] Die wichtigen Gründe der Kontrolle werden im ungArbGB nicht aufgelistet, deshalb bleiben die Voraussetzungen der Begründetheit der Maßnahmen des Arbeitgebers unklar.

Ausübung des Einsichtsrechts des Arbeitgebers

Der Arbeitgeber darf die mit den arbeitsrechtlichen Pflichten und Rechten nicht zusammenhängenden Daten, die im informationstechnologischen Gerät des Arbeitnehmers am Telearbeitsplatz gespeichert sind, nicht bei der Kontrolle einsehen.[705] Der Begriff der „mit den arbeitsrechtlichen Pflichten und Rechten nicht zusammenhängenden Daten“ wird nicht präzisiert. Man kann nur einen allgemeinen Hinweis über die Natur solcher Daten im ungArbGB finden. In Bezug auf das Einsichtsrecht des Arbeitgebers sind die zur Kontrolle des Benutzungsverbots notwendigen Daten als die mit den arbeitsrechtlichen Pflichten und Rechte zusammenhängenden Daten zu verstehen.[706] Auf eine detaillierte Beschreibung dieser Daten wurde verzichtet.

Zwischen der privaten und dienstlichen Nutzung wurde nicht unterscheidet. Die Menge der mit den arbeitsrechtlichen Pflichten und Rechten nicht zusam-

---

701 § 76 Abs. 5 ungArbGB.

702 §§ 192/C-193/A ungArbGB.

703 Die Legaldefinition dieser Einrichtungen wurde nicht erläutert.

704 § 192/G Abs. 3 Satz 1 ungArbGB.

705 § 192/G Abs. Satz 2 ungArbGB.

706 § 192/G Abs. 3 Satz 3 ungArbGB.

menhängenden Daten stimmt mit den Daten über die private Nutzung nicht vollständig überein, z.B. Daten über die Geltendmachung eines Anspruchs gegenüber dem Arbeitgeber sind Angaben aus der Privatsphäre des Arbeitnehmers und hängen auch mit den arbeitsrechtlichen Pflichten und Rechten zusammen. Der Arbeitgeber darf grundsätzlich die zur Einhaltung des Verbots nötigen Daten einsehen. Die Abgrenzung der zur Kontrolle unerlässlichen Daten hängt von der technischen Ausstattung ab. Es ist unklar, wie die Kategorisierung der Daten durchführbar ist. Der Arbeitgeber kann die Liste dieser Daten zusammenstellen und die Nutzungsbedingungen der informationstechnologischen und elektronischen Geräte festsetzen.[707]

Rechtmäßigkeit der Kontrolle

Soweit nicht anderes vereinbart ist, entscheidet der Arbeitgeber über die Durchführung der Kontrolle.[708] Der Arbeitnehmer am Telearbeitsplatz darf durch die Kontrollmaßnahme nicht unter unbegründeten unverhältnismäßigen Druck hinsichtlich der persönlichen, familiären und sonstigen Verhältnisse gesetzt werden.[709] Im ungArbGB werden die Kriterien einer Beeinträchtigung der Interessen des Arbeitnehmers nicht festgelegt. Es bedarf einer Interessenabwägung, diese Umstände herauszufinden. Der Persönlichkeitsschutz kommt als wichtiger Anhaltspunkt in Betracht. Hierbei ist das Recht auf Schutz personenbezogener Daten und des Privatlebens des Arbeitnehmers und das allgemeine Persönlichkeitsrecht nach § 8 Abs. 2 ungArBG bzw. § 75 Abs. 1 ungBGB zu berücksichtigen.

Schwerpunkte des Problems nach dem ungArbGB

Die Sonderregeln im ungArbGB gelten im Arbeitsverhältnis nur am Telearbeitsplatz. Die datenschutzrechtlichen Rahmenbedingungen der Kontrolle werden verankert. Die detaillierten Regeln der Überwachung können durch den Arbeitgeber einseitig festgelegt werden.

Der Schutz der Persönlichkeitsrechte wurde bezüglich der Kontrolle der Nutzung der informationstechnologischen und elektronischen Geräte im ungArbGB nicht spezifisch erwähnt. Die schutzwürdigen Interessen sind im ungArbGB teilweise angegeben. Das Verbot des unverhältnismäßigen Drucks bei der Überwachung wurde nicht präzisiert.

Die zitierten Vorschriften scheiden bei der Kontrolle des Arbeitnehmers außerhalb des Telearbeitsplatzes aus. In diesem Fall sind die Vorgaben des ungDSG und die allgemeinen Grundsätze der Rechtsausübung maßgebend.[710]

707 § 192/G Abs. 6 ungArbGB.

708 § 192/G Abs. 4 ungArbGB.

709 § 192/G Abs. 4 ungArbGB.

710 §§ 3 und 4 sowie §§ 102 und 103 ungArbGB.

Die geltende Rechtslage schafft aufgrund der mangelhaften gesetzlichen Vorschriften keine Rechtsicherheit.

Zulässigkeit der Kontrolle nach dem ungDSG

Rechtsnatur der Angaben über die Nutzung des Internets

Die Anwendbarkeit des ungDSG hängt von der Auslegung der Definition der personenbezogenen Daten ab.[711] Es handelt sich um verschiedene Angaben bei der Ausübung der Kontrollrechte des Arbeitgebers über die Nutzung des Internets. Beim Surfen im Internet können insbesondere die Adresse und die Angaben über den Inhalt der besuchten Internetseiten, die Uhrzeit und Dauer der Inanspruchnahme der elektronischen Dienstleistung registriert werden.

Nach der Stellungnahme des ungarischen Datenschutzbeauftragten sind die E-Mail Adresse und die Adresse der besuchten Internetseite personenbezogene Daten, wenn dadurch eine Verbindung zum Betroffenen hergestellt werden kann.[712]

Die Angaben über die besuchten Internetseiten und über den Zeitvertreib im Internet und die feste und dynamische IP-Adresse des Nutzers sind personenbezogene Daten.[713] Informationen über die Nutzung der elektronischen Dienstleistungen gelten auch als personenbezogene Daten im Sinne des ungDSG, wenn aufgrund derer der Arbeitnehmer bestimmbar ist.[714]

Bei der Kontrolle der Internetnutzung liegt eine Datenverarbeitung im Sinne des ungDSG vor. Die Überwachung der Inanspruchnahme setzt die Erhebung personenbezogener Daten voraus.

Die Aufzeichnung der IP-Adresse und anderer Angaben im Original-Server ist als Datenverarbeitung sowie Datenerhebung, Datenspeicherung nach dem ungDSG anzuerkennen.[715]

Voraussetzungen der Verarbeitung personenbezogener Daten über die Nutzung des Internets

Die Zulässigkeit der Datenerhebung ist aufgrund der allgemeinen Voraussetzungen der Verarbeitung personenbezogener Daten zu untersuchen.[716] Die Überwachung der Inanspruchnahme der elektronischen Informationsdienste ist zulässig, wenn dies aufgrund des Gesetzes erlaubt oder der Betroffene eingewilligt hat.[717]

---

711 § 2 Nr. 1 ungDSG.

712 (693/K/1998) ABI 1998, 329 f.; (750/A/2004, 1598/K/2004) ABI 2004, 107; *Jóri*, Adatvédelmi kézikönyv, S. 101 ff.

713 (232/A/2000) ABI 2000, 256 f.

714 (120/A/2003) ABI 2003, 105.

715 (802/A/1998) ABI 1998, 332 f.

716 § 3 Abs. 1 und 2 ungDSG.

717 § 3 ungDSG; *Hegedűs*, MSZ 7-8/2006, 82.

Der Arbeitgeber darf die erlaubte Internetnutzung nach der Unterrichtung und mit der Zustimmung des Arbeitnehmers kontrollieren.[718]

Schutz der Persönlichkeit des Arbeitnehmers

Die Ausführung der Kontrollmaßnahmen kann die Persönlichkeitsrechte des Arbeitnehmers unterschiedlich tangieren. Aufgrund der aufgezeichneten Daten kann der Arbeitgeber Rückschlüsse über die Gewohnheiten und die persönlichen Interessen des Arbeitnehmers ziehen. Das Recht auf Schutz personenbezogener Daten ist besonders gefährdet, weil ein Persönlichkeitsprofil anhand der Angaben über das Verhalten des Arbeitnehmers im Internet erstellt werden kann.[719] Die dauernde Kontrolle der Internetnutzung durch den Arbeitgeber greift in die Persönlichkeitsrechte des Arbeitnehmers ein. Zur Beurteilung der Zulässigkeit der Datenverarbeitung im Zusammenhang mit der Überwachung sind die Datenschutzgrundsätze zu berücksichtigen.[720]

Rolle der Datenschutzgrundsätze

Nach dem Grundsatz der Zweckbindung hat der Arbeitgeber den Zweck der Kontrolle vorher zu konkretisieren.[721] Die Rechtmäßigkeit der Festlegung der konkreten Zwecke der Überwachung (z.B. die Leistungskontrolle, Prävention der Straftaten und der Ordnungswidrigkeiten, der Schutz der wirtschaftlichen Interessen des Unternehmens, der Sicherheitsschutz des Informationssystems) muss durch Interessenabwägung ermittelt werden. Die Grundsätze der Erforderlichkeit und der Verhältnismäßigkeit sind zusätzlich zu berücksichtigen.

Die Datenschutzgruppe ist der Auffassung, dass der Prävention Vorrang vor der Aufdeckung des Missbrauchs der Internetnutzung eingeräumt sollte.[722] Wenn eine Überwachung notwendig ist, muss sie eine angemessene Reaktion des Arbeitgebers auf die Risiken sein.

Die Arbeitnehmer und ihre Interessenvertretungsorgane müssen über die eingeführten Systeme unterrichtet werden, um den Zugang zu bestimmten Websites zu verhindern und Missbrauch aufzudecken.[723]

Nach herrschender Meinung kommt es für die Zulässigkeit der Verarbeitung der Daten auf die Natur der Ermächtigung zur Internetnutzung an. Es ist zu prüfen, zu welchem Zweck der Arbeitnehmer die elektronischen Dienstleistungen

---

718 (531/A/2004) ABI 2004, 92; (1722/A/2005) ABI 2005, 359 ff.

719 *Koppányi*, A hírközlés szabályozása az Európai Közösségben és Magyarországon, S. 332; (120/A/2003) ABI 2003 I., 105; (886/A/2006) ABI 2006, 14.

720 (693/K/1998) ABI 1998, 329 ff.; (1012/K/2005) ABI 2005, 87 f.

721 (429/K/2004) ABI 2004, 362 ff.

722 Arbeitsdokument zur Überwachung, 26.

723 Arbeitsdokument zur Überwachung, 27.

genutzt hat. Die Bedingungen der Kontrolle sind bei der privaten und dienstlichen Nutzung unterschiedlich zu qualifizieren.[724]

Nutzung des Internets zu privaten Zwecken

Die private Nutzung des Internets kann zur Interessenkollision zwischen dem Arbeitgeber und dem Arbeitnehmer führen. Nach der Rechtsprechung verletzt der Arbeitnehmer seine arbeitsrechtliche Hauptleistungspflicht, wenn er entgegen einem ausdrücklichen Verbot die elektronischen Dienstleistungen zu privaten Zwecken in Anspruch nimmt.[725] Das ist eine kündigungsrelevante Pflichtverletzung. Der Arbeitgeber hat ein berechtigtes Interesse an der Kontrolle der Einhaltung der Reglementierung über die Nutzung.

Nach der Stellungnahme des ungarischen Datenschutzbeauftragten ist die Kontrolle des Arbeitgebers über die private Nutzung des Internets nicht zulässig, wenn er das dem Arbeitnehmer ausdrücklich genehmigt hat.[726] Die Kenntnisnahme der personenbezogenen Daten über die besuchten Internetseiten ist in diesem Fall rechtswidrig, nur die Erhebung der Daten über die äußeren Umstände der Nutzung kann gerechtfertigt werden.

Bei erlaubter privater Nutzung sind die Grundsätze der ordnungsgemäßen Rechtsausübung zu wahren und die arbeitsvertraglichen Nebenpflichten und Schutzobliegenheiten des Arbeitnehmers zu beachten.[727]

Die Datenschutzgruppe vertritt die Ansicht, dass der Arbeitgeber gegenüber den Arbeitnehmern die Bedingungen der privaten Nutzung eindeutig darlegen muss.[728]

Beim Verbot der privaten Internetnutzung oder bei der Überschreitung der Nutzungsbefugnis ist die Rechtmäßigkeit der Kontrolle problematisch. Meines Erachtens darf der Arbeitgeber nur ausnahmsweise personenbezogene Daten über die private Internetnutzung einsehen, und die Tätigkeit des Arbeitnehmers nach den Grundsätzen der Zweckbindung und der Verhältnismäßigkeit kontrollieren.

---

724 *Blackowicz*, Boston University Journal of Science & Technology Law 2001, S. 92 f.; *Isajiw*, Temple Environmental and Technology Journal 2001, 86; *Thiele*, ecolex 2001, 613; *Däubler*, Internet und Arbeitsrecht, S. 98 f.; *Blanpain/Van Gestel*, Use and Monitoring of E-Mail, Intranet and Internet Facilities at Work, S. 43.

725 Sz. M. B. 4. M. 44/2002/28; BH 2006/64.

726 (570/A/2001, 790/A/2001) ABI 2001, 95.

727 § 103 ungArbGB und § 4 ungArbGB.

728 Arbeitsdokument zur Überwachung, 27.

Nutzung des Internets zu dienstlichen Zwecken

Nach der Stellungnahme des ungarischen Datenschutzbeauftragten darf der Arbeitgeber die Internetnutzung des Arbeitnehmers kontrollieren, wenn er die Nutzung ausschließlich zu dienstlichen Zwecken erlaubt hat. [729] Er ist verpflichtet, den Arbeitnehmer vorherig über die Einschränkung der Nutzung und über die Möglichkeit der Kontrollmaßnahme zu unterrichten und die Einwilligung des Arbeitnehmers einzuholen.[730] Meiner Meinung nach ist der Arbeitgeber berechtigt, die Internetnutzung am Arbeitsplatz nach den Maßstäben des ungDSG zu kontrollieren. Die Verarbeitung personenbezogener Daten ist unzulässig, wenn die Grundsätze der Zweckbindung und der Verhältnismäßigkeit außer Acht gelassen werden. Die Kontrolle wäre rechtswidrig, wenn z.B. der Arbeitgeber die Nutzung des Internets ständig beobachten würde.

Fazit

Bei der Kontrolle der Internetnutzung sind die Grenzen der Einschränkung des Rechts auf Schutz personenbezogener Daten im Arbeitsverhältnis unvollständig aufgezeigt. Die Rechte des Arbeitnehmers bezüglich der Internetnutzung werden durch das Recht auf informationelle Selbstbestimmung nicht umfassend geschützt. Die Funktion der Einwilligung des Arbeitnehmers ist kritisch zu beurteilen.

Die Kontrollmaßnahmen sind vor allem durch anonymisierte Datenverarbeitung durchzuführen. Hat diese Methode keine präventive Wirkung, darf die Kontrollmaßnahme mithilfe der Verarbeitung personenbezogener Daten eingesetzt werden.

Erfassung der äußeren Umstände der elektronischen Kommunikation nach der RL 2002/58/EG und nach dem ungarischen Recht

Die Daten über die äußeren Umstände der elektronischen Kommunikation können als Verkehrsdaten bezeichnet werden, die die technischen Details des Kommunikationsvorganges umfassen und bei der Erstellung der Rechnung zur Beweissicherung beitragen. [731]

Im Folgenden wird die Problematik der Verarbeitung der äußeren Umstände der Internetnutzung angesprochen werden.

---

729 (570/A/2001, 790/A/2001) ABI 2001, 95.

730 (570/A/2001, 790/A/2001) ABI 2001, 95.

731 *Ádám*, in: *Simándi* (Hrsg.), Az elektronikus hírközlésről szóló törvény magyarázata, S. 612; *Siehe* Erwägungsgrund 15 und Art. 2 lit. b der RL 2002/58/EG.

Zulässigkeit der Kontrolle der Inanspruchname der elektronischen Kommunikationsdienste

Im Gesetz Nr. C/2003 über die elektronische Kommunikation (ungGeK) werden die speziellen Vorschriften über die elektronische Kommunikation in Einklang mit der RL 2002/58/EG festgeschrieben, die die Vorgaben des ungDSG ergänzen.[732] Der Arbeitgeber ist Teilnehmer der elektronischen Kommunikationsdienste im Sinne des ungGeK.[733] Der Arbeitnehmer kommt als Nutzer der elektronischen Kommunikationsdienste im Anwendungsbereich des ungGeK in Betracht.[734] Der Begriff der Internetdienste wird im ungGeK nicht definiert.[735] Er ist unter den vorherigen Begriff zu subsumieren.

Die datenschutzrechtlichen Vorgaben des ungGeK wurden nicht für die Inanspruchnahme der elektronischen Kommunikationsdienste im Arbeitsverhältnis festgesetzt, sondern die Voraussetzungen der Datenverarbeitung vom Anbieter der Kommunikationsdienste in Einklang mit Art. 3 RL 2002/58/EG geregelt.

Verarbeitung der Verkehrsdaten

Begriff der Verkehrsdaten

Der Begriff der Verkehrsdaten ist im ungGeK nicht definiert. Die Verkehrsdaten und die Fakturierungsdaten werden miteinander verbunden geregelt.[736] Für die Verarbeitung der Verkehrsdaten der elektronischen Kommunikation sind nach dem Vorbild des Art. 2 lit. b RL 95/46/EG folgende Daten ausschlaggebend: die Personendaten in § 129 Abs. 7 b-d des ungGeK; die Anschlussnummer oder andere Kennung des Teilnehmers; die Anschrift des Teilnehmers und der Anschlusstyp; die Anzahl aller im Abrechnungszeitraum verrechenbaren Einheiten; die Teilnehmerrufnummer des Anrufers und des Angerufenen; der Typ, die Richtung und der Beginn des Anrufs oder der sonstigen Dienstleistung und die Dauer des abgewickelten Gesprächs bzw. der Umfang der übertragenen Daten, bei einem Mobilfunkdienst das Netz und die Zelle zum Erbringen der Dienstleistung, sowie die individuelle Kennung (IMEI) des bei der Inanspruchnahme der Dienstleistung genutzten Gerätes bzw. bei IP-Netzen die angewandten Ken-

732 Gesetz Nr. C/2003 über die elektronische Kommunikation (ungGeK); *Koppányi*, A hírközlés szabályozása az Európai Közösségben és Magyarországon, S. 330 f.

733 elektronische Kommunikationsdienste § 188 Nr. 13 ungGeK; Teilnehmer § 188 Nr. 22 ungGeK.

734 Nutzer § 188 Nr. 26 ungGeK.

735 Erreichbarkeit von Internetdiensten über das Telefonnetz § 188 Nr. 59 ungGeK; *Verebics*, GJ 2003, 19 ff.

736 Der elektronische Kommunikationsanbieter darf zur Fakturierung an Teilnehmer und Nutzer und zum Inkasso der damit verbundenen Gebühren sowie zur Überwachung der Teilnehmerverträge die im ungGeK aufgelisteten Daten verarbeiten. § 157 Abs. 2 ungGeK.

nungen; das Datum des Anrufs oder der sonstigen Dienstleistung.[737] Dies sind Informationen, die über den Kommunikationsvorrang (Gesprächspartner, Uhrzeit, Dauer, Kommunikationsmittel usw.) umfangreich Aufschluss geben.

Rolle des ungGeK bei der Kontrolle der Internetnutzung am Arbeitsplatz

Die Grundlagen der Verarbeitung der Verkehrsdaten werden unter dem Kommunikationsanbieter, dem Nutzer und dem Teilnehmer im ungGeK geregelt. Der Arbeitgeber stellt dem Arbeitnehmer die Apparate zur Verfügung, deshalb gilt er als Teilnehmer im Sinne des ungGeK.[738] Der Arbeitnehmer ist Nutzer von Telediensten.[739]

Durch die Abrechnung der Kosten kann der Arbeitgeber die Verkehrsdaten einsehen.[740] Das ungGeK lässt zu, dass der Teilnehmer durch den Kommunikationsanbieter bei der Abrechnung die Verkehrsdaten der elektronischen Kommunikation erhält.

Verarbeitung personenbezogener Daten bei der Fakturierung

Der Anbieter kann zum Zustandekommen des Vertrags für einen elektronischen Kommunikationsdienst, zur Bestimmung seines Inhalts, zur Änderung des Vertrags bzw. zum Verfolgen seiner Erfüllung, zur Fakturierung der sich daraus ergebenden Gebühren sowie zur Geltendmachung der damit verbundenen Forderungen die zur Identifizierung der Nutzer bzw. Teilnehmer notwendigen und ausreichenden personenbezogenen Daten in Einklang mit Art. 6 Abs. 2 RL 2002/58/EG verarbeiten.[741]

Der Anbieter darf zur Fakturierung der Gebühren mit der Inanspruchnahme elektronischer Kommunikationsdienste verbundene personenbezogene Daten verarbeiten, die zur Bestimmung der Gebühren und zur Fakturierung erforderlich und ausreichend sind, insbesondere Daten in Bezug auf den Zeitpunkt, den Zeitraum und den Standort der Inanspruchnahme der Dienstleistung.[742] Bei der Kontrolle der Internetnutzung handelt es sich um Daten, die nicht im unmittelbaren Herrschaftsbereich des Arbeitnehmers liegen. Bei der Internetnutzung sind die Daten über die besuchten Internetseiten, Uhrzeit, Dauer der Nutzung und die Kennung des Endgeräts relevant.[743] Das sind personenbezogene Daten mit erheblichem Aussagegehalt, aufgrund derer der Kommunikationsvorgang des Arbeitnehmers leicht zu ermitteln ist. Die äußeren Umstände und die inhaltli-

---

737 § 157 Abs. 2 lit. a-g.
738 § 188 Nr. 22 ungGeK.
739 § 188 Nr. 26 ungGeK.
740 § 157 Abs. 2 ungGeK.
741 § 154 Abs. 1 ungGeK; Vgl.: § 157 ungGeK; *Kopasz/Polnerné Svecz*, BSZ 2004, 138 ff.
742 § 154 Abs. 2 ungGeK.
743 Siehe § 157 Abs. 2 lit. a-g ungGeK.

chen Merkmale der elektronischen Kommunikation sind gleichermaßen erfassbar.

Der Arbeitgeber kann die Verkehrsdaten ausschließlich zum Zweck der Überprüfung der Rechnung und der Abwicklung der Streitigkeit im Zusammenhang mit der Abrechnung erheben und diese Daten mit der Zustimmung der Arbeitnehmer verarbeiten.[744]

Voraussetzungen der Datenverarbeitung

Der Anbieter darf die personenbezogenen Daten verarbeiten, die zur Gewährung der Dienstleistung technisch unbedingt erforderlich sind.[745]

Er hat dafür zu sorgen, dass der Nutzer vor und während der Inanspruchnahme elektronischer Kommunikationsdienste jederzeit erfahren kann, zu welchen Zwecken der Anbieter welche personenbezogenen Daten in Einklang mit Art. 5 Abs. 3 RL 2002/58/EG verarbeitet.[746]

Prinzip der Vertraulichkeit

Der Anbieter muss - bei Bedarf gemeinsam mit anderen Anbietern - mit geeigneten technischen und organisatorischen Maßnahmen für die Verhinderung eines unberechtigten Abhörens bzw. einer unberechtigten Speicherung oder Überwachung der übertragenen Mitteilung und der mit der Mitteilung verbundenen Verkehrsdaten sowie die Verhinderung eines unberechtigten oder zufälligen Zugriffs zur Mitteilung und zu den mit der Mitteilung verbundenen Verkehrsdaten in Einklang mit Art. 5 Abs. 1 RL 2002/58/EG sorgen.[747] Diese Vorschrift bezieht sich auf den Schutz der Vertraulichkeit der Daten gegenüber dem Eingriff der Drittpersonen. Die Daten über den Inhalt und die Parteien des Kommunikationsvorganges dürfen nicht den Unbefugten übermittelt werden. Die Erhebung der Verkehrsdaten ist nur für die im ungGeK bestimmten Personen gestattet.[748]

Der Anbieter darf die bei der Gewährung der Dienstleistung angewandten elektronischen Kommunikationsmittel nur so wählen und in jedem Fall so betreiben, dass die Vertraulichkeit der Kommunikation gewährleistet werden

---

744 § 142 und 157 Abs. 2 ungGeK; § 4 Verordnung der Regierung Nr. 226/2003 (XII. 13.); § 15 Abs. 2 Verordnung von IHM Nr. 16/2003. (XII. 27.).

745 § 154 Abs. 3 ungGeK.

746 § 154 Abs. 7 ungGeK.

747 § 155 Abs. 1 ungGeK.

748 § 157 Abs. 6 ungGeK; Das Beobachten, das Abhören der Kommunikation bzw. das Speichern der Daten oder der Zugriff zu Sendungen bzw. Mitteilungen sind für die Dienste für nationale Sicherheit und die Ermittlungsbehörden sowie die Behörden der Frequenzwirtschaft bei der Ausübung der im ungGeK vorgeschriebenen Befugnisse erlaubt. § 155 Abs. 5 ungGeK.

kann.[749] Der Anbieter darf den Inhalt der übertragenen Mitteilungen nur in einem Umfang kennen lernen und speichern, der zur Gewährung der Dienstleistung technisch unbedingt notwendig ist.[750] Unter Inanspruchnahme des elektronischen Kommunikationsnetzes darf eine Information an einer Telekommunikationsendeinrichtung nur mit Zustimmung des Nutzers bzw. Teilnehmers nach einer klaren und vollständigen Auskunft gespeichert oder auf die dort gespeicherte Information zugegriffen werden.[751]

Konsequenz für die Rechtsanwendung

Nach dem geltenden Recht kann der Arbeitgeber die Übersicht über die Verkehrsdaten bei der Zustellung der Rechnung einsehen, deshalb ist die Kenntnisnahme über das Ausmaß der Internetnutzung unausweichlich. Er hat die Möglichkeit, die Daten über die äußeren Umstände der Internetnutzung zu erheben und eine Übersicht über die Inanspruchnahme der elektronischen Kommunikationsdienste zu erlangen.

Es ist dem Arbeitgeber untersagt, sich über das für die Abrechnung erforderliche Maß hinaus Kenntnis vom Inhalt oder den näheren Umständen der Internetnutzung zu verschaffen. Es ist empfehlenswert im Kollektivvertrag oder in der Betriebsordnung zu regeln, welche Daten der Arbeitgeber anhand der Rechnung einsehen darf.

Ergebnis

Der Arbeitgeber hat die Persönlichkeitsrechte des Arbeitnehmers bei der Kontrolle der Internetnutzung zu schützen und das Recht auf Schutz personenbezogener Daten des Arbeitnehmers nach dem ungDSG, nach der RL 95/46/EG und nach § 8 Abs. 2 undArbGB zu wahren.

Der Arbeitgeber darf die Bedingungen der Kontrolle im Rahmen des geltenden Rechts festlegen, aber er ist verpflichtet, die Datenschutzgrundsätze hinsichtlich der speziellen Eigenschaften der arbeitsrechtlichen Pflichten des Arbeitnehmers zu spezifizieren.

Die dargestellten gesetzlichen Vorschriften erstrecken sich auf die Mindestanforderungen der Datenverarbeitung bei der Kontrolle der Internetnutzung des Arbeitnehmers. Das ungArbGB und das ungDSG dienen als die wichtigsten Grundlagen zur betrieblichen Regelung der Internetnutzung.

Die Voraussetzungen der Kontrolle der Internetnutzung des Arbeitnehmers wurden in Bezug auf die Telearbeit im ungArbGB verankert. Das ist das einzige Gebiet, wo die rechtlichen Grenzen der Ausübung des Kontrollrechts daten-

---

749 § 155 Abs. 2 ungGeK.
750 § 155 Abs. 3 ungGeK.
751 § 155 Abs. 4 ungGeK.

schutzrechtlich festgestellt wurden. Die Fälle, in denen die Kontrolle begründet ist, wurden nicht konkretisiert.

Die Zulässigkeit der Erhebung personenbezogener Daten über die Internetnutzung richtet sich nach dem ungDSG. Die Rechtmäßigkeit der Kontrolle ist bei der privaten und dienstlichen Nutzung unterschiedlich zu beurteilen. Die Erhebung personenbezogener Daten über die besuchten Internetseiten ist bei der erlaubten privaten Nutzung rechtswidrig. Beim Verbot der privaten Nutzung kann das im Ausnahmefall gerechtfertigt werden. Diese Rechtfertigungsgründe sollen in der Rechtsprechung und in den Stellungnahmen des ungarischen Datenschutzbeauftragten ausgearbeitet werden. Die Kontrolle der Nutzung des Internets zu dienstlichen Zwecken ist nach dem ungDSG durchzuführen.

Die Erhebung der personenbezogenen Daten über die Internetnutzung wird spezifisch im ungGeK in Einklang mit der RL 2002/58/EG geregelt, das im Arbeitsverhältnis schwierig angewendet werden kann, weil das Verhältnis zwischen dem Teilnehmer der elektronischen Kommunikationsdienste und dem Nutzer nicht geklärt ist.[752] Die Vorschriften des ungGeK sind mit Rücksicht auf das ungDSG und das ungArbGB auszulegen.

Kontrolle der elektronischen Kommunikation des Arbeitnehmers

Die Kontrolle der E-Mail-Nutzung am Arbeitsplatz wirft verschiedene datenschutzrechtliche Fragen auf. Es wird heftig diskutiert, in welchem Umfang der Arbeitgeber berechtigt ist, von den Daten der vom Arbeitnehmer versandten und empfangenen E-Mails Kenntnis zu nehmen.[753] Im Folgenden soll dies näher dargestellt werden.

---

752 *Hendrickx*, Protection of workers' personal data in the European Union, S. 115.

753 *Morgan*, McGill Law Journal 1999, 888 ff.; *Ciocchetti*, Duke Law & Technology Review 2001, 4 f.; *Isajiw*, Temple Environmental Law and Technology Journal 2001, 76 f.; *Chapman*, North Carolina Journal of Law & Technology 2003, 124 f.; *Everett/Wong/Paynter*, Journal of Individual Employment Rights 2004-2005, 294 ff.; *Blanpain/Gestel*, Use and Monitoring of E-Mail, Intranet and Internet Facilities at Work, S. 231 ff.; *Löschnigg*, DRdA 6/2006, 459 ff.

Schutz der Persönlichkeit des Arbeitnehmers und Kontrolle des elektronischen Briefverkehrs

Der Arbeitgeber hat die Persönlichkeitsrechte des Arbeitnehmers bei der Kontrolle des elektronischen Briefverkehrs zu wahren. [754] Der Schutz des Briefgeheimnisses und das Recht auf den Schutz personenbezogener Daten sind insbesondere zu berücksichtigen.[755]

Schutz des Briefgeheimnisses

Der Arbeitnehmer hat ein schutzwürdiges Geheimhaltungsinteresse an seinen Briefen.[756] Das ungBGB enthält keine spezifische Vorschrift über den Schutz des E-Mail-Verkehrs, deshalb ist es unerlässlich, die Methoden der analogen Auslegung einzubeziehen. Die E-Mail und der konventionelle Brief weisen Ähnlichkeiten auf.[757]

Die Datenschutzgruppe ist der Auffassung, dass Online- und Offline-Kommunikation nicht „grundlos" unterschiedlich behandelt werden dürfen, und damit für E-Mail derselbe Schutz grundlegender Rechte gilt wie für herkömmliche Postsendungen auf Papier.[758]

Abgrenzung des Schutzbereiches

Es ist fraglich, ob die Vorschriften über den Schutz des Briefgeheimnisses nach § 81 Abs. 1 ungBGB bei der Kontrolle der E-Mail anwendbar sind.[759] Nach herrschender Auffassung ist das Briefgeheimnis ungeachtet der Form eines Briefes zu beachten.[760] Die Geschlossenheit ist das wichtigste Merkmal eines Briefes, Einzelheiten über dieses Kriterium werden aber nicht präzisiert.

Man muss die Vorgaben über den Schutz der Privat- und Geschäftsgeheimnisse auch berücksichtigen.[761] Es sind die konkreten Aspekte des Einzellfalles zu betrachten, um eine Analogie vornehmen zu können. Der Datenschutzgruppe hat festgestellt, dass Ort und Eigentum an den benutzten elektronischen Mitteln das in Rechtsgrundsätzen und Verfassungen enthaltene Kommunikations- und

---

754 § 8 Abs. 2 ungArbGB; § 75 ungBGB.

755 §§ 75-83 ungBGB.

756 BH 2002/52.

757 *Nagy*, Az elektronikus leveleink védelme, S. 7 ff.

758 Arbeitsdokument zur Überwachung der elektronischen Kommunikation von Beschäftigten, 21.

759 Nach § 81 Abs. 1 ungBGB verletzt die Persönlichkeitsrechte, wer das Briefgeheimnis verletzt.

760 *Törő*, Személyiségvédelem a polgári jogban, S. 456.

761 *Törő*, Személyiségvédelem a polgári jogban, S. 455 ff.

Briefgeheimnis nicht ausschließen.[762] Folglich ist § 81 Abs. 1 ungBGB zum Schutz der Vertraulichkeit der E-Mails der Arbeitnehmer anzuwenden.

Verletzung des Briefgeheimnisses

Die Fälle der Verletzung des Briefgeheimnisses werden nicht erschöpfend geregelt, darunter fallen insbesondere die Wahrnehmung und der Veröffentlichung des Privatgeheimnisses. Andere Formen der Missachtung des Geheimnisses können auch zur Verletzung der Persönlichkeitsrechte führen.[763] Die Tatbestände der Verletzung des Briefgeheimnisses sind lückenhaft entwickelt. Gemäß dieser Tatsache ist es schwierig, die Kriterien der Kontrolle der E-Mail-Nutzung mit Hinblick auf den Geheimnisschutz auszufiltern.

Das Recht auf Schutz personenbezogener Daten

Die Verarbeitung der Daten über die E-Mail Kommunikation hat Auswirkungen auf die „informationelle Selbstbestimmung des Arbeitnehmers. Die Erfassung der Inhaltsdaten und der Verkehrsdaten der E-Mail Kommunikation gefährden die Persönlichkeistrechte des Arbeitnehmers insbesondere das Recht auf Schutz personenbezogener Daten.

Schutz des allgemeinen Persönlichkeitsrechts im Zusammenhang mit der E-Mail Kommunikation

Die E-Mail Kommunikation des Arbeitnehmers unterliegt dem Schutz des allgemeinen Persönlichkeitsrechts nach § 75 Abs. 1 ungBGB. Der Arbeitgeber darf nicht uneingeschränkt den E-Mail-Verkehr des Arbeitnehmers überwachen. Die heimliche Überwachung des E-Mail Verkehrs ist grundsätzlich unzulässig nach § 75 Abs. 1 ungBGB.

Kriterien der Kontrolle nach dem ungDSG

Zulässigkeit der Datenverarbeitung

Die Überwachung des E-Mail-Verkehrs stellt eine Verarbeitung personenbezogener Daten nach dem ungDSG dar.[764] Die Angaben bei der Verarbeitung der Daten über den E-Mail Verkehr sind personenbezogene Daten, wenn der Arbeitnehmer mit ihrer Hilfe bestimmbar ist.[765] Sie sind durch die RL 95/46/EG geschützt.[766]

---

762 Arbeitsdokument zur Überwachung der elektronischen Kommunikation von Beschäftigten, 21.

763 *Törő*, Személyiségvédelem a polgári jogban, S. 456.

764 § 3 Abs. 1 und 2 ungDSG.

765 (750/A/2004, 1598/K/2004) ABI 2004, 107.

766 Arbeitsdokument zur Überwachung, 22.

Einwilligung des Betroffenen

Die Datenverarbeitung ist nach dem ungDSG zulässig, wenn die Einwilligung des Arbeitnehmers und des Absenders oder des Empfängers vorliegt.[767] Der Arbeitgeber hat das Recht auf Schutz personenbezogener Daten des Kommunikationspartners der E-Mail zu wahren. Ist das Einholen der Einwilligung des Kommunikationspartners unmöglich, dürfen dessen personenbezogene Daten nicht verarbeitet werden.

Die Datenschutzgruppe zweifelt an der Funktion der Einwilligung als Rechtfertigungsgrund bei der Kontrolle der E-Mails durch den Arbeitgeber. In Anbetracht der Tatsache hat sie betont, dass E-Mail-Nachrichten personenbezogene Daten sowohl des Absenders als auch des Empfängers enthalten und Arbeitgeber im Allgemeinen nur die Einwilligung einer dieser Parteien ohne größere Schwierigkeiten einholen können, ist die Möglichkeit der Legitimierung der Überwachung von E-Mail-Nachrichten auf der Grundlage der Einwilligung des Arbeitnehmers sehr begrenzt.[768]

Die Datenschutzgrundsätze

Die Grundsätze der Erforderlichkeit, der Verhältnismäßigkeit und die Transparenz sind zum Schutz des Rechts auf Schutz personenbezogener Daten von erheblicher Bedeutung.

Erforderlichkeit

Nach dem Grundsatz der Erforderlichkeit hat der Arbeitgeber jegliche Form der Überwachung daraufhin zu prüfen, ob sie für einen festgelegten Zweck unbedingt erforderlich ist, bevor er Maßnahmen in dieser Hinsicht ergreift.[769] Traditionelle Kontrollverfahren, mit denen nicht so stark in die Privatsphäre des Einzelnen eingedrungen wird, sollen berücksichtigt werden, und wenn sie sich als geeignet erweisen, eingesetzt werden, bevor die elektronische Kommunikation in irgendeiner Form überwacht wird. [770] Nur in Ausnahmefällen kann die Kontrolle des E-Mail-Verkehrs eines Arbeitnehmers als notwendig angesehen werden. [771]

---

767 (1722/A/2005) ABI 2005, 359 ff.; (1393/K/2006) ABI 2006, 14; (40/K/2006-3) ABI 2006; *Törő*, Személyiségvédelem a polgári jogban, S. 459.

768 Arbeitsdokument zur Überwachung der elektronischen Kommunikation von Beschäftigten, 22.

769 *Artikel 29 Datenschutzgruppe*, Arbeitsdokument zur Überwachung der elektronischen Kommunikation, 13.

770 *Artikel 29 Datenschutzgruppe*, Arbeitsdokument zur Überwachung der elektronischen Kommunikation, 14.

771 *Artikel 29 Datenschutzgruppe*, Arbeitsdokument zur Überwachung der elektronischen Kommunikation, 14.

Verhältnismäßigkeit

Dieser Grundsatz verlangt, dass alle personenbezogenen Daten dem angestrebten Zweck entsprechen, dafür erheblich sind und nicht darüber hinausgehen.[772] Der Grundsatz der Verhältnismäßigkeit schließt demnach eine pauschale Überwachung einzelner E-Mail-Nachrichten aus, wenn sie nicht z.B. zum Zwecke der Gewährleistung der Systemsicherheit erforderlich ist.

Transparenz

Die individuellen Rechte des Arbeitnehmers sind zu gewährleisten. Die Arbeitnehmer müssen umfassend über die konkreten Umstände, die eine derartige Maßnahme rechtfertigen, und über Reichweite und Umfang der Kontrolle unterrichtet werden.[773]

Stellungnahme des ungarischen Datenschutzbeauftragten

Nach der Stellungnahme des ungarischen Datenschutzbeauftragten sind die Grundsätze der Telefondatenerfassung im Falle der E-Mail Überwachung zu berücksichtigen.[774] Im Folgenden wird dargestellt, inwieweit die Prinzipien der Kontrolle der Telefonnutzung analog für die E-Mail Kommunikation Geltung haben.

Zugang zum Inhalt der E-Mail

Die private und dienstliche E-Mail Kommunikation sind bei der Prüfung der Rechtmäßigkeit der Kontrolle zu unterscheiden.[775] Eine klare Abgrenzung von E-Mails privater und dienstlicher Art bereitet aber Schwierigkeiten, weil man anhand des äußeren Erscheinungsbilds einer E-Mail ihren Inhalt nicht identifizieren kann.[776] Der ungarische Datenschutzbeauftragte vertritt, dass der Adressat die einzige Person ist, die die privaten Briefe mit nicht erkennbarem Inhalt öffnen kann.[777] Er ist berechtigt, eine Unterscheidung zwischen privatem und dienstlichem Briefverkehr zu treffen.

---

772 *Artikel 29 Datenschutzgruppe*, Arbeitsdokument zur Überwachung der elektronischen Kommunikation, 18.

773 *Artikel 29 Datenschutzgruppe*, Arbeitsdokument zur Überwachung der elektronischen Kommunikation, 15.

774 (772/A/2000, 839/A/2000) ABI 2000, 91 f.; (331/A/2001) ABI 2001, 249 f.; (105/A/2003, gleichermaßen: 571/K/2003, 638/K/2003) ABI 2003, 89 f.

775 Zum Begriff der privaten Mitteilung Siehe § 2 lit. m Gesetz Nr. CVIII/2001 über die elektronischen Dienstleistungen und über die einzelnen Fragen der Dienstleistungen in der Informationsgesellschaft, eingefügt durch § 3 Abs. 1 des Änderungsgesetzes Nr. CLXXI/2005.

776 (1390/A/2004) ABI 2004, 90.

777 (791/K/1998) ABI 1998, 85 f.; (529/A/2006-3) ABI 2006; (1561/A/2006-3) ABI 2006.

Kontrolle des Inhalts der dienstlichen E-Mail

Stellungnahme des ungarischen Datenschutzbeauftragten

Der ungarische Datenschutzbeauftragte geht davon aus, dass der Arbeitgeber ein Einsichtsrecht bezüglich der geschäftlichen E-Mails hat, die zum dienstlichen Zweck eingerichtet sind.[778] Das ist die Lage, wenn die E-Mail Adresse nicht unter den einzelnen Arbeitnehmer mit namentlicher Adressierung verteilt wird. Das Einsehen der E-Mail ist auch zulässig, wenn der Arbeitnehmer in der mit „dienstlich" gekennzeichneten E-Mail privat kommuniziert hat.[779] Der Arbeitgeber hat die Bedingungen der Überwachung dem Arbeitnehmer anzugeben.[780]

Die Auswertung der ein- und ausgehenden E-Mails ist unterschiedlich. Der ungarische Datenschutzbeauftragte behauptet, dass der Arbeitgeber die eingehenden E-Mails mit unerkennbarem Inhalt nicht überprüfen kann.[781] Ist die eingehende E-Mail nicht adressiert oder deren Inhalt unklar, muss sich der Arbeitgeber an den Arbeitnehmer wenden. Der Arbeitnehmer ist infolge dessen verpflichtet, die Merkmale der E-Mail dem Arbeitgeber zu erläutern. Besteht keine Möglichkeit zum Informationsaustausch, kann der bevollmächtigte Mitarbeiter des Betroffenen die E-Mail öffnen. Mangels einer Bevollmächtigung darf der Arbeitgeber die E-Mails einsehen, die bei der Kontrolle ans Licht gebrachten Daten aber nicht nutzen. [782] Die zweckfremde Verarbeitung der personenbezogenen Daten ist rechtswidrig.

Umfang der zulässigen Kontrolle

Meines Erachtens ist die Überwachung des dienstlichen E-Mail-Verkehrs im Rahmen der Zweckbindung und der Erforderlichkeit nach dem ungDSG zulässig. Die heimliche Kontrolle der E-Mail kann nicht gerechtfertigt werden.

Nach der ausgeführten Ansicht sind die Befugnisse des Arbeitgebers bei den ausgehenden E-Mails weiter gefasst als bei den eingehenden E-Mails, weil der Arbeitnehmer durch das Senden der E-Mail seine Einwilligung zur Verarbeitung seiner personenbezogenen Daten automatisch erteilt. [783] Meiner Meinung nach sind die ein- und ausgehenden E-Mails gleichermaßen schutzwürdig. Der Arbeitgeber hat die Persönlichkeitsrechte des Arbeitnehmers bei der Kontrolle des E-Mail Verkehrs ebenfalls zu wahren.

Die Inhaltsüberwachung der dienstlichen E-Mails ist in Ausnahmefällen zulässig.[784] Der Arbeitgeber kann die E-Mail einsehen, wenn z.B. es sich um ge-

---

778 (331/A/2001) ABI 2001, 249 f.; (1393/K/2006) ABI 2006,14.
779 (331/A/2001) ABI 2001, 249 f.
780 (1722/A/2005) ABI 2005, 359 ff.; (40/K/2006-3) ABI 2006.
781 (120/A/2004, 1543/A/2004) ABI 2004, 93.
782 (120/A/2004, 1543/A/2004) ABI 2004, 93.
783 (120/A/2004, 1543/A/2004) ABI 2004, 93; (1722/A/2005) ABI 2005, 359 ff.
784 Im Gegenteil *Hegedűs*, MSZ 6/2006, 48.

schäftliche Dokumente handelt. Eine andere Form der Kontrolle des Inhalts z.B. Vorliegen des Ausdrucks der E-Mail kann ausnahmsweise akzeptiert werden.[785] In besonderen Fällen ist es dem Arbeitnehmer zumutbar, die Angaben dienstlicher Art dem Arbeitgeber zu übergeben.

Die dienstlichen E-Mails können unter speziellen Voraussetzungen ermittelt und geöffnet werden. Es empfiehlt sich darüber eine betriebliche Ordnung zu erfassen. Die Anwesenheit der Personen und die Abwicklung der Kontrolle dürfen die Persönlichkeitsrechte des Arbeitnehmers nicht verletzen. Eine Protokollierung des Kontrollvorganges ist unerlässlich, das darf aber nicht zur Aushöhlung der datenschutzrechtlichen Vorgaben führen.

Kontrolle des Inhalts der privaten E-Mail

Stellungnahme des ungarischen Datenschutzbeauftragten

Die Voraussetzungen der Inhaltsüberwachung der privaten E-Mail werden im Vergleich zur Kontrolle der dienstlichen E-Mail aufgrund der Stellungnahmen des ungarischen Datenschutzbeauftragten strikter beurteilt.

Nach herrschender Meinung ist der Briefwechsel via Internet nämlich die E-Mail Nutzung mit dem persönlichen Kennzeichnen anhand der Regelungen über die Telefondatenerfassung näher zu bestimmen. Der Arbeitgeber darf den Inhalt der E-Mail ohne Einwilligung des Arbeitnehmers nicht kontrollieren.[786] Er darf die E-Mail heimlich nicht herausfiltern und löschen. Es ist rechtswidrig, die E-Mail ohne Zustimmung des Arbeitnehmers an andere Personen zu übermitteln.[787] Die mit dem Vermerk „eigenhändig" versehenen Briefe können ausschließlich vom Bevollmächtigten des Arbeitnehmers geöffnet werden.[788] Bezüglich der nicht erkennbar gekennzeichneten Briefe sind die oben genannten Kriterien maßgebend.

Rechtmäßigkeit der Kontrolle

Der Datenschutzbeauftragte hat die Bedingungen der Inhaltsüberwachung nicht verdeutlicht. Er hat die erlaubte und die unerlaubte Privatnutzung nicht getrennt untersucht und die Aspekte des Persönlichkeitsschutzes nicht betont. Er stellte in den Mittelpunkt seiner Argumentation die Rolle der Einwilligung des Arbeitnehmers und hat auf die Vergleichbarkeit der Kontrolle der E-Mails mit der

---

785 Anders (40/K/2006-3) ABI 2006.

786 (772/A/2000, 839/A/2000) ABI 2000, 91 f.; (331/A/2001) ABI 2001, 249 f.; (105/A/2003, gleichermaßen: 571/K/2003, 638/K/2003) ABI 2003, 89 f.

787 (772/A/2000, 839/A/2000) ABI 2000, 91 f.; (331/A/2001) ABI 2001, 249 f.; (105/A/2003, gleichermaßen: 571/K/2003, 638/K/2003) ABI 2003, 89 f.

788 (218/K/1998) ABI 1998, 303 f.; (449/A/1999) ABI 1999, 77 f.; (352/A/2006) ABI 2006,15.

Telefondatenerfassung hingewiesen, ohne konkrete Leitlinien angegeben zu haben.

Ähnlich wie bei der Telefondatenerfassung darf der Arbeitgeber bei der erlaubten Nutzung keine Einsicht in den Inhalt privater E-Mails des Arbeitnehmers haben.[789] Weitere Schritte der Verarbeitung personenbezogener Daten der E-Mails bleiben dem Arbeitgeber verwehrt. Nach der Auffassung der Datenschutzgruppe ist dagegen das Öffnen von E-Mails „unter ganz bestimmten Umständen gerechtfertigt werden kann".[790]

Ist die private Nutzung am Arbeitsplatz untersagt, darf der Arbeitgeber in begründeten Fällen ausnahmsweise die E-Mails kontrollieren.[791] Zur Durchführung der Kontrolle sind die bei der Telefondatenerfassung festgelegten Grundsätze zu beachten.

Beim Zugriff auf den Inhalt der E-Mail müssen die Persönlichkeitsrechte des Absenders sowie des Empfängers berücksichtigt werden. Der Schutz des Briefgeheimnisses umfasst die E-Mails sowie den Anhang. Der Arbeitgeber hat den Schutz der Privatsphäre des Arbeitnehmers und das allgemeine Persönlichkeitsrecht zu wahren.[792]

Verarbeitung der äußeren Umstände vom E-Mail-Verkehr

Der Arbeitgeber ist verpflichtet, die Vertraulichkeit des Kommunikationsvorganges zu wahren. Die E-Mail Kommunikation ist vom ungGeK geschützt und gilt als eine Form der elektronischen Kommunikationsdienste.[793] Außerhalb des Anwendungsbereiches des ungGeK gewährleistet das ungDSG einen angemessenen Schutz.

Grundsätze der Kontrolle nach dem ungGeK

Die Kontrolle der äußeren Umstände der Internet-Nutzung und des E-Mail-Verkehrs weist Ähnlichkeiten im Anwendungsbereich des ungGeK auf. Hierbei sind die personenbezogenen Daten wie die Uhrzeit und Datum der Inanspruchnahme der elektronischen Kommunikationsdienste, Empfänger- und Absenderadresse und Betreffzeile der E-Mail relevant. Diese Daten sind vom ungGeK teilweise geschützt. Aus der Eigenartigkeit der Regelung ergeben sich Auslegungsprobleme. Es gibt Schwierigkeiten bei der Interpretation des Teilnehmer-

789 Gleichermaßen *Hegedűs*, MSZ 6/2006, 47 f.

790 Arbeitsdokument zur Überwachung der elektronischen Kommunikation von Beschäftigten, 23.

791 Gleichermaßen *Hegedűs*, MSZ 6/2006, 47 f.

792 *ECHR*, Halford v. United Kingdom judgment of 25 June 1997, Reports of Judgments and Decisions 1997-III. § 44; (1722/A/2005) ABI 2005, 359 ff.

793 § 188 Nr. 13 ungGeK.

Nutzer Verhältnisses bei Internet-Mail im arbeitsrechtlichen Kontext.[794] Anhand der Übersicht vom Kommunikationsanbieter kann der Arbeitgeber die Verkehrsdaten teilweise einsehen. Der Arbeitgeber kann die Verkehrsdaten ausschließlich zum Zweck der Überprüfung der Rechnung und der Abwicklung der Streitigkeit im Zusammenhang mit der Abrechnung erheben und diese Daten mit der Zustimmung der Arbeitnehmer verarbeiten.[795]

Die Maßstäbe der Rechtmäßigkeit der Kontrolle von äußeren Umständen des E-Mail-Verkehrs können nach dem ungGeK nicht exakt hergeleitet werden.

Zulässigkeit der Kontrolle nach dem ungDSG

Besondere datenschutzrechtliche Garantien werden im ungDSG im Zusammenhang mit der Verarbeitung der äußeren Umstände des E-Mail-Verkehrs nicht festgelegt.

Bei privaten und dienstlichen E-Mails können die Daten hinsichtlich der Uhrzeit, des Datums der E-Mail erhoben werden. Die Zulässigkeit der Verarbeitung der Adresse der ausgehenden E-Mail und der eingehenden E-Mail ist umstritten.

Nach Auslegung per analogiam sind die Leitlinien der Telefondatenerfassung zu beachten. Nach den Stellungnahmen des ungarischen Datenschutzbeauftragten ist die Verarbeitung der äußeren Umstände der Kommunikation insbesondere der Daten über die Zieladresse nur mit schriftlicher Einwilligung der Betroffenen zulässig.[796] Ferner ist das Prinzip der Wahl des mildesten Mittels zu beachten.

Meines Erachtens verstößt die Erfassung der Zieladresse der ausgehenden privaten und der Herkunftsadresse der eingehenden privaten E-Mail gegen die allgemeinen Datenschutzgrundsätze. Das Recht auf Schutz personenbezogener Daten der Parteien der elektronischen Kommunikation ist gefährdet. Trotz der ausdrücklichen schriftlichen Einwilligung der Betroffenen sind die Prinzipien der Zweckbindung und der Verhältnismäßigkeit zu erfüllen. Ein berechtigtes Interesse des Arbeitgebers an der Kontrolle dieser Daten kann ausnahmsweise gerechtfertigt werden. Die Erfassung der Zieladresse der E-Mail bei der dienstlichen Kommunikation ist fragwürdig. Die Konkretisierung der Interessen ist aufgrund einer einzelfallbezogenen Interessenabwägung möglich. In begründeten Fällen kann der Arbeitgeber die äußeren Umstände der dienstlichen E-Mails einsehen.

---

794 § 157 Abs. 2 ungGeK.

795 § 142 und 157 Abs. 2 ungGeK; § 4 Verordnung der Regierung Nr. 226/2003 (XII. 13.); § 15 Abs. 2 Verordnung von IHM Nr. 16/2003. (XII. 27.).

796 (803/A/1997, 387/A/1998) ABI 1998, 254 ff.

Der Arbeitgeber hat die Daten bei der Kontrolle des E-Mail-Verkehrs zu protokollieren. Der Arbeitnehmer hat ein Einsichtsrecht in die entstandenen Dokumente.

Mindestmaß an Informationen

Nach der Stellungnahme der Datenschutzgruppe ist es empfehlenswert, eine Verfahrensrichtlinie am Arbeitsplatz auszuarbeiten und die Modalitäten der Überwachung der Nutzung technischer Geräte festzulegen. Hinsichtlich der Regelung der Kontrolle des E-Mail-Verkehrs sollten die folgenden Aspekte berücksichtigt werden: Voraussetzungen der privaten und dienstlichen Nutzung des E-Mails, Einschränkung von Nutzungszeiten und Nutzungsdauer, Bedingungen des Zugriffs auf den Inhalt eines E-Mails in der Abwesenheit des Arbeitnehmers, Gründe und Zwecke der Überwachung, Einzelheiten der Überwachungsmaßnahmen, genaue Angaben über Durchsetzungsverfahren, Kriterien des Anlegens von Sicherheitkopien von E-Mails, Dauer der Speicherung und die Fristen zum Löschen, Sicherheitsfragen und die Einbeziehung der Interessenvertretungsorgane der Arbeitnehmer in die Ausarbeitung der Verfahrensrichtlinien.[797]

Überlegungen über das geltende Recht

Aus der geltenden Rechtslage ergibt sich, dass der Schutz der Interessen des Arbeitgebers bei der Ausübung der Kontrollrechte im Vordergrund steht.

Die Nutzung der E-Mail am Arbeitsplatz wurde nicht bereichspezifisch geregelt. Wichtige Fragen wurden weder im Schrifttum noch in der Rechtsprechung tiefgründig behandelt.

Der Gesetzgeber sollte die Garantien des Rechts auf informationelle Selbstbestimmung präzisieren. Es wäre vorteilhaft, die konkreten Zwecke der Überwachung gesetzlich zu verankern. Die Voraussetzungen der Verarbeitung der äußeren Umstände der elektronischen Kommunikationsdienste sind nicht eindeutig geklärt.

Nach den Stellungnahmen des ungarischen Datenschutzbeauftragten sind die Grundsätze der Telefondatenerfassung im Falle der E-Mail Überwachung anzuwenden. Die Kontrolle des Inhalts der dienstlichen E-Mail ist zulässig, wenn die dienstliche Natur der E-Mail zuverlässig identifiziert werden kann. Die dienstlichen E-Mails dürfen mit der Einwilligung des Betroffenen gemäß den Datenschutzgrundsätzen geöffnet werden.

Der Arbeitgeber darf bei der erlaubten Nutzung die Inhaltsdaten privater E-Mails nicht erheben und beim Nutzungsverbot die E-Mails in begründeten Fäl-

797 Arbeitsdokument zur Überwachung der elektronischen Kommunikation von Beschäftigten, 23 f.

len kontrollieren. Die Persönlichkeitsrechte des Absenders sowie des Empfängers müssen berücksichtigt werden.

Der Arbeitgeber hat das Recht auf Schutz personenbezogener Daten des Arbeitnehmers zu beachten. Im Falle der Abwesenheit des Betroffenen sind die speziellen Voraussetzungen der Datenverarbeitung zu erfüllen.

Die Kontrolle der Verkehrsdaten ist nach dem ungGeK zu beurteilen. Diese Vorschriften garantieren einen Mindestschutz bezüglich der Vertraulichkeit der Kommunikation.

Die Kontrolle über die Nutzung der elektronischen Geräte am Arbeitsplatz ist geringfügig gesetzlich geregelt. Die datenschutzrechtlichen Regeln gewährleisten keinen spezifischen Schutz der Arbeitnehmerdaten. Die Zulässigkeit der Kontrollmaßnahmen richtet sich hauptsächlich nach dem ungDSG. Der Persönlichkeitsschutz kommt als Schranke der privatautonomen Rechtsgestaltung in Betracht. Die Vorgaben des ungBGB garantieren keinen lückenlosen Schutz beim Eingriff in die Persönlichkeitsrechte des Arbeitnehmers, deshalb muss auf die allgemeinen arbeitsrechtlichen Grundsätze der Rechtsausübung zusätzlich zurückgegriffen werden.

Datenverarbeitung durch elektronische Überwachungssysteme am Arbeitsplatz

Elektronische Überwachungssysteme und die RL 95/46/EG

Die RL 95/46/EG gewährleistet den Schutz der Privatsphäre im Zusammenhang mit der Verarbeitung personenbezogener Informationen aus Tondaten und Bilddaten. Im Erwägungsgrund 14 wird betont, dass „in Anbetracht der Bedeutung der gegenwärtigen Entwicklung im Zusammenhang mit der Informationsgesellschaft bezüglich Techniken der Erfassung, Übermittlung, Veränderung, Speicherung, Aufbewahrung oder Weitergabe von personenbezogenen Ton- und Bilddaten diese Richtlinie auch auf die Verarbeitung dieser Daten Anwendung finden muss." Die Artikel 6, 7, 8, 10, 11, 12, 14 a, 15, 17, 18, 19 und 20 sind sinngemäß anzuwenden.

Verarbeitung personenbezogener Daten bei der Videoüberwachung

Die Datenschutzgruppe ist der Auffassung, dass die RL 95/46/EG sich auf die Sammlung von Bild- und Tondaten durch interne Fernsehüberwachungsanlagen und andere Videoüberwachungssysteme bezieht, die vollständig oder teilweise automatisch arbeiten, aber auch auf die nicht automatisierte Verarbeitung personenbezogener Daten, die Bestandteile von Datenbanken sind oder werden sollen.[798]

„Bild- und Tondateien, die sich auf bestimmte oder bestimmbare natürliche Personen beziehen, sind auch dann personenbezogene Daten, wenn sie im Rahmen eines geschlossenen internen Systems verwendet und nicht mit den Personalien einer Person verknüpft werden, und wenn sie keine Personen betreffen, deren Gesicht gefilmt wurde, aber andere Informationen enthalten, (...) und zwar unabhängig von den zur Verarbeitung verwendeten Medien, vom benutzten Verfahren, von der Art der Ausstattung, von den Merkmalen der Bildaufzeichnung und von den Übertragungssystemen."[799]

Rechtmäßigkeit der Datenverarbeitung

Der Arbeitgeber hat alle geeigneten Maßnahmen zu treffen, um sicherzustellen, dass die Videoüberwachung mit den Grundsätzen des Datenschutzes in Einklang steht. Der für die Datenverarbeitung Verantwortliche muss sicherstellen, dass die verfolgten Zwecke weder unklar noch mehrdeutig sind.[800] Er hat die Kriterien anzugeben, wenn die Rechtmäßigkeit der durch die Datenverarbeitung verfolgten Zwecke zu beurteilen ist.

Die Datenschutzgruppe vertritt die Meinung, dass die Verarbeitung personenbezogener Daten im Zusammenhang mit der Überwachung von Arbeitnehmern auch dann gegen Treu und Glauben verstoßen kann, wenn der Arbeitnehmer der Überwachung zugestimmt hat oder wenn eines der anderen Kriterien von Art. 7 RL 95/46/EG erfüllt ist.[801] Der Umstand, dass der Beschäftigte seine Einwilligung gegeben hat, kann berücksichtigt werden, wenn geprüft wird, ob die Verarbeitung den Anforderungen von Art. 6 RL 95/46/EG entspricht. „Inwieweit ist der Fall ist, ist von Mitgliedstaat zu Mitgliedstaat unterschiedlich, aber die Einwilligung der betroffenen Person ist nie ein vorrangiges Kriterium".

Verhältnismäßigkeit des Einsatzes der Videoüberwachung

Nach dem Grundsatz der Verhältnismäßigkeit dürfen interne Fernseh- und vergleichbare Videoüberwachungsanlegen nur zu Hilfszwecken eingesetzt werden, die den Rückgriff auf derartige Systeme wirklich rechtfertigen.[802] Im Hinblick auf den verfolgten Zweck muss von Fall zu Fall der Grundsatz der Verhältnismäßigkeit angewandt werden, der eine Art Pflicht der Datenminimierung bei den für die Verarbeitung Verantwortlichen beinhaltet.[803] Überwachungssysteme

798 Arbeitsdokument, 13.
799 Arbeitsdokument, 13.
800 Arbeitsdokument, 15.
801 *Artikel-29-Datenschutzgruppe*, Stellungnahme 8/2001, 21.
802 Arbeitsdokument, 16.
803 Arbeitsdokument, 17.

können z.B. eingesetzt werden, wenn sich andere Schutz- und Sicherheitsmaßnahmen ohne Bildaufzeichnungsfunktion bezüglich der berechtigten Zwecke eindeutig als ungenügend und nicht anwendbar erwiesen haben.[804]

Der Arbeitgeber hat die Modalitäten für Verfilmungen wie folgt zu beachten: „das Bildfeld im Verhältnis zu den verfolgten Zwecken, die Art der Bildaufnahmegeräte, die konkreten Modalitäten des Einbaus, etwa der Standort der Kamera, die Möglichkeit einer Vergrößerung von Bildern entweder bei der Aufnahme selbst oder danach, bei gespeicherten Bildern, Standbild-Funktionen, die Verbindung mit einer Stelle, an die akustische oder optische Warnhinweise gesandt werden, die Schritte im Anschluss an die Videoüberwachung."[805] Dabei ist zu beachten, dass viele Zwecke ohne den Rückgriff auf personenbezogene Daten erreicht werden können.[806]

Die Aufbewahrung der Bilder ist auch von grundlegender Relevanz. Die Fälle sind besonders sorgfältig zu beurteilen, in denen die Identifizierung von Personen durch die Verknüpfung von Aufnahmen ihres Gesichts mit anderen Informationen ihrer aufgezeichneten Verhaltensweisen oder Tätigkeiten möglich sind.[807]

Der Grundsatz der Mäßigung ist bei der Verwendung personenbezogener Daten zu berücksichtigen, d.h. die personenbezogenen Daten dürfen nur in begründeten Fällen verarbeitet werden.[808]

Weitere Voraussetzungen der Datenverarbeitung

Die Transparenz und Angemessenheit sind beim Einsatz von Videoüberwachungsanlagen durch angemessene Unterrichtung der Betroffenen nach Artikel 10 und 11 RL 95/46/EG zu gewährleisten.[809] Sie sind ausführlich darüber zu informieren, welche Stellen überwacht werden. Darüber hinaus muss der Zugang zu den aufgezeichneten Bildern oder ihre Einsichtsnahme gestattet werden.[810] Ferner müssen geeignete Schutzmaßnahmen getroffen werden, unter anderem die Verbreitung von Informationen, die für den Schutz des Rechts der Betroffenen, der Dritten oder der für die Verarbeitung Verantwortlichen sowie im Hinblick auf eine Verhinderung von Manipulationen, Änderungen oder Zerstörung von Beweisen zweckmäßig sind.[811]

---

804 Arbeitsdokument, 17.
805 Arbeitsdokument, 18.
806 Arbeitsdokument, 19.
807 Arbeitsdokument, 19.
808 Arbeitsdokument, 19.
809 Arbeitsdokument, 20.
810 Arbeitsdokument, 20.
811 Arbeitsdokument, 21.

Kontrolle der Arbeitnehmer durch Kameras im ungarischen Recht

Die Rechtsfragen der elektronischen Überwachungssysteme wurden hinsichtlich der elektronischen Beobachtung der öffentlich zugänglichen Räume in Ungarn etabliert.[812] Dieses Phänomen hat danach im Arbeitsverhältnis für Aufmerksamkeit gesorgt.

Die vorliegende Untersuchung wird die datenschutzrechtlichen Grundlagen des Einsatzes eines elektronischen Überwachungssystems am Arbeitsplatz aufzeigen.

Begriff des elektronischen Überwachungssystems

Der Begriff des elektronischen Überwachungssystems ist nicht gesetzlich geregelt. Nach den Stellungnahmen des ungarischen Datenschutzbeauftragten sind Systeme mit Speicherung der Aufnahmen, Systeme ohne Speicherung der Aufnahmen und ein übersichtliches Gesamtbild übertragende Systeme datenschutzrechtlich relevant.[813] Weitere Merkmale des elektronischen Überwachungssystems wurden nicht ausgearbeitet. Im Folgenden ist auf die einzelnen Fragen der Zulässigkeit der Fernkontrolle durch Überwachungssysteme einzugehen.

Die Kontrolle durch Kameras und das ungArbGB

Bei der Ausübung des Kontrollrechts des Arbeitgebers sind die allgemeinen arbeitsrechtlichen Grundsätze der Rechtsausübung zu berücksichtigen.[814] Mangels bereichspezifischen Vorgaben spielen die Vorschriften des ungBGB, des ungDSG und das Gesetz Nr. CXXXIII/2005 über den Personen- und Vermögensschutz und über die Tätigkeit des Privatdetektivs (GPVTP) eine wichtige Rolle.

Interessen des Arbeitgebers

Der Arbeitgeber hat ein berechtigtes Interesse an der Inbetriebnahme eines elektronischen Überwachungssystems z.B. zur Sicherung der effektiven Funktionsfähigkeit des Unternehmens, zur Prävention von Arbeitsunfällen und zur Aufrechterhaltung des ungestörten Arbeitsablaufs.[815] Am häufigsten werden die

---

812 (41/A/1996) ABI 1995-1996, 170 ff.; *Földes*, Fundamentum 2/2004, 19 ff.; *Jóri*, Adatvédelmi kézikönyv, S. 148 f.

813 (475/H/2000) ABI 2000, 212 ff.

814 §§ 102 und 103 ungArbGB.

815 *Grévy*, D. Soc. 1995, 329 ff.; *Skyte*, in: *Blanpain* (Hrsg.), On-line Rights for Employees in the Information Society, S. 1 ff.; *Müller*, Die Zulässigkeit der Videoüberwachung am Arbeitsplatz, S. 17; *Pfalzgraf*, Arbeitnehmerüberwachung, S. 217 ff.; Die Modelle der Regelung der Datenverarbeitung durch Videoüberwachung sind unterschiedlich z.B.: Convention collective de travail n° 68 relative à la protection de la vie privée des

Überwachungssysteme zu folgenden Zwecken installiert: Personen- und Vermögensschutz, Prävention von Straftaten, Strafverfolgung, Schutz der öffentlichen Sicherheit, Kontrolle einzelner Arbeitsschritte, Bekämpfung von Arbeitsunfällen und Wahrung der Arbeitsdisziplin.[816]

Schutz der Persönlichkeitsrechte des Arbeitnehmers beim Einsatz von Kameras

Bei der elektronischen Überwachung sind die Persönlichkeitsrechte des Arbeitnehmers tangiert. Das physische und psychische Wohlbefinden des Arbeitnehmers kann durch derartige Kontrollmaßnahmen beeinträchtigt werden.[817] Das betrifft vor allem das Recht auf Schutz personenbezogener Daten, das Recht auf Schutz der Privatsphäre, die Menschenwürde, das Recht am eigenen Bild, das Recht auf Schutz der Tonaufnahme, den Schutz des Privatgeheimnisses und die persönliche Freiheit des Arbeitnehmers.

Schutz des Rechts am eigenen Bild und des Rechts auf Schutz der Tonaufnahme des Arbeitnehmers

Das Recht am eigenen Bild und das Recht auf Schutz der Tonaufnahme sind beim Einsatz von elektronischen Überwachungssystemen besonders gefährdet.[818] Jeder Missbrauch bezüglich der Abbildung einer anderen Person stellt eine Verletzung der Persönlichkeitsrechte dar.[819] Nach der Rechtssprechung ist die Einwilligung des Betroffenen zur Herstellung der Abbildung, ihrer Veröffentlichung, zur zweckfremden Nutzung und zur Wiederverwendung des Bildnisses einzuholen.[820] Die Herstellung von Bildnissen sowie die Filmaufzeichnung, digitale Speicherung mittels Kameras können einen unzulässigen Eingriff in die Persönlichkeitsrechte des Arbeitnehmers verwirklichen.

In welchem Umfang die Herstellung der Bilder rechtswidrig ist, ist durch eine einzelfallbezogene Interessenabwägung zu ermitteln. Im Fall des öffentlichen

---

travailleurs à l'égard de la surveillance par caméras sur le lieu de travail 16 Juni 1998 in: *Blanpain*, Wetboek Arbeidsrecht, Aflevering 43-44 I/A-1-5 (15. 6. 1998); Art. 11 Traitement à des fins de surveillance sur le lieu du travail Luxembourg-Loi du 2 août 2002 relative à la pretection des personnes à l'égard du traitement des donnés à caractère personnel; Chapter 5 Camera surveillance in the workplace, 759/2004 Finland.

816 (475/H/2000) ABI 2000, 212 ff.

817 *Wesche*, Journal of High Technology Law 2002, 107 ff.; Freiheitsrechte können auch allein durch drohende Beobachtung (…) gelähmt werden." *Buchner*, Informationelle Selbstbestimmung im Privatrecht, S. 87; AP BGB § 611 Persönlichkeitsrecht Nr. 15; AP BetrVG 1972 § 87 Überwachung Nr. 36; AP BetrVG 1972 § 87 Überwachung Nr. 41; BAG v. 14.12.2004- 1 ABR 34/03 NJOZ 2005, 2708 ff.

818 § 80 Abs. 1 ungBGB.

819 § 80 Abs. 1 ungBGB.

820 BH 1985/57; BH 1997/578; BH 1995/632; SZVB 24. P. 23. 455/1998/9.; LfB Pfv. IV. 22 807/1997/5; *Petrik*, A személyiség jogi védelme, S. 138.

Auftritts gelten spezielle Maßstäbe bei der Würdigung der Umstände, unter anderem ist die vernünftige Erwartung des Betroffenen über die Wahrscheinlichkeit der Herstellung von Videoaufzeichnungen von großer Bedeutung.[821]

Der Arbeitgeber hat das Recht des Arbeitnehmers an der eigenen Stimme zu wahren.[822] Nach § 80 Abs. 1 ungBGB stellt jeder Missbrauch bezüglich der Tonaufnahme einer anderen Person eine Verletzung ihrer Persönlichkeitsrechte dar.[823] Hier ist jedes Verhalten des Arbeitgebers zu berücksichtigen, das die persönlichkeitsrechtlichen Interessen des Arbeitnehmers beeinträchtigt.

Nach der Rechtsprechung ist die Einwilligung des Betroffenen zur Herstellung der Tonaufnahme, zur Veröffentlichung der Aufzeichnung, zur zweckfremden Nutzung und zur Wiederverwendung der Aufzeichnung einzuholen.[824] Die Missachtung der Einwilligung verstößt gegen das ungBGB und gilt als Verletzung der Persönlichkeitsrechte des Arbeitnehmers.[825]

Das Recht auf Schutz der Tonaufnahme bezieht sich vor allem auf den Schutz vor unbefugter Speicherung der Stimme und der Worte.[826] Das Aufzeichnen eines Gesprächs ist ohne Einwilligung des Arbeitnehmers unzulässig.[827]

Schutz des allgemeinen Persönlichkeitsrechts bei der Überwachung

Die oben zitierten Persönlichkeitsrechte sind bezüglich des Einsatzes von Kameras in den Entscheidungen des ungarischen Verfassungsgerichts angesprochen. Die Herstellung von Abbildungen fällt bei der Videoüberwachung in den Schutzbereich des allgemeinen Persönlichkeitsrechts.

Persönlichkeitsschutz bei der elektronischen Überwachung nach den Entscheidungen des ungarischen Verfassungsgerichts

Nach den Entscheidungen des ungarischen Verfassungsgerichts kommt der Menschenwürde, dem Recht auf Schutz der Privatsphäre und dem allgemeinen Persönlichkeitsrecht hinsichtlich des Einsatzes der elektronischen Überwachungssysteme hoher Stellenwert zu.[828] „Das Ziehen der Konsequenzen aus den

---

821 *Törő*, A személyiség polgári jogi védelme, S. 549; *Petrik*, A személyiség jogi védelme, S. 137. *Tattay*, MJ 2006, 229; Sz. V. B. 5. P. 23. 005/2003/6.

822 Das Recht auf Schutz der Tonaufnahme wird im ungBGB verankert. § 80 Abs. 1 ungBGB.

823 § 80 Abs. 1 ungBGB.

824 BH 1985/57; BH 1997/578; BH 1995/632; SZVB 24. P. 23. 455/1998/9; LfB Pfv. IV. 22 807/1997/5.

825 *Petrik*, A személyiség jogi védelme, S. 138 ff.; BH 2008/266.

826 *Törő*, Személyiségvédelem a polgári jogban, S. 522.; *Petrik*, A személyiség jogi védelme, S. 131.

827 *Petrik*, A személyiség jogi védelme, S. 138; BH 2008/266.

828 36/2005 (X. 5.) Entscheidung des ungarischen Verfassungsgerichts, ABH 2005, 390 ff.

durch die elektronische Überwachung gespeicherten Ereignissen, Verhaltens, Orten und Zeitpunkten tangiert das allgemeine Persönlichkeitsrecht".[829] Das Recht auf Schutz der Privatsphäre ist beim Schutz der Wertgegenstände aus geschäftlichen Interessen am intensivsten berührt.[830] Es wurde festgestellt, dass die Kameras zum Zwecke des Eigentumsschutzes geeignete Mittel sind, aber sie gefährden die Persönlichkeitsrechte, weil „die Personen, das menschliche Verhalten, Gewohnheiten, Mimiken und der menschliche Körper durch diese technischen Einrichtungen beobachtet werden können".[831] Durch die elektronische Überwachung kann in die Privatsphäre eingegriffen werden und dadurch können intime Momente der Lebensgestaltung ohne Erkenntnis des Betroffenen gespeichert werden. Die verdeckte Überwachung verletzt das Recht auf das Privatleben.[832] Das Recht auf Selbstbestimmung, das Recht auf die körperliche und persönliche Integrität und die Intimsphäre sind ebenfalls gefährdet.[833]

Zulässigkeit der elektronischen Überwachung nach dem ungDSG

Die datenschutzrechtlichen Fragen des Einsatzes von elektronischen Überwachungssystemen nämlich die Zulässigkeit der elektronischen Überwachung ohne Speicherung der Aufnahmen und der Überwachung mit Speicherung der Aufnahmen lassen sich aufgrund des ungDSG beantworten.

Dieses Gesetz ist bei der Ausübung der Kontrollrechte des Arbeitgebers durch elektronische Überwachungssysteme anwendbar, wenn die Lebensgestaltung bestimmter oder bestimmbarer Personen durch die Kameras beobachtet werden kann.[834]

Die Qualifizierung der Überwachung im Sinne des ungDSG ist schwierig. Bei der Inbetriebnahme von Kameras mit Speicherung der Aufnahmen können verschiedene Schritte der Datenverarbeitung wesentlich sein.[835]

Die Verarbeitung personenbezogener Daten des Arbeitgebers durch elektronische Überwachungssysteme bedarf der Einwilligung des Arbeitnehmers.[836]

Beim Untersuchen der Rechtmäßigkeit der Überwachung ist ausschlaggebend, ob es sich um Überwachung mit oder ohne Speicherung der Aufnahmen handelt. Der Standort der Überwachung spielt auch eine wichtige Rolle. Dabei

---

829 36/2005 (X. 5.) Entscheidung des ungarischen Verfassungsgerichts, ABH 2005, 390 ff.

830 22/2004 (VI. 19.) Entscheidung des ungarischen Verfassungsgerichts, ABH 2004, 367 ff.

831 36/2005 (X. 5.) Entscheidung des ungarischen Verfassungsgerichts, ABH 2005, 390 ff.

832 36/2005 (X. 5.) Entscheidung des ungarischen Verfassungsgerichts, ABH 2005, 390 ff.

833 36/2005 (X. 5.) Entscheidung des ungarischen Verfassungsgerichts, ABH 2005, 390 ff.

834 (475/H/2000) ABI 2000, 212 ff.

835 Im Folgenden sind insbesondere die Erhebung, das Sammeln und das Übermitteln von personenbezogenen Daten durch Videoüberwachung zu untersuchen.

836 § 3 Abs 1-2 ungDSG.

müssen öffentlich zugängliche, nicht öffentlich zugängliche oder teilweise zugängliche Arbeitsplätze unterschieden werden.[837]

Elektronische Überwachung ohne Speicherung der Aufnahmen nach dem ungDSG

Es ist umstritten, ob die Überwachung durch Kameras ohne Speicherung der Aufnahmen Datenverarbeitung im Sinne des ungDSG ist. Nach den Stellungnahmen des ungarischen Datenschutzbeauftragten ist der Einsatz der Geräte ohne Speicherung der Aufnahmen und die unmittelbare Beobachtung der übertragenen Bilder teilweise mit der personellen Überwachung gleichzusetzen. [838] „Die technische Beobachtung ermöglicht eine detaillierte Kontrolle im Gegensatz zur Aufsicht durch Personen. Das ständige Ansehen der übertragenen Bilder greift in die Persönlichkeitsrechte des Betroffenen intensiver ein. Bei der elektronischen Überwachung ohne Aufzeichnen der Daten findet die Wahrnehmung der Bilder statt. Das ist keine Datenverarbeitung im Sinne des ungDSG."[839] Die offene, für den Betroffenen offensichtlich erkennbare, Überwachung ist hinsichtlich des Persönlichkeitsschutzes und des Datenschutzes „bedeutungslos".[840]

Meines Erachtens ist die Überwachung durch Kameras ohne Speicherung der Aufnahmen als Datenverarbeitung im Sinne des ungDSG anzusehen.[841] Nach weiter Auslegung ist diese Art der Kontrolle unter die Kategorie der „jede mit den Daten vorgenommene Operation" zu subsumieren.[842] Nach der Ansicht des ungarischen Datenschutzbeauftragten wäre eine lückenlose Überwachung ohne Speicherung der Daten weitaus möglich. Meiner Meinung nach gefährdet die offene Beobachtung ebenfalls gravierend die Persönlichkeitsrechte des Arbeitnehmers, deshalb müssen die Vorschriften des ungDSG auch in diesem Fall beachtet werden.

Die Kriterien der Zulässigkeit der elektronischen Überwachung ohne Speicherung der Aufnahmen

Nach der Stellungnahme des ungarischen Datenschutzbeauftragten ist die Beobachtung der Lebensgestaltung des Arbeitnehmers am Arbeitsplatz durch Kameras rechtswidrig.[843] Der Arbeitgeber muss auf diese Maßnahme verzichten und nur in begründeten Einzellfällen kann der Einsatz von elektronischen Überwachungssystemen gerechtfertigt werden.

---

837 (475/H/2000) ABI 2000, 212 ff.

838 (475/H/2000) ABI 2000, 212 ff.; (179/K/2004) in: *Jóri*, Adatvédelmi kézikönyv, S. 148.

839 (475/H/2000) ABI 2000, 212 ff.; (179/K/2004) in: *Jóri*, Adatvédelmi kézikönyv, S. 148.

840 (475/H/2000) ABI 2000, 212 ff.; (179/K/2004) in: *Jóri* , Adatvédelmi kézikönyv, S 148.

841 Nach unterschiedlicher Argumentation Siehe *Szabó*, Das Übermitteln des aufzeichneten Bildes von Kamera ist Datenverarbeitung. http://adatvedelem.vilaga.hu 18. 04. 2006.

842 § 2 Nr. 9 ungDSG.

843 (1627/A/2004, 892/A/2004, 1280/K/2004) ABI 2004, 94.

Die Einwilligung des Arbeitnehmers ist bei der Überwachung nach § 8 Abs. 2 ungArbGB bzw. nach dem ungDSG einzuholen.[844] Die Grundsätze der Erforderlichkeit, der Zweckbindung und der Verhältnismäßigkeit nach dem ungDSG müssen bei der Einschränkung der Persönlichkeitsrechte berücksichtigt werden.[845]

Konkretisierung des Grundsatzes der Erforderlichkeit

Nach herrschender Auffassung ist die Inbetriebnahme des elektronischen Überwachungssystems erforderlich, wenn kein anderes, gleich wirksames und das Recht auf Schutz personenbezogener Daten weniger einschränkendes Mittel zur Verfügung steht.[846] Dem Einsatz des elektronischen Überwachungssystems ohne Speicherung der Aufnahmen muss Vorrang im Vergleich zum Überwachungssystem mit Speicherung der Aufnahmen gewährt werden.[847]

Der Arbeitgeber hat die Anonymität der Datenverarbeitung zu bewahren. Mangels gesetzlicher Ermächtigung und der Einwilligung des Betroffenen dürfen in öffentlich zugänglichen Räumen und im öffentlich zugänglichen Bereich der Privaträume ausschließlich Überwachungssysteme ohne Speicherung der Aufnahmen und Überwachungssysteme mit Speicherung der anonymisierten Aufnahmen eingesetzt werden.[848]

Konkretisierung des Grundsatzes der Zweckbindung

Der Grundsatz der Zweckbindung spielt eine wichtige Rolle bei der Bewertung der Rechtmäßigkeit der elektronischen Überwachung. Die Zulässigkeit des Zwecks des Einsatzes von Kameras hängt von dem Kontext der Verwendung der erlangten Daten ab.[849]

Es ist fraglich, inwieweit die Verarbeitung personenbezogener Daten durch elektronische Überwachungssysteme zu den Zwecken des Schutzes der Gesundheit und des Lebens des Arbeitnehmers, zum Sach- und Vermögensschutz, zur Steigerung der Produktivität des Unternehmens und zur Kontrolle der Lebensgestaltung am Arbeitsplatz rechtmäßig ist. Die schutzwürdigen Interessen des Arbeitgebers sind in der Rechtsprechung nicht ausgereift.

Nach der Entscheidung des ungarischen Verfassungsgerichts darf die Überwachung ohne Speicherung der Aufnahmen zum Zwecke der Prävention nicht uneingeschränkt durchgeführt werden.[850] Die Einschränkung der Grundrechte

---

844 § 3 Abs. 1-2 ungDSG.

845 (388/K/1999) ABI 1999, 74 f.

846 (1487/A/2004) ABI 2004, 86.

847 (811/K/2003) ABI 2003, 87.

848 (475/H/2000) ABI 2000, 212 ff.

849 36/2005. (X. 5.) Entscheidung des ungarischen Verfassungsgerichts, ABH 2005, 390 ff.

850 35/2002. (VII. 19.) Entscheidung des ungarischen Verfassungsgerichts, ABH 2002, 199 ff.

kann bei der Inbetriebnahme des elektronischen Überwachungssystems ohne Speicherung der Aufnahmen nach dem Grundsatz der Zweckbindung gerechtfertigt werden, wenn die Gefahr tatsächlich unmittelbar sei.[851]

Nach der Entscheidung des ungarischen Verfassungsgerichts kann der Schutz des Unternehmenseigentums an sich die Beschränkung der Grundrechte durch elektronische Überwachung angesichts der Menschenwürde nicht rechtfertigen.[852] Die Gesamtumstände des Einzellfalls müssen abgewogen werden.[853] Der Arbeitgeber ist nur ausnahmsweise befugt, zum Schutz seiner Wertgegenstände und des Grundstücks (z.B. im Gebäude für die Lagerung des Warenbestandes, auf dem Flur) ein elektronisches Überwachungssystem einzuführen.[854] Die Sicherheitsinteressen des Arbeitgebers sind mit entgegenstehenden Interessen des Arbeitnehmers z.B. im Juweliergeschäft abzuwägen. Der Schutz des Lebens und der Gesundheit des Arbeitnehmers kann die Überwachungsmaßnahme rechtfertigen.

Umstände der Überwachung am Arbeitsplatz

Zum Beurteilen der Zulässigkeit der Maßnahme des Arbeitgebers sind die Umstände der Überwachung von großer Bedeutung. Die Eingriffsintensität hängt vor allem von dem Standort der Geräte, von der zeitlichen Dimension der Beobachtung und von der Zahl der Betroffenen ab.[855]

Die Lage von Kameras

Die Bedingungen der Überwachung sind in den Privaträumlichkeiten und in den öffentlich zugänglichen Räumen verschiedenartig.[856]

Nach der Stellungnahme des ungarischen Datenschutzbeauftragten sind öffentlich zugängliche Räume für die Allgemeinheit nutzbare Bereiche, die das Eigentum des Staates oder der Stadtverwaltung sind.[857] Der öffentlich zugängliche Bereich des Privatgrundstücks ist die durch den Eigentümer oder durch den Nutzer abgegrenzte Räumlichkeit für die Allgemeinheit.[858] Hierunter fallen

---

851 35/2002. (VII. 19.) Entscheidung des ungarischen Verfassungsgerichts, ABH 2002, 199 ff.

852 Siehe 36/2005 (X. 5.) Entscheidung des ungarischen Verfassungsgerichts, ABH 2005, 390 ff.

853 Siehe 36/2005 (X. 5.) Entscheidung des ungarischen Verfassungsgerichts, ABH 2005, 390 ff.

854 *Hegedűs*, MSZ 6/2005, 51.

855 *Tinnefeld*, NZA 2003, 472; *Bayreuther*, NZA 2005, 1038 ff.; *Pfalzgraf*, Arbeitnehmerüberwachung, S. 212 ff.; Zur Verhältnismäßigkeitsprüfung *siehe* AP BetrVG 1972 § 87 Überwachung Nr. 36; AP BetrVG 1972 § 87 Überwachung Nr. 41; BAG v. 14.12.2004- 1 ABR 34/03 NJOZ 2005, 2708 ff.

856 (475/H/2000) ABI 2000, 212 ff.

857 (475/H/2000) ABI 2000, 212 ff.

858 (475/H/2000) ABI 2000, 212 ff.

Räume, die für jedermann unter gleichen Voraussetzungen nutzbar sind. Die Überwachungsmodalitäten variieren nach den Arbeitsplätzen. Der Arbeitgeber kann die Regeln der Überwachung nach der Natur der Räumlichkeiten festschreiben. Die Zulässigkeit des Einsatzes von Kameras in bestimmten Räumen ist abzulehnen. Das Überwachungssystem darf in den Räumlichkeiten zur Erholung der Arbeitnehmer z.B. in der Kantine, in den Sanitätsräumen und im Zimmer für Nachtdienst nicht eingesetzt werden.[859]

Anzahl der Betroffenen

Bei der Abwägung der Zulässigkeit der Überwachung ist die Anzahl der Betroffenen relevant. Die Gesamtzahl der Arbeitnehmer ist im Zusammenhang mit dem Eingriff in die Persönlichkeitsrechte nicht konkretisiert worden. Meines Erachtens tangiert die Überwachung die Persönlichkeitsrechte der Arbeitnehmer weniger intensiv, wenn sich viele Personen am Arbeitsplatz aufhalten. Je mehrere Leute durch die Kameras überwacht sind, desto weniger sind ihre immateriellen Interessen gefährdet. Die individualisierte Kontrolle des Verhaltens des Arbeitnehmers ist bei der Überwachung nicht zulässig, weil das die Privatsphäre und die Würde des Arbeitnehmers verletzt.

Unterrichtung der Arbeitnehmer

Es herrscht Einigkeit darüber, dass die verdeckte Überwachung ohne Speicherung der Aufnahmen unzulässig ist.[860] Die elektronische Überwachung ist mittels einer sichtbaren Anlage nach vorheriger Benachrichtigung des Arbeitnehmers rechtmäßig. Der Arbeitgeber hat den Arbeitnehmer nach Treu und Glauben über die Wesensmerkmale der Überwachung zu informieren. Die Umstände der Überwachung müssen klar bekannt gemacht und die Zwecke und der Typus der elektronischen Überwachung angegeben werden. Der Arbeitgeber hat den für die Überwachung Verantwortlichen zu konkretisieren.

Der Arbeitgeber hat der Pflicht zur Unterrichtung nach § 6 Abs. 2 ungDSG nachzugehen. Die Umstände der Überwachung müssen eindeutig bekannt gemacht werden. Die Angaben über die Verfilmungsmodalitäten müssen zu den überwachten Plätzen angebracht werden.[861]

Elektronische Überwachung mit Speicherung der Aufnahmen

Bei der elektronischen Überwachung mit Speicherung der Aufnahmen sind die Persönlichkeitsrechte des Arbeitgebers intensiver gefährdet als bei der Überwachung ohne Speicherung der Aufnahmen, weil die Verwertung der personenbe-

---

859 (1627/A/2004, 892/A/2004, 1280/K/2004) ABl 2004, 94; (1805/A/2005) ABl 2005, 82 f.

860 *Hegedűs,* MSZ 6/2005, 51.

861 Arbeitsdokument, 20.

zogenen Daten infolge des Speicherns der Aufnahmen auf verschiedene Weise möglich ist.

Die Kriterien der Zulässigkeit der elektronischen Überwachung mit Speicherung der Aufnahmen nach dem ungDSG

Es gibt keine speziellen Vorschriften über die Verarbeitung personenbezogener Daten durch elektronische Überwachung mit Speicherung der Aufnahmen.

Rechtsgrundlage der Überwachung

Nach herrschender Meinung sind die durch elektronische Überwachung gespeicherten Aufnahmen, aufgrund derer der Betroffene bestimmbar ist, im Sinne des ungDSG personenbezogene Daten. Die Inbetriebnahme des elektronischen Überwachungssystems gilt in diesem Fall als Datenverarbeitung nach dem ungDSG.[862] Durch Aufbewahrung der Aufnahmen über die Tätigkeit und das Verhalten des Arbeitnehmers ist die Nutzung personenbezogener Daten mehrmalig durchführbar.[863] Der Arbeitgeber darf die Aufnahmen kraft Gesetzes oder mit der Einwilligung des Betroffenen aufbewahren, verwenden und übermitteln.[864]

Zustimmung des Arbeitnehmers

Die Einwilligung des Arbeitnehmers ist das wichtigste Kriterium bei der Überprüfung der Zulässigkeit der Überwachung.[865] Das elektronische Überwachungssystem kann mit ausdrücklicher Einwilligung des Arbeitnehmers auf dem Privatgrundstück oder im öffentlich zugänglichen Bereich des Privatgrundstücks eingesetzt werden. Die schriftliche, mündliche und stillschweigende Einwilligung ist gleichermaßen rechtmäßig.[866] Die Überwachung der Arbeitnehmer ist z.B. aufgrund einer pauschalen unter Druck abgegebenen Einwilligung des Arbeitnehmers in einem vorformulierten Arbeitsvertrag vor der Einstellung rechtswidrig, weil das gegen § 2 Abs. 6 ungDSG verstößt.[867] Die Überwachung weist spezielle Merkmale am Arbeitsplatz auf. Der Arbeitnehmer hat die Pflicht,

---

862 (461/A/1998) ABI 1998, 82; (388/K/1999) ABI 1999, 74 f.; (475/H/2000) ABI 2000, 212 ff.; (811/K/2003) ABI 2003, 87; (1487/A/2004) ABI 2004, 86; (284/A/2005) ABI 2005, 439 ff.

863 (475/H/2000) ABI 2000, 212 ff.; Der Begriff der Nutzung wird im ungDSG nicht geregelt. Die Nutzung umfasst jede Verwendung personenbezogener Daten, soweit kein anderer Datenverarbeitungsschritt durchgeführt wird.

864 (475/H/2000) ABI 2000, 212 ff.; Übermitteln ist das Bekanntgeben personenbezogener Daten an einen bestimmten Dritten. § 2 Nr. 10 ungDSG; Das Verwenden wird im ungDSG nicht definiert.

865 (475/H/2000) ABI 2000, 212 ff.; (811/K/2003) ABI 2003 I. 87.

866 (1487/A/2004) ABI 2004, 86.

867 (598/P/2007) ABI 2007.

sich an dem angeordneten Ort aufzuhalten, deshalb kann er den Überwachungszonen nicht ausweichen.

Verdeckte Überwachung

Die verdeckte Überwachung mit Speicherung der Aufnahmen verletzt das Recht auf Schutz der Tonaufnahme und das Recht am eigenen Bild.[868] Nach herrschender Ansicht ist die heimliche Überwachung durch übermäßige Einschränkung der Persönlichkeitsrechte rechtswidrig.

Es ist umstritten, wann die heimliche Überwachung eines Arbeitnehmers durch den Arbeitgeber gerechtfertigt werden kann. Im ungarischen Recht wird diese Frage in der Rechtsprechung nicht geprüft. Das BAG hat sich im Gegenteil vorbildlich mit diesem Thema befasst. Es wird festgestellt, dass „die heimliche elektronische Überwachung eines Arbeitnehmers zulässig ist, wenn „der konkrete Verdacht einer strafbaren Handlung oder einer anderen schweren Verfehlung zu Lasten des Arbeitgebers besteht, weniger einschneidende Mittel zur Aufklärung des Verdachts ausgeschöpft sind, die verdeckte elektronische Überwachung praktisch das einzig verbleibende Mittel darstellt und insgesamt nicht unverhältnismäßig ist."[869] Dass der Verdacht bei Beginn der verdeckten Überwachung nicht allein den Betroffenen betraf, macht die Überwachung nicht unverhältnismäßig. Die Überwachung diente vielmehr dazu, „den bereits räumlich und funktional konkretisierten Verdacht auf eine Person einzugrenzen. Sie bot zugleich die einzige Möglichkeit, die übrigen Arbeitnehmer aus dem engen Kreis der Verdächtigen auszuschließen".[870] DieVoraussetzungen der verdeckten Überwachung werden hilfreich festgelegt, weil es übrigens Schwierigkeiten macht, den Rechtfertigungsgrund für die heimliche Überwachung aus den allgemeinen datenschutzrechtlichen Vorschriften abzuleiten.

Rechtfertigung der Überwachung nach den Datenschutzgrundsätzen

Die Rechtfertigungsgründe der Überwachung müssen im Lichte der Datenschutzgrundsätze bewertet werden. Die Datenverarbeitung durch elektronische Überwachung mit Speicherung der Aufnahmen kann nach umfassender Interessenabwägung gerechtfertigt werden.[871]

868 *Törő*, Személyiségvédelem a polgári jogban, S. 544 f.; *Petrik*, A személyiség jogi védelme, S. 138; *Hegedűs*, MSZ 6/2005, 51.

869 AP BAG BetrVG 1972 § 87 Überwachung Nr. 36.

870 AP BAG BetrVG 1972 § 87 Überwachung Nr. 36.

871 (284/A/2005) ABI 2005, 439 ff.

Zweckbindung der Verarbeitung personenbezogener Daten bei der Überwachung

Nach herrschender Auffassung ist der Einsatz der Kameras zur Kontrolle der Lebensgestaltung des Arbeitnehmers rechtswidrig.[872] Nach den Stellungnahmen des ungarischen Datenschutzbeauftragten ist die ständige Überwachung des Verhaltens der Arbeitnehmer durch ein elektronisches Überwachungssystem in den Diensträumen und in den Räumlichkeiten, wo die Arbeitnehmer sich aufhalten und arbeiten, unzulässig.[873]

Die Videoüberwachung ist nur in Ausnahmefällen rechtmäßig. Die Inbetriebnahme von Kameras kann zum Schutze des Lebens und der körperlichen Unversehrtheit gerechtfertigt werden.[874] Ein elektronisches Überwachungssystem kann z.B. in einer Werkstatt, in einer Fabrik oder in Einrichtungen mit gefährlichen Tätigkeiten eingesetzt werden.

In Anlehnung an die Rechtsprechung des ungarischen Verfassungsgerichts hat der Datenschutzbeauftragte festgestellt, dass die Verarbeitung personenbezogener Daten der Arbeitnehmer durch Videoüberwachung zum Schutz des Lebens und der Gesundheit des Arbeitnehmers gerechtfertigt werden kann, wenn die Gefahr tatsächlich und unmittelbar besteht.[875] Der Zweck des Schutzes des Lebens und der Gesundheit kann unter Gesamtwürdigung der Umstände gerechtfertigt werden.

Gegebenenfalls ist die Videoüberwachung zum Zwecke des Vermögensschutzes zulässig. Zum Schutz des Eigentums des Arbeitgebers kann diese Maßnahme eingesetzt werden, wenn es zum Zweck der Aufbewahrung von kostbaren Produkten, Wahren, Rohmaterial erforderlich ist.[876] Die Überwachung muss in diesen Fällen ortlich begrenzt und auf das Schutzobjekt gerichtet sein. Der Wert des Eigentums und des Schutzobjekts muss eingeschätzt werden, nach den konkreten Umständen ist eine differenzierte Abwägung nötig.

Ein Sonderfall der Überwachung ist das Einsetzen von Kameras an der Kasse. Nach den Stellungnahmen des ungarischen Datenschutzbeauftragten ist die Überwachung von Kassierer zum Schutz des Betroffenen zulässig, weil die Verhütung von Straftaten an der Kasse durch diese Maßnahme gewährleistet werden kann.[877] Das eingesetzte Mittel ist zur Erreichung des Ziels in diesem Fall notwendig und angemessen.

---

872 (1627/A/2004, 892/A/2004, 1280/K/2004) ABI 2004, 94.

873 (883/K/2009) ABI 2009; (531/K/2009) ABI 2009; (666/P/2008-3) ABI 2008.

874 (1165/K/2005) ABI 2005, 81 f.

875 (666/P/2008-3) ABI 2008.

876 (883/K/2009) ABI 2009; (531/K/2009) ABI 2009; (666/P/2008-3) ABI 2008.

877 (368/P/2009), (1015/P/2009), (2047/P/2009), (2098/P/2009), (2900/P/2009), (2812/P/2009) ABI 2009.

Beim Personen- und Vermögensschutz ist die unmittelbare und begründete Wahrscheinlichkeit der Gefahr zum Aufklären der Ordnungswidrigkeiten im Betrieb unentbehrlich.[878]

Das Speichern der Aufnahmen ist ausnahmsweise zulässig, wenn es Verdacht eines Fehlverhaltens, Straftaten oder andere rechtswidrige Handlungen besteht. Die Wesensmerkmale der Verdachtsmomente werden nicht geklärt. Die Überwachung der sich im Raum aufhaltenden Arbeitnehmer und der betriebsfremden Dritten ist zulässig, sofern der begründete Verdacht besteht, dass diese Straftaten gegen den Arbeitgeber verüben könnten. Eine präventive Beobachtung des Arbeitsplatzes kommt nur in besonderen Ausnahmefällen in Betracht.

Der Arbeitgeber darf die elektronische Überwachung zum angegebenen und angekündigten Zweck durchführen die Voraussetzungen der Überwachung ohne Einwilligung des Arbeitnehmers nicht verändern.[879]

Erforderlichkeit der Überwachung

Die Erforderlichkeit der Überwachung mit Speicherung der Aufnahmen kann im Einzellfall beurteilt werden. Der Personenkreis muss hinsichtlich des Spektrums der Überwachung abgegrenzt sein. Die Überwachung ist zulässig, wenn niemand den überwachten Raum betreten darf.[880] Auf dem Privatgrundstück kann der Einsatz von Kameras mit Speicherung der Aufnahmen aus Sicherheitsgründen gerechtfertigt werden, wenn man mit Aufenthalt anderer dort nicht rechnen muss.[881] Gibt es keine Möglichkeit die öffentlich zugänglichen Räume und den öffentlich nicht zugänglichen Teilbereich des Privatgrundstücks nicht zu besuchen, muss der Verantwortliche für die Datenverarbeitung die personenbezogenen Daten aus der Videoüberwachung auf Antrag des Betroffenen löschen.[882]

Der Grundsatz der Erforderlichkeit ist z.B. verletzt, wenn der Arbeitgeber zum Zweck des Vermögensschutzes, der Verhütung von Straftaten und der Kontrolle des Verhaltens der Arbeitnehmer in einer Bibliothek ein elektronisches Überwachungssystems installiert.[883] Die Überwachung ist nur in solchen Fällen zulässig, wenn der Zweck der Maßnahme für den Schutz von kostbaren Antiquititäten notwendig ist und der Umfang der Überwachung demgemäß gegenständlich begrenzt ist.

Die zeitliche Dimension der Überwachung spielt auch eine wichtige Rolle. Die zeitlich unbegrenzte Beobachtung kann ausnahmsweise rechtmäßig sein,

---

878 (1165/K/2005) ABI 2005, 81 f.
879 (1487/A/2004) ABI 2004, 86.
880 *Hegedűs*, MSZ 6/2005, 51.
881 (475/H/2000) ABI 2000, 212 ff.
882 (475/H/2000) ABI 2000, 212 ff.
883 (2247/K/2009) ABI 2009.

weil die Ungewissheit über die Einschaltung von Kameras die Persönlichkeitsrechte der Arbeitnehmer enorm beeinträchtigen kann.

Es ist offen gelassen, unter welchen Voraussetzungen die Dauer der Speicherung aufgrund der Datenschutzgrundsätze rechtmäßig ist. Während der Speicherung der Aufnahmen können die Daten missbräuchlich verarbeitet werden, dadurch besteht eine Gefahr für den Betroffenen.[884]

Verhältnismäßigkeit der Überwachung

Nach dem Grundsatz der Verhältnismäßigkeit kann die Rechtmäßigkeit der Überwachung umfassender als nach den Datenschutzgrundsätzen geprüft werden. Die Verhältnismäßigkeit des Eingriffes in die Persönlichkeitsrechte des Arbeitnehmers kann insbesondere im Lichte der Anzahl der Betroffenen, der Natur der Arbeitsleistung, der Ausstattung des Arbeitsplatzes, des Aufenthalts von Dritten, der bestimmten Ereignisse am Arbeitsplatz, der Merkmale des überwachten Raums und der Tätigkeit des Arbeitgebers bewertet werden.[885]

Nach der Stellungnahme des ungarischen Datenschutzbeauftragten verstößt der Arbeitgeber gegen den Grundsatz der Verhältnismäßigkeit, wenn er die Arbeitsleistung der Arbeitnehmer in einem Blumenladen durch Kameras ständig überwacht und er aufgrund der durch die Überwachung erfassten und gespeicherten Daten den Arbeitnehmern hinsichtlich ihrer Arbeitsleistung telefonisch Weisungen erteilt.[886] Die Arbeitnehmer waren damit ununterbrochen der Überwachung des Arbeitgebers ausgesetzt. Er hat die Geschehnisse am Arbeitsplatz und in den Umkleidekabinen nicht nur mitverfolgt, sondern er hat die Aufnahmen bei der Videoüberwachung ausgewertet und einzige Bilder im Internet veröffentlicht hat. Der Arbeitgeber hat daher das Recht auf Schutz personenbezogener Daten der Arbeitnehmer verletzt.

Das BAG hat die Prinzipien der Feststellung der Verhältnismäßigkeit zukunftsweisend erfasst: „Das zulässige Maß eines Eingriffs in das allgemeine Persönlichkeitsrecht bestimmt sich nach dem Grundsatz der Verhältnismäßigkeit. Danach muss die Regelung geeignet, erforderlich und angemessen sein, um den erstrebten Erfolg zu erreichen. Für die Angemessenheit einer grundrechtsbeschränkenden Maßnahme ist die Eingriffsintensität mitentscheidend. Bei einer elektronischen Überwachung ist u.a. von Bedeutung, wie viele Personen ihr ausgesetzt sind, ob diese anonym oder bekannt sind, ob sie einen Anlass für den Eingriff gegeben haben, insbesondere ob sie einer bereits begangenen oder drohenden Straftat oder Rechtsgutverletzung verdächtig sind, wo die Überwachungsmaßnahmen stattfinden, wie lange und intensiv sie sind und welche

---

884 36/2005. (X. 5.) Entscheidung des ungarischen Verfassungsgerichts, ABH 2005, 390 ff.

885 Siehe 36/2005. (X. 5.) Entscheidung des ungarischen Verfassungsgerichts, ABH 2005, 390 ff.

886 (598/P/2007) ABI 2007.

Technik dabei eingesetzt wird".[887] Die elektronische Überwachung ist z.B. unverhältnismäßig, wenn die verdachtsunabhängige Überwachungsmöglichkeit während der gesamten Arbeitszeit besteht und sie nicht auf einen bestimmten Zeitraum beschränkt ist, sondern auf unbegrenzte Zeit vorgesehen.[888] Das BAG hat die Verhältnismäßigkeit der Überwachung in einem anderen Fall bejaht, wenn die Überwachung auf den räumlichen Bereich beschränkt war, dem der konkrete Verdacht zugeordnet war.[889] Die schutzwürdigen Interessen der betroffenen Arbeitnehmer überwiegen die berechtigten Interessen der Arbeitgeber nicht, wenn die Videoüberwachung nicht auf Dauer angelegt ist und „die Arbeitnehmer (30 Kraftfahrer) der Aufzeichnung durch die Videoanlage nur für die Dauer des Be- und Entladens sowie der Prüfung der Fahrzeuge und damit unstreitig allenfalls für etwa eine Viertelstunde arbeitstäglich ausgesetzt sind". Der Überwachungs- und Anpassungsdruck beschränkt sich damit für die Kraftfahrer auf einen nur geringen, ihnen hinsichtlich der zeitlichen Lage bekannten Teil ihrer Arbeitszeit.[890] Das BAG hat festgestellt, dass „die Videoüberwachung im Außenbereich unter diesen Voraussetzungen geeignet ist, Straftaten gegenüber der Arbeitgeberin, deren Kunden oder Lieferanten sowie deren Beschäftigten vorzubeugen und zu ihrer Aufklärung beizutragen".[891]

Unterrichtungspflicht bei der Überwachung

Der Arbeitgeber ist verpflichtet, über den Zweck und Methode, über die Dauer und den Standort der Aufbewahrung der Aufnahmen und über die Person des Verantwortlichen für die Datenverarbeitung den Arbeitnehmer und die Betroffenen (z.B. Lieferanten, Gäste, Klienten) zu unterrichten.[892] Außerdem muss der Verantwortliche für die Datenverarbeitung in den öffentlich zugänglichen Räumen und auf dem Privatgrundstück den Tatbestand der Inbetriebnahme und die zeitlichen Aspekte der Überwachung dem Betroffenen im Voraus bekannt geben.[893] Durch „absichtlich sichtbare Errichtung" von Kameras kann die Unterrichtung nicht ersetzt werden.[894] Die Garantien des Rechts auf informationelle Selbstbestimmung müssen weitgehend beachtet werden und die Interessen von Dritten sind auch zu berücksichtigen.

Meiner Meinung nach sind die Modalitäten der Unterrichtungspflicht im Arbeitsverhältnis zu erweitern. Die Regelmäßigkeit und das Spektrum der

887 AP BAG BetrVG §§ 75 II 1, 87 Nr. 6.
888 AP BAG BetrVG §§ 75 II 1, 87 Nr. 6.
889 BAG Beschluß vom 26. 8. 2008, 1 ABR 16/07.
890 BAG Beschluß vom 26. 8. 2008, 1 ABR 16/07.
891 BAG Beschluß vom 26. 8. 2008, 1 ABR 16/07.
892 (475/H/2000) ABI 2000, 212 ff.; (811/K/2003) ABI 2003, 87.
893 (475/H/2000) ABI 2000, 212 ff. ; (94/A/2002) ABI 2002, 79 f.; (1627/A/2004, 892/A/2004, 1280/K/2004) ABI 2004, 94.
894 (1487/A/2004) ABI 2004, 86.

Überwachung, das Positionieren der Anlage, die Auswirkungen der Überwachung auf die arbeitsrechtlichen Rechte und Pflichten, die Aufklärung über die Regeln des Einlegens eines Rechtsbefehls und einer Beschwerde sind nach einer Interessenabwägung bekannt zu geben. Der Zweck und der Zeitraum der Aufbewahrung der Aufnahmen müssen eindeutig geregelt werden.[895]

Weitere Voraussetzungen der Überwachung

Nach der Auffassung der Datenschutzgruppe muss der Verantwortliche für die Datenverarbeitung zusätzliche Schutzmaßnahmen treffen, um die Rechte der Betroffenen zu schützen.[896]

Eine begrenzte Anzahl natürlicher Personen muss der Zugang zu den aufgezeichneten Bildern oder die Einsichtnahme gestattet werden, ausschließlich für die Zwecke, die durch eine Videoüberwachung verfolgt werden.[897] Die unbefugte Verbreitung von Informationen, Manipulationen, Änderungen oder Zersörung von Beweisen müssen verhindert werden.[898] Die Qualität der aufgezeichneten Bilder muss sichergestellt werden. Ferner müssen die an der elektronischen Überwachung beteiligten Mitarbeiter angemessen ausgebildet werden.[899]

Fazit

Es ist festzustellen, dass die Voraussetzungen der Rechtmäßigkeit der elektronischen Überwachung am Arbeitsplatz unvollständig konkretisiert werden. Die Eingriffsmerkmale wurden bei der Beobachtung ohne Speicherung der Aufnahmen und bei der Überwachung mit Speicherung der Aufnahmen unterschiedlich ausgearbeitet. Die Datenschutzgrundsätze können keine festen Anhaltspunkte für das konkrete Maß der Einschränkung der Persönlichkeitsrechte geben.[900] Die Gerichte sollen die Voraussetzungen der Datenverarbeitung bei der Überwachung klarstellen, weil die im Einzelfall notwendige und schonende Überwachung kann von ihnen ermöglicht werden.[901]

Lösungsmöglichkeiten nach dem geltenden Recht

Die Überwachung ist ein spezielles Gebiet aus datenschutzrechtlicher Sicht, weil die Interessenabwägung in diesem Fall von erheblicher Bedeutung ist. Die Rechtmäßigkeit der Überwachung kann nach der Gesamtabwägung der konkreten Umstände bewertet werden. Wie am Beispiel der Stellungnahmen des ungarischen Datenschutzbeauftragten und der Rechtsprechung des BAG dargestellt

---

895 (475/H/2000) ABI 2000, 212 ff.
896 Arbeitsdokument, 20.
897 Arbeitsdokument, 20 f.
898 Arbeitsdokument, 21.
899 Arbeitsdokument, 21.
900 (461/A/1998) ABI 1998, 82; (388/K/1999) ABI 1999, 74 f.
901 *Richardi/Kortstock*, RdA 2005, 384.

wurde, ist die Zulässigkeit der Überwachung im Einzelfall zu beurteilen. Die Initiative der Kommission zur Konkretisierung der RL 95/46/EG ist in dieser Hinsicht sehr wertvoll, weil sie die wichtigsten Zwecke der Überwachung und die einzigen Fallgruppen der diesbezüglichen Datenverarbeitung erfasst.

Der Arbeitgeber muss beim Einsatz des elektronischen Überwachungssystems nach dem geltenden Recht auf die Vorschriften des ungDSG zurückgreifen. Mangels bereichspezifischer Regelung ist die Anwendung dieses Gesetzes im Hinblick auf die RL 95/46/EG problematisch, weil es nach den allgemeinen datenschutzrechtlichen Vorgaben schwierig ist, über die Zulässigkeit der Beobachtung durch Kameras zu entscheiden. Anhand der Stellungnahmen des ungarischen Datenschutzbeauftragten haben sich die Grundlagen des Einsatzes von elektronischen Überwachungssystemen herauskristallisiert.

Die Rechtmäßigkeit der Verarbeitung personenbezogener Daten durch ein Überwachungssystem ist mithilfe der Interessenabwägung zu ermitteln. Die Bewertung der Zulässigkeit des Einsatzes der elektronischen Überwachung stellt eine Einzelfallentscheidung dar. Die Kriterien der Zulässigkeit orientieren sich an den datenschutzrechtlichen Grundsätzen und die verfassungsrechtlichen Maßstäbe sind auch heranzuziehen.

Eine Spaltung zwischen der Beurteilung der Rechtmäßigkeit der Datenverarbeitung ohne Speicherung der Aufnahmen und der Datenverarbeitung mit Speicherung der Aufnahmen bereitet Schwierigkeiten, weil die Grenzlinie zwischen den Kategorien nicht geklärt wurde.

Die Gerichte haben die Aufgabe, die Voraussetzungen der Datenverarbeitung weiterzuentwickeln.

Es ist empfehlenswert, die Zwecke der Überwachung bezüglich des Personen- und Vermögensschutzes und der Beweissicherung enumerativ zu beschreiben. Die Garantien der Verarbeitung personenbezogener Daten nach der Speicherung der Aufnahmen, die Löschungsfristen der Aufnahmen und die Individualrechte des Arbeitnehmers sollen gesetzlich geregelt werden. Im Vergleich des geltenden Rechts zu der Initiative der Kommission ist es festzustellen, dass die vorherige Kontrolle durch die nationale Datenschutzaufsichtsbehörde im ungarischen Recht nicht geregelt wird. Die Voraussetzungen der verdeckten Überwachung werden unvollständig geklärt.

Elektronische Videoüberwachung nach dem GPVTP

Nach der Wende sind die Grundlagen des Eigentumsschutzes in Ungarn umstrukturiert worden. Die Unternehmen haben neue Methoden zum Schutz ihrer Ressourcen dank der technischen Errungenschaften adaptiert.[902] Infolge des gesellschaftlichen Wandels wurde ein Gesetz Nr. CXXXIII/2005 über den Per-

---

902 *Borai*, 12/1998, 39 ff.; *Finszter*, BSZ 12/1998, 5 ff.; *Kaló*, BSZ 12/1998, 13; *Szövényi*, BSZ 12/1998, 21 ff.; *Vörösmarti*, BSZ 12/1998, 51 ff.

sonen- und Vermögensschutz und über die Tätigkeit des Privatdetektivs (GPVTP) verabschiedet.[903] Die Garantien des Betreibens des elektronischen Überwachungssystems und die datenschutzrechtlichen Normen angesichts des Personen- und Vermögensschutzes und der Tätigkeit des Privatdetektivs wurden speziell in diesem Gesetz verankert. Im Folgenden werden die wichtigsten Vorschriften des GPVTP über die elektronische Videoüberwachung dargestellt.

Elektronische Überwachung nach dem GPVTP

Anwendungsbereich des GPVTP

Das Anwendungsbereich des Gesetzes bezieht sich auf Personen, die im Werkvertrag oder im Arbeitsverhältnis Personen- und Vermögensschutz von ihrer Aufgabe her erbringen oder als Privatdetektiv tätig sind.[904] Das GPVTP hat Auswirkungen auf die Videoüberwachung am Arbeitsplatz. Der Arbeitgeber ist berechtigt, zum Zwecke des Personen- und Vermögensschutzes mit einer Wachperson einen Werkvertrag zu schließen oder eine Wachperson im Arbeitsverhältnis einzustellen.[905]

Der Begriff des Personen- und Vermögensschutzes umfasst die elektronische Überwachung.[906] Darunter sind die Inbetriebnahme des elektronischen Überwachungssystems ohne Speicherung der Aufnahmen und die Überwachung mit Speicherung der Aufnahmen aufgrund des Gesetzes zu verstehen.[907]

Die Abgrenzung des Anwendungsbereiches des GPVTP ist umstritten. Es herrscht keine Einigkeit darüber, ob die Vorschriften des GPVTP im Arbeitsverhältnis Anwendung finden.[908] Nach den Stellungnahmen des ungarischen Datenschutzbeauftragten kann das GPVTP bezüglich der Überwachung des Verhaltens der Arbeitnehmer durch elektronisches Überwachungssystem nicht angewendet werden, weil das ungDSG als Rechtsgrundlage der Videoüberwachung am Arbeitsplatz durch den Arbeitgeber anzusehen ist.[909] Der Arbeitgeber ist verpflichtet, die personenbezogenen Daten der Arbeitnehmer hinsichtlich der Überwachung nach dem ungDSG zu verarbeiten. Er kann nur das GPVTP nur dann einbeziehen, wenn es um die Speichrung der Daten handelt. Ferner muss er auch die Grundsätze des GPVTP achten. Meines Erachtens ist es

---

903 Das Gesetz Nr. IV/1998 wurde aufgehoben. Das Gesetz Nr. CXXXIII/2005 wurde am 21. November 2005 verabschiedet; Frakciók vezérszónokainak beszédei a személy- és vagyonvédelmi, valamint a magánnyomozói tevékenység szabályairól szóló T/13636. törvényjavaslatról; T/13634. törvényjavaslat bizottsági vitája a személy- és vagyonvédelmi, valamint a magánnyomozói tevékenység szabályairól.

904 § 1 Abs. 1 GPVTP und § 2 GPVTP.

905 § 2 GPVTP. Im Folgenden bezeichnen wir den Auftraggeber als Arbeitgeber.

906 § 74 Nr. 1 GPVTP.

907 § 74 Nr. 1 GPVTP.

908 *Hegedűs*, in: *Lajkó* (Hrsg), Opuscula Szegediensia 2, S. 125.

909 (666/P/2008-3) ABI 2008.

im Einzelfall zu ermitteln, ob das GPVTP anwendbar ist. Unter Abwägung der konkreten Umstände kann man darüber entscheiden, ob der Verarbeitung der Daten unter den Anwendungsbereich des GPVTP fällt.

Die Wachperson für Personen- und Vermögensschutz ist bei der Bewachung der öffentlich nicht zugänglichen Räume des Arbeitgebers berechtigt, ein Sicherheitssystem für den Vermögensschutz zu betreiben.[910] Der Arbeitgeber darf von Gesetzes wegen nur in den öffentlich nicht zugänglichen Räumen eine Beobachtung durch ein Sicherheitssystem für den Vermögensschutz durchführen lassen.

Begriff der öffentlich nicht zugänglichen Räume

Der Begriff der öffentlich nicht zugänglichen Räume wurde im GPVTP nicht erörtert. Der öffentlich zugängliche Raum ist ein Raum, der Eigentum des Staates oder der Stadtverwaltung ist, und von der Allgemeinheit ohne Einschränkung bestimmungsgemäß einschließlich des öffentlichen Verkehrswegs genutzt werden kann.[911] Der Privatgrundstück und der öffentlich zugängliche Teilbereich des Privatgrundstücks kommen hierbei in Betracht.[912] Die Definition des Privatgrundstücks wird nicht festgelegt, deshalb ist die Abgrenzung der Kategorien von Räumlichkeiten im Einzelfall vorzunehmen.

Begriff des Sicherheitssystems für den Vermögensschutz

Im Anwendungsbereich des GPVTP umfasst der Begriff des Sicherheitssystems für den Vermögensschutz das zum Zwecke des Vermögensschutzes installierte oder zu installierende elektronische Überwachungssystem mit Warnsignalen und Bildspeicherung und das elektronische Überwachungssystem ohne Speicherung der Aufnahmen zum Zwecke der Überwachung oder das elektronische Überwachungssystem mit Speicherung von Ton und Abbildung (Raumüberwachung) sowie andere mechanische Einrichtungen aufgrund derer die Übermittlung von Zeichen und Bild oder die Anzeige von Licht und Ton möglich ist.[913]

Diese Anlagen dürfen ausschließlich zum Zwecke des Vermögensschutzes installiert werden. Sie ermöglichen die Bewachung von Räumen, Grundstücken,

---

910 § 26 Abs. 1 lit. e GPVTP.

911 § 74 Nr. 10 GPVTP.

912 Der öffentlich zugängliche Teilbereich des Privatgrundstücks: Privatgrundstück, das für die Allgemeinheit ohne Einschränkung zugänglich ist. Darunter fällt der Teilbereich des öffentlich zugänglichen Raums, der von Auftraggeber durch zivilrechtliche Rechtsgeschäft besitzt wird, wenn die Nutzung des Teilbereichs mit der Tätigkeit der Wachperson für Personen- und Vermögensschutz im Teilbereich des öffentlich zugänglichen Raums nützlich in engem Zusammenhang steht. Das ist der Fall, wenn der Auftraggeber oder die Nutzer im Teilbereich des öffentlich zugänglichen Raums Gegenstände platzieren können. § 74 Nr. 11 GPVTP.

913 § 74 Nr. 6 GPVTP.

und Geländen. Die Definition des Überwachungssystems wurde im Gesetz nicht erläutert. Die Legaldefinition des Sicherheitssystems zum Vermögensschutz ist nicht abschließend geregelt, dazu zählen verschiedene Ausstattungen kraft der technischen Entwicklung.

Schutz der Persönlichkeitsrechte beim Betreiben des elektronischen Überwachungssystems

Nach den Entscheidungen des ungarischen Verfassungsgerichts sind die Garantien des Rechts auf informationelle Selbstbestimmung beim Betreiben des elektronischen Überwachungssystems zu beachten, um die Persönlichkeitsrechte des Betroffenen zu bewahren.

Schutz des Rechts auf informationelle Selbstbestimmung

Die für den Vermögensschutz eingestellte Wachperson kann am Privatgrundstück und im öffentlich zugänglichen Teilbereich des Privatgrundstücks ein elektronisches Überwachungssystem betreiben, wenn der Betroffene ausdrücklich dazu seine Einwilligung gegeben hat.[914]

Die Einwilligung des Betroffenen muss bei der elektronischen Überwachung mit und ohne Speicherung der Aufnahmen eingeholt werden.[915] Eine stillschweigende Einwilligung ist als rechtmäßig im GPVTP anerkannt.[916] Die stillschweigende Einwilligung ist vorhanden, wenn der Betroffene trotz der Hinweisschilder über den Tatbestand der Überwachung den Teilbereich des öffentlich zugänglichen Raums des Privatgrundstücks betritt, ausgenommen, wenn es anhand der äußeren Umstände anders zu beurteilen wäre.[917]

Die Kriterien der Zulässigkeit der Überwachung nach territorialen Aspekten werden nicht abgegrenzt geregelt. Das Privatgrundstück weist spezifische Merkmale auf, weil die Persönlichkeitsrechte des Betroffenen hier intensiver tangiert werden können als im öffentlich zugänglichen Teilbereich des Privatgrundstücks.

Schutz der Menschenwürde

Beim Einsatz von Kameras müssen erhöhte Garantien zum Zwecke des Schutzes der Menschenwürde gewährleistet werden, weil sie durch die Speicherung intimer Lebenslagen und trivialer Situationen des Alltagslebens verletzt werden kann.[918]

---

914 § 30 Abs. 2 GPVTP.

915 Gesetzesentwurf des GPVTP zu §§ 30-32; Siehe zum Problem der stillschweigenden Einwilligung 36/2005. (X. 5.) Entscheidung des ungarischen Verfassungsgerichts, ABH 2005, 390 ff.

916 § 30 Abs. 2 GPVTP.

917 § 30 Abs. 2 GPVTP.

918 36/2005. (X. 5.) Entscheidung des ungarischen Verfassungsgerichts, ABH 2005, 390 ff.

Nach dem GPVTP darf das elektronische Überwachungssystem nicht betrieben werden, wenn dadurch die Menschenwürde verletzt werden kann.[919] Die konkreten Umstände des Eingriffs in die Menschenwürde sind nicht konkretisiert, exemplarisch wird auf die verbotenen Standorte der Überwachung im GPVTP hingewiesen. Das Betreiben des elektronischen Überwachungssystems ist insbesondere im Umkleideraum, auf den Toiletten, im Waschraum und im Krankenzimmer nicht gestattet.[920] Es handelt sich um Aufenthaltsräume, in denen die Intimität besonders schützenswert ist.[921] Aus dem Gesetztext ergibt sich, dass am Arbeitsplatz andere sensiblen Räumlichkeiten vorstellbar sind.

Einschränkung der Persönlichkeitsrechte bei Ausübung der Rechte der Wachperson

Beim Betreiben eines Sicherheitssystems zum Vermögensschutz sind spezielle Rechte und Pflichten zu beachten. Die zum Personen- und Vermögensschutz eingestellte Wachperson kann ihre Rechte im Rahmen des Notwehrrechts oder mit der freiwilligen Einwilligung des Betroffenen ausüben.[922]

Sie hat das mildeste Mittel angesichts der Einschränkung der persönlichen Freiheit und der Persönlichkeitsrechte unter den zur Erreichung der Zwecken geeigneten Maßnahmen zu wählen.[923]

Allgemeine und spezielle Voraussetzungen der Datenverarbeitung beim Betreiben des elektronischen Überwachungssystems nach dem GPVTP

Die Voraussetzungen der Datenverarbeitung sind unterschiedlich je nach der Art der Überwachung. Im Folgenden werden der Grundsatz der Zweckbindung, der Geheimnisschutz und die Befugnisse des Beobachters erörtert.

Unterscheidung zwischen den Arten der Überwachung

Im GPVTP sind die Überwachung ohne Speicherung der Aufnahmen und die Überwachung mit Speicherung der Aufnahmen unterschiedlich geregelt.

Die Bedingungen des Betreibens des elektronischen Überwachungssystems ohne Speicherung der Aufnahmen werden nicht detailliert geregelt. In diesem Fall sind die allgemeinen Vorschriften anzuwenden.[924]

---

919 § 30 Abs. 3 GPVTP.

920 § 30 Abs. 3 GPVTP.

921 Gesetzesentwurf des GPVTP zu §§ 30-32.

922 § 25 Abs. 1 GPVTP; Die Kriterien des Notwehrrechts sind im GPVTP nicht geregelt. Zum zivilrechtlichen Schutz Siehe *Törő*, Személyiségvédelem a polgári jogban, S. 259 f.; *Gellért* (Hrsg.), A Polgári Törvénykönyv Magyarázata, S. 398.

923 § 25 Abs. 2 GPVTP.

924 § 25 Abs. 1 GPVTP.

Die Rechtsgrundlagen der Zulässigkeit des Betreibens des elektronischen Überwachungssystems mit Speicherung der Aufnahmen werden ausführlich festgelegt. „Das Betreiben des elektronischen Überwachungssystems mit Speicherung von Bild oder Ton, oder von Bild und Ton ist zum Schutz des Menschenlebens, der körperlichen Unversehrtheit, zum Schutz der persönlichen Freiheit, zur Bewahrung vor gefährlichen Stoffen, zum Schutz des Geschäfts- Bank- oder Wertpapiergeheimnisses, zum Vermögensschutz zulässig, wenn es nach konkreten Umständen wahrscheinlich ist, dass die Wahrnehmung der rechtswidrigen Handlungen, das Erwischen des Täters, die Prävention der rechtswidrigen Handlungen und die Beweissicherung mit anderen Mitteln nicht verwirklicht werden können, und das Betreiben der technischen Einrichtungen unbedingt notwendig ist und das Recht auf informationelle Selbstbestimmung nicht unverhältnismäßig eingeschränkt wird“.[925]

Das elektronische Überwachungssystem kann zum im Gesetz festgelegten Zwecken eingesetzt werden, die die Zweckbindung der Verarbeitung personenbezogener Daten erheblich beeinflussen. Die einzelnen Kriterien sind aber schwierig auszulegen. Angesichts der Grundsätze von Erforderlichkeit und Verhältnismäßigkeit haben die Gerichte die rechtfertigenden Gründe zu bewerten. Das zulässige Maß einer Beschränkung des Rechts auf informationelle Selbstbestimmung wurde bisher von ungarischem Verfassungsgericht erörtert. Der Grundsatz der Verhältnismäßigkeit wird auf verfassungsrechtlicher Ebene angesprochen, danach wurde diese Terminologie in den zivilrechtlichen Kontext übernommen. Die konkrete Interpretation der verfassungsrechtlichen Maßstäbe im privaten Rechtsverhältnis ist bisher ungeklärt.

Das GPVTP lässt offen, welche Voraussetzungen bezüglich der Wahrnehmung der rechtswidrigen Handlungen, des Erwischens des Täters oder der Prävention der rechtswidrigen Handlungen berücksichtigt werden können.[926] Eine rein präventive Überwachung ist auch zulässig, wenn keine weniger einschneidenden Mittel zur Aufklärung des Verdachts zur Verfügung stehen. Der Begriff der rechtswidrigen Handlungen ist unklar. Die Maßnahmen zur Prävention, zur Wahrnehmung und zur Aufklärung der rechtswidrigen Handlungen (Delikte, Straftaten, Fehlverhalten) berühren die Persönlichkeitsrechte verschiedenartig. Die rechtmäßige Dauer der Inbetriebnahme des elektronischen Überwachungssystems, Art und der Umfang der Überwachung werden nicht im GPVTP geregelt.

---

925 § 31 Abs. 1 GPVTP.

926 Der Begriff des Erwischens ist im GPVTP festgelegt. Erwischen: die unmittelbare Wahrnehmung des Begehens einer rechtswidrigen Handlung einschließlich der unmittelbaren gleichzeitigen Wahrnehmung der Rechtsverletzung durch elektronisches Überwachungssystem. § 74 Nr. 12 GPVTP.

Zweckbindung der Datenverarbeitung

Die für den Personen- und Vermögensschutz eingestellte Wachperson darf die wahrgenommenen und gespeicherten Daten während des Verrichtens ihrer Aufgaben aufgrund des Vertrags zu den Zwecken verarbeiten, die zur Wahrung der im GPVTP festgelegten Interessen notwendig sind.[927] Sie darf die zur Erreichung des Zwecks entbehrlichen Daten verarbeiten, weil das Recht auf informationelle Selbstbestimmung nicht unverhältnismäßig beschränkt werden darf.[928] Die personenbezogenen Daten dürfen nach dem GPVTP zum Zweck des Personen- und Vermögensschutzes erhoben, gesammelt und gespeichert werden.

Geheimnisschutz

Die für den Personen- und Vermögensschutz eingestellte Wachperson hat während und nach der Beendigung seiner Tätigkeit die Geheimnisse sowie Tatsachen, und Daten geheim zu halten, die im Laufe der Abwicklung ihres Vertrages wahrgenommen und erhoben wurden.[929]

Die Entbindung von der Geheimhaltungspflicht ist kraft Gesetzes oder aufgrund der Ermächtigung des Betroffenen rechtmäßig.[930] Die für den Personen- und Vermögensschutz eingestellte Wachperson darf die über die Drittperson kraft Gesetzes erhobenen Daten ausschließlich dem Arbeitgeber übermitteln.[931]

Die für den Vermögensschutz eingestellte Wachperson hat beim Betreiben des Sicherheitssystems für den Vermögensschutz die personenbezogenen Daten des Betroffenen insbesondere ihre Privatgeheimnisse und die Umstände ihres Privatlebens vor ungefugter Kenntnisnahme von Dritten zu schützen.[932]

Die Konzeptionen des Daten- und Geheimnisschutzes sind im Gesetz miteinander eng verbunden. Das Modell der sensitiven Daten nach dem ungDSG wurde ins GPVTP nicht übernommen, der Schutz der besonders schützenswerten Daten wird nicht vertreten.

Befugnisse der für den Personen- und Vermögensschutz eingestellten Wachperson

Die für den Personen- und Vermögensschutz eingestellte Wachperson darf beim Betreiben des elektronischen Überwachungssystems das Aufzeichnen von Bild und Ton aufgrund ihres Vertrages zum Zwecke des Verrichtens ihrer Pflichten im Hinblick auf die datenschutzrechtlichen Rechte nach dem ungDSG und dem

---

927 § 23 Abs. 1 GPVTP.
928 § 23 Abs. 1 GPVTP.
929 § 22 Abs. 1 GPVTP.
930 § 22 Abs. 2 GPVTP.
931 § 22 Abs. 3 GPVTP.
932 § 29 Abs. 1 GPVTP.

GPVTP durchführen.[933] Nach der Vereinbarung der Parteien können die Bedingungen der Überwachung näher konkretisiert werden. Zur Beurteilung der Zulässigkeit der Verarbeitung personenbezogener Daten greifen die essenziellen Leitsätze des ungarischen Verfassungsgerichts ein.

Die Wachperson für den Personen- und Vermögensschutz darf die gespeicherten Aufzeichnungen von Bild und Ton und die personenbezogenen Daten zur Prävention oder zur Unterbrechung der rechtwidrigen Handlungen, die zur Geltendmachung der vom Vertrag ergebenden Pflichten unentbehrlich notwendig sind, erkennen.[934] Die vom Einsichtsrecht erfassten Daten müssen in einem Register protokolliert werden. Das gespeicherte Bild- und Tonaufnahme, der Name des Verantwortlichen für die Datenverarbeitung oder des zur Einsicht Berechtigten, die Ursache der Einsicht und derer Uhrzeit müssen aufgezeichnet werden.[935]

Aus den zitierten Vorschriften folgt, dass die Rechtmäßigkeit der Verarbeitung personenbezogener Daten durch elektronische Überwachung mithilfe der Interessenabwägung zu beurteilen ist. Im GPVTP sind die konkreten Zwecke der Überwachung am detailliertesten festgelegt. Daraus kann man Erkenntnisse über den Zweck der Datenverarbeitung im Einzelfall gewinnen. Die Grundlagen der zulässigen Verarbeitung personenbezogener Daten wurden explizit aus dem Blickwinkel der für den Personen- und Vermögensschutz eingestellten Wachperson festgelegt, die Befugnisse des Arbeitgebers werden im Gesetz nicht präzisiert. Im Laufe der Überwachung ist der Arbeitgeber nach dem GPVTP und nach dem ungDSG berechtigt, die gespeicherten Daten zu erheben. Die Vorgaben über die Rechtmäßigkeit der Datenverarbeitung durch den Arbeitgeber und durch die Wachperson sind nicht eindeutig festgeschrieben, das zu einer widersprüchlichen Auslegung führen kann.[936]

Speicherung personenbezogener Daten nach dem GPVTP

Die Garantien des Aufbewahrens personenbezogener Daten wurden umwälzend im GPVTP geregelt.

Die für den Personen- und Vermögensschutz eingesetzte Wachperson hat die erhobenen und die gespeicherten personenbezogenen Daten- ausgenommen die Datenverarbeitung beim Betreiben des elektronischen Überwachungssystems- bei der Erfüllung des Zwecks des Vertrages sofort zu löschen. Sind die Daten zur Abwicklung des Vertrages nicht benötigt worden oder sind sie dazu

933 § 30 Abs. 1 GPVTP und § 23 GPVTP.

934 § 31 Abs. 7 GPVTP.

935 § 31 Abs. 7 GPVTP. Zum Inhalt des Protokolls § 10 Verordnung Nr. 22/2006. (IV. 25.) BM über die Umsetzung des Gesetzes Nr. CXXXIII/2005.

936 Siehe § 30 Abs. 1 Satz 2 GPVTP.

nicht geeignet, sind sie sofort, spätestens aber bei Beendigung des Vertrages zu löschen.[937]

Die für den Personen- und Vermögensschutz eingestellte Wachperson hat die erhobenen und gespeicherten personenbezogenen Daten von Dritten sofort zu löschen.[938]

Die gespeicherten Bild, Ton-, oder Bild- und Tonaufnahme sind mangels einer im Gesetz bestimmten Verwendung spätestens innerhalb von 3 Tagen zu vernichten oder zu löschen.[939] In den im GPVTP geregelten Spezialfällen sind die Videoaufzeichnungen spätestens innerhalb von 30 oder von 60 Tagen zu vernichten oder zu löschen.[940]

Das Hintansetzen des Vernichtens und des Löschens der personenbezogenen Daten ist im Spezialfall erlaubt. Zur Beweissicherung gelten Ausnahmeregeln. Wer ein schutzwürdiges Interesse an der Speicherung des Bildes, der Tonaufnahme oder Bild- und Tonaufnahmen, oder an der Speicherung der personenbezogenen Daten anderer hat oder es ist für seine Rechtsausübung notwendig ist, kann beim Verantwortlichen für die Datenverarbeitung beantragen, dass die Videoaufzeichnungen und die personenbezogenen Daten innerhalb von 3, 30, 60 Tagen nicht vernichtet oder gelöscht werden.[941]

Rechte des Betroffenen bezüglich der Datenverarbeitung bei der Anwendung des elektronischen Überwachungssystems nach dem GPVTP

Die Vorschriften über die Rechte des Betroffenen bezüglich der Datenverarbeitung werden in Einklang mit dem ungDSG festgelegt.[942]

Das Recht auf Auskunft wird bei der Überwachung des öffentlich zugänglichen Teilbereichs des Privatgrundstücks im GPVTP geregelt. Es ist unklar, inwieweit die für diese Räume geltenden Vorschriften bei der Überwachung des Privatgrundstücks zur Geltung gebracht werden können. Beim Schutz des öffentlich zugänglichen Teilbereiches eines Privatgrundstücks ist die für den Vermögensschutz eingestellte Wachperson verpflichtet, über den Tatbestand der Überwachung mit deutlich sichtbaren Hinweisschildern, über den Zweck der Überwachung, über den Zweck der Herstellung und Aufbewahrung der gespeicherten personenbezogenen Daten sowie der Bild- und Tonaufnahmen, über die Rechtsgrundlage der Datenverarbeitung, über den Standort der Aufbewahrung

937 § 23 Abs. 2 lit. a, b, c GPVTP.

938 § 23 Abs. 3 GPVTP.

939 § 31 Abs. 2 GPVTP; Als Verwendung der Daten und der Aufzeichnungen ist die Nutzung im gerichtlichen Verfahren oder vor den Behörden zur Beweisführung im Sinne des GPVTP zu verstehen. § 31 Abs. 5 GPVTP.

940 § 31 Abs. 2-3 GPVTP.

941 § 31 Abs. 3-4 GPVTP.

942 Die Rechte des Betroffenen nach §§ 11-16/A ungDSG werden nicht in diesem Kapitel nicht präzisiert.

der Aufnahmen, über die Zeitdauer der Aufbewahrung, über die das System betreibende Person, über die Einsichtsberechtigten, über die Rechte des Betroffenen nach dem ungDSG den Betroffenen zu benachrichtigen.[943] Die Wachperson hat im Grunde genommen die Umstände der elektronischen Überwachung erkennbar zu machen.

Bewertung der Neuerungen des GPTVP

Die zitierten Vorgaben sind als Vorbild für die bereichspezifische Regelung zu begreifen. Die Vorschriften des GPTVP fördern die Entwicklung des Arbeitnehmerdatenschutzes. Die Idee des Gesetzes, nämlich das Erstreben eines Interessenausgleiches zwischen den wirtschaftlichen und persönlichkeitsrechtlichen Belangen der Parteien ist auch im Arbeitsverhältnis zu beachten.

Der Leitgedanke des GPTVP ist das Balancieren zwischen den Interessen am Vermögensschutz und am Persönlichkeitsschutz. Die Rechte der Wachperson für den Personen- und Vermögensschutz bei der elektronischen Überwachung sind dementsprechend festgelegt und der unternehmerischen Freiheit wurde Grenzen gezogen. Die elektronische Überwachung bringt neue Gefahren für die Persönlichkeit mit sich, deshalb müssen übermäßige Eingriffe in die Persönlichkeitsrechte des Betroffenen vermieden werden. Durch individuelle Vereinbarung dürfen die Persönlichkeitsrechte nicht missachtet werden.

Es handelt sich um ein bahnbrechendes Gesetz im ungarischen Recht hinsichtlich des Datenschutzes. Die wichtigsten Garantien der Datenverarbeitung durch elektronische Überwachung wurden festgelegt, die die Rechtssicherheit verstärken.

Begrüßenswert ist, dass der Geltungsbereich des GPTVP sich auf die Datenverarbeitung im nicht-öffentlichen Bereich bezieht. Die datenschutzrechtlichen Vorschriften von GPVTP sind unter speziellen Voraussetzungen im Arbeitsverhältnis anwendbar. Der Anwendungsbereich des GPVTP kann aber nicht eindeutig abgegrenzt werden, deshalb ist der Einfluss des Gesetzes auf die Regelung der elektronischen Überwachung im Arbeitsverhältnis schwer abschätzbar.

Das GPTVP enthält keine neuen materiell-rechtlichen Zulässigkeitsbestimmungen bezüglich der Datenverarbeitung. Die Einwilligung des Betroffenen ist die wichtigste Rechtsgrundlage zur Rechtfertigung der Datenverarbeitung beim Betreiben des Überwachungssystems. Die Voraussetzungen der Verarbeitung personenbezogener Daten entsprechen dem geltenden Recht nach dem ungDSG. Die Grundsätze der Erforderlichkeit, der Zweckbindung, der Verhältnismäßigkeit und das Gebot der Wahl des mildesten Mittels wurden im Einzelnen ausgeführt. Die verfassungsrechtlichen Prinzipien des Rechts auf informationel-

---

943 § 28 Abs. 2 lit. a, c, d GPVTP.

le Selbstbestimmung werden im GPTPV eingefügt.[944] Diese Änderung wird hoffentlich die Rechtsanwendung inspirieren.

Wegen der generalklauselartigen Weite der Rechtsbegriffe im GPTPV gibt es bei der Auslegung Schwierigkeiten. Das Gesetz verwendet unterschiedliche Formulierungen im Vergleich zum ungDSG, der Geheimnisschutz und der Datenschutz sind miteinander verknüpft.

Die Unterscheidung zwischen der Überwachung ohne Speicherung der Aufnahmen und der Überwachung mit Speicherung der Aufnahmen wurde beibehalten. Die Regeln der Datenverarbeitung durch elektronische Überwachung mit Speicherung der Aufnahmen werden erfasst.

Die Rechte der für den Personen- und Vermögensschutz eingestellten Wachperson werden ziemlich detailliert festgeschrieben. Die Rechtmäßigkeit der Verarbeitung personenbezogener Daten durch den Arbeitgeber muss im Einzelfall nach den datenschutzrechtlichen Grundsätzen überprüft werden. Die Gerichte sollen die Leitlinien der rechtmäßigen elektronischen Überwachung der Rechtsicherheit halber festsetzen.

Merkmale der Überwachung aus datenschutzrechtlicher Sicht

Die Diskussion über die Zulässigkeit der Arbeitnehmerüberwachung ist ein spannendes Thema im ungarischen Arbeitsrecht. Die Rechtmäßigkeit der Kontrollmaßnahmen mithilfe des elektronischen Überwachungssystems wurde erst vor zehn Jahren erforscht. Nach der rasanten technischen Entwicklung wurde dieser Bereich aufgegriffen. Die Vorschriften über die Überwachung wurden mit Hinblick auf die gesellschaftlichen Änderungen eingeführt. Der Schutz der Persönlichkeitsrechte des Arbeitnehmers ist vielfältig garantiert, zum Zweck des umfassenden Rechtsschutzes besteht aber ein Entwicklungsbedarf des geltenden Rechts.

Der Gesetzgeber sollte die Kriterien der Videoüberwachung im Arbeitsverhältnis festschreiben, weil es nach dem ungDSG schwierig ist, die Zulässigkeit der Überwachung zu beurteilen. Die allgemeinen Datenschutzgrundsätze wurden von dem ungarischen Datenschutzbeauftragten teilweise konkretisiert.

Die Sicherheitsinteressen des Arbeitgebers und der Schutz des Lebens und der Gesundheit des Arbeitnehmers wurden als rechtmäßige Zwecke der Verarbeitung personenbezogenen Daten anerkannt, jedoch die berechtigten schutzwürdigen Interessen des Arbeitgebers werden bei der Überwachung nicht erschöpfend geklärt.

---

944 Siehe Verhältnismäßigkeitsgrundsatz *Medicus*, AcP 1992, 36 ff.; *Arnauld*, JZ 2000, 276 ff.; *Hanau*, Der Grundsatz der Verhältnismäßigkeit als Schranke privater Gestaltungsmacht, S. 93 ff.; *Wiese*, 2006, 638 ff.

Die Rechtmäßigkeit der Videoüberwachung mit und ohne Speicherung der Aufnahmen wird unterschiedlich beurteilt. Es ist unklar, wann es sich um eine Verletzung der Persönlichkeitsrechte im Zusammenhang mit der Überwachung handelt. Die Bewertung der Einschränkung der Persönlichkeitsrechte muss beim Einsatz des elektronischen Überwachungssystems von den Gerichten vorgenommen werden. Die Entscheidungen des ungarischen Verfassungsgerichts sind bei der Konkretisierung von grundlegender Bedeutung, die durch verfassungskonforme Auslegung berücksichtigt werden sollen.

Nach dem geltenden Recht ist die Rechtmäßigkeit der Videoüberwachung zweispurig zu prüfen. Das GPTVP bezieht sich auf das Betreiben des elektronischen Überwachungssystems unter speziellen Voraussetzungen. Die Vorschriften des GPTVP sind nur in bestimmten Fällen anwendbar. Dieses Gesetz symbolisiert einen großen Fortschritt im Datenschutzrecht, das die Rechtsanwendung verbessern und das Datenschutzbewusstsein bei der elektronischen Überwachung fördern kann.

Arbeitnehmerdatenschutz und die Interessenvertretungsorgane der Arbeitnehmer

Kollektivrechtlicher Gestaltungsfreiheit im Datenschutz

Interessenvertretungsorgane der Arbeitnehmer und die RL 95/46/EG

Die Interessenvertretungsorgane der Arbeitnehmer sind bei der Regelung des betrieblichen Datenschutzes von grundlegender Bedeutung, weil der Rechtsschutz des Arbeitnehmers durch die Ausübung der Rechte der Gewerkschaften und der Betriebsräte erhöht werden kann.[945] Die Einflussmöglichkeiten der Vertretungsorgane bei der Gestaltung des betrieblichen Datenschutzes sind sehr wichtig, obwohl die RL 95/46/EG keine spezielle Regelung enthält, die die Position der Interessenvertretungsorgane der Arbeitnehmer verstärken würde.[946]

Die Mitgliedstaaten besitzen einen Spielraum, der im Rahmen der Durchführung der Richtlinie von den Wirtschafts- und Sozialpartnern genutzt werden kann.[947] Der Gesetzgeber hat trotzdem keine speziellen Garantien der Datenverarbeitung durch die Interessenvertretungsorgane im ungDSG festgestellt.

Die RL 95/46/EG erstreckt sich auf die Verarbeitung personenbezogener Daten durch die Gewerkschaften und Betriebsräte, wenn sie als Verantwortliche für die Verarbeitung nach Art. 2 lit. d RL 95/46/EG gelten. Der Begriff des Verantwortlichen für die Datenverarbeitung umfasst „jede andere Stelle, die allein oder gemeinsam mit anderen über die Zwecke und Mittel der Verarbeitung von personenbezogenen Daten entscheidet.[948] Die Interessenvertretungsorgane fallen auch unter diese Definition, wenn sie über die Zwecke und Mittel der Verarbeitung der Arbeitnehmerdaten entscheiden. Solche Entscheidung kann in meisten Fällen der Gewerkschaft und dem Betriebsrat nicht entzogen werden, wenn sie die Daten im Rahmen der Erfüllung ihrer Aufgaben verarbeiten.

---

945 Die Befugnisse der Gewerkschaften und der Betriebsräte als Interessenvertretungsorgane werden in diesem Kapitel nach dem geltenden Recht erörtert. Nach § 18 ungArbGB sind im Sinne dieses Gesetzes unter einer Gewerkschaft alle Organisationen der Arbeitnehmer zu verstehen, deren erstrangiges Ziel die Förderung und Wahrung der mit dem Arbeitsverhältnis verbundenen Interessen der Arbeitnehmer ist. Nach § 42 Abs. 2 ungArbGB werden die Beteiligungsrechte im Namen der Gemeinschaft der Arbeitnehmer von dem durch sie gewählten Betriebsrat bzw. Betriebsbeauftragten ausgeübt.

946 *Simitis*, European Law Journal 1999, 61 f.

947 Erwägungsgrund 9 Satz 2 RL 95/46/EG.

948 Art. 2 lit. d RL 95/46/EG.

Genügt die Verarbeitung personenbezogener Daten den Anforderungen des Begriffes der Verarbeitung im Sinne der RL 95/46/EG und die Anknüpfung an den Anwendungsbereich des Gemeinschaftsrechts wird nachgewiesen, dann sind die Vorschriften der Richtlinie bei der Verarbeitung der Arbeitnehmerdaten durch die Interessenvertretungsorgane maßgebend.

Initiative der Kommission über die Einbeziehung der Arbeitnehmervertreter

Ergänzung des Schutzes der Individualrechte der Arbeitnehmer

Die Kommission hat im Bericht über die zweite Phase der Anhörung der Sozialpartner die grundlegenden Bedingungen der Ausübung der Rechte der Arbeitnehmervertreter im Arbeitnehmerdatenschutz erfasst.

Das Ziel des Reforms des Datenschutzes ist es, der Schutz der datenschutzrechlichen Rechte der Arbeitnehmer durch die Kollektivrechte hinsichtlich der Teilnahme von Arbeitnehmervertretern an der Verarbeitung personenbezogener Daten von Arbeitnehmern zu verstärken.[949] Sie vertritt die Meinung, dass die kollektiven Rechte der Arbeitnehmervertreter die Individualrechte von Arbeitnehmern auf Information und Mitwirkung ergänzen und sie bei der Regelung des europäischen Arbeitnehmerdatenschutzes berücksichtigt werden sollten.

RL 2002/14/EG als allgemeine Grundlage für die Unterrichtung und Anhörung

Die Kommission hat betont, dass Umfang, Methode der Ausführung und Inhalt kollektiver Rechte von Mitgliedstaat zu Mitgliedstaat unterschiedlich sind. Sie können Information, Anhörung oder Vereinbarung zu einer Reihe von Fragen beinhalten, die das Recht der Arbeitnehmer auf den Schutz ihrer Privatsphäre betreffen.[950]

Ferner weist sie auf die Anwendung der RL 2002/14/EG hin, weil die datenschutzrechtlichen Fragen die Entscheidungen des Arbeitgebers berühren können, die erhebliche Veränderungen in der Arbeitsorganisation oder in den Vertragsbeziehungen bewirken können. Die RL 2002/14/EG sieht zur Schaffung eines allgemeinen Rahmens für die Information und die Anhörung von Arbeitnehmern in der Europäischen Gemeinschaft entsprechende Bestimmungen vor. Sie enthält die inhaltlichen und die verfahrensrechtlichen Anforderungen der Unterrichtung und Anhörung der Arbeitnehmervertreter, die als allgemeine Grundlage der Information und Mitwirkung der Interessenvertretungsorgane im Arbeitnehmerdatenschutz von Bedeutung sind.

---

949 Zweite Phase der Anhörung, 10.
950 Zweite Phase der Anhörung, 10.

Das Recht auf Unterrichtung und Anhörung durch den Arbeitgeber erstreckt sich auf drei Bereiche nach Art. 4 Abs. 2 RL 2002/14/EG wie folgt: a) die Unterrichtung über die jüngste Entwicklung und die wahrscheinliche Weiterentwicklung der Tätigkeit und der wirtschaftlichen Situation des Unternehmens oder des Betriebs; b) die Unterrichtung und Anhörung zu Beschäftigungssituation, Beschäftigungsstruktur und wahrscheinlicher Beschäftigungsentwicklung im Unternehmen oder Betrieb sowie zu gegebenenfalls geplanten antizipativen Maßnahmen, insbesondere bei einer Bedrohung für die Beschäftigung; c) die Unterrichtung und Anhörung zu Entscheidungen, die wesentliche Veränderungen der Arbeitsorganisation oder der Arbeitsverträge mit sich bringen können, einschließlich solcher, die Gegenstand der in Artikel 9 Absatz 1 genannten Gemeinschaftsbestimmungen sind.

Hinsichtlich des Datenschutzes kommt vor allem Art. 4 Abs. 2 lit. c RL 2002/14/EG in Betracht, das die Einbeziehung der Arbeitnehmervertreter im Allgemeinen regelt.[951] Ferner sind Art. 4 Abs. 3 und 4 RL 2002/14/EG von Bedeutung, die die verfahrensrechtlichen Voraussetzungen der Unterrichtung und Anhörung der Arbeitnehmervertreter erfassen.

Bereiche der Einwirkung der Arbeitnehmervertreter

Die Kommission ist der Auffassung, dass der geplante europäische Rahmen sich „zur Gewährleistung rechtlicher Klarheit und eines umfassenden Schutzes aller derzeitigen, früheren oder sich bewerbenden Arbeitnehmer nichtsdestoweniger auf die erforderliche Unterrichtung und Anhörung der Arbeitnehmervertreter beziehen kann, um so eine Vereinbarung zu erreichen vor der Einführung oder Änderung von a) automatisierten Systemen zur Verarbeitung personenbezogener Daten von Arbeitnehmern, b) jeglichen technischen Vorrichtungen, die für die Überwachung und Kontrolle von Arbeitnehmern am Arbeitsplatz verwendet werden können und c) Fragebogen sowie Tests jeglicher Art, einschließlich medizinischer, genetischer und Persönlichkeitstests bei der Einstellung oder während der Beschäftigung.

Die Einbeziehung von Arbeitnehmervertretern sollte ferner für die regelmäßige Bewertung der wichtigsten Fragen des Arbeitnehmerdatenschutzes erwogen werden.

Bewertung der Vorschläge der Kommission

Als Ergebnis der Bewertung der Vorschläge der Sozialpartner hat die Kommission die Grundsätze der geplanten Regelung zum europäischen Arbeitnehmerdatenschutz zusammengefasst. Bezüglich der kollektivrechtlichen Aspekte des Datenschutzes hat sie nur eine Anforderung festgelegt, nämlich sollten die Arbeitnehmervertreter vor der Einführung, Änderung oder Bewertung jedes Sys-

---

951 *Berke* in: *Rácz/Horváth* (Hrsg.), Tanulmányok a munkajog jövőjéről, S. 122, 126.

tems, das für die Überwachung und Kontrolle von Arbeitnehmern verwendet werden kann, informiert und angehört werden.[952] Die Kommission ist davon ausgegangen, dass einer der Grundsätze über die Einbeziehung der Arbeitnehmervertreter Ausdruck der Tatsache ist, dass „die Sozialpartner im Hinblick auf die bestehende faktische und rechtliche Situation und unter Berücksichtigung der Erfordernisse der besonderen Organisation gut beraten sind, in allen Fragen zur Überwachung und Kontrolle am Arbeitsplatz Vereinbarungen zu treffen“.[953]

Weitere Aspekte der Beteiligung und Mitwirkung der Arbeitnehmervertreter werden hinsichtlich des Arbeitnehmerdatenschutzes nicht erörtert. Ein Grund könnte dafür sein, dass die Sozialpartner z. B. UEAPME und EUROCADRES gemäß dem Subsidiaritätsprinzip die Regelung des Datenschutzes vorzugsweise auf nationaler Ebene für möglich halten.[954]

Die Vorschläge der Kommission umfassen die Einbeziehung der Arbeitnehmervertreter bei der Einführung des elektronischen Überwachungssystems und die allgemeinen Voraussetzungen der Unterrichtung und Anhörung nach der RL 2002/14/EG. Die kollektivrechtlichen Grundsätze der Beteiligung und Mitwirkung der Arbeitnehmervertreter werden im Bericht der Kommission über den Arbeitnehmerdatenschutz daher nur partiell ausgearbeitet. Es wird ferner betont, dass die kollektivrechtliche Beteiligung und Mitwirkung der Arbeitnehmervertreter gegen die individuellen Rechte des Arbeitnehmers nicht vorgehen dürfen.[955] Im Bericht fehlt eine konsequente Konzeption über die Ausübung der Rechte der Arbeitnehmervertreter im Arbeitnehmerdatenschutz.

Die Rechte der Interessenvertretungsorgane und Arbeitnehmerdatenschutz

Datenverarbeitung durch die Interessenvertretungsorgane nach dem ungDSG

Das ungDSG enthält keine speziellen Vorschriften über die Verarbeitung personenbezogener Daten durch die Interessenvertretungsorgane der Arbeitnehmer, deshalb sind die allgemeinen datenschutzrechtlichen Vorschriften des ungDSG bei der Verarbeitung personenbezogener Daten durch die Gewerkschaften und Betriebsräte anzuwenden, wenn ein Gesetz nichts anderes vorschreibt.

Die Gewerkschaften fallen ebenso unter den Anwendungsbereich des ungDSG wie die Betriebsräte. Sie sind also genauso verpflichtet die Vorschriften des ungDSG einzuhalten, wie der Arbeitgeber. Solange ihnen personenbezogene Daten im Hinblick auf ihre gesetzlichen Aufgaben zugänglich gemacht

---

952 Zweite Phase der Anhörung, 18.

953 Zweite Phase der Anhörung, 18.

954 Zweite Phase der Anhörung, 20 f.

955 Siehe *Hendrickx*, Protection of workers' personal data in the European Union, 122.

werden, greifen die Vorschriften des ungDSG ein. Soweit die Gewerkschaft und der Betriebsrat personenbezogene Daten verarbeiten, sind sie als Verantwortliche für die Datenverarbeitung nach § 2 Nr. 8 ungDSG anzusehen.

Zulässigkeit der Verarbeitung personenbezogener Daten durch die Interessenvertretungsorgane nach dem ungDSG

Zulässigkeitstatbestände

In Anbetracht der Tatsache, dass das ungDSG keine spezielle Vorschrift über die Zulässigkeit der Datenverarbeitung durch die Interessenvertretungsorgane enthält, sind die allgemeinen Vorschriften anzuwenden.[956]

Die personenbezogenen Daten der Arbeitnehmer können daher durch die Gewerkschaft und den Betriebsrat nach § 3 Abs. 1 ungDSG verarbeitet werden, wenn der Betroffene dem zustimmt oder dies von einem Gesetz angeordnet ist. Die besonders schützenswerten Daten können nach § 3 Abs. 2 ungDSG verarbeitet werden. Die in Art. 7 lit. b bis f und in Art. 8 Abs. 2 lit. b bis e RL 95/46/EG festgelegten Voraussetzungen werden ins ungDSG nicht umgesetzt, deshalb keine anderen Rechtfertigungsgründe nach dem ungDSG berücksichtigt werden können.

Die Datenschutzgrundsätze

Die Grundsätze von Treu und Glauben, der Zweckbindung, der Erforderlichkeit und die Kriterien der Datenqualität sind nach dem ungDSG anzuwenden.

Das Gebot von Treu und Glauben

Die Verarbeitung personenbezogener Daten verstößt gegen das Gebot von Treu und Glauben nach § 7 Abs. 1 lit. a ungDSG, wenn z.B. die Gewerkschaft Daten über die privaten Lebensverhältnisse des Arbeitnehmers ohne seine Einwilligung veröffentlicht. Die Interessenvertretungsorgane dürfen die personenbezogenen Daten des Arbeitnehmers auf rechtmäßige Weise verarbeiten und sie müssen die mit dem Datenschutz zusammenhängenden Rechte des Arbeitnehmers bewahren. Sie haben z.B. den Arbeitnehmer von den Fällen der Verwendung der Lohndaten im Rahmen der Tarifverhandlungen zu informieren, wenn die Daten als personenbezogene Daten des Arbeitnehmers gelten.

Der Grundsatz der Zweckbindung

Nach § 5 Abs. 1 Satz 1 ungDSG dürfen die Interessenvertretungsorgane personenbezogene Daten nur zu einem bestimmten Zweck, zur Ausübung eines Rechts und zur Erfüllung einer Pflicht verarbeiteten.[957] Die Datenverarbeitung muss nach § 5 Abs. 1 Satz 2 ungDSG in jedem Abschnitt diesem Zweck ent-

---

956 (678/K/1999) ABI 1999, 78; *Hovánszki*, MSZ 7-8/2004, 71.

957 § 5 Abs. 1 Satz 1 ungDSG.

sprechen. Nach § 5 Abs. 4 ungDSG können die personenbezogenen Daten - entweder mit Zustimmung des Betroffenen oder auf Grund einer Rechtsvorschrift - insbesondere dann verarbeitet werden, wenn dies zur Geltendmachung der berechtigten Interessen des Verantwortlichen für die Datenverarbeitung oder eines Dritten bzw. zur rechtmäßigen Betätigung gesellschaftlicher Organisationen einschließlich der Gewerkschaften notwendig ist.

Die Verarbeitung der Arbeitnehmerdaten ist daher rechtswidrig, wenn sie gegen den Grundsatz der Zweckbindung verstößt. Ist die Datenverarbeitung z.B. auf der Grundlage der Ausübung des Rechts auf die Kontrolle der Arbeitsbedingungen durch die Gewerkschaft gerechtfertigt, diese Daten nicht außerdem zu einem anderen Zweck, wie der Auswertung des Verhaltens des Arbeitnehmers, verarbeitet werden dürfen.

Grundsatz der Erforderlichkeit

Der Grundsatz der Erforderlichkeit bezieht sich auf mehrere Anforderungen gegenüber den Interessenvertretungsorganen. Nach § 5 Abs. 2 ungDSG muss die Gewerkschaft jegliche Form der Verarbeitung personenbezogener Daten daraufhin prüfen, ob sie für einen festgelegten Zweck unbedingt erforderlich bzw. zum Erreichen des Zwecks geeignet sind.

Die Verarbeitung der Daten ist rechtswidrig, wenn die Daten für die Erfüllung der arbeitsrechtlichen Pflichten nicht erforderlich sind. Die Interessenvertretungsorgane dürfen die in dem konkreten Fall unerlässlichen Daten verarbeiten. Sie dürfen z.B. keine Angaben über das Familienleben der Arbeitnehmer erheben, um den Urlaubsplan auswerten zu können.

Die Nutzung der personenbezogenen Daten in anonymisierter Form ist vorrangig im Vergleich zur Nutzung in nicht anonymisierter Form z.B. bei den Tarifverhandlungen.

Datenqualität

Die Interessenvertretungsorgane müssen die Anforderungen nach § 7 lit. b und c ungDSG beachten. Die Gewerkschaft ist z.B. verpflichtet, die Daten richtig zu erfassen, um die Arbeitnehmer wahrheitsgemäß zu benachrichtigen. Nach dem Grundsatz der Datenqualität hat z.B. der Betriebsrat den Personenbezug der Daten bei der Ausübung der Mitwirkungsrechte nach § 65 ungArbGB zu minimieren. Der Grundsatz über die Qualität der Daten wäre verletzt, wenn z.B. der Betriebsrat unrichtige Daten über die Modernisierung der Einrichtungen im Betrieb dem Arbeitgeber vorlegen würde.

Schutz der Rechte des Betroffenen durch die Interessenvertretungsorgane

Die Gewerkschaft und der Betriebsrat haben die im ungDSG geregelten Rechte des Betroffenen zu achten. Sie haben daher hinsichtlich des „Rechts auf informationelle Selbstbestimmung“ des Arbeitnehmers die individuellen Rechte des Betroffenen bei der Verarbeitung personenbezogener Daten zu schützen.[958]

Sie sind verpflichtet, den Arbeitnehmer über die wichtigsten Faktoren der Verarbeitung personenbezogener Daten nach § 6 Abs. 2 ungDSG zu informieren. Der Arbeitnehmer kann von ihnen verlangen, im nach § 12 Abs. 1 Satz 1 ungDSG bestimmten Maße über die erhobenen Daten und über die einzelnen Schritte der Datenverarbeitung informiert zu werden. Die Gewerkschaft muss z.B. den Arbeitnehmer über den Namen des Sachverständigen informieren, dem er die Daten des Arbeitnehmers übermittelt hat.

Die Interessenvertretungsorgane haben darüber hinaus das Recht auf die Berichtigung der personenbezogenen Daten, das Recht auf Löschung und das Einspruchsrecht des Arbeitnehmers zu achten.[959]

Datenverarbeitung durch die Interessenvertretungsorgane nach dem ungArbGB

Veröffentlichung personenbezogener Daten

Das ungArbGB schreibt spezielle Voraussetzungen der Veröffentlichung personenbezogener Daten durch die Gewerkschaft und den Betriebsrat vor.

Die Person, die im Namen der Gewerkschaft oder in deren Interesse auf Grund einer Vollmacht vorgeht, darf die Geschäftsgeheimnisse nicht an Dritte übergeben, nicht veröffentlichen und auf keine Art und Weise zu einer Tätigkeit außer dem Erreichen der in diesem Gesetz festgelegten Ziele nach § 22/A Abs. 1 ungArbGB verwenden.[960]

Die Gewerkschaft oder die im Interesse der Gewerkschaft mit einer Vollmacht vorgehende Person darf die ihr bei ihrer Tätigkeit bekannt gewordenen Daten und Tatsachen nach § 22/A Abs. 2 ungArbGB nur veröffentlichen, wenn die berechtigten Wirtschaftsinteressen des Arbeitgebers nicht gefährdet bzw. die Persönlichkeitsrechte der Arbeitnehmer nicht verletzt werden. Die Gewerkschaft kann im Rahmen seiner Zuständigkeit unter Wahrung § 22/A ungArbGB z.B. Erklärungen gegenüber der Presse abgeben. Die öffentliche Kundgabe unwahrer Tatsachen über den Arbeitgeber stellt eine Verletzung des § 22/A ungArbGB dar.

---

958 §§ 11-16/A ungDSG.

959 § 16/A Abs. 1 ungDSG.

960 Diese Vorschrift wurde durch das Gesetz Nr. VIII/2005 in das ungArbGB eingefügt.

Der Betriebsrat bzw. sein Mitglied muss hinsichtlich der Verarbeitung der ihm bei seiner Tätigkeit zur Kenntnis gelangten Daten und Tatsachen § 22/A ungArbGB entsprechend berücksichtigen.

Verhältnis zwischen dem ungArbGB und ungDSG

In anderen im ungArbGB nicht geregelten Fällen der Verarbeitung personenbezogener Daten sind meines Erachtens die Vorschriften des ungDSG anzuwenden. Bedenken gegen die Anwendbarkeit des Gesetzes entfallen insoweit, als das ungArbGB keine Garantien des Rechts auf informationelle Selbstbestimmung des Arbeitnehmers enthält. Folglich sind die allgemeinen datenschutzrechtlichen Vorgaben nach dem ungDSG mit Rücksicht auf die Verfassung und die RL 95/46/EG bei der Verarbeitung der Daten durch die Interessenvertretungsorgane anzuwenden.

Befugnisse der Gewerkschaft und des Betriebsrats hinsichtlich des Datenschutzes

Zusammenarbeit nach dem Gebot von Treu und Glauben

Arbeitgeber, Betriebsrat, Gewerkschaft und Arbeitnehmer müssen bei der Ausübung der Rechte und der Erfüllung der Pflichten, nach dem Gebot von Treu und Glauben, unter gegenseitiger Zusammenarbeit nach § 3 Abs. 1 ungArbGB vorgehen.

Der Arbeitgeber muss den Arbeitnehmer, den Betriebsrat bzw. die Gewerkschaft über alle Fakten, Umstände bzw. deren Änderung informieren, die hinsichtlich der Ausübung der Rechte und der Erfüllung der Pflichten von Bedeutung sind.[961] Das ist auch bei der Ausübung der Rechte und der Erfüllung der Pflichten hinsichtlich des Arbeitnehmers, des Betriebsrates und der Gewerkschaft maßgebend.[962]

Rechte der Interessenvertretungsorgane nach dem ungArbGB

Die Interessenvertretungsorgane sind nicht nur verpflichtet die Rechte des Arbeitnehmers zu schützen, sondern haben sie die Aufgabe, den Datenschutz zu fördern.[963]

Den Gewerkschaften sind verschiedene Befugnisse zur Förderung des Datenschutzes im ungArbGB wie folgt eingeräumt: Zusammenarbeit mit dem Arbeitgeber, Auskunftsrecht, Recht auf Unterrichtung, Anhörungsrechte, Benachrichtigung der Arbeitnehmer, Recht auf Kontrolle der Arbeitsbedingungen, Einspruchsrecht, Recht auf Abschluß eines Kollektivvertrages. Die Gewerkschaft hat somit die Wahrung der Individualrechte der Arbeitnehmer zu unterstützen.

---

961 § 3 Abs. 2 Satz 1 ungArbGB.

962 § 3 Abs. 3 ungArbGB.

963 Siehe § 18 und § 42 Abs. 2 ungArbGB.

Der Betriebsrat übt die Beteiligungsrechte bei kollektiven Tatbeständen nach § 65 ungArbGB aus, die an die Gestaltung der Arbeitsbedingungen anknüpfen. Die datenschutzrechtlich relevanten Mitwirkungsrechte des Betriebsrats erfassen alle Maßnahmen bzw. Anordnungen des Arbeitgebers, die die wesentlichen Interessen der Belegschaft berühren. Im Folgenden werden die Rechte der Gewerkschaft und des Betriebsrats im Datenschutz schwerpunktmäßig dargestellt.

Die Befugnisse der Gewerkschaft und Arbeitnehmerdatenschutz

Die Rechte der Gewerkschaften bei der Verarbeitung der Arbeitnehmerdaten nach dem ungArbGB

Die Pflicht des Arbeitgebers zur Zusammenarbeit mit den Gewerkschaften

Nach § 21 Abs. 1 ungArbGB sind die staatlichen Organe, die Organe der Gemeindeverwaltung und die Arbeitgeber verpflichtet, mit den Gewerkschaften zusammenzuarbeiten, ihre Tätigkeit im Rahmen der Interessenvertretung durch die Sicherung der notwendigen Informationen zu unterstützen und ihnen hinsichtlich ihrer Wahrnehmungen und Vorschläge innerhalb von dreißig Tagen eine detaillierte Stellungnahme und die Beweggründe mitzuteilen.

Durch § 21 Abs. 1 ungArbGB wird die Pflicht zur Zusammenarbeit nach § 3 ungArbGB im kollektiven Arbeitsrecht konkretisiert. Die Arbeitgeber sind daher verpflichtet, mit den Gewerkschaften zusammenzuarbeiten, nämlich die beantragten Informationen in der Form einer Stellungnahme mit Begründung an die Gewerkschaft zu übermitteln.[964]

Die Gewerkschaft kann ihrer Aufgabe nur nachkommen, wenn sie vom Arbeitgeber z.B. über die Modalitäten der Anwendung automatisierter Datenverarbeitungssysteme, über die Methode der Auswertung der Leistungsdaten von Arbeitnehmern, über die Kontrollmaßnahmen dem Zweck angemessen informiert wird. Vom Schutzbereich des § 21 Abs. 1 ungArbGB werden nur solche Informationen erfasst, die mit der Förderung und Wahrung der Arbeitsbedingungen bzw. mit dem Schutz der Interessen der Arbeitnehmer im Datenschutz im Arbeitsverhältnis im Zusammenhang stehen.[965] Die Informationen, die für die Ausübung der Rechte der Gewerkschaft notwendig sind, sind im Einzelfall unter Abwägung der konkreten Umstände abzugrenzen.[966] Die Gewerkschaft

964 § 21 Abs. 1 ungArbGB.

965 § 18 ungArbGB.

966 *Magyarfalvi*, in: *Simándi* (Hrsg.), A munka törvénykönyve magyarázata, S. 84.

hat ihren Anspruch auf Information nach dem Gebot von Treu und Glauben nach § 3 Abs. 3 ungArbGB geltend zu machen.[967]

Auskunftsrecht der Gewerkschaft

§ 22 Abs. 1 ungArbGB regelt die Pflicht des Arbeitgebers die Gewerkschaft zu informieren. Die Gewerkschaft kann nach § 22 Abs. 1 Satz 1 ungArbGB vom Arbeitgeber in jeder Frage eine Auskunft fordern, die mit den wirtschaftlichen und sozialen Interessen der Arbeitnehmer im Arbeitsverhältnis im Zusammenhang steht.[968] Die Gewerkschaft hat einen Anspruch auf Information, die die wirtschaftlichen und sozialen Interessen der Arbeitnehmer im Arbeitsverhältnis berühren. Es ist umstritten, welche Daten der Arbeitgeber der Gewerkschaft übermitteln kann, weil die Informationen bezüglich der wirtschaftlichen und sozialen Interessen der Arbeitnehmer sehr umfangreich sind.[969] Sie enthalten über den Datenschutz hinausgehende Regelungen, die sich auf die Arbeits- und Lebensbedingungen der Arbeitnehmer in sozialer und wirtschaftlicher Hinsicht beziehen.

Stellungnahme des ungarischen Datenschutzbeauftragten

Die Angaben, die der Arbeitgeber der Gewerkschaft übermitteln darf, können insbesondere nach dem ungArbGB und dem ungDSG abgegrenzt werden.[970] Nach der Stellungnahme des ungarischen Datenschutzbeauftragten hat die Gewerkschaft die datenschutzrechtlichen Vorschriften bei der Ausübung kollektivrechtlicher Rechte nach § 22 Abs. 1 ungArbGB zu wahren. Er sprach aus, dass die Übermittlung personenbezogener Daten der Arbeitnehmer der Gewerkschaft das informationelle Selbstbestimmungsrecht des Arbeitnehmers nach § 4 ungDSG verletzt, wenn die Zustimmung des Arbeitnehmers nicht eingeholt wurde.[971] Die Personen, deren Daten über Gehälter der Gewerkschaft übermittelt werden, müssen von der Übermittlung vorher in Kenntnis gesetzt werden und damit einverstanden sein. Die Gewerkschaft kann die Daten über Gehälter und Löhne der Arbeitnehmer nach § 22 Abs. 1 ungArbGB nicht uneingeschränkt erheben, sie ist nicht berechtigt, diese Daten z.B. in einem Personalinformationssystem aufzubewahren und sie in einer Datei zu verarbeiten.[972] Die Gewerkschaft kann die Daten über die Gehälter nur zum statistischen Zweck verarbeiten

---

967 *Kollonay* (Hrsg), A magyar munkajog II., S 116; *Magyarfalvi*, in: *Simándi* (Hrsg.), A munka törvénykönyve magyarázata, S. 84.

968 Vgl. § 22 Abs. 1 Satz 1 ungArbGB und § 68 Abs. 2 ungArbGB.

969 *Czuglerné Ivány*, in: *Lehoczkyné Kollonay* (Hrsg.), Liber Amicorum Studia Stephano Kertész dedicata, S. 68.

970 *Magyarfalvi*, in: *Simándi* (Hrsg.), A munka törvénykönyve magyarázata, S. 89.

971 (812/A/1997) ABI 1997, 97.

972 (678/K/1999) ABI 1999, 78.

und in anonymisierter Form nutzen oder mit der Zustimmung des Arbeitnehmers erheben und verarbeiten.

Reichweite des Auskunftrechts

Meiner Meinung nach kann die Zulässigkeit der Übermittlung der beantragten Daten mithilfe der datenschutzrechtlichen Grundsätze beurteilt werden. Die Intensität der Eingriffe in die Persönlichkeitsrechte des Arbeitnehmers muss anhand der einzelnen Schritte der Verarbeitung der Daten untersucht werden. Die Erhebung personenbezogener Daten ist z.B. im Fall der Erhebung der Angaben über die Einführung eines Systems zur Telefondatenerfassung im Lichte der Grundsätze der Zweckbindung und der Erforderlichkeit zu überprüfen. Der Arbeitgeber darf diese Auskunft und die Begründung der Maßnahme nach § 22 Abs. 1 Satz 2 ungArbGB nicht verweigern.[973]

Die Gewerkschaft darf dem Arbeitgeber darüber hinaus ihre Stellungnahme bzw. ihre Meinung hinsichtlich der Maßnahme des Arbeitgebers nach § 22 Abs. 1 Satz 3 ungArbGB mitteilen.[974] Sie kann den Arbeitgeber zur Konsultation heranziehen.[975]

Unterrichtungspflicht des Arbeitgebers

Wenn es beim Arbeitgeber keinen Betriebsrat gibt, hat der Arbeitgeber die Gewerkschaft über die im ungArbGB festgelegten Angelegenheiten zu unterrichten, die auch den Datenschutz nach § 22 Abs. 2 lit. b ungArbGB umfassen können.[976] Die Unterrichtungspflicht des Arbeitgebers erstreckt sich auf die Informationen, die die Aufgaben des Betriebsrats berühren würden, wenn ein Betriebsrat am Arbeitsplatz gewählt worden wäre.

Der Arbeitgeber hat mangels Betriebsrats die Gewerkschaft nach § 22 Abs. 2 ungArbGB zu unterrichten: a) wenigstens halbjährlich über grundlegende Fragen, die die Wirtschaftslage des Arbeitgebers berühren, b) über den Entwurf einer bedeutenden Entscheidung in Bezug auf eine wesentliche Änderung des Tätigkeitsprofils des Arbeitgebers bzw. auf Investitionen des Arbeitgebers, c) wenigstens halbjährlich über die Entwicklung der Löhne und Gehälter und die mit der Lohnauszahlung verbundene Liquidität, die Merkmale der Beschäftigung, die Verwendung der Arbeitszeit bzw. die Merkmale der Arbeitsbeziehungen, d) wenigstens halbjährlich über die Zahl und die Aufgaben der Arbeitnehmer, die Telearbeit verrichten.

---

973 § 22 Abs. 1 Satz 2 ungArbGB.

974 § 22 Abs. 1 Satz 3 ungArbGB.

975 § 22 Abs. 1 Sätze 2, 3 fehlen bei der Befugnisse des Betriebsrates. Unter der Konsultation ist der Meinungsaustausch und Dialog zwischen der Gewerkschaft bzw. dem Betriebsrat (Betriebsbeauftragten) und dem Arbeitgeber zu verstehen. § 15/B Abs. 1 lit. b ungArbGB.

976 § 22 Abs. 2 ungArbGB.

Neben der Unterrichtungspflicht des Arbeitgebers stehen der Gewerkschaft auch Anhörungsrechte zu, die mit den Anhörungsrechten des Betriebrates teilweise identisch sind. Die Fälle der Unterrichtung der Arbeitnehmervertreter werden nach § 22 Abs. 2 ungArbGB bei der Umsetzung der RL 2002/14/EG ins ungarische Recht präzisiert.[977] Nach § 15/B Abs. 1 lit. a ungArbGB umfasst die Unterrichtungspflicht des Arbeitgebers gegenüber der Gewerkschaft bzw. dem Betriebsrat die Übergabe der mit den Beziehungen im Arbeitswesen bzw. dem Arbeitsverhältnis zusammenhängenden und in diesem Gesetz festgelegten Informationen auf eine Art und Weise, die deren Kennenlernen und Untersuchung, die Meinungsäußerung und deren Vertretung ermöglicht.[978]

Anhörungsrechte der Gewerkschaft

Nach § 21 Abs. 2 ungArbGB hat der Arbeitgeber vor seiner Entscheidung die Stellungnahme der Gewerkschaft hinsichtlich der Entwürfe von Maßnahmen, die eine größere Gruppe von Arbeitnehmern betreffen, so insbesondere Pläne über Modernisierung des Betriebes, einzuholen.[979] Der Arbeitgeber hat z.B. der Gewerkschaft vor der Durchführung einer datenschutzrechtlichen Maßnahme Gelegenheit zur Stellungnahme zu geben, wenn die Verarbeitung personenbezogener Daten eine größere Gruppe von Arbeitnehmern betrifft.[980] Diese Pflicht des Arbeitgebers wurde auch gegenüber dem Betriebsrat geregelt, dadurch werden die Befugnisse der Gewerkschaft und des Betriebsrates verdoppelt.[981] Die Ausübung der Anhörungsrechte wird in der Literatur kritisiert, weil der Arbeitgeber außer den Entwürfen von Maßnahmen keine zusätzlichen Angaben der Gewerkschaft vorzulegen hat.[982] Die Gewerkschaft kann deshalb in der Praxis die Entscheidung des Arbeitgebers kaum beeinflussen.

Benachrichtigung der Arbeitnehmer

Es gehört zu den gesetzlichen Aufgaben der Gewerkschaft, im Rahmen ihrer Zuständigkeit die Arbeitnehmer über ihre materiellen, sozialen, kulturellen Umstände hinsichtlich des Arbeitsverhältnisses und Arbeits- und Lebensbedingungen betreffenden Rechte und Pflichten zu informieren.[983] Die Arbeitsbedingungen umfassen auch die Gewährleistung der datenschutzrechtlichen Garantien am Arbeitsplatz. Die Gewerkschaft ist daher berechtigt, über die aktuellen Fragen des Datenschutzes die Arbeitnehmer zu informieren.

---

977 Ins ungArbGB wird durch das Gesetz Nr. VIII/2005 eingefügt.

978 Siehe Art. 2 lit. f RL 2002/14/EG.

979 Vgl. § 21 Abs. 2 ungArbGB und § 65 Abs. 3 lit. a ungArbGB.

980 *Hovánszki*, MSZ 7-8/2004, 73.

981 *Magyarfalvi*, in: *Simándi* (Hrsg.), A munka törvénykönyve magyarázata, S. 84.

982 *Czuglerné Ivány*, in: *Lehoczkyné Kollonay* (Hrsg.), Liber Amicorum Studia Stephano Kertész dedicata, S. 71.

983 § 19 Abs. 2 ungArbGB.

Welche sachlichen Mittel der Arbeitgeber der Gewerkschaft zur Information der Arbeitnehmer zur Verfügung zu stellen hat, ist unter Berücksichtigung aller Umstände der konkreten Verhältnisse des Betriebs zu bestimmen.[984]

Der Arbeitgeber hat diesbezüglich die Möglichkeit dafür zu sichern, dass die Gewerkschaft die durch sie für notwendig erachteten Informationen, Aufrufe sowie die mit ihrer Tätigkeit verbundenen Daten auf die beim Arbeitgeber übliche oder eine andere Art und Weise bekannt machen kann.[985] Die Gewerkschaft hat die Rechtmäßigkeit der Veröffentlichung der Daten nach § 22/A Abs. 2 ungArbGB zu achten.

Das Recht auf Kontrolle der Arbeitsbedingungen

Inhalt des Rechts auf Kontrolle der Arbeitsbedingungen

Das Recht auf die Kontrolle der Arbeitsbedingungen ist von großer Bedeutung bezüglich des Schutzes der Interessen der Arbeitnehmer. Der Zweck der Ausübung des Rechts auf Kontrolle der Arbeitsbedingungen ist, die Verstöße gegen die Rechtsvorschriften aufzuklären und vor der zuständigen Behörde ein Verfahren zur Beseitigung des Rechtsverstoßes und der Ordnungswidrigkeit einleiten zu können.[986]

Die Gewerkschaft ist berechtigt, die Einhaltung der auf die Arbeitsbedingungen bezogenen Vorschriften zu kontrollieren.[987] Im Rahmen dessen kann sie vom betroffenen Organ eine Information über die Durchführung der auf das Arbeitsverhältnis bezogenen Regeln fordern und sind ihr die notwendigen Auskünfte und Angaben zur Verfügung zu stellen.[988] Unter derartigen Vorschriften dürften auch die Normen des Datenschutzes zu verstehen sein.

Die Gewerkschaft kann es prüfen, ob der Arbeitgeber die datenschutzrechtlichen Vorschriften des Gesetzes, des Kollektivvertrages oder der betrieblichen Ordnung bewahrt.[989] Die Arbeitsbedingungen umfassen die Art und Weise der Arbeitsleistung berührende Bedingungen und auch den Umfang von Leistung und Gegenleistung betreffende Bedingungen.[990] Die Gewerkschaft hat darüber zu wachen, dass die Gesetze, Verordnungen und die Kollektivverträge durchgeführt werden. Hierzu zählt die Einhaltung des Datenschutzes, die zu überwachenden Normen müssen auf die Arbeitsbedingungen einwirken.

---

984 *Tóth*, Segédlet a kollektív szerződés megkötéséhez és az üzemi tanácsok működéséhez, S. 74; *Kollonay*, MSZ 12/1994, 35 f.

985 § 24 Abs. 1 ungArbGB.

986 *Magyarfalvi*, in: *Simándi* (Hrsg.), A munka törvénykönyve magyarázata, S. 89.

987 § 22 Abs. 3 Satz 1 ungArbGB.

988 § 22 Abs. 3 Satz 2 ungArbGB.

989 *Magyarfalvi*, in: *Simándi* (Hrsg.), A munka törvénykönyve magyarázata, S. 88; *Kollonay* (Hrsg), A magyar munkajog II., S 120.

990 *Kollonay* (Hrsg), A magyar munkajog II., S 121.

Die Gewerkschaft kann z.B. prüfen, ob das Installieren eines elektronischen Überwachungssystems am Arbeitsplatz mit den Grundsätzen der Zweckbindung, Erforderlichkeit und Verhältnismäßigkeit in Einklang steht und der Arbeitgeber seiner Unterrichtungspflicht nachgekommen ist. Die Gewerkschaft kann z.B. die Einhaltung der Regelung über die Aufbewahrung der betrieblichen Unterlagen bzw. der Personalakten, über die Einhaltung der Grundsätze der Personalbeurteilungen, über die Internetnutzung kontrollieren. Der Arbeitgeber hat die Personalakten nach dem ungDSG zu verwahren und dafür zu sorgen, dass besonders schützenswerte Daten geschützt werden. Die Gewerkschaft kann daher kontrollieren, ob der Arbeitgeber dieser Pflicht ordnungsgemäß nachgekommen ist. Sie hat ferner die Befugnis, die Voraussetzungen der Ausübung der Kontrolle durch den Arbeitgeber zu prüfen, inwieweit der Schutz der Persönlichkeitsrechte der Arbeitnehmer angesichts der Kontrollmaßnahme gewährleistet wird.

Durchsetzung des Rechts auf Kontrolle der Arbeitsbedingungen

Der Arbeitgeber darf die Auskünfte nicht verweigern, er hat die Ausübung des Rechts auf Kontrolle der Gewerkschaft nach dem Gebot von Treu und Glauben zu unterstützen. Er ist außerdem vor der rechtmissbräuchlichen Wahrnehmung von Rechten der Gewerkschaft nach dem Gebot der Zusammenarbeit nach § 3 ungArbGB geschützt.

Die Voraussetzungen der Ausübung des Rechts auf Kontrolle der Arbeitsbedingungen können vor allem in einem Kollektivvertrag festgelegt werden.[991] Ferner ist der Arbeitgeber berechtigt, die grundlegenden Vorschriften einseitig in einer Anordnung zu erfassen.[992]

Erfährt die Gewerkschaft, dass der Arbeitgeber gegen die Rechtsvorschriften verstoßen hat, kann sie das bei der für die Durchführung verantwortlichen Stelle nach § 22 Abs. 4 Satz 2 ungArbGB melden. Es ist zu betonen, dass die der Gewerkschaft eingeräumte Kontrollbefugnis darauf beschränkt ist, die Missachtung oder fehlerhafte Durchführung der Normen bei der zuständigen Stelle zu beanstanden. Ergreift die Stelle nicht die notwendigen Maßnahmen zur rechten Zeit, kann die Gewerkschaft das zutreffende Verfahren bei der zuständigen Stelle nach § 22 Abs. 4 Satz 1 ungArbGB anregen. Über dessen Ergebnis muss die zuständige Stelle die Gewerkschaft nach § 22 Abs. 4 Satz 2 ungArbGB informieren.

991 *Magyarfalvi*, in: *Simándi* (Hrsg.), A munka törvénykönyve magyarázata, S. 90.
992 BH 2002/682.

Das Einspruchsrecht der Gewerkschaft

Umfang des Einspruchsrechts

Die repräsentative Gewerkschaft ist nach § 23 Abs. 1 ungArbGB berechtigt, gegen eine die Arbeitnehmer oder deren Interessenvertretungen unmittelbar betreffende rechtswidrige Maßnahme des Arbeitgebers Einspruch zu erheben. Der Einspruch kann sich auf ein rechtswidriges Tun oder Unterlassen des Arbeitgebers beziehen.[993]

Im Anwendungsbereich von § 23 Abs. 1 ungArbGB kommen alle Maßnahmen des Arbeitgebers in Betracht, die der Arbeitgeber im Rahmen einer Entscheidung, einer Anordnung und einer Weisung getroffen hat.[994] Die Maßnahme ist rechtswidrig, wenn sie gegen eine Rechtsvorschrift, einen Kollektivvertrag und gegen die allgemeinen Grundsätze der Rechtsausübung verstößt.[995]

Die Ausnahme vom Einspruchsrecht nach ungArbGB

Nach § 23 Abs. 3 Satz 1 ungArbGB besteht keine Möglichkeit für einen Einspruch, wenn der Arbeitnehmer gegen die Maßnahme einen Rechtsstreit anregen kann. Zur verbindlichen Entscheidung von Arbeitsrechtsstreitigkeiten gibt es die Arbeitsgerichtsbarkeit nach § 349 Abs. 1 ZPO. Unter den Rechtsstreitigkeiten fallen für Arbeitnehmer insbesondere: Abschluss eines Arbeitsvertrages, einseitige Änderung des Arbeitsvertrages durch den Arbeitgeber, Beendigung des Arbeitsverhältnisses, Unwirksamkeit des Arbeitsvertrages, Entgeltzahlungsanspruch und Ersatzansprüche.996 Es ist fraglich, ob die Gewerkschaft einen Einspruch vorlegen kann, wenn es sich um Streitigkeiten im Bereich des Datenschutzes handelt.

Einspruchsrecht und Arbeitnehmerdatenschutz

Nach 17 Abs. 1 ungDSG kann sich der Betroffene bei Verletzung seiner Rechte gegen den Verantwortlichen für die Datenverarbeitung an ein Gericht wenden und ein Beschwerde einlegen. Das ungDSG zielt darauf ab, das Recht auf informationelle Selbstbestimmung des Betroffenen nach § 1 ungDSG zu schützen. Die Verstöße gegen die datenschutzrechtlichen Regelungen sind meistens als

---

993 *Nemeskéri-Kutlán/Várkonyi*, in: *Lehoczkyné Kollonay* (Hrsg.), Liber Amicorum Studie Ida Hágelmayer dedicata II., S. 105; *Pál*, in: *Kiss/Berke/Bankó/Kajtár* (Hrsg.), Emlékkönyv Román László születésének 80. évfordulójára, S. 336.

994 *Cséffán*, A Munka Törvénykönyve és Magyarázata, S. 54 f.; *Magyarfalvi*, in: *Simándi* (Hrsg.), A munka törvénykönyve magyarázata, S. 94; *Nemeskéri-Kutlán/Várkonyi*, in: *Lehoczkyné Kollonay* (Hrsg.), Liber Amicorum Studie Ida Hágelmayer dedicata II., S. 105 ff.; EBH 2003/975; EBH 2002/682.

995 *Cséffán*, A Munka Törvénykönyve és Magyarázata, S. 55; *Magyarfalvi*, in: *Simándi* (Hrsg.), A munka törvénykönyve magyarázata, S. 96; BH 1992/283, EBH 2006/1533.

996 *Handó*, in: *Simándi* (Hrsg.), A munka törvénykönyve magyarázata, S. 973.

Verstöße gegen die individuellen Rechte des Betroffenen anzusehen, gegen die der Arbeitnehmer einen Rechtsstreit anregen kann. Meines Erachtens kann daher die Gewerkschaft keinen Einspruch gegen eine die datenschutzrechtlichen Rechte des Arbeitnehmers verletzende Maßnahme des Arbeitgebers einlegen. Ausnahmen sind zu bejahen, wenn die Maßnahme die Rechte der Gewerkschaft verletzt und zur Beeinträchtigung der datenschutzrechtlichen Interessen der Arbeitnehmer führt.[997]

Unterlässt der Arbeitgeber die Gewerkschaft nach § 22 Abs. 2 lit. b ungArbGB zu informieren, die z.B. die Verschlechterung des Datenschutzniveaus am Arbeitsplatz nach sich zieht, kann die Gewerkschaft einen Einspruch erheben. Hört der Arbeitgeber die Gewerkschaft zu einer neuen Investition einschließlich eines Installierens eines Sicherheitssystems für den Vermögensschutz nach dem GPVTP nach § 21 Abs. 2 ungArbGB nicht an, die sonst an sich rechtswidrig ist, kann die Gewerkschaft auch einen Einspruch erheben.

Die Ausübung des Einspruchsrechts

Der Einspruch ist innerhalb von fünf Arbeitstagen nach Kenntnisnahme der beanstandeten Maßnahme beim Arbeitgeber einzureichen.[998] Später als einen Monat nach dem Ergreifen der Maßnahme kann kein Einspruch eingereicht werden.[999]

Ist der Arbeitgeber mit dem Einspruch nicht einverstanden, ist eine Schlichtung nach § 23 Abs. 4 Satz 1 ungArbGB einzuleiten. Die mit dem Einspruch verbundene Schlichtungsverhandlung muss innerhalb von drei Arbeitstagen nach dem Einreichen des Einspruchs begonnen werden.[1000] Wenn die Schlichtung innerhalb von sieben Tagen zu keinem Ergebnis führt, kann sich die Gewerkschaft innerhalb von fünf Tagen nach der Feststellung der Ergebnislosigkeit an ein Gericht wenden.[1001] Das Gericht entscheidet innerhalb von fünfzehn Tagen in einem Verfahren der freiwilligen Gerichtsbarkeit.[1002]

Die beanstandete Maßnahme darf bis zum Abschluss der Schlichtungsverhandlung zwischen dem Arbeitgeber und der Gewerkschaft bzw. bis zur rechtskräftigen Gerichtsentscheidung nicht durchgeführt werden bzw. ist ihre Durchführung auszusetzen.[1003]

---

997 *Nemeskéri-Kutlán/Várkonyi*, in: *Lehoczkyné Kollonay* (Hrsg.), Liber Amicorum Studie Ida Hágelmayer dedicata II., S. 110; *Pál*, in: *Kiss/Berke/Bankó/Kajtár* (Hrsg.), Emlékkönyv Román László születésének 80. évfordulójára, S. 336.

998 § 23 Abs. 2 Satz 1 ungArbGB, BH 2004/333.

999 § 23 Abs. 2 Satz 2 ungArbGB.

1000 § 23 Abs. 4 Satz 2 unArbGB.

1001 § 23 Abs. 4 Satz 3 unArbGB.

1002 § 23 Abs. 4 Satz 4 unArbGB.

1003 § 23 Abs. 5 unArbGB.

Regelung des Datenschutzes durch Abschluß eines Kollektivvertrages

Recht auf Abschluß eines Kollektivvertrages

Gewerkschaften wirken an der Gestaltung der Arbeitsbedingungen mit, sie haben das Recht, Kollektivverträge zu schließen. Nach § 20 ungArbGB ist die Gewerkschaft berechtigt, einen Kollektivvertrag abzuschließen. In Ungarn sind die Firmentarifverträge von grundlegender Bedeutung, die zwischen einer Gewerkschaft und einem einzelnen Arbeitgeber geschlossen werden.[1004]

Zum Inhalt der Kollektivverträge gehören Regelungen von Verpflichtungen aus dem Arbeitsverhältnis und solcher Fragen, die im Zusammenhang mit dem Arbeitsverhältnis stehen. In einem Kollektivvertrag können die sich aus dem Arbeitsverhältnis ergebenden Rechte und Pflichten, die Art und Weise ihrer Ausübung bzw. Erfüllung bzw. die Ordnung des damit verbundenen Verfahrens und das Beziehungssystem zwischen den Kollektivvertrag abschließenden Parteien nach § 30 ungArbGB geregelt werden.

Hinsichtlich der Regelung des Datenschutzes in einem Kollektivvertrag kann der Gewerkschaft im Betrieb eine beträchtliche Rolle beigemessen werden. Aufgrund der betrieblichen Kräfteverhältnisse kann sie einen Kompromiss zur Verstärkung der Einhaltung der datenschutzrechtlichen Normen aushandeln. Es empfiehlt sich deshalb der Abschluss eines Kollektivvertrags, um die Voraussetzungen des Datenschutzes im Betrieb festzusetzen. Durch den Kollektivvertrag können die unbestimmten Rechtsbegriffe des ungDSG sowie die Vorschriften des ungArbGB näher konkretisiert werden.

Die Vorschriften des Kollektivvertrags wirken auf den Arbeitsvertrag ein, dadurch Pflichten und Rechte im Arbeitsverhältnis entstehen und sie obliegen sowohl dem Arbeitnehmer als auch dem Arbeitgeber.[1005]

Grenzen kollektivrechtlicher Gestaltungsfreiheit bezüglich des Datenschutzes

Die Bindung der kollektivvertraglicher Regelungen an die Verfassung

Die Regelungsmacht der Tarifparteien ist eingeschränkt, weil den Parteien in ihrer Tarifmacht Grenzen gesetzt sind, nämlich sie sind an das höherrangige Recht bzw. an die Verfassung gebunden.[1006]

1004 *Soósné Csikós/Hovánszki*, MSZ 5/2004, *Soósné Csikós*, Kollektív tárgyalások és megállapodások, S. 135 ff.; 44; *Prugberger*, MJ 10/2008, 668; *Ders.*, MJ 4/2008, 217; *Kiss*, Munkajog, S. 412.

1005 BH 1998/451.

1006 *Kiss*, Munkajog, S. 49 und 406, *Radnay*, Munkajog, S. 258.

Zur Beurteilung der „Grenzen der Tarifautonomie" ist die Rechtsprechung des ungarischen Verfassungsgerichts bezüglich des Art. 4 der ungarischen Verfassung zu beachten, das sich in ihrer frühen Entscheidungen partiell mit dieser Frage befasst hat. Im Schrifttum und in der Rechtsprechung wird diese Frage kaum erörtert, deswegen können nur die Fragezeichen bezüglich der verfassungsrechtlichen Grenzen der Regelungsbefugnis der Gewerkschaften dargestellt werden.

Grenzen des Rechts auf Vertretung der Arbeitnehmer

Das ungarische Verfassungsgericht hat die Reichweite der Ausübung des Rechts auf die Vertretung der Arbeitnehmer durch die Gewerkschaft geprüft und ihre Grenzen durch das in Art. 54 Abs. 1 der ungarischen Verfassung geschützte Recht auf Menschenwürde aufgezeigt.

Die Gewerkschaften und andere Interessenvertretungen schützen und vertreten die Interessen der Arbeitnehmer und Unternehmer nach Art. 4 der ungarischen Verfassung. Das Verfassungsgericht hat in der Entscheidung Nr. 8/1990 festgestellt, dass das Recht der Gewerkschaft auf die Vertretung des Arbeitnehmers ohne Bevollmächtigung das Selbstbestimmungsrecht des Arbeitnehmers verletzen kann, das durch den Art. 54 Abs. 1 der ungarischen Verfassung geschützt ist.[1007] Art. 54 Abs. 1 der ungarischen Verfassung schreibt vor, dass jeder Mensch ein angeborenes Recht auf Leben und Menschenwürde hat, um das niemand willkürlich gebracht werden darf. Das Verfassungsgericht hat betont, dass die Gewerkschaft gemäß dem Recht auf die Vertretung der Arbeitnehmer ohne Bevollmächtigung auch gegen den Willen der Arbeitnehmer vorgehen kann, ungeachtet der Vermutung, dass das Vorgehen der Gewerkschaft im Interesse des Arbeitnehmers geschieht. Das Recht auf die Vertretung der Arbeitnehmer ohne Bevollmächtigung ist daher mit der Verfassung unvereinbar.

Schutz der Menschenwürde

Die Menschenwürde wird nicht nur als höchster, sondern auch als grundlegender Wert in der Rechtsprechung des Verfassungsgerichts gesehen.[1008] Das aus der Menschenwürde entstammende allgemeine Persönlichkeitsrecht ist nach der Entscheidung Nr. 8/1990 ein Mutterrecht, dem sich die Rechte auf freie Selbstbestimmung und Selbstentfaltung, die allgemeine Handlungsfreiheit und das Recht auf Privatsphäre herleiten lassen und welches als subsidiäres Grundrecht stets einschlägig ist, wenn die konkreten Grundrechte nicht zum Schutz der persönlichen Autonomie anwendbar sind.[1009]

1007 8/1990 (IV. 23.) Entscheidung des ungarischen Verfassungsgerichts.
1008 8/1990 (IV. 23.) Entscheidung des ungarischen Verfassungsgerichts.
1009 8/1990 (IV. 23.) Entscheidung des ungarischen Verfassungsgerichts.

Durch dieses Recht soll auch die Autonomie des Individuums gegenüber der Gewerkschaft sichergestellt werden. Das allgemeine Persönlichkeitsrecht durch seine Ableitung aus der Menschenwürde bildet daher die Grundlage der Bewertung der Grenzen der Ausübung der Rechte der Gewerkschaft nach der Entscheidung Nr. 8/1990. Das allgemeine Persönlichkeitsrecht findet erst dann Anwendung, wenn der Geltungsbereich anderer Grundrechte wie z.B. in der Entscheidung Nr. 8/1990 nicht tangiert ist.[1010]

Selbsbestimmungsrecht der Arbeitnehmer

Die Tarifparteien haben bei ihrer Normsetzung die Grundrechte zu beachten. Die Freiheitsrechte der Arbeitnehmer, wie etwa die Vertragsfreiheit, darf nicht rechtswidrig beschränkt werden und der Schutz der Arbeitnehmer vor Ungleichbehandlung ist zu gewährleisten. In der Entscheidung Nr. 42/1991 hat das Verfassungsgericht festgestellt, dass das Bestehen des Mitbestimmungsrechts der Gewerkschaft hinsichtlich der Festsetzung des Gehalts des Arbeitnehmers das Selbstbestimmungsrecht erheblich einschränkt, das mit der Verfassung nicht vereinbar ist.[1011]

Die Begrenzung der kollektivvertraglicher Regelungsbefugnis durch zwingendes Gesetzesrecht

Die Regelungsbefugnis der Kollektivvertragsparteien nach § 13 ungArbGB

Zum Schutz des Arbeitnehmers ist die Gestaltungsfreiheit der Arbeitsbedingungen durch die Gewerkschaften nach § 13 ungArbGB beschränkt.[1012] § 13 Abs. 1 ungArbGB schreibt vor, dass die mit dem Arbeitsverhältnis verbundenen Fragen ein Gesetz und auf Grund einer gesetzlichen Ermächtigung eine andere Rechtsvorschrift regelt. Der Kollektivvertrag kann jede auf das Arbeitsverhältnis bezogene Frage nach § 13 Abs. 2 ungArbGB regeln, darf jedoch - mit der in Absatz 3 festgehaltenen Ausnahme - nicht im Widerspruch zu einer Rechtsvorschrift stehen.

Die Kollektivvertragsbestimmungen dürfen nicht gegen Gesetze verstoßen.[1013] Sie dürfen auch keine Bestimmungen enthalten, die gegen Rechtsvor-

---

1010 Siehe auch 11/1996. (III. 13.) Entscheidung des ungarischen Verfassungsgerichts.

1011 42/1991. (VII. 12.) Entscheidung des ungarischen Verfassungsgerichts.

1012 *Kiss*, JK 1/1994, 12; *Bodnár*, in: *Lehoczkyné Kollonay* (Hrsg.), Liber Amicorum Studie Ida Hágelmayer dedicata I., S. 102.

1013 Vgl. § 13 Abs. 2 ungArbGB; § 13 Abs. 3 Satz 1 ungArbGB, *Cséffán*, A munka törvénykönyve és magyarázata, S. 39 f., *Kiss*, Munkajog, S. 412; *Kiss*, *Horváth/Rácz* (Hrsg.), Tanulmányok a munkajog jövőjéről, S. 46, *Bodnár*, in: *Lehoczkyné Kollonay* (Hrsg.), Liber Amicorum Studie Ida Hágelmayer dedicata I., S. 103; *Kollonay* (Hrsg.), A magyar munkajog II., S 135; *Fabók*, MSZ 9/2000, 45.

schriften höheren Ranges, insbesondere die arbeitsrechtlichen Gesetze und Verordnungen, verstoßen.[1014]

Der Kollektivvertrag bzw. die Vereinbarung der Parteien kann von den im Dritten Teil dieses Gesetzes festgelegten Regeln - wenn dieses Gesetz es nicht anders verfügt – nach § 13 Abs. 3 Satz 1 ungArbGB abweichen. Voraussetzung dafür ist, dass für die Arbeitnehmer günstigere Bedingungen festgelegt werden.[1015] Die vom Gesetz abweichenden Regelungen des Kollektivvertrags sind zulässig, wenn diese Regelungen für die Arbeitnehmer günstiger als die gesetzlichen sind.[1016] Im Kollektivvertrag können über den durch übergeordnete Normen aufgestellten Mindeststandard hinausgehende Maßnahmen vorgesehen werden.

Die Vorschriften des Kollektivvertrages können die Arbeitsbedingungen zum Nachteil der Arbeitnehmer nicht abändern, es sei denn, dass das ungArbGB anderes anordnet.[1017] Im Arbeitnehmerdatenschutz gibt es keine Möglichkeit nach dem ungArbGB die Arbeitsbedingungen zum Nachteil der Arbeitnehmer abzuändern. Die Vorschriften des Kollektivvertrages, die z.B. den Geltungsbereich einer datenschutzrechtlichen Vorschrift einengen und gegen das ungDSG verstoßen, sind nach § 13 Abs. 4 ungArbGB unwirksam. Der Kollektivvertrag bzw. die Vereinbarung der Parteien ist nach § 13 Abs. 4 ungArbGB nichtig, wenn gegen die Absätze 2 und 3 verstoßen wird.

Die Bindung der Kollektivvertragsparteien an das ungDSG

Die datenschutzrechtlichen Gesetzesvorschriften sind überwiegend zum Schutz des Betroffenen zwingend. Nach § 1 Abs. 2 ungDSG darf von den Vorschriften des ungDSG nur dann abgewichen werden, wenn das ungDSG dies ausdrücklich vorsieht. Hinsichtlich der Verarbeitung der personenbezogenen Daten sieht das ungDSG keine abweichenden Regeln vor, die sich auf die Regelungsbefugnis der Gewerkschaft bezieht. Sie hat daher die Vorschriften des ungDSG zwingend einzuhalten.

Der Zweck des ungDSG ist es, die Garantien der Einschränkung des Rechts auf informationelle Selbstbestimmung festzulegen, um den Schutz der Menschenwürde und der freien Entfaltung der Persönlichkeit zu gewährleisten.[1018] Folglich können Kollektivverträge den Datenschutz gegenüber dem ungDSG

1014 EBH 2008/1814, BH 2006/198, BH 2006/29, BH 1995/682, BH 1995/131, *Berke*, in: *Kiss/Berke/Bankó/Kajtár* (Hrsg.), Emlékkönyv Román László születésének 80. évfordulójára, S. 74 f.; *Radnay*, Munkajog, S. 258; Kritisch *Kenderes*, MSZ 5/2000, 21.

1015 § 13 Abs. 3 Satz 2 ungArbGB.

1016 BH 2002/115, BH 1994/165.

1017 *Berke*, in: *Kiss/Berke/Bankó/Kajtár* (Hrsg.), Emlékkönyv Román László születésének 80. évfordulójára, S. 78; *Soósné Csikós*, Kollektív tárgyalások és megállapodások, S. 146 f.; *Fabók*, MSZ 9/2000, 45.

1018 Gesetzesentwurf zum ungDSG.

nicht einschränken. Das ungDSG begrenzt insoweit die Normsetzungsbefugnis der Kollektivvertragspartner, weil sie verpflichtet sind, die Persönlichkeitsrechte bei der betrieblichen Regelung des Arbeitnehmerdatenschutzes zu wahren. Kollektivverträge dürfen nicht Regelungen enthalten, die gegen die Vorschriften des ungDSG verstoßen.[1019] In keinen Fällen gestattet das ungDSG, durch einen Kollektivvertrag von zwingenden gesetzlichen Vorschriften zu Lasten der Arbeitnehmer abzuweichen.

Meiner Meinung nach besitzen die Parteien trotz dieser „Einschränkung" eine umfassende Regelungsbefugnis zur Regelung der Arbeitsbedingungen bzw. des Datenschutzes.[1020]

Im Kollektivvertrag können daher die Vorschriften des ungDSG im Arbeitsverhältnis konkretisiert werden.[1021] Günstigere Arbeitsbedingungen bzw. günstigere Voraussetzungen der Verarbeitung der Arbeitnehmerdaten für den Arbeitnehmer dürfen durch Kollektivvertrag nach § 1 Abs. 2 ungDSG nicht vereinbart werden.

Regelungsinhalte von Kollektivverträgen im Arbeitnehmerdatenschutz

Kollektivvertragliche Datenschutzregelungen und das ungDSG

Der normative Teil eines Kollektivvertrages enthält die Regelung von Arbeitsbedingungen.[1022] Zum Inhalt der Kollektivverträge gehören Regelungen von Verpflichtungen aus dem Arbeitsverhältnis wie z.B. die Arbeitsbedignungen bezüglich des Datenschutzes. Die Vorschriften des Kollektivvertrages erstrecken sich auf die arbeitsrechtlichen Pflichten und Rechte des Arbeitnehmers und Arbeitgebers.[1023] Sie umfassen auch den Datenschutz. Der Umfang der Präzisierung der Anforderungen des ungDSG und des ungArbGB liegt im rechtlichen Gestaltungsermessen der Kollektivvertragsparteien.

Die Voraussetzungen der Verarbeitung personenbezogener Daten dürfen nach dem ungDSG im Kollektivvertrag nicht erweitert werden, weil das gegen § 1 Abs. 2 ungDSG verstoßen würde. Die Zulassungstatbestände der Datenverarbeitung können folglich durch die Kollektivvertragsparteien bezüglich der Einwilligung als Rechtfertigungsgrund näher geregelt werden.

Die Einholung der Einwilligung kann z.B. hinsichtlich der Verarbeitung der Daten im Anbahnungsverhältnis, während des Arbeitsverhältnisses und nach der Beendigung des Arbeitsverhältnisses präzisiert werden.

1019 § 13 Abs. 2 ungArbGB.
1020 § 30 lit. a ungArbGB.
1021 BH 1993/201.
1022 § 30 ungArbGB.
1023 BH 2006/29, BH 2001/243, EBH 2000/349, EBH 1999/47, BH 1998/451, *Kiss*, Munkajog, S. 406, *Radnay*, Munkajog, S. 258; *Prugberger*, MJ 4/2008, 220 f.

Ein Regelungsspielraum besteht bei der Konkretisierung der Datenschutzgrundsätze im Arbeitsverhältnis. Der Regelung des Grundsatzes der Datenqualität kommt erhebliche Bedeutung zu, weil die Anforderungen an die Richtigkeit, Vollständigkeit, Notwendigkeit und Speicherung der Daten mit Rücksicht auf die Merkmale des Arbeitsplatzes klargestellt werden können.

Die Modalitäten der Ausübung der Rechte der Arbeitnehmer können auch im Kollektivvertrag detailliert geregelt werden, weil sie bei der Verarbeitung der Arbeitnehmerdaten z.B. bei der Videoüberwachung spezielle Merkmale aufweisen, die im ungDSG nicht berücksichtigt werden.

Die Regelungsbefugnis der Kollektivvertragsparteien wird hinsichtlich der Einführung automatisierter Systemen zur Datenverabeitung, der Videoüberwachung, der Fragebogen und der medizinischen Tests aufgrund des Schutzes der Persönlichkeitsrechte der Arbeitnehmer nach § 8 Abs. 2 und § 77 Abs. 1 ungArbGB eingeschränkt. Im Folgenden wird die Gestaltung der Regelungsinhalte von Kollektivverträgen in diesen Fragen schwerpunktmäßig dargestellt.

Regelungsinhalte bezüglich der Einführung automatisierter Systemen zur Datenverabeitung

Hinsichtlich der automatisierten Systeme zur Datenverarbeitung können die Bedingungen der Verarbeitung der Arbeitnehmerdaten im Kollektivvertrag geregelt werden, um die Vorschriften des ungDSG zu konkretisieren. Insbesondere die folgenden Aspekte können näher geregelt werden: Zweck der Datenverarbeitung, Verbot der Erstellung eines Persönlichkeitsprofils, Umfang der gespeicherten Daten, die Fälle der Nutzung der im System gespeicherten Daten, Durchsetzung der Garantien des Rechts auf informationelle Selbstbestimmung, Modalitäten der Datenschutzgrundsätze bei der Verarbeitung der Arbeitnehmerdaten.

Regelungsinhalte bezüglich der Kontrollmaßnahmen

Im Zusammenhang mit datenschutzrechtlichen Aspekten der Kontrollmaßnahmen können folgende Punkte berücksichtigt werden: z.B. der Zweck und der Anwendungsbereich von Kontrollmaßnahmen, die Aufzählung der Merkmale der Systematisierung der Daten, die Liste der zu verarbeitenden Datenarten, die Pflichten und Aufgaben des Verantwortlichen für die Datenverarbeitung, die Aufteilung von Zuständigkeiten für die periodische Überprüfung der datenschutzrechtlichen Vorschriften im Betrieb, die inhaltliche Konkretisierung des innerbetrieblichen Datenverkehrs, sowie die zugriffsberechtigten Personen, die Festlegung von Überwachungsmaßnahmen, die Erörterung der Beurteilungskriterien der Leistung des Arbeitnehmers in Verbindung mit dem Auswertungsprogramm, die Konkretisierung der geeigneten Schutzmaßnahmen zur Erstellung von Persönlichkeitsprofilen anhand automatisierter Einzelentscheidungen, die Rechte des Arbeitnehmers bezüglich der Datenverarbeitung durch die Kontrolle und die Voraussetzungen der Einstellung eines betrieblichen Datenschutzbeauftragten.

Regelungsinhalte bezüglich der Fragebogen und medizinischenTests

Die Tarifparteien haben bei der Regelung der Erhebung personenbezogener Daten mittels Fragebogen die Persönlichkeitsrechte der Arbeitnehmer zu wahren. Die in den Fragebogen enthaltenen Fragen dürfen die Würde des Arbeitnehmers und das Recht auf Privatsphäre nicht verletzen. Sie haben die Garantien des Rechts auf informationelle Selbstbestimmung zu schützen.

Folglich sind die folgenden Merkmale der rechtmäßigen Verwendung von Fragebogen wie folgt zu beachten: Zweck der Verwendung der Fragebogen, Konkretisierung der Grundsätze der Verhältnismäßigkeit und des Gebots von Treu und Glauben, Methoden der Auswertung der Fragebogen, Einbeziehung von Fachpersonal, Überprüfung der Validität der Ergebnisse, Konsequenzen der Durchführung der Fragebogen im Arbeitsverhältnis, Einsichtsrecht des Arbeitgebers.

Die Regelung der medizinischen Tests im Kollektivvertrag ist umstritten, weil die Daten über den Gesundheitszustand des Arbeitnehmers nach geltendem Recht durch den Arzt verarbeitet werden können. Der Arbeitgeber kann über die Arbeitsfähigkeit und Eignung des Arbeitnehmers anhand des medizinischen Attests Kenntnis erlangen, die Tests können ihm nicht übermittelt werden.

Hinsichtlich der HIV-Tests, Drogentests, Schwangerschaftstests und der genetischen Tests besitzen die Tarifpartner fast keinen Regelungsspielraum. Die Durchführung dieser Tests ist durch den Arbeitgeber verboten, deshalb können die Gewerkschaften die diesbezüglichen Fragen im Kollektivvertrag kaum regeln. Die Konkretisierung der Fälle und des Verfahrens der Durchführung dieser Tests kann mit Rücksicht auf die Vorschriften des GSchVDG, ungDSG und der bereichspezifischen Verordnungen im Kollektivvertrag rechtmäßig sein.

Es herrscht keine Einigkeit über die Zulässigkeit der Persönlichkeitstests im Arbeitsverhältnis. Durch einen Persönlichkeitstest können die Persönlichkeitseigenschaften des Arbeitnehmers und die psychologischen Aspekte seines Verhaltens erfasst werden.[1024] Die Persönlichkeitstests enthalten daher Fragen, die sich auf sensible Daten beziehen.

Nach der Stellungnahme des ungarischen Datenschutzbeauftragten dürfen Persönlichkeitstests nur mit der freiwilligen Zustimmung des Arbeitnehmers und in anonymisierter Form durchgeführt werden.[1025] Die Daten dürfen ausschließlich durch das Fachpersonal verarbeitet werden und die Ergebnisse müssen erst dem Arbeitnehmer vor der Übermittlung an den Arbeitgeber vorgelegt werden.[1026] Nach den allgemeinen datenschutzrechtlichen Grundsätzen ist es

1024 *Plette*, A munkapszichológia gyakorlati kérdései, S. 163 ff.; *Klein*, Munkapszichológia, S. 110, 117, 126, 133, 152, 187, 189; *Kopp/Berghammer* (Hrsg.), Orvosi pszichológia, S. 570 ff.; *Juhász*, MSZ 2006, 25 ff.

1025 (814/A/2004) ABI 2004, 90 f.; (95/A/1998) ABI 1998, 80 f.

1026 (814/A/2004) ABI 2004, 90 f., (227/A/1999) ABI 1998, 247 f.

schwierig, die Grenzen der Zulässigkeit der Regelung der Durchführung von Pesönlichkeitstests zu beurteilen. Meines Erachtens dürfen die Persönlichkeitstests in Einklang mit der Stellungnahmen des ungarischen Datenschutzbeauftragten im Kollektivvertrag geregelt werden und nur in Ausnahmefällen nach § 77 Abs. 1 ungArbGB oder aufgrund einer Rechtsvorschrift eingesetzt werden.[1027]

Regelungsinhalte bezüglich der Rechte der Gewerkschaften

Im Kollektivvertrag können die Rechte der Gewerkschaften im Datenschutz näher festgelegt werden.[1028] Im schuldrechtlichen Teil kann auf die folgenden Themen näher eingegangen werden: z.B. die Auskunftspflichten des Arbeitgebers gegenüber der Gewerkschaft, die Verschwiegenheitspflicht der Gewerkschaftsmitglieder, die Benutzungsvorschriften der betrieblichen Kommunikationsmittel, die Kostenregelung bei Einbeziehung der Datenschutzexperten, die Teilnahme an Weiterbildungskursen zum Datenschutz und die Regelungen zur Konfliktlösung.

Einwirkung des Betriebsrates auf den Arbeitnehmerdatenschutz

Die Funktion des Betriebsrats im Arbeitnehmerdatenschutz

Die Beteiligungrechte des Betreibsrats im Verhältnis zur Gewerkschaft

Die Aufgaben und die Funktionen der Gewerkschaften und der Betriebsräte sind im ungarischen Arbeitsrecht getrennt, das ungArbGB geht vom Grundsatz der Aufgabentrennung und ihrer gegenseitiger Unabhängigkeit aus.[1029] Die Gewerkschaft ist berechtigt, die Interessen ihrer Mitglieder gegenüber dem Arbeitgeber zu vertreten, demgegenüber haben die Betriebsräte nach ungArbGB ihre Aufgaben wahrzunehmen und bei der Gestaltung der betrieblichen Angelegenheiten mitzuwirken.[1030] Der Betriebsrat nimmt die Interessen der Belegschaft in ihrer

---

1027 z.B. Anhang Nr. 1 zur Verordung 21/2002 (XI. 8.) GKM-EszCsM; Anhang Nr. 1 zur Verordnung 14/2002 (II. 26.) KöViM-EüM; Anhang Nr. 1 zur Verordnung 41/2004 (IV. 7.) GKM.

1028 *Czuglerné Ivány*, in: *Lehoczkyné Kollonay* (Hrsg.), Liber Amicorum Studia Stephano Kertész dedicata, S. 69; *Soósné Csikós*, Kollektív tárgyalások és megállapodások, S. 147; *Bodnár*, in: *Lehoczkyné Kollonay* (Hrsg.), Liber Amicorum Studie Ida Hágelmayer dedicata I., S. 106 ff.; *Fabók*, MSZ 9/2000, 46.

1029 *Ladó/Tóth* (Hrsg), Helyzetkép az érdekegyeztetésről, S. 330.

1030 *Magyarfalvi*, in: *Simándi* (Hrsg.), A munka törvénykönyve magyarázata, S. 178; *Kiss*, Munkajog, S. 474 f.; *Kollonay* (Hrsg.), A magyar munkajog II., S. 153 ff.

Gesamtheit nach § 42 Abs. 2 ungArbGB wahr. Die Beteiligungsrechte des Betriebsrats werden von den Rechten der Gewerkschaft getrennt geregelt, einzelne Befugnisse dieser Organe sind aber miteinander verknüpft.

Im Rahmen der Betriebsverfassung werden die Rechte der Gewerkschaft nicht erweitert. Durch die gewerkschaftliche Betätigungsfreiheit werden die Pflichten aus der Betriebsverfassung nicht berührt.

Der Betriebsrat kann über § 65 ungArbGB nicht eine Erweiterung der bestehenden Beteiligungsrechte beanspruchen. Die Betriebsverfassung enthält zwingendes Gesetzesrecht. Im ungArbGB sind keine Fälle vorgesehen, in denen von den Vorgaben des Betriebsverfassungsrechts abgewichen werden kann. Die Beteiligungsrechte des Betriebsrats können durch Kollektivvertrag nicht erweitert werden.

Das Mitbestimmungsrecht des Betriebsrats

Die stärkeste Form des Beteiligungsrechts ist das Mitbestimmungsrecht des Betriebsrats, weil die Wirksamkeit der Maßnahme des Arbeitgebers von der vorherigen Zustimmung des Betriebsrats abhängt.

Die Mitbestimmungsrechte des Betriebsrats werden im ungArbGB nur rudimentär festgelegt. Nach § 65 Abs. 1 ungArbGB steht dem Betriebsrat das Mitbestimmungsrecht hinsichtlich der Verwendung der im Kollektivvertrag für soziale Zwecke vorgesehenen Finanzmittel bzw. der Nutzung von Einrichtungen und Immobilien solcher Art zu.

Diese Vorschrift kann bezüglich des Datenschutzes kaum berücksichtigt werden, weil die Regelung des Datenschutzes im Betrieb nicht für soziale Zwecke erfolgt. Die anderen Mitwirkungsrechte des Betriebsrates sind daher im Arbeitnehmerdatenschutz einzubeziehen.

Die datenschutzrechtlich relevanten Anhörungsrechte des Betriebsrats

Der Arbeitgeber hat vor seiner Entscheidung die Stellungnahme des Betriebrats unter anderem in folgenden Angelegenheiten nach § 65 Abs. 3 ungArGB einzuholen: Entwürfe von Maßnahmen, die eine größere Gruppe von Arbeitnehmern betreffen, so insbesondere über Modernisierung des Betriebs; Pläne über die Gestaltung des Registratursystems im Personalwesen, den Umfang der zu registrierenden Daten, den Inhalt des Formulars bzw. den Personalplan; Einführung von neuen Methoden zur Betriebsorganisation; Entwurf von betrieblichen Regelungen, die wesentliche Interessen der Arbeitnehmer berühren.[1031]

1031 Vgl. § 65 Abs. 3 lit. b, a, c, f, g ungArbGB.

Modernisierung der Einrichtungen im Betrieb

Die Modernisierung der Einrichtungen im Betrieb erfasst nach § 65 Abs. 3 lit. a ungArbGB alle unternehmerische Entscheidungen, die die Erneuerung der Organisation des Betriebes und des Arbeitsablaufs zum Gegenstand haben. Die Modernisierung des Arbeitsablaufs fällt in Verbindung mit der Umgestaltung des betrieblichen Datenschutzes z.B. durch Einführung eines Systems der Videoüberwachung unter den Anwendungsbereich dieser Vorschrift.

Die Verarbeitung der Arbeitnehmerdaten im Personalinformationssystem

Unmittelbar sind die Pläne über die Gestaltung des Registratursystems im Datenschutz von großer Bedeutung nach § 65 Abs. 3 lit. b ungArbGB. Das Personalinformationssystem als automationsunterstüztes Auswertungsinstrument soll den umfassenden Zugriff auf sämtliche für das Personalwesen wesentlichen Daten ermöglichen. Mittels Personalinformationssystems sind die Verhaltens- und Leistungskontrollen der Arbeitnehmer einfach zu verwirklichen.

Der Arbeitgeber hat dem Betriebsrat nach § 65 Abs. 3 lit. b ungArbGb z.B. von der Einführung eines Personalinformationssystems, in dem die Telefondaten, personenbezogene Daten über die Nutzung der technischen Geräte und die bei der Videoüberwachung erlangten Daten erfasst und gespeichert werden, Gelegenheit zur Stellungnahme zu geben.

Begriff des Personalinformationssystems und das ungDSG

Personalinformationssysteme können je nach Ausbaustand und Entwicklungsstrategie unterschiedlich aussehen.[1032] Die Definitionen von Personalinformationssystemen beinhalten verschiedene Kriterien sowie ein System von Hard- und Software, ein Bestand an personenbezogenen Arbeitnehmerdaten, die Struktur der Daten und die Zweckbindung.[1033] Unter dem Begriff des Registratursystems ist eine Datei im Sinne des ungDSG zu verstehen. Nach § 2 Nr. 17 ungDSG ist eine Datei jede strukturierte Sammlung personenbezogener Daten, die nach bestimmten Kriterien zugänglich sind, gleichgültig ob diese Sammlung zentral, dezentralisiert oder nach funktionalen oder geographischen Gesichtspunkten aufgeteilt geführt wird. Meines Erachtens ist dieser Begriff bei der Auslegung des § 65 Abs. 3 lit. b ungArGB zu berücksichtigen. Ein Personalinformationssystem umfasst daher z.B. nicht nur die Arbeitnehmerdaten bezüglich der Kont-

---

1032 Das Schrifttum kennt zahlreiche Definitionen von Personalinformationssystemen z. B.: *Seidel*, Persönlichkeitsrechte und Datenbanken, S. 29; *Degenhart*, Personalinformationssysteme, S. 54; *Trachimow*, Personalinformationssysteme und Mitarbeitervertretung, S. 27; *Dobay*, Vállalati információ-menedzsment, S. 85 ff. und S. 154.

1033 *Strohmayer*, Personalinformationssysteme, Arbeitnehmerdatenschutz und Mitbestimmung des Betriebrates, S. 23 f.

rollmaßnahmen des Arbeitgebers sondern auch die Sammlung der Gesundheitsdaten anhand des medizinischen Attests des Arbeitnehmers.

Zulässigkeit der Datenverarbeitung im Personalinformationssystem

Der Arbeitgeber hat dafür zu sorgen, dass die Verarbeitung von Daten innerhalb des Betriebes nur soweit erfolgt, als es für die betriebliche Zwecksetzung notwendig ist. In Personalinformationssystemen dürfen personenbezogene Daten nicht über den Zweck der Arbeitsverhältnisse hinaus verarbeitet werden.

Die Frage der Zulässigkeit der Datenverarbeitung im Personalinformationssystem ist mit der generellen Frage der Zulässigkeit der Verarbeitung von Arbeitnehmerdaten an sich gleichzusetzen. Die Verarbeitung von Arbeitnehmerdaten ist unter Berücksichtigung der Persönlichkeitsrechte der Arbeitnehmer nur soweit zulässig, als sie für einen ordnungsgemäßen Ablauf der Arbeitsverhältnisse unter Beachtung zeitgemäßer Personalführungs- und Personalverwaltungsmethoden notwendig ist.[1034]

Der Arbeitgeber ist verpflichtet, von sich aus dem Betriebsrat Mitteilung zu machen, welche Datenarten zur Datenverarbeitung er im Personalwesen vorsieht. Der Betriebsrat kann verlangen, dass ihm die Überprüfung der Grundlagen für die Verarbeitung der Arbeitnehmerdaten ermöglicht wird.

Inhalt des Formulars nach § 77 ungArbGB

Der Arbeitgeber hat bezüglich der Gestaltung des Inhalts des Formulars nach § 77 Abs. 1 ungArbGB den Betriebsrat nach § 65 Abs. 3 lit. b ungArbGB anzuhören.

Der Begriff des Formulars wird nicht geklärt. Meines Erachtens sind darunter alle Formen der Erhebung personenbezogener Daten zu verstehen, die dazu dienen, persönliche Angaben systematisch zu erfassen. Gleichzubehandeln sind z.B. Personalfragebogen, Tests, standardisierte Fragenkataloge, Interviews. Die Anhörung des Betriebsrats ist erforderlich z.B. bei der Neueinführung und auch bei der Änderung bestehender Formulars.

Der Betriebsrat hat zu prüfen, ob die Erhebung personenbezogener Daten nach § 77 Abs. 1 ungArbGB gerechtfertigt werden kann. Er ist berechtigt, seine Meinung zur Rechtmäßigkeit der einzelnen Fragen im Hinblick auf den Persönlichkeitsschutz der Arbeitnehmer zu äußern. Der Betriebsrat kann keine Vorschläge machen, die gegen das ungDSG verstoßen würde und die Verschlechterung des Datenschutzes nach sich ziehen würde. Das Erfordernis der Interessenabwägung machen deutlich, das der Betriebsrat die datenschutzrechlichen Interessen der Arbeitnehmer und die schützenswerten Interessen des Arbeitgebers berücksichtigen muss.

1034 *Radnay*, GJ 2002, 21.

Die Einführung neuer Methoden der Arbeitsorganisation

Die Voraussetzungen des § 65 Abs. 3 lit. f ungArbGB sind erfüllt, wenn sich z.B. Arbeitsverfahren und Arbeitsabläufe ändern. Soweit die Einführung von Leistungsanforderungen Auswirkungen auf die Durchführung einer datenschutzrechlichen Maßnahme hat, ist der Arbeitgeber den Bertiebsrat anzuhören.

Bei der Einführung eines Intranets ist § 65 Abs. 3 lit. f ungArbGB anzuwenden, wenn das z.B. die Einführung neuer Arbeitsmethoden erfasst.

Entwurf von betrieblichen Regelungen

Der Arbeitgeber ist verpflichtet, zu den Entwürfen betrieblicher Ordnungen, die wesentliche Interessen der Arbeitnehmer berühren, den Betriebsrat nach § 65 Abs. 3 lit. g ungArbGB anzuhören. Zu diesen betrieblichen Ordnungen gehören z.B. Ordnungen über Maßnahmen zur Kontrolle der Arbeitsleistung mittels technischer Einrichtungen jeglicher Art und zur Überwachung des Verhaltens der Arbeitnehmer. Ordnungen über Anwesenheitskontrollen, Kommunikationsregelungen, Videoüberwachung und die Ausübung der datenschutzrechtlichen Rechte des Arbeitnehmers kommen z.B. in Betracht.

Die wesentlichen Interessen der Arbeitnehmer sind berührt, wenn die Persönlichkeitsrechte der Arbeitnehmer nach der Intensität des Eingriffs und Begleitumständen gefährdet sind. In diesem Fall muss auf die allgemeinen Grundsätze des Persönlichkeitsschutzes zurückgegriffen werden.

Anhörungsrechte bei den Kontrollmaßnahmen des Arbeitgebers

Das Anhörungsrecht nach § 65 Abs. 3 ungArbGB bildet die kollektivrechtliche Ergänzung des individualrechtlichen Persönlichkeitsschutzes, das aber nur rudimentär geregelt ist. Die Formulierung der einzelnen Fälle der Anhörung ist allgemein gehalten, die weder im Schrifttum noch in der Rechtsprechung präzisiert werden. Es gibt z.B. keine speziellen Vorschriften über die Kontrollmaßnahmen hinsichtlich der Mitwirkungsrechte des Betriebsrats.

Im § 65 Abs. 3 ungArbGB werden die Mitwirkungsrechte des Betriebsrats bei Maßnahmen des Arbeitgebers zur Kontrolle der Arbeitnehmer z.B. bei der Überwachung des Verhaltens der Arbeitnehmer in Bezug auf die Ordnung des Betriebs oder den Vermögensschutz nicht geregelt. Das Bestehen der Pflicht des Arbeitgebers zur Anhörung des Betriebsrats kann hinsichtlich der Videoüberwachung bzw. des Einsatzes eines elektronischen Überwachungssystems nach § 65 Abs. 3 lit. a, f und g ungArbGB im Einzelfall beurteilt werden, weil es nicht geklärt wird, wann die Kontrollmaßnahme des Arbeitgebers eine größere Gruppe der Arbeitnehmer betreffen oder sich auf eine neue Methode der Arbeitsorganisation beziehen oder sie die wesentlichen Interessen der Arbeitnehmer nach einer Anordnung des Arbeitgebers berühren. Es ist aufgrund der konkreten Umstände der einzelnen Vorkehrungen des Arbeitgebers abzuwägen, ob die Anhörung des Betriebsrates entfällt.

Informationsrechte des Betriebsrats

Der Betriebsrat kann bei der Ausübung seiner Mitwirkungsrechte das betriebliche Datenschutzniveau vorantreiben. Durch die Mitwirkungsrechte des Betriebsrats nämlich durch die Anhörungs- und Informationsrechte kann die Zulässigkeit von Eingriffen in die Persönlichkeitsrechte der Arbeitnehmer nicht erweitert werden. Der Betriebsrat und der Arbeitgeber sind die Persönlichkeitsrechte der Arbeitnehmer bei der Ausübung ihrer Befugnisse nach § 65 Abs. 3 ungArbGB zu schützen.

Unterrichtungspflicht des Arbeitgebers gegenüber dem Betriebsrat

Der Arbeitgeber hat den Betriebsrat nach § 65 Abs. 4 ungArbGB zu unterrichten: a) wenigstens halbjährlich über grundlegende Fragen, die die Wirtschaftslage des Arbeitgebers berühren, b) über den Entwurf einer bedeutenden Entscheidung in Bezug auf eine wesentliche Änderung des Tätigkeitsprofils des Arbeitgebers bzw. auf Investitionen des Arbeitgebers, c) wenigstens halbjährlich über die Entwicklung der Löhne und Gehälter und die mit der Lohnauszahlung verbundene Liquidität, die Merkmale der Beschäftigung, die Verwendung der Arbeitszeit bzw. die Merkmale der Arbeitsbeziehungen, d) wenigstens halbjährlich über die Zahl und die Aufgaben der Arbeitnehmer, die Telearbeit verrichten.

Einsichtsrecht des Betriebsrats

Der Betriebsrat ist hinsichtlich der Ausübung seiner in § 65 Abs. 1 bis 3 ungArbGB festgelegten Rechten berechtigt, in die Dateien des Arbeitgebers Einsicht zu nehmen.[1035] In diesem Fall hat er die Vorschriften des ungDSG insbesondere die datenschutzrechtlichen Grundsätze wie die Zweckbindung, die Verhältnismäßigkeit, die Erforderlichkeit und die Qualität der Daten zu achten. Er darf die personenbezogenen Daten der Arbeitnehmer nur für die festgelegten und rechtmäßigen Zwecke erhoben und nicht in einer mit diesen Zweckbestimmungen nicht zu vereinbarenden Weise weiterverarbeitet werden.

Recht auf Information

Nach § 68 Abs. 2 Satz 1 ungArbGB kann der Betriebsrat vom Arbeitgeber in jeder Frage Information fordern, die sich auf die wirtschaftlichen und sozialen Interessen der Arbeitnehmer im Arbeitsverhältnis sowie auf die Einhaltung der Vorschriften über den Gleichbehandlungsgrundsatz am Arbeitsplatz beziehen. Der Betriebsrat hat bei der Ausübung dieses Rechts den Grundsatz von Treu und Glauben nach § 3 Abs. 3 ungArbGB zu achten.

1035 § 68 Abs. 2 ungArbGB.

Der Arbeitgeber kann die Information nicht verweigern.[1036] Die Informationspflicht erstreckt sich solche Informationen, die für die Aufgabenerfüllung notwendig sind.

Veröffentlichung der Daten durch den Betriebsrat

§ 22/A Abs. 2 ungArbGB ist auch für die Veröffentlichung der Daten durch den Betriebsrat anzuwenden. Er hat § 22/A Abs. 2 ungArbGB bezüglich der Rechtmäßigkeit der Veröffentlichung der Daten nach § 69 ungArbGB zu achten. Der Betriebsrat oder die im Interesse des Betriebsrats mit einer Vollmacht vorgehende Person darf die bei ihrer Tätigkeit bekannt gewordenen Daten und Tatsachen nur veröffentlichen, wenn die berechtigten Wirtschaftsinteressen des Arbeitgebers nicht gefährdet bzw. die Persönlichkeitsrechte der Arbeitnehmer nicht verletzt werden.[1037]

Ausübung der Mitwirkungsrechte des Betriebsrats

Abschluß von Betriebsvereinbarungen

Die betriebsbezogenen Rechte und Pflichten der Parteien können in einer Betriebsvereinbarung ausdrücklich zur Vermeidung künftiger Streitigkeiten festgeschrieben werden.[1038] Sie können nur in Angelegenheiten über das Verhältnis des Arbeitgebers und des Betriebsrats abgeschlossen werden, deren Regelung der Betriebsvereinbarung aufgrund des ungArbGB zugewiesen ist.[1039] Nach § 64/A ungArbGB können die Voraussetzungen der Ausübung einzelner Befugnisse des Betriebrates und seine Beziehung zum Arbeitgeber in einer Betriebsvereinbarung festgelegt werden.

Betriebsvereinbarungen können keine unmittelbaren Auswirkungen auf Arbeitsverhältnisse der Arbeitnehmer haben, weil sie keine eigene Rechtsquelle sind.[1040] Dem Betriebsrat fehlt die Zuständigkeit für Regelungen, die die Rechte und Pflichten des Arbeitnehmers betreffen. Die Betriebsvereinbarung können

---

1036 § 68 Abs. 2 Satz 2 ungArbGB.

1037 Diese Vorschrift wurde durch das Gesetz Nr. VIII/2005 in das ungArbGb eingefügt.

1038 Nach § 64/A ungArbGB können die die Ausübung einzelner Befugnisse des Betriebsrates und seine Beziehung zum Arbeitgeber betreffenden Fragen in einer Betriebsvereinbarung festgelegt werden.

1039 *Kollonay* (Hrsg.), A magyar munkajog II., S 171; *Berke*, in: *Kiss/Berke/Bankó/Kajtár* (Hrsg.), Emlékkönyv Román László születésének 80. évfordulójára, S. 76.

1040 Vgl. § 13 Abs. 1 ungArbGB; *Magyarfalvi*, in: *Simándi* (Hrsg.), A munka törvénykönyve magyarázata, S. 176; *Prugberger*, JK 10/2002, 434.

keine Vorschriften enthalten, die sich auf das Arbeitverhältnis beziehen.[1041] Nur die Gewerkschaften sind daher befugt, die Arbeitsbedingungen zu regeln.[1042]

Durchsetzung der Rechte des Betriebsrats

Die Ausübung der Informationsrechte des Betriebsrats ist zum Teil gesetzlich geregelt. Die Anhörungsrechte haben den Charakter einer Rahmenregelung. Die Anhörungs- und Informationsrechte des Betriebrates bestehen unabhängig von einer Anfrage. Der Betriebsrat muss seine Stellungnahme in genannten Angelegenheiten innerhalb von 15 Tagen dem Arbeitgeber nach § 66 Abs. 1 ungArbGB mitteilen. Der Wortlaut des Gesetzes ist hier ungenau, da nicht darauf abgestellt wird, zu welchem Zeitpunkt der Betriebsrat seinen Standpunkt geltend machen soll. Der Betriebsrat soll in die Lage versetzt werden, die Pläne besser abzuschätzen.[1043] Der Betriebsrat muss, bevor die Entscheidung des Arbeitgebers getroffen wird, als Gremium die Möglichkeit haben, sich mit der Angelegenheit zu befassen. Die Anhörung muss jedenfalls erneut durchgeführt werden, wenn eine wesentliche Änderung der Pläne des Arbeitgebers gegeben ist. Die Stellungnahme muss schriftlich unter Angabe der Gründe erfolgen.[1044] Der Betriebsrat ist keinesfalls gehindert zu widersprechen, jedoch löst dies keine Rechtsfolgen aus.[1045]

Verstoß gegen das ungArbGB durch den Arbeitgeber

Ist der Betriebsrat nicht gesetzmäßig beteiligt worden, ist die Maßnahme des Arbeitgebers nach § 67 Satz 1 ungArbGB unwirksam. Für eine diesbezügliche Feststellung kann sich der Betriebsrat an ein Gericht wenden.[1046] Das Gericht entscheidet innerhalb von fünfzehn Tagen in einem Verfahren der freiwilligen Gerichtsbarkeit.[1047]

1041 *Berke*, in: *Kiss/Berke/Bankó/Kajtár* (Hrsg.), Emlékkönyv Román László születésének 80. évfordulójára, S. 76.

1042 *Berke*, in: *Kiss/Berke/Bankó/Kajtár* (Hrsg.), Emlékkönyv Román László születésének 80. évfordulójára, S. 76.

1043 Nach § 63 ungArbGB sichert der Arbeitgeber die begründeten und notwendigen Kosten der Tätigkeit des Betriebsrates. Deren Höhe legen der Arbeitgeber und der Betriebsrat gemeinsam fest.

1044 *Dabis/Arany/Cséffán*, A Munka Törvénykönyve és magyarázata iratmintákkal, S. 103.

1045 Nach § 65 Abs. 1 Satz 2 ungArbGB ist ein Versäumnis der Stellungnahme ist so zu verstehen, als wenn er der Maßnahme zugestimmt hätte. *Prugberger*, MSZ 11/1994, 30.

1046 § 67 Satz 2 ungArbGB.

1047 § 67 Satz 3 ungArbGB.

Als Ergebnis bleibt festzuhalten, dass das ungarische „Betriebsverfassungsrecht" rudimentär ausgebildet ist.[1048] Die Form der Beteiligung des Betriebsrats muss als schwach bezeichnet werden. Zur Verstärkung der Position des Betriebsrats wäre es denkbar statt der Anhörungs- und Informationsrechte das Mitbestimmungsrecht zu gewähren.[1049] Heutzutage scheint es aber wichtiger zu sein die bestehenden Rechte effektiv durchsetzen zu können als sie zu erweitern.[1050]

Die funktionelle und strukturelle Überlagerung zwischen der Gewerkschaft und dem Betriebsrat verursachen Störungen, die auch die Zusammenarbeit im Datenschutz beeinflussen.[1051] Veränderungen in der Qualität der Mitwirkungsrechte setzen Eingriffe des Gesetzgebers voraus.[1052]

Die Befugnisse der Gewerkschaft sind im Vergleich zu den Befugnissen des Betriebsrats im Datenschutz stärker, weil die Gewerkschaft die Einhaltung der datenschutzrechtlichen Vorschriften umfassend überwachen kann und sie ist berechtigt, im Kollektivvertrag die Regeln des Datenschutzes zu gestalten. Die Befugnisse des Betriebsrats sind dagegen schwach, weil die Garantien des Anhörungsrechts nach § 65 Abs. 3 ungArbGB lückenhaft geregelt sind.

Betriebsvereinbarungen sind - trotz der gegenwärtigen Rechtslage - sehr wertvoll, weil die Beteiligungsrechte des Betriebsrats im Personalwesen eine Kontrolle der Verarbeitung von Arbeitnehmerdaten ermöglichen.

Kollektivrechtliche Aspekte des Arbeitnehmerdatenschutzes im ungarischen Recht

Der Schutz der personenbezogenen Daten des Arbeitnehmers durch die Interessenvertretungsorgane ist von wesentlicher Bedeutung, dadurch können die Garantien des Grundrechtsschutzes wirksam gewährleistet werden.[1053] Hinsichtlich der Ausübung der Rechte der Interessenvertretungsorgane sind die Grundsätze

---

1048 *Pajor-Bytomski*, Arbeitsrecht in Ungarn, S. 12; *Prugberger*, MSZ 11/1994, 29 ff.; *Kiss*, JK 1/1994, 15.

1049 *Prugberger*, MJ 1993, 95; *Prugberger*, in: *Horváth/Rácz* (Hrsg.), Tanulmányok a munkajog jövőjéről, S. 79.

1050 *Benyó*, MSZ 2/2003, 22.

1051 *Ladó/Tóth*, Mozgó Világ 11/1994, 25; *Ladó/Tóth* (Hrsg), Helyzetkép az érdekegyeztetésről, S. 343; *Kiss*, ZIAS 1997, 99; *Nagy*, MSZ 1/1998, 42; *László*, MSZ 4/1999, 14; *Makó*, Társadalomkutatás 2001, 153; *Tóth*, in: *Kovách* (Hrsg.), Hatalom és társadalmi változás A posztszocializmus vége: szociológiai tanulmányok, S. 143; *Kiss*, Munkajog, S. 485.

1052 *Fabók*, MSZ 4/2000, 41, *Radnay*, in: *Kiss/Berke/Bankó/Kajtár* (Hrsg.), Emlékkönyv Román László születésének 80. évfordulójára, S. 385.

1053 *Kiss*, JK 7-8/2002, 330.

zu beachten, die im Rahmen des Persönlichkeitsschutzes bzw. Datenschutzes entwickelt worden sind.

Durch die Ausübung der Rechte der Gewerkschaft wird die Zulässigkeit von Eingriffen in die Persönlichkeitsrechte der Arbeitnehmer nicht erweitert, weil die Gewerkschaften die Persönlichkeitsrechte nach § 8 Abs. 2 ungArbGB und nach § 75 Abs. 1 ungBGB im Rahmen der Förderung und Wahrung der Interessen der Arbeitnehmer im Arbeitsverhältnis zu achten und zu schützen haben.

Eine Voraussetzung für den betrieblichen Datenschutz sind entsprechende gesetzliche Regelungen. Aufgrund der Generalbestimmungen des ungArbGB ist es schwer, exakte arbeitsplatzspezifische Maßnahmen zu treffen.[1054]

Es wäre empfehlenswert, die individuellrechtlichen Regeln des Arbeitnehmerdatenschutzes zu präzisieren, um die Ausübung der Rechte der Gewerkschaft und des Betriebsrats im kollektiven Arbeitsrecht zu fördern und die Selbsregulierung effektiv zu ermöglichen, weil das Schutzniveau des betrieblichen Datenschutzes davon abhängt, inwieweit die Interessenvertretungsorgane der Arbeitnehmer auf die Durchsetzung der datenschutzrechtlichen Vorschriften einwirken können.

Ein Ansatzpunkt für die erfolgreiche Gestaltung des Datenschutzes im Betrieb ist die Kooperationsbereitschaft der Gewerkschaften.[1055] Kollektivverträge sind die einzige Methode der Gestaltung von Arbeitsbedingungen und geeignete Garantien für die Rechtsdurchsetzung des Arbeitnehmers im Betrieb. Auf höherer Ebene gibt es Schwierigkeiten, ein den Bedürfnissen einer Branche oder eines Wirtschaftszweigs angepassten Datenschutz im Verhandlungswege zu erreichen.

Hinsichtlich der Weiterentwicklung des europäischen Arbeitnehmerdatenschutzes ist es festzustellen, dass die kollektivrechtliche Gestaltungsfreiheit der Interessenvertretungsorgane beschränkt ist. Wie es am Beispiel der Einführung automatisierter Systemen zur Datenverarbeitung oder der Regelungsinhalte der Fragebogen und medizinischen Tests dargestellt wird, die Tarifparteien können im ungarischen Recht die allgemeinen datenschutzrechtlichen Vorschriften unter Beachtung der Persönlichkeitsrechte der Arbeitnehmer im Kollektivvertrag näher konkretisieren. Sie sind verpflichtet, die individualrechtlichen Garantien des Datenschutzes nach dem ungDSG bzw. der RL 95/46/EG zu achten.

1054 *Ladó/Tóth* (Hrsg), Helyzetkép az érdekegyeztetésről, S. 337.
1055 *Héthy*, MSZ 1995, 5, *Kiss*, JK 7-8/2002, 325.

Ausblick: Europäischer Arbeitnehmerdatenschutz

Europäischer Arbeitnehmerdatenschutz und das ungarische Recht

Aus den dargestellten Vorschriften ergibt sich, dass die aktuellen Fragen des europäischen und ungarischen Arbeitnehmerdatenschutzes schwerpunktmäßig ähnlich sind, insbesondere stimmen die grundlegenden Themenbereiche des Arbeitnehmerdatenschutzes überein.

Der europäische Arbeitnehmerdatenschutz wird in den einzelnen Kapiteln nach geltendem Recht und hinsichtlich der Vorstellungen der Kommission zur Weiterentwicklung des Datenschutzes geprüft. Folglich wird es festgestellt, dass die Vorschriften der RL 95/46/EG ins ungarische Recht unterschiedlich umgesetzt werden. Einzelne Vorgaben werden wortwörtlich im ungDSG übernommen, andere werden im Rahmen des Ermessenspielraums der Mitgliedstaaten nicht in vollem Umfang ins ungDSG umgesetzt.

In den einzelnen Mitgliedstaaten sind die Arbeitsbedingungen sehr unterschiedlich geregelt und die Kultur des Datenschutzes hat sich verschiedenartig entwickelt. Selbst in Ungarn sind die datenschutzrechtlichen Vorschriften sehr umfangreich und die Vorschriften des Arbeitnehmerdatenschutzes werden unterschiedlich ausgelegt.

Die Vorschriften des ungDSG und ungArbGB treten als gesetzliche Minimalstandards auf, deshalb sind die Stellungnahmen des ungarischen Datenschutzbeauftragten und die Entscheidungen des ungarischen Verfassungsgerichts bei der Prüfung der Rechtmäßigkeit der Datenverarbeitung zu berücksichtigen. Die Umsetzung der Voraussetzungen der rechtmäßigen Datenverarbeitung ins ungarische Recht ist die umstrittenste Frage bei der Bewertung des Schutzniveaus des Arbeitnehmerdatenschutzes in Ungarn.

Die Kommission betonte bezüglich der Rechtmäßigkeit der Datenverarbeitung, dass anstatt der Einwilligung die anderen Rechtfertigungsgründe nach Art. 7 RL 95/46/EG einzubeziehen sind, weil die Einwilligung nach Art. 7 lit. a RL 95/46/EG im Arbeitsverhältnis kritisch beurteilt werden kann und gleichzeitig die Datenschutzgrundsätze zu wahren sind. Wie bereits dargestellt wird, ist die Einwilligung der wichtigste Rechtfertigungsgrund der Verarbeitung personenbezogener Daten im ungarischen Recht, die an sich nicht zu beanstanden ist, weil die Zulässigkeit der Datenverarbeitung auch nach den Datenschutzgrundsätzen zu prüfen ist. Folglich kann das Schutzniveau des Arbeitnehmerdatenschutzes in den einzelnen Mitgliedstaaten nach umfassendem Ermessen bewertet werden. Die Voraussetzungen der Verarbeitung der Daten nach Art. 7 und 8 RL

95/46/EG sind daher auch sorgfältig zu prüfen, inwieweit die Weiterentwicklung dieser Vorschriften in Betracht kommen kann.

Die Voraussetzungen der Datenverarbeitung nach der RL 95/46/EG werden ins ungarische Recht umgesetzt, trotzdem gibt es keinen einheitlichen Maßstab z.B. für die Anwendung der diesbezüglichen Vorschriften bei der Kontrolle der Arbeitnehmer. Die Zulässigkeit der Verarbeitung personenbezogener Daten ist bei der Kontrolle der Nutzung elektronischer Geräte am Arbeitsplatz nach den bereichspezifischen Regelungen schwierig zu ermitteln.

Die RL 95/46/EG enthält die Mindestanforderungen der Verarbeitung personenbezogener Daten bei der Überwachung der Nutzung technischer Geräte am Arbeitsplatz, deshalb sind die Stellungnahmen der Datenschutzgruppe und die Initiative der Kommission zur Weiterentwicklung des europäischen Datenschutzes bei der Auslegung der RL 95/46/EG von erheblicher Bedeutung.

Die Datenschutzgruppe hat z.B. die Grundsätze der Überwachung der elektronischen Kommunikation von Beschäftigten schwerpunktmäßig festgestellt und betont, dass es sich im Fall der Überwachung von E-Mails nicht um ein spezifisches Problem hinsichtlich der Verarbeitung personenbezogener Daten am Arbeitsplatz handelt, sondern um ein Problem allgemeiner Art, das darauf zurückzuführen ist, das Datenschutzrecht und die Datenschutzvorschriften nicht abstrakt anwendbar sind.[1056]

Sie ist der Auffassung, dass die wahrscheinlichste Rechtfertigung für die Überwachung des E-Mail-Verkehrs findet sich in Artikel 7 lit. f RL 95/46/EG: die Verarbeitung ist erforderlich zur Verwirklichung des berechtigten Interesses, das von dem für die Verarbeitung Verantwortlichen oder von dem bzw. den Dritten wahrgenommen wird, denen die Daten übermittelt werden.[1057] Folglich wirft dieser Standpunkt die Frage auf, ob das ungarische Recht für die Arbeitnehmerdaten überhaupt einen angemessenen Schutz bei der Kontrolle der Nutzung der elektronischen Kommunikation der Arbeitnehmer gewährleistet.

Die Datenschutzgruppe vertritt die Meinung, dass Art. 8 lit. b RL 95/46/EG bezüglich der Rechtmäßigkeit der Verarbeitung sensibler Daten als geeigneter Zulassungtatbestand berücksichtigt werden kann, weil die Verarbeitung sensibler Daten bezüglich der Überwachungsmaßnahmen nicht nur im Arbeitsverhältnis, sonder im Allgemeinen umstritten ist. Sie lehnt aber die Auffassung ab, dass die Überwachung allesamt verhindert oder extrem erschwert werden kann, allein

---

1056 Arbeitsdokument zur Überwachung der elektronischen Kommunikation von Beschäftigten, 21 f.

1057 Arbeitsdokument zur Überwachung der elektronischen Kommunikation von Beschäftigten, 22.

deshalb, weil sie notgedrungen die Verarbeitung bestimmter sensibler Daten beinhalten können.[1058]

Die Zulässigkeit der Verarbeitung personenbezogener Daten der Arbeitnehmer ist im ungarischen Recht im Hinblick auf die arbeitsrechtlichen, zivilrechtlichen und verfassungsrechtlichen Prinzipien zu prüfen, die die Anwendung der Datenschutzgrundsätze im Arbeitsrecht erleichtern.

Die Datenschutzgrundsätze werden im ungDSG wie auch in der RL 95/46/EG abstrakt formuliert und in den Stellungnahmen des ungarischen Datenschutzbeauftragten unvollständig konkretisiert. Die Rechtmäßigkeit der Kontrolle der Nutzung technischer Geräte und der Überwachung der Arbeitnehmer kann deshalb mithilfe der richtlinienkonformen Auslegung nicht vollständig ermittelt werden. Nach der RL 95/46/EG können vor allem nur präventive Maßnahmen allgemeiner Art zum Schutz der Persönlichkeitsrechte der Arbeitnehmer am Arbeitsplatz eingeführt werden. Die Interessenabwägung kann dazu beitragen, den Ausgleich der unterschiedlichen Interessen der Parteien im Arbeitsverhältnis nach den konkreten Umständen der Verrichtung der Arbeit zu ermöglichen.

Es wäre empfehlenswert, darüber hinaus die Grundlagen der Kontrolle der Nutzung technischer Geräte am Arbeitsplatz und des Schutzes der besonders schützenswerten Daten zu erfassen, um die Rechtsentwicklung durch die Gerichten und die Selbstregulierung durch die Interessenvertretungsorgane z. B. im Kollektivvertrag voranzutreiben.

Die Schaffung einer Regelung zum Arbeitnehmerdatenschutz in der EG wäre für die Entwicklung des ungarischen Datenschutzrechts vorteilhaft, weil z.B. der Schutz der Gesundheitsdaten der Arbeitnehmer und der Schutz personenbezogener Daten bezüglich der Datenverarbeitung durch elektronisches Überwachungssystems nach einheitlichen Maßstäben gewährleistet werden könnten.

Die Konkretisierung der kollektivrechtlichen Aspekte des Arbeitnehmerdatenschutzes würde dazu beitragen, dass die Durchsetzung der individualrechtlichen Garantien des Datenschutzes verstärken würde. Die wichrigste Frage ist es aber in dieser Hinsicht, inwieweit die Regelungsbefugnis der Arbeitnehmervertrer beschränkt werden kann.

Europäischer Arbeitnehmerdatenschutz als Zukunftsperspektive

Die Umsetzung der RL 95/46/EG ist als erster Schritt bei der Verselbständigung des europäischen Arbeitnehmerdatenschutzes anzusehen. Darüber hinaus sind die Aspekten der Durchsetzung der RL 95/46/EG und die Anwendung der na-

---

1058 Arbeitsdokument zur Überwachung der elektronischen Kommunikation von Beschäftigten, 17 f.

tionalen Rechtsvorschriften in der Praxis von grundlegender Bedeutung, weil das Datenschutzniveau aufgrund der tatsächlichen Erfahrungen der Umsetzung der Richtlinie in den Mitgliedstaaten gemessen werden kann.

In den Stellungnahmen der Datenschutzgruppe werden die grundlegenden Fragen der Auslegung der RL 95/46/EG im Arbeitsverhältnis zusammengefasst und wichtige Leitlinien für die Konkretisierung der abstrakten Vorschriften der Richtlinie hinsichtlich des Arbeitnehmerdatenschutzes dargestellt. In dieser Hinsicht bewirkt die Datenschutzgruppe, dass die Mitgliedstaaten sich an diesen Stellungnahmen orientieren und die Grundlagen des Arbeitnehmerdatenschutzes in der EG bezüglich der RL 95/46/EG gewissermaßen einheitlich ausgelegt werden.

Die Entwicklung des europäischen Arbeitnehmerdatenschutzes hängt vor allem davon ab, ob es gelingen wird, eine Regelung auf EG-Ebene zu schaffen. In Anbetracht der bisherigen Erfahrungen ist der Erlass einer Richtlinie zum Arbeitnehmerdatenschutz fraglich. Die Uneinigkeit über den Normcharacter der geplanten Regelung wirkt in besonderem Maße auf den Erfolg eines Normsetzungsverfahrens im Arbeitnehmerdatenschutz aus. Das Schutzniveau wird auch erheblich dadurch beeinflusst, ob die Harmonisierung des Arbeitnehmerdatenschutzes mithilfe einer künftigen Richtlinie verwirklicht werden kann oder das Verabschieden einer unverbindlichen Norm erzielt wird.

Wie am Beispiel des ungarischen Rechts dargestellt wird, werden die Bedingungen der Verarbeitung personenbezogener Daten in der RL 95/46/EG angemessen geregelt. Die datenschutzrechtlichen Regeln gewährleisten in manchen Fällen aber keinen spezifischen Schutz der Arbeitnehmerdaten, der Persönlichkeitsschutz kommt z.B. im ungarischen Recht als Schranke der privatautonomen Rechtsgestaltung in Betracht und es muss auf die allgemeinen arbeitsrechtlichen Grundsätze der Rechtsausübung zurückgegriffen werden.

Die datenschutzrechtlichen Begriffe der RL 95/46/EG werden aber zukunftsweisend erfasst, die einen Bezugspunkt für die Weiterentwicklung des europäischen Arbeitnehmerdatendatenschutzes bilden. In Anlehnung an die RL 95/46/EG wäre es möglich, die speziellen Merkmale des Arbeitnehmerdatenschutzes zu regeln. Das Erfassen der Voraussetzungen der Arbeitnehmerdaten ist notwendig, weil die Rechtmäßigkeit der Verarbeitung der Arbeitnehmer wie z.B. bei der Videoüberwachung nach den allgemeinen datenschutzrechtlichen Vorgaben nicht vollständig konkretisiert werden kann.

Meines Erachtens ist es unentbehrlich, die Grundlagen des Arbeitnehmerdatenschutzes sowohl im ungarischen Recht als auch auf EG-Ebene zu regeln, weil das allgemeine Datenschutzrecht die speziellen Fragen des Arbeitnehmerdatenschutzes nicht abdeckt. Die Schaffung einer Regelung ist zu bejahen, weil das Zusammenfassen der Regeln der Verarbeitung der Arbeitnehmerdaten im Vergleich zu der organischen Rechtsentwicklung aufgrund der Stellungnahmen der

Datenschutzgruppe oder der Rechtsprechung des EuGH ein Beispiel für den Fortschritt darstellen würde.

Die einzelstaatlichen Rechtsvorschriften könnten meines Erachtens mithilfe einer Richtlinie zum Arbeitnehmerdatenschutz angeglichen werden, obwohl eine Richtlinie nur Mindestvorschriften erfassen kann. Ein nicht verbindliches Rechtsinstrument könnte die einheitliche Rechtsanwendung fördern, seine Auswirkung wäre aber symbolisch.

Es wäre empfehlenswert, die Möglichkeit der Durchführung des europäischen Arbeitnehmerdatenschutzes durch die Sozialpartner zu konkretisieren. Andererseits ist es zu klären, inwieweit die Einzelheiten des Schutzes der Arbeitnehmerdaten in der EG in Tarifverträgen oder Vereinbarungen zwischen den Sozialpartnern in den Mitgliedstaaten festgelegt werden können.

Die Initiativen über die Weiterentwicklung des europäischen Datenschutzes im Arbeitsrecht sind schwach, die erörterten Vorschläge sind eher praktische Leitfaden über die Auslegung der RL 95/46/EG im Arbeitsrecht und es mangelt an der koheränten Konzeption des europäischen Arbeitnehmerdatenschutzes.

Die Zielsetzung der RL 95/46/EG lässt sich nicht einfach auf den Arbeitnehmerdatenschutz übertragen, weil der Zweck des Schutzes der Arbeitnehmerdaten im Arbeitsrecht spezielle Merkmale aufweist. Der Schutz der Privatsphäre reicht allein z.B. nicht aus, die Schutzbedürftigkeit der Arbeitnehmerdaten und die Schutzwürdigkeit der Interessen des Arbeitgebers zu begründen, weil die Interessen der Parteien umfassend abgewogen werden müssen

Meines Erachtens sollten die Ziele des Arbeitnehmerdatenschutzes speziell konkretisiert werden. Der Zweck und der Leitgedanke der künftigen Regelung müssen klargestellt werden, um ein nützliches Werk schaffen zu können. Der Arbeitnehmerdatenschutz sollte in der Beschäftigungpolitik der EU etabliert werden und in die Aktionsprogramme aufgenommen werden. Im Rahmen des europäischen Arbeitsschutzes z.B. könnte die Angleichung der Rechtsvorschriften über die Verarbeitung der Arbeitnehmerdaten eine große Rolle spielen. Die Zusammenarbeit der Arbeitsinspektionen könnte durch diese Maßnahmen verbessert werden. Die Freizügigkeit der Arbeitnehmer und diesbezüglich die soziale Versorgung könnte erheblich dadurch unterstützt werden, wenn die Gesundheitsdaten nach gemeinschaftsrechtlichen Vorschriften geregelt wären. In der künftigen Regelung sollten die allgemeinen Grundsätze der Datenverarbeitung berücksichtigt und umfassend konkretisiert werden.

Hinsichtlich der grundlegenden Prinzipien der Verarbeitung der Arbeitnehmerdaten nach der Initiative der Kommission kann man feststellen, dass diese Prinzipien sich auf die Konkretisierung oder Überholung der Vorschriften der RL 95/46/EG beziehen. Wie die Datenschutzgruppe in ihren Stellungnahmen präzisiert hat, hat die Kommission die Grundsätze über die Qualität der Verarbeitung der Arbeitnehmerdaten erfasst.

Es herrscht keine Einigkeit über die Reichweite des Arbeitnehmerdatenschutzes, deshalb muss klargestellt werden, in welchen Bereichen der Schutz der Arbeitnehmerdaten auf der Ebene der Mitgleidstaaten nicht ausreichend verwirklicht werden kann und daher wegen des Umfangs und der Wirkungen der Maßnahme besser auf Gemeinschaftsebene zu verwirklichen ist.

Zusammenfassung in Thesen

Der europäische Arbeitnehmerdatenschutz umfasst die bislang erlassenen Richtlinien zum Schutz personenbezogener Daten und die Bemühungen der EG in der Verbesserung der Arbeitsbedingungen bezüglich des Datenschutzes. Die RL 95/46/EG enthält grundsätzlich die wichtigsten Regeln für Arbeitnehmerdatenschutz auf Gemeinschaftsebene. Sie bildet den allgemeinen Rahmen für den Aufbau spezifischer Rechtsinstrumente und kommt als Grundlage für die Schaffung einer Regelung zum Schutz der Arbeitnehmerdaten in Betracht.

Die Kommission bemüht sich intensiv, einen Kompromiss im Bereich des Arbeitnehmerdatenschutzes zu erreichen und gibt neue Impulse den Sozialpartnern, um dieses Thema soweit wie möglich zu klären. Durch die weitreichende Beteiligung der Sozialpartner in dieser Diskussion tragen sie große Verantwortung für die Entwicklung des Arbeitnehmerdatenschutzes. Art. 138 Abs. 2 und 3 EGV gewähren den Sozialpartnern ein eingenständiges Anhörungsrecht bei allen Rechtsetzungsvorschlägen der Kommission im Bereich der Sozialpolitik bzw. bei der Regelung der Arbeitsbedingungen nach Art. 137 Abs. 1 lit. b EGV.

Die Meinungsverschiedenheit ist zwischen den europäischen Sozialpartnern und der Kommission groß. Die Kommission hat die Sozialpartner aufgefordert, ihre Stellungnahmen oder gegebenfalls ihre Empfehlungen über ein geplantes Rechtsinstrument zum Schutz personenbezogener Daten von Arbeitnehmern nach Art. 138 Abs. 3 EGV vorzulegen und sie über ihre Entschlossenheit zur Durchführung des Verhandlungsverfahrens auf der Grundlage der in dem Bericht der Kommission aufgeführten Prinzipien nach Art. 138 Abs. 4 und Art. 139 des EG-Vertrags zu informieren.

Nur die wichtigsten Themen der Verarbeitung personenbezogener Daten der Arbeitnehmer werden während der Anhörung erörtert. Die Sozialpartner haben die künftigen Standards festgelegt, die an die Ausgestaltung eines europäischen Arbeitnehmerdatenschutzes zu stellen sind. Ein Grund für die Heftigkeit der Diskussion über die gemeinsame Regelung besteht darin, dass kein selbstständiges Konzept und keine umfassende rechtspolitische Grundlage für den Arbeitnehmerdatenschutz geschaffen werden.

Die Argumente für die Schaffung eines Regelungswerks sind schwach, weil das Ziel der geplanten Regelung nicht in die sozialpolitischen Maßnahmen der Gemeinschaft - z. B. Annäherung der Gesundheitspolitik im Arbeitsschutz, Schutz der entsandten Arbeitnehmer beim grenzüberschreitenden Datenverkehr, Verarbeitung personenbezogener Daten bei der sozialen Dienstleistungen, Erleichterung der Zusammenarbeit der Arbeitsinspektionen - eingebettet wird.

Die Sozialpartner haben sich über den Normcharakter der geplanten europäischen Regelung nicht geeinigt. Die Position der Arbeitgeberorganisationen zu dieser Frage besteht darin, ein verbindliches Rechtsinstrument abzulehnen. Sie sind der Meinung, dass es nicht erforderlich ist, über die RL 95/46/EG hinaus weitere Regelungen zu treffen. Für die Verabschiedung einer Richtlinie über den Schutz der Arbeitnehmerdaten besteht kein Anlass, da die Mitgliedstaaten über die Mindeststandards hinausgehenden datenschutzrechtlichen Garantien in ihren Rechtssystemen verankert haben. Ihrer Ansicht nach sind die nationalen Sozialpartner in der Lage, unternehmensgerechte Lösungen zu finden. Überdies wandten sie sich gegen eine Verstärkung von Arbeitnehmerrechten und eine zu weite Abgrenzung des Arbeitnehmerdatenschutzes. Sie wünschten eine möglichst geringfügige Beschränkung des Binnenmarktes durch die europäische Rechtssetzung.

Die Kommission ist für den Erlass einer Richtlinie, weil das ein vorrangiges Mittel des Angleichens nationaler Arbeitsrechtsordnungen ist. Sie bezieht die Belange der Arbeitnehmer und die Belange der Arbeitgeber in ihre Betrachtungen gleichermaßen ein und bemüht sich, die besonderen Voraussetzungen der Verarbeitung der Arbeitnehmerdaten festzulegen, um den Rechtstraditionen in den Mitgliedstaaten gerecht zu werden.

Der Umsetzung der RL 95/46/EG zufolge wurde das allgemeine Datenschutzrecht in Ungarn umgestaltet. Die RL 95/46/EG wurde mit dem Gesetz Nr. XLVIII/2003 ins ungarische Recht umgesetzt. Der Gesetzgeber hat kein selbständiges Gesetz verabschiedet, sondern die Vorschriften des Gesetz Nr. LXIII/1992 über den Schutz personenbezogener Daten und die Öffentlichkeit der Daten von öffentlichem Interesse (ungDSG) geändert hat.

Die datenschutzrechtlichen Begriffe wurden im ungDSG geändert, soweit dies zur Umsetzung der RL 95/46/EG notwendig war. Die meisten Vorschriften des ungDSG geben den relevanten Text der RL 95/46/EG wieder. Die wichtigsten datenschutzrechtlichen Grundbegriffe in der RL 95/46/EG und im ungDSG stimmen miteinander überein.

Die Umsetzung der RL 95/46/EG nimmt einen wesentlichen Schwerpunkt der Entwicklung des Datenschutzes im ungarischen Recht ein. Die Voraussetzungen der Verarbeitung personenbezogener Daten sind dank der Novellierung des ungDSG zum großen Teil in beiden Rechtsquellen ähnlich. Die relevanten Vorschriften der RL 95/46/EG und die Entwürfe über eine Richtlinie zum Schutz der Arbeitnehmerdaten können als Inspirationsquelle zur Weiterentwicklung des Datenschutzes in Ungarn betrachtet werden.

Die Überlegungen zum Schutz der Privatsphäre und der Persönlichkeitsrechte sind von großer Bedeutung bei der Beurteilung der Rechtmäßigkeit der Datenverarbeitung. Die Rechtsprechung des EuGH zum Schutz der Grundrechte und Grundfreiheiten spielt eine große Rolle beim Bewerten der Eingriffe in die Persönlichkeitsrechte bei der Verarbeitung der Arbeitnehmerdaten. Die Wirkung der RL 95/46/EG könnte sich demgemäß am ehesten durch die nationalen Gerichte entfalten.

Die Vorschriften der RL 95/46/EG sind von großer Bedeutung bei der Auslegung des ungDSG über die Rechte des Betroffenen. Beide Rechtsquellen spielen eine wichtige Rolle bezüglich der Wahrnehmung der Rechte des Arbeitnehmers bei der Verarbeitung seiner Daten im Arbeitsverhältnis und bilden die rechtliche Grundlage des Auskunftsrechts, des Rechts auf Datenkorrektur, des Anspruches auf Löschung und des Einspruchsrechts.

Im ungDSG werden im Gegensatz zu der RL 95/46/EG nur die Einwilligung des Betroffenen und die „gesetzliche Ermächtigung" als Rechtfertigungsgründe geregelt, so dass die Rechtmäßigkeit der Datenverarbeitung ergänzend mithilfe der Datenschutzgrundsätze zu ermitteln ist.

Hinsichtlich der Zulässigkeit der Verarbeitung personenbezogener Daten werden im Grunde genommen nur die Anforderungen in Art. 7 lit. a RL 95/46/EG ins ungDSG umgesetzt. Nach herrschender Meinung werden daher die Voraussetzungen der Verarbeitung personenbezogener Daten ins ungDSG nicht ausreichend umgesetzt weil, die im § 3 Abs. 1 ungDSG geregelten Bedingungen im Vergleich zum Art. 7 RL 95/46/EG zu eng erfasst sind. Die in Art. 7 lit. b bis f RL 95/46/EG festgelegten Voraussetzungen werden im ungDSG nicht übernommen.

Im Hinblick auf den Schutz sensitiver Daten wurde das in der Richtlinie geregeltes Verarbeitungsverbot nicht übernommen. Die ausdrückliche Einwilligung des Betroffenen wird als einzige zulässige Rechtsgrundlage der Datenverarbeitung im Vergleich zum Art. 8 Abs. 2 RL 95/46/EG im ungDSG geregelt. Die Zulässigkeitstatbestände in Art. 8 Abs. 2 lit. b bis e RL 95/46/EG werden ins ungarische Recht nicht umgesetzt. Für die sensiblen Daten gilt daher ein erhöhter Schutz nach Art. 8 Abs. 2 lit. a RL 95/46/EG, der durch § 3 Abs. 2 im ungDSG verwirklicht wird.

Der Arbeitnehmerdatenschutz hat sich auf der Grundlage des allgemeinen Datenschutzrechts entwickelt und er ist heute noch mit dem allgemeinen Datenschutz eng verbunden. Die Abgrenzung ist zwischen den beiden Rechtsgebieten schwierig, weil die Rechtsquellen miteinander verknüpft sind. Obwohl wird der Schutz personenbezogener Daten des Arbeitnehmers durch viele bereichspezifische Vorgaben – vor allem zum Zwecke der Durchführung administrativer Maßnahmen – geregelt, werden die grundlegenden Voraussetzungen des Arbeitnehmerdatenschutzes nicht gesondert geregelt. Die allgemeinen datenschutzrechtlichen Vorschriften sind deshalb hinsichtlich der Verarbeitung der Arbeitnehmerdaten anzuwenden, die die Gewährleistung des Schutzes der Arbeitnehmerdaten gewissermaßen erschwert.

Die Schwierigkeit der Abgrenzung des Arbeitnehmerdatenschutzes und des allgemeinen Datenschutzes besteht darin, dass das ungArbGB nach der Umsetzung der RL 95/46/EG ins ungarische Recht nicht geändert wurde. Die harmonisierten Regeln des ungDSG werden nicht mit dem ungArbGB in Einklang gebracht.

Die Voraussetzungen der Datenverarbeitung sind sowohl in der RL 95/46/EG als auch im ungDSG sehr abstrakt formuliert, deswegen ist es schwierig in der Praxis, die Rechtmäßigkeit der Datenverarbeitung im konkreten Fall zu ermitteln. Zwar bildet die RL 95/46/EG den wichtigsten Orientierungspunkt bei der Auslegung des ungDSG, wegen seines allgemeinen Charakters hilft im Arbeitnehmerdatenschutz in manchen Fällen kaum weiter.

Die geltenden datenschutzrechtlichen Vorschriften stehen in Einklang mit der RL 95/46/EG in Ungarn, die Durchsetzung des Datenschutzes bleibt aber eine ständige Aufgabe. Die Leitidee des Datenschutzes im Arbeitsrecht ist nicht vollständig durchgesetzt. Die konzeptionelle Schwäche des Rechts auf Schutz personenbezogener Daten spiegelt sich beim Schutz der Arbeitnehmerdaten wider.

Im ungarischen Recht sind die dogmatischen Grundlagen des Datenschutzes im Persönlichkeitsschutz verwurzelt. Persönlichkeitsschutz und Datenschutz sind miteinander eng verbunden, trotzdem ist der Datenschutz ein eigenständiges Rechtsgebiet. Die Konzeption des Arbeitnehmerdatenschutzes wird im Hinblick auf den Persönlichkeitsschutz erörtert.

Der Persönlichkeitsschutz dient dem Ausgleich der unterschiedlichen Interessen der Parteien. Der Datenschutz hat die Funktion, den Rechtschutz des Arbeitnehmers zu erhöhen. Die Rolle des Persönlichkeitsschutzes wird von gesellschaftlichen und individuellen Wertvorstellungen determiniert. Die ökonomischen und die rechtspolitischen Faktoren in der Gesellschaft beeinflussen die Entscheidung, ob eine Verbesserung des Persönlichkeitsschutzes im Arbeitsrecht durchgeführt werden kann.

Das ungArbGB regelt den Persönlichkeitsschutz des Arbeitnehmers durch eine Generalklausel. § 8 Abs. 2 ungArbGB garantiert ein Mindestmaß des Schutzes der immateriellen Interessen des Arbeitnehmers. Der Arbeitgeber ist verpflichtet, den die Persönlichkeitsrechte gefährdenden Handlungen vorzubeugen und die freie Entfaltung der Persönlichkeit des Arbeitnehmers zu fördern. Die ideellen Interessen des Arbeitnehmers sind teilweise durch verschiedene Verpflichtungen des Arbeitgebers geschützt.

Der Arbeitnehmer hat das Recht auf Schutz personenbezogener Daten bei der Verarbeitung personenbezogener Daten durch den Arbeitgeber. Der Arbeitgeber hat die personenbezogenen Daten des Arbeitnehmers in Einklang mit dem geltenden Recht zu verarbeiten.

Der Schutzbereich des Rechts auf Schutz personenbezogener Daten kann mithilfe mehrerer Rechtsquellen bestimmt werden, die in den einzelnen Rechtsgebieten unterschiedlich ausgeprägt sind. Der Inhalt des Rechts auf Schutz personenbezogener Daten wird mit Rücksicht auf den Wandel der Bedeutung des Datenschutzes in der ungarischen Rechtsordnung nicht erschöpfend geklärt, das sich beträchtlich auf den Arbeitnehmerdatenschutz auswirkt.

Der Rechtsdurchsetzungsgrad ist im Bereich des Arbeitnehmerdatenschutzes in Ungarn schwach. Das kann teilweise auf die Tatsache zurückgeführt werden, dass die Regelung des Schutzes der Persönlichkeitsrechte des Arbeitnehmers bei der Verarbeitung personenbezogener Daten lückenhaft ist. Es gibt wenige Urteile über die Verletzung des Rechts auf Schutz personenbezogener Daten des Arbeitnehmers.

Die Notwendigkeit der Entwicklung des geltenden Rechts hängt von mehreren Faktoren ab. Das ungarische Verfassungsgericht und die Gerichte könnten vor allem den Durchsetzungsgrad des Datenschutzes sowie die Verwirklichung der Ziele der RL 95/46/EG beeinflussen.

Es ist erforderlich, die Spannung zwischen dem ungDSG und dem ungArbGB hinsichtlich der Voraussetzungen der Verarbeitung der Arbeitnehmerdaten zu lösen. Die arbeitsrechtliche Kodifikation des Datenschutzes ist problematisch, weil die verschiedenen Rechtsquellen schwierig miteinander in Einklang gebracht werden können. Die gesellschaftliche Kultur und die Tradition des Datenschutzes im Lande beeinflusst die Form der Regelung des Arbeitnehmerdatenschutzes.

§ 77 Abs. 1 ungArbGB regelt das Maß der zulässigen Erhebung personenbezogener Daten im Arbeitsrecht. Die Interpretation dieser generalklausalartigen Vorschrift führt zur Dissonanz bezüglich des ungDSG, weil der Gesetzgeber während der Kodifikation des ungArbGB die zeitgemäßen datenschutzrechtlichen Modelle nicht berücksichtigt hat.

Die Aufklärungs- und die Offenbarungspflicht des Bewerbers spielen eine wichtige Rolle bei der Erhebung personenbezogener Daten im Anbahnungsverhältnis. Laut der Aufklärungspflicht hat der Bewerber alle Angaben dem Arbeitgeber preiszugeben, die der Erfüllung der arbeitsvertraglichen Pflichten entgegenstehen.

Die Rechtmäßigkeit der Erhebung der besonders schützenswerten Daten lässt sich im Einzelfall nach dem ungDSG schwierig begründen. Eine Interessenabwägung ist anhand der Datenschutzgrundsätze zum Ermitteln der Rechtmäßigkeit der Datenerhebung vorzunehmen.

Die allgemeinen Voraussetzungen der Verarbeitung der Daten über den Gesundheitszustand werden nach dem Vorbild der RL 95/46/EG im ungarischen Recht geregelt. Strenge Voraussetzungen sind bei der Erhebung der Gesundheitsdaten zu beachten.

Die RL 95/46/EG erfasst die allgemeinen Anforderungen der Verarbeitung der Gesundheitsdaten und lässt den Mitgliedstaaten ziemlich weiten Ermessensspielraum zu, die Verarbeitung dieser Daten zu regeln.

Art. 8 Abs. 3 RL 95/46/EG erlaubt die Verarbeitung personenbezogener Gesundheitsdaten, wenn drei Voraussetzungen erfüllt sind. Diese Bedingungen werden im ungarischen Recht weitestgehend verankert. Die allgemeinen und die bereichspezifischen Regeln genügen diesen Anforderungen, sind sie aber hinsichtlich der Eignungsuntersuchung oder der arbeitsmedizinischen Vorsorgeuntersuchung unzureichend gesichert.

Die allgemeine Pflicht für die betroffene Person sich einer vorläufigen ärztlichen Einstellungsuntersuchung unterzuziehen, spielt eine wichtige Rolle bei der Beurteilung der Rechtmäßigkeit der Erhebung der Gesundheitsdaten. Nach dem GSchVDG und der Verordnung Nr. 33/1998 ergibt sich, dass der Arbeitgeber die Daten über den Gesundheitszustand vom Bewerber nicht uneingeschränkt erheben darf.

Die allgemeinen Datenschutzgrundsätze wie der Grundsatz der Erforderlichkeit, der Zweckbindung, der Datenqualität und der Datenvorbehaltung werden in den bereichspezifischen Vorschriften hinsichtlich der Eignungsuntersuchung ausführlich geregelt. Die in Art. 8 Abs. 3 RL 95/46/EG festgelegten Anforderungen werden im GSchVDG verwirklicht. Die Verpflichtung zur rechtmäßigen Verarbeitung der Arbeitnehmerdaten wird in der Verordnung Nr. 33/1998 nur rudimentär festgeschrieben, deshalb sind auch die Regeln des GSchVDG, des ungDSG und des ungArbGB zu beachten.

Ein HIV-Test kann durchgeführt werden, wenn es laut des Gesetzes oder aufgrund einer Verordnung gestattet ist, oder es auf einer behördlichen Maßnahme basiert. Derartige Untersuchung im Anbahnungsverhältnis wird nur in Ausnahmefällen geregelt. Für spezielle Berufsgruppen ist es obligatorisch, einen HIV-Test für besonders infektionsgefährdete Tätigkeiten zu dulden.

Die Regeln über die Verabeitung der Gesundheitsdaten sind abstrakt formuliert, deshalb kann die Rechtmäßigkeit der Durchführung eines Drogentests im Anbahnungsverhältnis und der Erhebung der daraus erlangten Daten nur von Fall zu Fall ermittelt werden.

Der Drogentest darf für bestimmte Arbeitnehmer bezüglich bestimmter Arbeitsplätze durchgeführt werden und der personelle Anwendungsbereich des Tests muss auf die besonders risikoreichen Tätigkeiten eingeengt werden. Die Untersuchung kann vor allem aus Sicherheitsgründen vorgenommen und vom Fachpersonal durchgeführt werden.

Es besteht ein Entwicklungsbedarf bezüglich des Schutzes der Daten über die Drogenabhängigkeit. Die Datenschutzgrundsätze nach Art. 6 RL 95/46/EG und nach dem ungDSG müssen hinsichtlich der Verarbeitung der Daten über die Drogenabhängigkeit im Anbahnungsverhältnis konkretisiert werden. Die Garantien des Übermittelns des Befundes des Drogentests müssen klargestellt werden, sowie die Voraussetzungen der klinischen Untersuchung und der biologischen Probenentnahme müssen verdeutlicht werden. Die Maßnahmen des Arbeitgebers beim begründeten Verdacht des Drogenkonsums sollten geklärt werden.

Der Schutz genetischer Daten ist ein Spezialgebiet im Datenschutz. Die Zulässigkeit der prädiktiven genetischen Diagnostik im Anbahnungsverhältnis wird im Zusammenhang mit der Pflicht des Arbeitgebers zur Risikoeinschätzung nur in bestimmten Arbeitsbereichen geregelt.

Nach dem geltenden Recht entscheidet der Facharzt über den Umfang der personenbezogenen Daten, die zur Kontrolle der Wirkung der gesundheitsschädigenden Komponente der Arbeit notwendig sind. Die Erhebung der zur prädiktiven genetischen Diagnostik notwendigen Daten wird bei der Exposition krebserregender Stoffe konkretisiert.

Die Vorschriften des Gesetzes Nr. XXI/2008 fördern erheblich die Entwicklung des Schutzes genetischer Daten in Ungarn, trotzdem besteht Regelungsbedarf bezüglich der Verarbeitung genetischer Daten im Arbeitsrecht. Die genetische Untersuchung muss aus Gründen des Arbeitsschutzes zugelassen werden und Ausnahmeregeln sollen zum Schutz der Gesundheit des Arbeitnehmers verabschiedet werden. Die Erhebung genetischer Daten während der arbeitsmedizinischen Vorsorgeuntersuchung sollte im Spezialfall gerechtfertigt werden.

Nach dem geltenden Recht spielt der Arzt bei der Verarbeitung von Gesundheitsdaten eine zentrale Rolle. Er soll die Arbeitssicherheit fördern und damit den Arbeitnehmer schützen und zugleich auch die Interessen des Arbeitgebers wahren. Diesbezügliche Aufgaben der Ärzte sind in mehreren Rechtsquellen ohne Rücksicht auf die datenschutzrechtlichen Vorschriften geregelt.

Die allgemeinen datenschutzrechtlichen Regeln sind im Arbeitsrecht anzuwenden. Die Vorschriften des ungDSG können bei der Beurteilung der Rechtmäßigkeit der Verarbeitung der Arbeitnehmerdaten in manchen Fällen eingeschränkt einbezogen werden. Die geltenden bereichspezifischen Vorschriften und die wichtigsten Rechtsquellen sowie das ungArbGB, das ungDSG und das ungBGB sind in manchen Fällen widersprüchlich. Die Rahmenbedingungen der Verarbeitung personenbezogener Daten unterscheiden sich von den einzelnen spezifischen Vorgaben über die Verarbeitung personenbezogener Daten, deshalb hat der Gesetzgeber die Aufgabe, die Eckpunkte des Datenschutzes im Arbeitsverhältnis zu präzisieren.

Im Arbeitsverhältnis sind verschiedene datenschutzrechtliche Fragen zu lösen. Die Verarbeitung personenbezogener Daten bei der Kontrolle des Arbeitgebers mithilfe technischer Einrichtungen tangiert die Persönlichkeitsrechte der Arbeitnehmer erheblich. Dadurch erfolgt die Individualisierung der Kontrolle. Der Ausgleich der gegenläufigen Interessen der Parteien ist aus einer neuen Perspektive zu beurteilen.

Die Prüfung der Rechtmäßigkeit der Kontrolle des Arbeitgebers nach den bereichspezifischen Regelungen der elektronischen Kommunikation ist sehr komplex. Das Ausmaß der zulässigen Ausübung der Kontrollrechte des Arbeitgebers kann nicht eindeutig abgegrenzt werden. Es ist umstritten, inwieweit der Arbeitnehmer die Kontrolle des Verhaltens am Arbeitsplatz mit Rücksicht auf den Schutz der Persönlichkeitsrechte dulden muss. Nach § 8 Abs. 2 ungArbGB darf der Arbeitgeber die Persönlichkeitsrechte des Arbeitnehmers bei der Ausübung der Kontrollrechte nicht verletzen. Die Vorschriften des ungDSG und des ungArbGB treten als gesetzliche Minimalstandards bei der Kontrolle der Nutzung der elektronischen Kommunikationsdienste auf.

Die Kommission hat die wichtigsten Voraussetzungen der Überwachung am Arbeitsplatz erfasst, die für die Weiterentwicklung des Arbeitnehmerdatenschutzes sehr wertvoll sind. Die Grundsätze der Erforderlichkeit, Verhältnismäßigkeit und Zweckbindung werden im Arbeitsrecht konkretisiert, die bei der Auslegung der Vorschriften der RL 95/46/EG von besonderer Bedeutung sind.

Der Arbeitgeber hat die Persönlichkeitsrechte des Arbeitnehmers bei der Kontrolle der Internetnutzung zu schützen und das Recht auf Schutz personenbezogener Daten des Arbeitnehmers in Einklang mit der RL 95/46/EG und der RL 2002/58/EG nach dem ungDSG und nach § 8 Abs. 2 undArbGB zu wahren. Der Ausgleich der unterschiedlichen Belange der Parteien muss erzielt werden. Die staatlichen Maßnahmen müssen bei der Ausübung ihres Ermessensspielraums nach der RL 95/46/EG so gestaltet sein, dass der Schutz personenbezogener Daten der Arbeitnehmer bezüglich der Nutzung technischer Geräte gewährleistet wird.

Die gesetzlichen Vorschriften erstrecken sich nach dem geltenden Recht auf die Mindestanforderungen der Datenverarbeitung bei der Kontrolle der Internetnutzung des Arbeitnehmers. Das ungArbGB und das ungDSG dienen als die wichtigsten Grundlagen zur betrieblichen Regelung der Internetnutzung.

Die Voraussetzungen der Kontrolle der Internetnutzung des Arbeitnehmers wurden in Bezug auf die Telearbeit im ungArbGB verankert. Das ist das einzige Gebiet, wo die rechtlichen Grenzen der Ausübung des Kontrollrechts datenschutzrechtlich festgelegt wurden.

Die Zulässigkeit der Erhebung personenbezogener Daten über die Internetnutzung richtet sich nach der RL 95/46/EG und dem ungDSG. Die Rechtmäßigkeit der Kontrolle ist bei der privaten und dienstlichen Nutzung unterschiedlich zu beurteilen. Die Erhebung personenbezogener Daten über die besuchten Internetseiten ist bei der erlaubten privaten Nutzung rechtswidrig. Beim Verbot der privaten Nutzung kann das im Ausnahmefall gerechtfertigt werden. Diese Rechtfertigungsgründe sollen in der Rechtsprechung und in den Stellungnahmen des ungarischen Datenschutzbeauftragten ausgearbeitet werden.

Die Erhebung der personenbezogenen Daten über die Internetnutzung wird spezifisch im ungGeK in Einklang mit der RL 2002/58/EG geregelt, das aber im Arbeitsverhältnis schwierig angewendet werden kann, weil das Verhältnis zwischen dem Teilnehmer der elektronischen Kommunikationsdienste und dem Nutzer nicht geklärt wird. Die Vorschriften des ungGeK sind mit Rücksicht auf das ungDSG und das ungArbGB auszulegen.

Nach den Stellungnahmen des ungarischen Datenschutzbeauftragten sind die Grundsätze der Telefondatenerfassung im Falle der E-Mail Überwachung anzuwenden. Die Kontrolle des Inhalts der dienstlichen E-Mail ist zulässig, wenn die dienstliche Natur der E-Mail zuverlässig identifiziert werden kann. Die dienstlichen E-Mails dürfen mit der Einwilligung des Betroffenen gemäß den Datenschutzgrundsätzen geöffnet werden.

Der Arbeitgeber darf bei der erlaubten Nutzung die Inhaltsdaten privater E-Mails nicht erheben und beim Nutzungsverbot die E-Mails in begründeten Fällen kontrollieren. Die Kontrolle der Verkehrsdaten ist nach dem ungGeK zu beurteilen. Diese Vorschriften garantieren einen Mindestschutz bezüglich der Vertraulichkeit der Kommunikation.

Die Überwachung ist ein spezielles Gebiet aus datenschutzrechtlicher Sicht, weil die Interessenabwägung in diesem Fall von erheblicher Bedeutung ist. Die Rechtmäßigkeit der Überwachung kann nach der Gesamtabwägung der konkreten Umstände bewertet werden. Wie am Beispiel der Stellungnahmen des ungarischen Datenschutzbeauftragten und der Rechtsprechung des BAG dargestellt wurde, die Zulässigkeit der Überwachung kann im Einzelfall beurteilt werden. Die Initiative der Kommission zur Konkretisierung der RL 95/46/EG ist in dieser Hinsicht sehr nützlich, weil sie die wichtigsten Zwecke der Überwachung und die einzigen Fallgruppen der diesbezüglichen Datenverarbeitung erfasst.

Der Arbeitgeber muss beim Einsatz des elektronischen Überwachungssystems nach dem geltenden Recht auf die Vorschriften des ungDSG zurückgreifen. Mangels bereichspezifischer Regelung ist die Anwendung dieses Gesetzes im Hinblick auf die RL 95/46/EG problematisch, weil es nach den allgemeinen datenschutzrechtlichen Vorgaben schwierig ist, über die Zulässigkeit der Beobachtung durch Kameras zu entscheiden. Anhand der Stellungnahmen des ungarischen Datenschutzbeauftragten haben sich die Grundlagen des Einsatzes von elektronischen Überwachungssystemen herauskristallisiert.

Die Rechtmäßigkeit der Verarbeitung personenbezogener Daten durch ein Überwachungssystem ist mithilfe der Interessenabwägung zu ermitteln. Die Bewertung der Zulässigkeit des Einsatzes der Videoüberwachung stellt eine Einzelfallentscheidung dar. Die Kriterien der Zulässigkeit orientieren sich an den datenschutzrechtlichen Grundsätzen und die verfassungsrechtlichen Maßstäbe sind auch heranzuziehen.

Eine Spaltung zwischen der Beurteilung der Rechtmäßigkeit der Datenverarbeitung ohne Speicherung der Aufnahmen und der Datenverarbeitung mit Speicherung der Aufnahmen bereitet Schwierigkeiten, weil die Grenzlinie zwischen den Kategorien nicht geklärt wurde. Der Schutz der Persönlichkeitsrechte des Arbeitnehmers ist vielfältig garantiert, zum Zweck des umfassenden Rechtsschutzes besteht aber ein Entwicklungsbedarf des geltenden Rechts.

Die Gerichte haben die Aufgabe die Voraussetzungen der Datenverarbeitung zu weiterentwickeln. Es ist empfehlenswert, die Zwecke der Überwachung bezüglich des Personen- und Vermögensschutzes und der Beweissicherung enumerativ zu beschreiben. Die Garantien der Verarbeitung personenbezogener Daten nach der Speicherung der Aufnahmen und die Löschungsfristen der Aufnahmen und die Individualrechte des Arbeitnehmers sollen gesetzlich geregelt werden.

Die Sicherheitsinteressen des Arbeitgebers und der Schutz des Lebens und der Gesundheit des Arbeitnehmers wurden als rechtmäßige Zwecke der Verarbeitung personenbezogenen Daten anerkannt, jedoch die berechtigten schutzwürdigen Interessen des Arbeitgebers werden bei der Überwachung nicht erschöpfend geklärt.

Die verfassungsrechtlichen Prinzipien des Rechts auf informationelle Selbstbestimmung werden erneuernd im GPTPV eingefügt. Die Grundsätze der Erforderlichkeit, der Zweckbindung, der Verhältnismäßigkeit und das Gebot der Wahl des mildesten Mittels wurden im Einzelnen ausgeführt.

Der Schutz der personenbezogenen Daten des Arbeitnehmers durch die Interessenvertretungsorgane ist von wesentlicher Bedeutung. In einem Kollektivvertrag kann der Datenschutz näher geregelt werden. Die Beteiligungsrechte des Betriebsrats ermöglichen im Personalwesen eine Kontrolle der Verarbeitung von Arbeitnehmerdaten. Es wäre empfehlenswert, die Grundlagen des Arbeitnehmerdatenschutzes zu erfassen, um die Rechtsentwicklung durch die Selbstregulierung voranzutreiben.

Wie es am Beispiel des ungarischen Rechts dargestellt wird, werden die Bedingungen der Verarbeitung personenbezogener Daten in der RL 95/46/EG angemessen geregelt. Die datenschutzrechtlichen Regeln gewährleisten in manchen Fällen aber keinen spezifischen Schutz der Arbeitnehmerdaten. Der Persönlichkeitsschutz kommt als Schranke der privatautonomen Rechtsgestaltung in Betracht und es muss auf die allgemeinen arbeitsrechtlichen Grundsätze der Rechtsausübung zurückgegriffen werden.

Die Initiativen über die Weiterentwicklung des Datenschutzes im Arbeitsrecht sind zu präzisieren, weil es an der koheränten Konzeption des europäischen Arbeitnehmerdatenschutzes mangelt. Der Zweck und der Leitgedanke der künftigen Regelung müssen klargestellt werden, um ein nützliches Werk schaffen zu können.

Literaturverzeichnis

Aalberts, Robert J., Drug Testing Tenants: Does it Violate Rights of Privacy? Real Property, Probate and Trust Journal 2003, 479-505

Adam, Patrice, L'Individualisation du Droit du Travail, Paris 2005

Adams, Michael, Ökonomische Theorie des Rechts, 2. Aufl., Frankfurt am Main, 2004

Adatvédelmi Biztos Irodája (szerk.), Az adatvédelmi biztos beszámolója 1995-1996 (ABI 1995-1996), Budapest 1997

Ders., Az adatvédelmi biztos beszámolója 1997 (ABI 1997), Budapest 1998

Ders., Az adatvédelmi biztos beszámolója 1998 (ABI 1998), Budapest 1999

Ders., Az adatvédelmi biztos beszámolója 1999 (ABI 1999), Budapest 2000

Ders., Az adatvédelmi biztos beszámolója 2000 (ABI 2000), Budapest 2001

Ders., Az adatvédelmi biztos beszámolója 2001 (ABI 2001), Budapest 2002

Ders., Az adatvédelmi biztos beszámolója 2002 (ABI 2002), Budapest 2003

Ders., Az adatvédelmi biztos beszámolója 2003 (ABI 2003), Budapest 2004

Ders., Az adatvédelmi biztos beszámolója 2004 (ABI 2004), Budapest 2005

Ders., Az adatvédelmi biztos beszámolója 2005 (ABI 2005), Budapest 2006

Ders., Az adatvédelmi biztos beszámolója 2006 (ABI 2006), Budapest 2007

Ders., Az adatvédelmi biztos beszámolója 2007 (ABI 2007), Budapest 2008

Ders., Az adatvédelmi biztos beszámolója 2008 (ABI 2008), Budapest 2009

Aebi-Müller, Regina, Personenbezogene Informationen im System des zivilrechtlichen Persönlichkeitsschutzes, Bern 2005

Agárdi, Tamás/Kármán, Gabriella, A hazugságvizsgálatról más szemmel, Belügyi Szemle 1999/1-2, 92-106

Albers, Marion, Informationelle Selbstbestimmung, Baden-Baden 2005

Almási, Antal, A személyiségi jog elhatárolása és tartalma, Jogtudományi Közlöny 1927, 133-135

Almási, Anton, Ungarisches Privatrecht, Berlin Leipzig 1922

Amelung, Ulrich, Der Schutz der Privatheit im Zivilrecht: Schadensersatz und Gewinnabschöpfung bei Verletzung des Rechts auf Selbstbestimmung über personenbezogene Informationen im deutschen, englischen und US-amerikanischen Recht, Tübingen 2002

Aoustin, Hélène, Surveillance des salariés et nouvelles technologies, Liasions sociales Numéro spécial 2002, 105-118

Arany, Jánosné/Dabis, Erzsébet/Cséffán, József, A Munka Törvénykönyve és magyarázata iratmintákkal, Szeged, 1992

Arany Tóth, Mariann, A személyiségvédelem szabályozásásnak fejlődése a magyar munkajogban, Acta Universitatis Szegediensis Acta Juridica et Politica, Publicationes Doctorandorum Juridicorum Tomus IV Fasciculus 1-15, Szeged 2004, 53-86

Dies., Hozzájárulás a munkáltatói adatkezeléshez a munkajogviszonyban, Munkaügyi Szemle 11/2004, 15-19
Dies., A munkavállalók személyes adatainak védelme a Nemzetközi Munkaügyi Szervezet keretében, Acta Humana 4/2005, 55-70
Dies., Az Európa Tanács szerepe az adatvédelem munkajogspecifikus szabályozásában, in: Lehoczkyné Kollonay, Csilla/ Petrovics, Zoltán (szerk.), Liber Amicorum-Studia Ida Hágelmeyer Dedicata, Budapest, 2005, 7-34
Dies., A magánélet tiszteletben tartásához fűződő közösségi jogi alapjog jelentősége a munkavállalók személyes adatainak védelme során, Acta Humana 1-2/2007, 57-74
Arnauld, Andreas, De normtheoretische Begründung des Verhältnismäßigkeitsgrundsatzes, Juristenzeitung 2000, 276-280
Ashiagbor, Diamond, The European Employment Strategy, Oxford 2005
Austin, Lisa, Is Consent the Foundation of Fair Information Practices? University of Toronto Legal Studies Series Research Paper No. 11-05 December 2005, http://ssrn.com/abstract=864364 05. 12. 2006
Ádám, Antal, Alkotmányozás és alapjogok, in: Mezey, Barna (szerk.) Hatalommegosztás és jogállamiság, Budapest 1998, 153-180
Ádám, Lóránt/Kiss, György/ Pethő, Róbert, A munka törvénykönyve magyarázatokkal, Budapest 2001
Ders./Fekete, Zsuzsanna/Radnay, József/Stéfán, László/Tallián, Blanka, Munkajog 1995-1998 Munkajogi Döntvénytár I.-II., Budapest 1999
Bácskai, Erika/Gerevich, József, Kokainprobléma Magyarországon, Budapest 2006
Baerdemaeker, Robert de/ Kokot, Marie, Protection de la vie privée et contrat de travail, jjt Droit du travail, droit de la sécurité sociale, droit judiciaire social, droit pénal social 935/2006, 1-23
Baker, C. Edwin, Posner's Privacy Mystery and the Failure of Economic Analysis of Law, Georgia Law Review 1978, 475-495
Balás P., Elemér, Személyiségi jog, in: Szladits, Károly (szerk.), Magyar magánjog I., Budapest 1941, 624-663
Balogh, Zsolt, Alapjogi tesztek az AB gyakorlatában in: Halmai, Gábor (szerk.), A megtalált Alkotmány? A magyar alapjogi bíráskodás első kilenc éve, Budapest 2001, 122-144
Ders./Holló András/Kukorelli István/Sári János (szerk.), Az Alkotmány magyarázata, Budapest 2002
Balthasar, Stephan, Der Schutz der Privatsphäre im Zivilrecht: eine historisch-vergleichende Untersuchung zum deutschen, französischen und englischen Recht vom ius commune bis heute, Tübingen 2006
Bankó, Zoltán, A távmunka a Munka Törvénykönyve speciális szabályainak rendszerében, JURA 2/2004, 5-9

Baston-Vogt, Marion, Der sachliche Schutzbereich des zivilrechtlichen allgemeinen Persönlichkeitsrechts, Tübingen, 1997
Bauschke, H.-J., Tendenzbetriebe-allgemeine Problematik und brisante Themenbereiche, Zeitschrift für Tarif-, Arbeits- und Sozialrecht des öffentlichen Dienstes 2/2006, 69-73
Balogh, Zsolt György, Az adatvédelmi törvény fejlesztésének kérdései, Jogtudományi Közlöny 1997, 269-276
Barnard, Catherine, EC Employment Law, Oxford 2006
Bayer, István, A kábítószer, Budapest 1989
Bayreuther, Frank, Videoüberwachung am Arbeitsplatz, Neue Zeitschrift für Arbeitsrecht 2005, 1038-1044
Bánhegyi, Dénes/Tóth, Ferenc/Fürst György, HIV-Fertőzés-AIDS, Budapest 2002
Beaney, William M., The Right to Privacy and American Law, Laws and Contemporary Problems 1966, 253-271
Beck, Ulrich/Beck-Gernsheim Elisabeth, Individualization Institutionalized Individualism and its Social and Political Consequences, London 2002
Befort, Stephen F., Pre-Employment Screening and Investigation: Navigation between a Rock and a Hard Place, Hofsra Labor Law Journal 2/1997, 365-422
Behrens, Peter, Utilitaristische Ethik – Ökonomische Analyse des Rechts, in: Bydlinski, Franz/Mayer-Maly, Theo (Hrsg.), Die ethischen Grundlagen des Privatrechts, Wien 1994, 35-51
Benacchio, Antonio/Pasa, Barbara, A Common Law for Europe, Budapest New York 2005
Benyó, Béla, Tekinthetjük-e jelentéktelennek a munkavállalói részvételt Magyarországon? II., Munkaügyi Szemle 2/2003, 19-22
Berke, Gyula, A munkavállalói részvétel az európai közösségi jogban, különös tekintettel a munkavállalók tájékoztatása és a velük való konzultáció általános kereteinek megállapításáról szóló 2002/14/EK irányelvre, in: Horváth/Rácz (Hrsg.), Tanulmányok a munkajog jövőjéről, Budapest 2004, 85-131
Ders., A munkaviszonyra vonatkozó szabályok, in: Kiss, György/Berke, Gyula/Bankó, Zoltán/Kajtár, Edit (Hrsg.), Emlékkönyv Román László születésének 80. évfordulójára, Pécs 2008, 67-86
Binder, Martin, Grundrechtsverletzung und Grundrechtsprägung im Arbeitsrecht, Das Recht der Arbeit 1/1985, 1-19
Birk, Rolf, Die Rahmenrichtlinie über die Sicherheit und den Gesundheitsschutz am Arbeitsplatz – Umorientierung des Arbeitsschutzes und bisherige Umsetzung in den Mitgliedstaaten der Europäischen Union, in: Anzinger, Rudolf/Wank, Rolf (Hrsg.), Entwicklungen im Arbeitsrecht und Arbeits-

schutzrecht, Festschrift für Otfried Wlotzke zum 70. Geburtstag, München 1996, 645-667
Ders., Az európai munkajog dogmatikai alapjai, in: Kiss, György (Hrsg.), Az Európai Unió munkajoga, 19-54
Bíró, György, A civilisztika fejlődési vonala-jelenkori kodifikációink, in: Miskolczi Bodnár, Péter (szerk.), A civilisztika fejlődéstörténete, Miskolc 2006, 47-73
Blackowicz, Jeremy U., E-Mail Disclosure to Third Parties in the Private Sector Workplace, Boston University Journal of Science & Technology Law, 2001, 80-108
Blanpain, Roger, Wetboek Arbeidsrecht, Brussel Aflevering 43-44 I/A-1-5 (15. 6. 1998)
Ders./Van Gestel, Marc, Use and Monitoring of E-Mail, Intranet and Internet Facilities at Work, Hague 2004
Bloustein, Edward J., Privacy Is Dear at Any Price: A Response to Professor Posner's Economic Theory, Georgia Law Reveiw 1978, 429-495
Ders., Privacy as an anspect of human dignity: An answer to Dean Prosser, New York University Law Review 1964, 962-1007
Bodnár, Lilla, A kollektív szerződések a gyakorlatban, in: Lehoczkyné Kollonay Csilla (Hrsg.), Liber Amicorum Studia Ida Hágelmayer dedicata I., Budapest 2005, 102-116
Boemke, Burkhard, Schuldvertrag und Arbeitsverhältnis, München 1999
Ders./Gründel, Mirko, Grundrechte im Arbeitsverhältnis, Zeitschrift für Arbeitsrecht 2001, 245-280
Bollók, Sándor, A poligráf-a szakértő szemével, Belügyi Szemle 1987/6, 41-47
Borai, Ákos, Gondolatok a privát vagyonvédelemről, a „vagyonvédelmi törvényről", Belügyi Szemle 12/1998, 39-50
Bossi, Jeanne, European Directive of October 24, 1995 and Protection of Medical Data: the Consequences of the Law governing Data Processing and Freedoms, European Journal of Health Law 2002, 201-206
Bouchet, Hubert, À l'épreuve des nouvelles technologies: le travail et le salarié, Droit Social 2002, 78-83
Ders., La Cybersurveillance sur les lieux de travail, Adopté par la Commission nationale de l'informatique et des libertés en séance plénière du 5 févriér 2002, 2004
http://www.cnil.fr/fileadmin/documents/approfondir/rapports/Rcybersurveillance-2004-VD.pdf, 18.12.2007
Bozóky, Alajos, A személyjogokról, in: Fodor, Ármin (szerk.), Magyar Magánjog Általános rész, Személyjog, Budapest (é. n.), 257-329
Brandl, Ernst O. / Mayer-Schönberger, Viktor, Datenschutz und Internet, ecolex 1996, 132-134

Breidenbach, Stephan, Die Voraussetzungen von Informationspflichten beim Vertragsschluß, München 1989
Breznay, Tibor, A Munka Törvénykönyve: egységes szerkezetben állásfoglalásokkal és magyarázatokkal, Budapest 2002
Britz, Gabrielle/Schmidt, Marlene, Die institutionalisierte Mitwirkung der Sozialpartner an der Rechtsetzung der Europäischen Gemeinschaft – Herausforderung des gemeinschaftsrechtlichen Demokratieprinzips, Europarecht 1999, 467-498
Brors, Christiane, Die Abschaffung der Fürsorgepflicht: Versuch einer vertragstheoretischen Neubegründung der Nebenpflichten des Arbeitgebers, Tübingen 2002
Ders., Zur rechtsökonomischen Analyse der Nebenpflichten des Arbeitgebers, in: Claus Ott/ Hans-Bernd Schäfer (Hrsg.), Ökonomische Analyse des Arbeitsrechts, 215-233, Tübingen, 2001
Brosette, Josef, Der Wert der Wahrheit im Schatten des Rechts auf informationelle Selbstbestimmung, Berlin 1991
Brühann, Ulf, Mindeststandards oder Vollharmonisierung des Datenschutzes in der EG, Europäische Zeitschrift für Wirtschaftsrecht, 639-644
Ders./Zerdick, Thomas, Umsetzung der EG-Datenschutzrichtlinie, Computer und Recht 1996, 429-436
Bruno, Pellegrini, Die Anfechtung des Arbeitsvertrages wegen Willensmängeln, Bern 1983
Brygrave, Lee A., Data Protection Law Approaching Its Rationale, Logic and Limits, Hague, London, New York 2002
Buchner, Benedikt, Informationelle Selbstbestimmung im Privatrecht, Tübingen 2006
Buchner, Herbert, Tendenzförderung als arbeitsrechtliche Pflicht – Zur Bindung des Arbeitnehmers an die Unternehmenszielsetzung, Zeitschrift für Arbeitsrecht 1979, 335-356
Ders., Freiheit und Bindung des Arbeitgebers bei Einstellungsentscheidungen, Neue Zeitschrift für Arbeitsrecht 1991, 577-593
Buda, Béla, Drogmegelőzés szándékok, dilemmák és perspektívák, Addiktológia 1/2005, 71-86
Bull, Hans Peter, Zweifelsfragen um die informationelle Selbstbestimmung – Datenschutz als Datenaskese?, Neue Juristische Wochenschrift 2006, 1617-1624
Burkhard, Madea/Mußhoff, Frank (Hrsg.), Haaranalytik Technik und Interpretation in Medizin und Recht, Köln 2003
Camastral, Claudia, Grundrechte im Arbeitsverhältnis, Zürich 1996
Canaris, Claus Wilhelm, Grundprobleme des privatrechtlichen Persönlichkeitsschutzes, Juristische Blätter 4/1991, 205-221

Ders., Grundrechte und Privatrecht, Archiv für zivilistische Praxis 184 (1984, 201-246

Casey, Catherine, Work, Self and Society After Industrialism, London 1995

Chapman, Kevin W., I Spy Something Read! Employer Monitoring of Personel Employee Webmail Accounts, North Carolina Law & Technology 2003, 121-154

Chronowski, Nóra/Drinóczi, Tímea/Petrétei, József/Tilk, Péter, Zeller, Judit, Magyar Alkotmányjog III. Alapvető jogok, Budapest-Pécs 2006

Ciocchetti, A. Corey, Monitoring Employee E-Mail: Efficient Workplaces vs. Employee Privacy, Duke Law & Technology Review 2001, 1-27

Colucci, Michel, in: Blanpain, Roger (ed.), The Impact of the Internet and New Technologies on the Workplace, Bulletin of Comparative Labour Relations, Hague London New York 2002

Cornish, Craig M./Louria, Donald B., Employment Drug Testing, Preventive Searches, and the Future of Privacy, William and Mary Law Review 1991, 95-125

Craig, John D. R., Privacy and Employment Law, Oxford 1999

Critchell-Ward, Ann/Landsborough-McDonald, Kara/ Cartwright, Freeth, Data Protection Law in the European Union and the United Kingdom, Comparative Law Yearbook of International Business, 2007, 515-578

Csanádi, György, Polgári Jog, Budapest 1984

Csernus, Eszter, HIV/AIDS és Emberi Jogok Magyarországon, Budapest 2003

Cséffán, József, A Munka Törvénykönyve és Magyarázata, Szeged 2009

Czuglerné dr. Ivány, Judit, Az információs és konzultációs jogok szabályozása Magyarországon, in: Lehoczkyné Kollonay, Csilla (Hrsg.), Liber Amicorum Stephano Kertész deicata, Budapest 2004, 59-81

Dabis, Erzsébet/Arany, Jánosné/Cséffán, József, A Munka Törvénykönyve és magyarázata iratmintákkal, Szeged 1992

Damman, Ulrich/Simitis, Spiros, Kommentar zur EG-Datenschutzrichtlinie, Baden-Baden 1997

Däubler, Wolfgang, Internet und Arbeitsrecht, Frankfurt am Main 2002

Ders., Ein Gesetz über den Arbeitnehmerdatenschutz, Recht der Datenverarbeitung 6/1999, 243-250

Ders., Gläserne Belegschaften? Datenschutz für Arbeiter, Angestellte und Beamte 3. Aufl., Köln 1993

Decker, Kurt H., Employee Privacy Law and Practice, New York 1987

Degener, Udo, Das Fragerecht des Arbeitgebers gegenüber Bewerbern, Berlin 1975

Demontrond, Philippe Robert/ Joyeau, Anne, La gestion des ressources humaines au risque de la génétique: des dangers à prevenir, Travail et emploi, 2003 101-113

Deyerle, Kristie A. , Genetic Testing in the Workplace: Employer Dream, Employee Nightmare—Legislative Regulation in the United States and the Federal Republic of Germany, Comparative Labour Law Journal 1997, 547-599

Deutsch, Erwin, Die Genomanalyse im Arbeits- und Sozialrecht – Ein Beitrag zum genetischen Datenschutz, Neue Zeitschrift für Arbeitsrecht 1989, 657-661

Deutsch, Tibor/ Gergely, Tamás, A genomikus medicina informatikája, Magyar Tudomány 1/2005, 70-83

Diekgräf, Robert, Genomanalyse im Arbeitsrecht, Betriebs-Berater 1991, 1854-1860

Dietrich, Thomas, Grundgesetz und Privatautonomie im Arbeitsrecht, Recht der Arbeit 1995, 129-136

Ders./ Preis, Ulrich/ Müller-Glöge, Rudi/ Schaub, Günter (Hrsg.), Erfurter Kommentar zum Arbeitsrecht 4. Aufl., München 2004

Dobay, Péter, Vállalati információ-menedzsment, Budapest 1997

Döbrőssy, Lajos, Megelőzés az alapellátásban, Budapest 2004

Douay, Sophie, Travail et Génétique: De la sélection préventive à la prévention sélective, Paris 2003

Dósa, Ágnes, Az egészségügyi szolgáltató kártérítési felelőssége a szolgáltatás elmulasztásáért, Állam- és Jogtudomány 1-2/2002, 23-72

Draper, Elaine, The Screening of America: The Social and Legal Framework of Employers' Use of Genetic Information, Berkeley Journal of Employment and Labor Law 1999, 286-324

Druey, Jean-Nicolas, Information als Gegenstand des Rechts, Zürich 1995

Ders., Privat-/Geheimsphäre- was liegt drin? in: Böckli/Hinderling/ Eichenberger/Tschudi (Hrsg.), Festschrift für Frank Vischer zum 60. Geburtstag, Zürich 1983, 3-15

Duschanek, Alfred, Neuerungen und offene Fragen im Datenschutzgesetz 2000, Zeitschrift für Verwaltung 2000, 526-536

Eberlie, R.F., The New Health and Safety Legislation of the European Community, in: Industrial Law Journal, 1990, 81-97

Egger, Johann, Rechtsprobleme bei der Anbahnung von Arbeitsverhältnissen, Das Recht der Arbeit 1982, 89-101

Ehmann, Eugen/Helfrich, Marcus, EG-Datenschutzrichtlinie Kurzkommentar, Köln 1999

Ehmann, Horst, Die Persönlichkeit als Grundlage des Arbeitsrechts, in: Hanau/Lorenz/Matthes (Hrsg.), Festschrift für Günther Wiese zum 70. Geburtstag, Neuwied, 1998, 99-119

Eidenmüller, Horst, Effizienz als Rechtsprinzip 3. Aufl., Tübingen 2005

Ellen Frankel (ed.), The right to privacy, Cambridge 2000

Ellger, Reinhard, Die Entwicklung des Datenschutzes in der Europäischen Union, in: Weber, Rolf H./Thürer, Daniel/ Roger, Zäch (Hrsg.), Datenschutz im europäischen Umfeld, Zürich 1995

Ders., Konvergenz oder Konflikt bei der Harmonisierung des Datenschutzes in Europa?, Computer und Recht 1994, 558-569

Engelschion, Sverre, The Implementation of Directive 95/46/EC in Norway, Especially with Regard to Medical Data, European Journal of Health Law 2002, 189-200

Eörsi, Gyula, A polgári jogi felelősség kézikönyve, Budapest 1966

Ders., Elhatárolási problémák az anyagi felelősség körében, Budapest 1962

Ders., A jogi felelősség alapproblémái, A polgári jogi felelősség, Budapest 1961

Ders./Világhy, Miklós, Magyar polgári jog I. kötet, Budapest 1962

Ders./Gellért, György (szerk.), A Polgári Törvénykönyv magyarázata, Budapest 1981

Erdsiek, Zum Bedeutungswandel der Kodifikation Für und Wider – ein Gesetzbuch der Arbeit, Neue Juristische Wochenschrift 1961, 647-649

Erőss, Pál, Emberi mivoltunk polgári jogi védelme, Magyar Jog és Külföldi Jogi Szemle 11/1972, 668-675

Everett, André M./Wong, Yim-Yu/Paynter, John, Balancing Employee and Employer Rights: An International Comparison of E-Mail Privacy in the Workplace, Journal of Individual Employment Rights 2004-2005, 291-311

Fabók, András, A munkavállaló személyiségi jogainak és személyes adatainak védelme, Munkaügyi Szemle 4/2000, 39-41

Ders., A kollektív szerződések tartalma, Munkaügyi Szemle 9/2000, 45-47

Feldman, Jared A. / Katz, Richard J., Genetic Testing and Discrimination in Employment: Recommending a Uniform Statutory Approach, Hofsra Labor and Employment Law Journal 19/2002, 389-428

Feliu, Alfred G., Primer on Individual Employee Rights, Washington 1992

Filho, Roberto Fragale/Jeffery, Mark, Information Technology and Workers' Privacy: Notice and Consent, Comparative Labor Law and Policy Journal 2002, 551-567

Ders./ de Rezende Alvim, Joaquim Leonel, Information Technology and Workers'Privacy: Old and New Paradigms, Comparative Labor Law and Policy Journal 2002, 569-575

Finkin, Matthew W., Privacy in Employment Law 2001 Cumulative Supplement, Washington 2001

Ders., Privacy in Employment Law 2005 Cumulative Supplement, Washington 2005

Ders., Menschenbild: The Conception of the Employee as a Person in Western Law, Comparative Labour Law and Policy Journal 2002, 577-637

Ders., From Anonimity To Transparence: Screening The Workforce in the Information Age, Columbia Business Law Review 2000, 403-451
Ders., "Life Away from Work", Louisiana Law Review, 2/2006 SSRN: http://ssrn.com/abstract=886371
Ders., Employee Privacy, American Values, and the Law, Chicago-Kent Law Reveiw, http://cyber .law.harvard.edu/privacy/EmployeePrivacy(Finkin).htm 01. 06. 05
Finszter, Géza, Magánvállalkozások a biztonságért, Belügyi Szemle 12/1998, 5-10
Fleck, Ulrike, Brauchen wire in Arbeitnehmerdatenschutzgesetz?, Betriebs-Berater 2003, 306-310
Fleischer, Holger, Informationsasymmetrie im Vertragsrecht, München 2000
Flume, Werner, Rechtsgeschäft und Privatautonomie, in: HUNDERT JAHRE DEUTSCHES RECHTSLEBEN Festschrift zum hundertjährigen Bestehen des Deutschen Juristentages 1860-1960 BAND I
Fogel, Stephen M. / Kornblut, Geri L. /. Porter, Newton P, Survey of the Law on Employee Drug Testing, University of Miami Law Review 1988, 553-697
Földes, Ádám, Árgus szemek Kamerás térfigyelés Magyarországon, Fundamentum 2/2004, 19-40
Földesi, Tamás, A generál clausulák moralitása, Állam- és Jogtudomány 1-2/2003, 23-64
Frayer, Charles E., Employee Privacy and Internet Monitoring: Balancing Workers' Rights and Dignity with Legitimate Management Interests, Business Lawyer 2002, 857-874
Freedland, Mark, From the Contract of Employment to the Personal Work Nexus, Industrial Law Journal 1/2006, 1-29
Ders., Data Protection and Employment in the European Union, An Analytical Study of the Law and Practice of Data Protection and the Employment Relationship in the EU and its Member States, Oxford, 1999
Frey, Erich, Der Tendenzbetrieb im Recht der Betriebsverfassung und des Arbeitsverhältnisses, Heidelberg 1959
Fried, Charles, Contract as Promise A Theory of Contractual Obligation, Cambridge, 1981
Ders., Privacy, Yale Law Journal 1968, 475-493
Fried, Robert, The role and risks of a successful employer drug testing policy, Computer High Technology Law Journal 4/1988, 143-194
Froomkin, A. Michel, The Death of Privacy?, Stanford Law Review 2000, 1461-1543
Gamillscheg, Franz, Die Grundrechte im Arbeitsrecht, Berlin 1989
Gatumel, Denis, Le droit du travail en France, Paris 2005
Gavison, Ruth, Privacy and the Limits of Law, The Yale Journal 3/1980, 421-471

Gáspárdy, László, Rendeltetésellenes joggyakorlás és joggal való visszaélés a munkajogban, Jogtudományi Közlöny 11/1970, 592-598

Gátos, György/ Lábady, Tamás, Előterjesztés „A nem vagyoni kártérítés a polgári és a munkaügyi perekben“ tárgyú, a Baranya Megyei Bíróság Polgári- és Közigazgatási Kollégiumának 2000. november 17-én megtartott kollégiumi ülésére, BDT 2/2001, 5-31

Geis, Ivo, Individualrechte in der sich verändernden europäischen Datenschutzlandschaft, Computer und Recht 1995, 171-178

Gellért, György, (szerk.) A Polgári törvénykönyv Magyarázata, Budapest 2004

Gerards Janneke/Janssen Heleen, Regulation of Genetic and Other Health Information in a Comparative Perspective, European Journal of Health Law 2006, 339-398

Gevers, Sjef, Health Law in Europe: From the Present to the Future, European Journal of Health Law 2008, 261-272

Ders., Medical Examinations Preceding Employment and/or Private Insurance: A Proposal for European Guidelines, European Journal of Health Law 2000, 145-172

Gergely, Máté, Nyomozás az interneten, Belügyi Szemle 10/2002, 31-38

Gerhart, Paul F., Employee Privacy Rights in the United States, Comparative Labor Law Journal 1/1995, 175-205

Ghodse, Hamid, (ed.), Addiction at Work: Tackling Drug Use and Misuse in the Workplace, Burlington 2005

Gier, Erik, Eine neue Herausforderung? Europäisches Arbeitsschutzrecht im Spannungsverhältnis von Wirtschaft und Gesellschaft, Recht der Arbeit 1992, 96-102

Gleason, John M./ Barnum, Darold T., Predictive Probabilities in Employee Drug-Testing, www.piercelaw.edu/Vol2/winter/Gleason.htm;

Godard, Béatrice/Raeburn, Sandy/Pembrey, Marcus/Bobrow, Martin/Farndon, Peter/Aymé, Ségolène, Genetic information and testing in insurance and employment: technical, social and ethical issues, European Journal of Human Genetics 11/2003 Suppl. 2, 123-142

Godkin, Julie A., Employee drug testing: Orwellian Vision or Programatic Approach to Problems in the Workforce, Dalhouise Journal of Legal Studies 2000, 191-236

Le Goff, Jacques, Droit du travail et société Les relations individuelles de travail, Rennes 2001

Gola, Peter/Wronka, Georg, Handbuch zum Arbeitnehmerdatenschutz Rechtsfragen und Handlungshilfen für die betriebliche Praxis 3. Aufl., Frechen 2004

Goldberg, Menachem, Privacy of the Employee as a Human Right, in: Blanpain, Roger (ed.), Labour Law, Human Rights and Social Justice Liber Amicorum in Honour of Ruth Ben-Israel, The Hague, London 2001

Gostin, Larry, Genetic Discrimination: The Use of Genetically Based Diagnostic and Prognostic Tests by Employers and Insurers, American Journal of Law and Medicine 1991, 109-144
Gösku, Tarkan, Drittwirkung der Grundrechte im Bereich des Persönlichkeitsschutzes, SJZ 2002, 89-101
Götting, Horst-Peter, Persönlichkeitsrechte als Vermögensrechte, Tübingen 1995
Gräf, Lorenz, Datenschutz und Privatheit, Würzburg 1992
Green, Ronald M./ Reibstein, Richard J., Employer's Guide to Workplace Torts,Washington,1992
Gremper, Philipp, Arbeitsrechtliche Aspekte der Ausübung verfassungsmäßiger Rechte, Basel 1993
Grévy, Manuela, Vidéosurveillance dans l'entreprise: un mode normal de côntrole des salariés?, Droit Social 1995, 329-331
Griego, Phillip J., Do Mandatory Drug Tests Invade an Employee's Privacy?, Computer High Technology Law Journal 4/1988, 165-194
Griese, Thomas, Zur Notwendigkeit und Effektivität eines verbesserten datenrechtlichen Persönlichkeitsschutzes im Arbeitsrecht, Berlin 1987
Grobys, Marcel, Wir brauchen ein Arbeitnehmerdatenschutzgesetz!, Betriebs-Berater 2003, 682-683
Großmann, Ruprecht, Arbeitsrechtliche Probleme des vorbestrtaften Arbeitnehmers, Arbeit und Recht 1969, 97-101
Győrfi, Tamás, Az önrendelkezési jog értelmezésének alternatívái, in: Halmai, Gábor (szerk.) A megtalált Alkotmány? A magyar alapjogi bíráskodás első kilenc éve, Budapest 2000, 227-254
Ders., Üzenet az elefántcsonttoronyból Az Alkotmánybíróság droghatározata, Fundamentum 1/2005, 73-85
Hager, Johannes, Grundrechte im Privatrecht, Juristenzeitung 1994, 373-383
Hajdú, József, A munkavállalók személyes adatainak védelme az EU és a tagállamok jogában, különös tekintettel az elektronikus kommunikációra, Acta Universitatis Szegediensis Acta Juridica et Politica Tomus LXIII. Fasc. 7, Szeged 2003
Ders., A munkavállalók személyiségi jogainak védelme, Szeged 2005
Halassy, Béla, Ember-információ-rendszer, Budapest 1996
Halmai, Gábor./Tóth, Gábor Attila (szerk.), Emberi jogok, Budapest 2003
Hanau, Hans, Der Grundsatz der Verhältnismäßigkeit als Schranke privater Gestaltungsmacht, Tübingen 2004
Hanau, Peter/ Hoeren, Thomas/ Dirk Andres, Private Internetnutzung durch Arbeitnehmer, München 2003
Harmathy, Attila, Bírói gyakorlat – Alkotmány, Magyar Jog 11/2004, 641-648

Ders., A személyhez fűződő jogok egyes kérdéseiről, in: ELTE ÁJK Polgári Jogi Tanszék (szerk.), Emlékkönyv Lontai Endre egyetemi tanár tiszteletére, Budapest 2005, 71-90
Hartai, Győző, Adatvédelem a munkahelyen, Munkaügyi Szemle 1/2003, 46-47
Hattenberger, Doris, Die Bedeutung des Datenschutzrechts für das Arbeitsverhältnis, in: Resch, Reinhard (Hrsg.), Die Kontrolle des Arbeitnehmers vor dem Hintergrund moderner Medien, Wien 2005
Hazel, Oliver, Email and Internet Monitoring in the Workplace, Industrial Law Journal 2002, 321-352
Heacock, Marian V./ Orvis, Gregory P., AIDS in the Workplace: Public and Corporate Policy in: Harvard Journal of Law and Public Policy 1990 689-713
Hegedűs, Bulcsú, A személyes adatok védelméhez való jog a munka világában, in: Lőrincsikné Lajkó, Dóra (szerk.), Opuscula Szegediensia 2 A Munkajogi és Szociális Jogi Doktoranduszok és Pályakezdő Oktatók második konferenciája, Szeged 2008, 111-130
Ders., A munkáltatói adatkezelés jogalapja – különös tekintettel az érintett hozzájáruló nyilatkozatára, in: Lőrincsikné Lajkó, Dóra (szerk.), Opuscula Szegediensia A Munkajogi és Szociális Jogi Doktoranduszok és Pályakezdő Oktatók első konferenciája, Szeged 2007, 35-43
Ders., A munkavállaló rendelkezésére bocsátott telefon használatának ellenőrzéséről, Munkaügyi Szemle 1/2007, 50-52
Ders., A munkahelyi alkohol- és drogtesztek alkalmazása, Munkaügyi Szemle 2007/11-12, 78-80
Ders., A munkahelyi hagyományos és elektronikus levelezés ellenőrzése, Munkaügyi Szemle 6/2006, 47-50
Ders., A munkahelyi számítógép és internet ellenőrzésével kapcsolatos gyakorlati kérdések, Munkaügyi Szemle 7-8/2006, 81-84
Ders., Kontroll a munkahelyen-mit lehet és mit nem? www.jogiforum.hu/kommentar/9; 01.13. 2006
Ders., Hogyan működtethető kamera a munkahelyen?, Munkaügyi Szemle 6/2005, 50-52
Hendrickx, Frank, Protection of workers' personal data in the European Union, Brüssel 2002
Herschel, Wilhelm, Gesetzbuch der Arbeit heute?, Der Betrieb 1959, 1440-1444
Hetcher, Steven, Changing the Social Meaning of Privacy in Cyberspace, Harvard Journal of Law & Technology 1/2001, 149-209
Héthy, Lajos, Az üzemi tanács-Magyarországon és Európában, Munkaügyi Szemle 10/1995, 2-8
Hoffman, Paul, Zur Offenbarungspflicht des Arbeitnehmers, Zeitschrift für Arbeitsrecht 1/1975, 1-64

Hooghiemstra, Theo, Introduction to the Special Privacy Issue, European Journal of Health Law 2002, 181-188
Holló, András/Balogh, Zsolt (szerk.), Az értelmezett Alkotmány, Budapest 2000
Holt, Brian M., Genetically Defective: The Judicial Interpretation of the Americans with Disabilities Act Fails to Protect Against Genetic Discrimination in the Workplace, The John Marshall Law Review 35/ 2002, 457-485
Holzapfel, Helmut, Wechselseitigkeit von Informationspflichten bei Begründung von Arbeitsverhältnissen, Bayreuth, Diss., 1986
Horváth, István/Rácz, Réka (Hrsg.), Tanulmányok a munkajog jövőjéről, Budapest 2004
Hovánszki, Arnold, A munkahelyi adatvédelem gyakorlati kérdései, Munkaügyi Szemle 7-8/2004, 70-74
Ders., A toborzási háttérvizsgálat jogi vonatkozásai, Munkaügyi Szemle 9/2005, 49-51
Huber, Rolf, Rechtsprobleme der Personalakte, Zürich 1985
Hubmann, Heinrich, Das Persönlichkeitsrecht, 2. Aufl., Böhlau, Köln Graz 1967
Hustead, Joanne L. / Goldman, Janlori, Genetics and Privacy, American Journal of Law and Medicine 2002, 285-307
Hümmerich, Klaus, Aufklärungspflichten des Arbeitgebers im Anbahnungsverhältnis bei ungesicherter Beschäftigung des Arbeitnehmers, Neue Zeitschrift für Arbeitsrecht 2002, 1305-1314
Isajiw, Peter J., Workplace E-mail Privacy Conserns: Balancing the Personel Dignity of Employees with the Proprietary Interests of Employers, Temple Environmental and Technology Journal 2001, 73-104
Isbister, Douglas, Justifying Employee Drug Testing: Privacy Rights Versus Business Interests, Dalhouise Journal of Legal Studies 1996, 255-270
Ichino, Pietro, Arbeitsrecht und Wirtschaftsmodelle, Recht der Arbeit 1998, 271-277
Ifjúsági és Sportminiszterium (szerk.), Nemzeti Stratégia a kábítószer-probléma visszaszorítására, Budapest 2000
Javaslat Polgári Törvénykönyv Normaszöveg, Budapest 2006. december 31. http://www.im.hu/download/javaslatnormasz.pdf/javaslatnormasz.pdf, 2007. januar
Jekyné Wohlfarth, Zsuzsanna, Számítógép segítségével elkövetett bűncselekmények, Belügyi Szemle 11/1999, 43-50
Jeffery, Mark, Information Technology and Workers' Privacy: Introduction, Comparative Labor Law and Policy Journal 2002, 251-279
Jobbágyi, Gábor, Személyi és családi jog, Budapest 2003
Ders., Az ember és a személyiség az új Polgári törvénykönyvben, Jogtudományi Közlöny 7-8/2000, 257-263
Jóri, András, Adatvédelmi Kézikönyv, Budapest 2005

Ders., „Teljes összhang?” Az adatvédelmi törvény módosításáról – 1. rész, Cég és Jog 11/2003, 28-32.
Ders., „Teljes összhang?” Az adatvédelmi törvény módosításáról – 2. rész, Cég és Jog 12/2003, 7-10.
Juhász, Márta, A kiválasztás és a munkaköri alkalmasság pszichológiája II., Munkaügyi Szemle 2/2006, 25-28
Kaehler, Boris, Das Arbeitgeberfragerecht im Anbahnungsverhältnis: Kritische Analyse und dogmatische Grundlegung, Zeitschrift für Arbeitsrecht 3/2006, 519-545
Kaló, József, Külföldi tulajdonú vagyonvédelmi cégek Magyarországon, Belügyi Szemle 12/1998, 11-20
Kane, B., A HIV-gyorstesztek: miért olyan sürgős? AIDS Hiradó 2/1999 4-6
Kállay, Zoltán, A Magyar Magánjog Vezérfonala, Budapest 1920
Kelemen, László, A jóhiszeműség és tisztesség a magánjogban, Szeged 1937
Kelly, G. M., Employment and concepts of work in the new global economy, International Labour Review 2000, 5-32
Kenderes, György, A hatályos munkajog (Munka Törvénykönyve) korszerűsítésének néhány kérdése, Munkaügyi Szemle 5/2000, 18-22
Kertai, Pál, Megelőző orvostan, Budapest 1999
Kertész, István, Vagyoni kárpótlás nem vagyoni hátrányért, Jogtudományi Közlöny 3-4/1958, 89-95
Ders./Pál, Lajos/Radnay, József, Munkajogi kézikönyv, Budapest 2005
Kesan, J. P., Cyber-Working or Cyber-Shrinking?: A First Principles Examination of Electronic Privacy in the Workplace, Illionis Law and Economic Working Papers Series, Working Paper No. 00-32, November 2001, http://www.law.uiuc.edu/publications/ssrn/articles/0032%20Kesan%20Employment%20Privacy.pdf 03. 11. 2006.
Kienle, Thomas, New forms of medical data collection – should be complemented by a new European privacy standard?, European Journal of Health Law 2001, 27-39
Kilches, Ralph, Datenschutzgesetz 2000 – Selbstbestimmter Datenschutz, medien und recht 1999, 261-267
Kilian, Wolfgang, Personalinformationssysteme in deutschen Großunternehmen: Ausbaustand und Rechtsprobleme, Berlin 1982
Kis, János, Vannak-e emberi jogaink?, Budapest 1987
Kiss, Éva, A nemzetközi jogi normák, az alapjogok érvényesülésének kérdései az ember személyiségi jogait érintő ügyekben, Jogtudományi Közlöny 11/1996, 451-461
Kiss, György, Munkajog, Budapest 2005
Ders., A munkajogi szabályozás szerkezete és jellege, a kollektív szerződés szerepe, in: Horváth/Rácz (Hrsg.), Tanulmányok a munkajog jövőjéről, Budapest 2004, 13-48

Ders., A munkajog jogforrási rendszere és az alapjogok (I), JURA 1/2003, 79-94
Ders., A szerződéses szabadság átalakulása a munkajogban az alapjogok tükrében, in: Czúcz, Ottó/Szabó István (szerk.), Munkaügyi igazgatás, munkaügyi bíráskodás –Ünnepi Tanulmányok Radnay József 75. születésnapja tiszteletére, Miskolc 2002, 259-276
Ders., Az egyéni és a kollektív akaratképzés dogmatikája és politikája a munkajogban, az alapjogok tükrében, Jogtudományi Közlöny 2002, 323-334
Ders./Berke, Gyula/Bankó, Zoltán, Munkaügyi kézikönyv, Budapest 2001
Ders., Az új Ptk. és a munkajogi szabályozás, különös tekintettel az egyéni munkaszerződésekre in: Ploetz, Manfred/ Tóth, Hilda (szerk.), A munkajog és a polgári jog kodifikációs és funkcionális összefüggései 2001, S. 191-252
Ders., Tarifautonomie und Auslegungsprobleme im ungarischen Arbeitsrecht, Zeitschrift für ausländisches und internationales Arbeits- und Sozialrecht April-Juni/1997, 93-100
Ders., Das Verhältnis des Tarifsystems zur Betriebsverfassung im ungarischen Arbeitsrecht, in: Tomuschat, Christian/Kötz, Heinz/Maydell, vonBernd (Hrsg.), Europäische Integration und nationale Rechtskulturen, Köln 1996, 419-434
Ders., A piac és az emberi tényező, Budapest 1995
Ders., A kollektív szerződés intézményének jelentősége és a kollektív szerződéskötési képesség szabályozása az új Munka Törvénykönyvében, Jogtudományi Közlöny 1/1994, 10-17
Kiss, Tibor, Nem vagyoni kár vagy sérelemdíj, Jogtudományi Közlöny 4/2007, 164-172
Klein, Sándor, Munkapszichológa, Budapest 2004
Kley, Andreas, Drittwirkung der Grundrechte im Arbeitsverhältnis, in: Geiser, Thomas / Schmid, Hans / Walter-Busch, Emil (Hrsg.), Arbeit in der Schweiz des 20. Jahrhunderts Wirtschaftliche, rechtliche und soziale Perspektiven, Bern, Stuttgart, Wien 1998, 434-454
Kloepfer, Michael/Neun, Andreas, Rechtsfragen der europäischen Informationsgesellschaft, Europarecht 2000, 512-563
Kocher, Eva, Das europäische Recht zur Altersdiskriminierung-Konsequenzen für das deutsche Arbeitsrecht, Arbeit 4/2005, 305-321
Kohte, Wolfhard, Die Umsetzung der Richtlinie 89/391 in den Mitgliedstaaten der EU, Zeitschrift für internationales und ausländisches Arbeits- und Sozialrecht, 1999, 85-118
Kolosváry, Bálint, Magánjog, Budapest 1930
Kopasz, Krisztián/Polnerné Svecz, Mónika, Adatbiztonság egy hírközlési szolgáltató szemszögéből, Belügyi Szemle 11-12/2004, 136-158
Kopp, Mária/Berghammer, Rita, Orvosi pszichológia, Budapest 2005

Koppányi, Szabolcs, A hírközlés szabályozása az Európai Közösségben és Magyarországon, Budapest 2003
Koral, Alan M., Employee privacy rights, New York 1988
Kosztolányi, György, A genomika kölcsönhatásai a medicinával és az egyetemes tudománnyal, Magyar Tudomány 5/2002, 567-574
Kovács, József, A modern orvosi etika alapjai, Budapest 1997
Köles, Tibor, A nem vagyoni kár, Budapest 1997
Környey, Edith/ Kassai-Farkas Ákos, Az alkoholbetegség és neuropszichiátriai szövődményei, Budapest 2002
Kramer, E.A., Die Persönlichkeit des Arbeitnehmers als Schutzobjekt der Fürsorgepflicht, Das Recht der Arbeit 1975, 113-116
Kranenborg, Herke, Access to documents and data protection in the European Union: on the public nature of personal data, Common Market Law Review 2008, 1079-1114
Krimphove, Dieter, Europäisches Arbeitsrecht, 2. Auflage, München 2001
Kroll, Joachim, Datenschutz im Arbeitsverhältnis, Köln 1981
Kühling, Jürgen/Lieth, Oliver, Dogmatik und Pragmatik als leitende Parameter der Rechhtsgewinnung im Gemeinschaftsrecht, Europarecht 2003, 371-389
Kukorelli, István, Alkotmányjog, Budapest 1997
Ders., Az alapjogok alkotmányos helyzete és az alapjogi törvényhozás, in: Kukorelli, István (szerk.), Az alkotmányozás évtizede, Budapest 1995, 94-107
Kuner, Christopher, European Data Privacy Law and Online Business, Oxford 2003
Kunos, Imre, A számítógépes bűnözés, Belügyi Szemle 11/1999, 28-42
Laczi, Beáta, A számítógépes környezetben elkövetett bűncselekmények nyomozásának és a nyomozás felügyeletének speciális kérdései, Magyar Jog 12/2001, 726-738
Ladányi, Béla, A személyiség védelmének alapeszméje és a védelem köre a tervezetben, Ügyvédek Lapja 12/1904 3-4; 13/1904 3-4; 14/1904, 5; 16/1904, 3-4
Ladó, Mária/Tóth, Ferenc, Üzemi tanács: munkaharc helyett munkabéke?, Mozgó Világ 11/1994, 19-31
Dies., Helyzetkép az érdekegyeztetésről (1990-1994), Budapest 1996
Lawton, Anne, Regulating Genetic Destiny: A Comparative Study of Legal Constraints in Europe and the United States, Emory International Law Review 2/1997, file://C:Documents%20and%20Settings...17.06.2004
Lábady, Tamás, A magánélet alkotmányos védelme, Acta Humana 18-19/1995, 74-86
Ders., A magyar magánjog (polgári jog) általános része, Budapest-Pécs 2002

László, Gyula, Tanácsok üzemi tanácsoknak II., Munkaügyi Szemle, 4/1999, 12-15
Lehoczkyné Kollonay, Csilla (szerk.), A magyar munkajog I., Budapest 2005
Dies., Generációk a munkajogban – Váltások és folyamatosság, in: Lehoczkyné, Kollonay Csilla/ Petrovics, Zoltán (szerk.), Liber Amicorum-Studia Ida Hágelmeyer Dedicata Band 2, Budapest 2005, 7-26
Dies., Néhány gondolat a szakszervezeti jogok munkatörvényi szabályozásáról, Munkaügyi Szemle 12/1994, 31-37
Leipold, Dieter, Einstellungsfragebögen und das Recht auf Arbeit, Arbeit und Recht 1971, 161-167
Lenkovics, Barnabás, Polgári alanyi jogok – alkotmányos alapjogok, in: Sajó, András (szerk.), Alkotmányosság a magánjogban, Budapest 2006, 107-130
Ders., Dologi Jog, Budapest 2001
Lenkovics, Barnabás/Székely, László, A személyi jog vázlata, Budapest 2001
Lenoir, Christian/ Wallon, Bertrand, Informatique, travail et libertés, Droit Social 3/1988, 213-241
Lepage, Agathe, La vie privée du salarié, une notion civiliste en droit du travail, Droit Social 2006, 364-377
Leuchten, Alexius, Der Einfluss der EG-Richtlinien zur Gleichbehandlung auf das deutsche Arbeitsrecht, Neue Zeitschrift für Arbeitsrecht 22/2002, 1254-1261
Lévay, Miklós, A kábítószer-problémával kapcsolatos kriminálpolitika és büntetőjogi szabályozás alakulása Magyarországon az 1970-es évek végétől napjainkig, Jogtudományi Közlöny 2002, 245-255
Ders, Héják, Baglyok, Galambok Változások a kábítószer-fogyasztás kriminálpolitikai megítélésében, Fundamentum 1/2001, 49-57
Ders, Paternalizmus és Jogbizonytalanság, Fundamentum 1/2005, 86-97
Lichtenberg, Peter/ Schücking, Prosper, Stand der arbeitsrechtlichen Diskussion zur HIV-Infektion und Aids-Erkrankung, Neue Zeitschrift für Arbeitsrecht 1990, 41-47
Linnenkohl, Karl/Rauschenberg, Hans-Jürgen/Schüttler, Jutta, Das Recht auf „informationelle Selbstbestimmung" und die Drittwirkungsproblematik im Arbeitsrecht, Betriebs-Berater 1988, 57-62
Ders./Gressiere, Christine, Das Mithören von Telefonaten im Arbeitsverhältnis, Arbeit und Arbeitrecht 9/1999, 410-413
Lomnici, Zoltán, Mire alkalmas a bíró? Az alapjogi bíráskodás elméleti és gyakorlati kérdései in: Halmai, Gábor (szerk.), Alapjogi bíráskodás I. Sajtószabadság és személyiségi jogok, Budapest 1998, 35-42
Löschnigg, Günther, IT-KV Kollektivvertrag für Angestellte von Unternehmen im Beriech Dienstleistungen in der automatischen Datenverarbeitung und Informationstechnik, Wien 2001

Ders., Datenschutz und Kontrolle im Arbeitsverhältnis, Das Recht der Arbeit 6/2006, 459-466
Löwisch, Manfred, Tendenzschutz im Gesundheitswesen, in: Anzinger, Rudolf/Wank, Rolf (Hrsg.), Entwicklungen im Arbeitsrecht und Arbeitsschutzrecht Festschrift für Otfried Wlotzke zum 70. Geburtstag, München, 1996, 381-392
Lyon-Caen, Gérard, Les libertés publiques et l'emploi, Paris 1992
Magyar Királyi Igazságügyminisztérium (szerk.), Magyarország magánjogi törvénykönyve, Budapest 1928
Majtényi, László, Az adatvédelem és az információszabadság az alkotmányban, Acta Humana 18-19/1995, 87-100
Ders., Megőrizhető-e a magánélet az információs társadalomban? in: Glatz, Ferenc (szerk.), Információs társadalom és jogrendszer, Budapest 2002, 95-104
Ders., Az információs szabadságok és az adatvédelem határai, Világosság 2-3/2002, 56-106
Ders., Az információs szabadságok, Adatvédelem és a közérdekű adatok nyilvánossága, Budapest 2006
Makó, Csaba, A magyar munkaügyi kapcsolatok duális karaktere, Társadalomkutatás 3-4/2001, 145-169
Ders./Keszi, Roland/Mester, Dániel, Munkáltatói vélemények a távmunka bevezetésének előfeltételeiről és gyakorlatáról, Társadalomkutatás 2-3/2004, 203-243
Marton, Géza, A polgári jogi felelősség, Budapest 1992
Mathieu, Bertrand, Le recours aux tests génétiques en matière d'emploi: un droit en construction, Droit Social 3/2004, 257-261
Matthes, Hans-Christoph, Möglichkeiten und Grenzen betrieblicher Telefondatenerfassung, Computer und Recht 2/1987, 108 ff.
Matus, Márk, A számítógépes adat, mint bizonyíték megszerzése, Ügyészek Lapja 1/2000, 19-23
Mauczka, Josef, Die Anwendung der Theorie der Interessenkollisionen auf die „angeborenen Rechte" in: Festschrift zur Jahrhundertfeier des Allgemeinen Bürgerlichen Gesetzbuches 1. Juni 1911 Zweiter Teil,Wien 1911
Mayer-Maly, Theo, Arbeitsverhältnis und Privatsphäre, in: Mayer-Maly, Theo (Hrsg.), Ausgewählte Schriften zum Arbeitsrecht, Wien 1991, 177-201
Mayer-Scönberger, Viktor/Zeger, Hans/Kronegger, Dieter, Auf dem Weg nach Europa: Zur Novellierung des Datenschutzgesetzes, Österreichische Juristen-Zeitung 1998, 244-251
McIntosh, Dan, E-Monitoring@workplace.com: The Future of Communication Privacy in the Minnesota Private-Sector Workplace, Hamline Law Review 2000, 539-584

Medicus, Dieter, Der Grundsatz der Verhältnismäßigkeit im Privatrecht, Archiv für zivilistische Praxis 192 (1992), 35-70
Medveczky, Gábor, Elkövetési formák és újabb visszaélési formák a számítógépes bűncselekmények körében, Ügyészek Lapja 1/2003, 5-32
Mesler, Britta A., Arbeitnehmerdatenschutz – Notwendigkeit und Inhalt einer gesetzlichen Regelung, Oldenburg 2008
Meszlény, Artur, Magánjog-politikai tanulmányok, Budapest 1901
Ders., A személyiség védelme a Polgári Törvénykönyv Tervezetében, Magyar Jogászegyleti Értekezések XXVI. kötet 7. füzet, Budapest 1903, 289-316
Ders., Magyar magánjog I., 1931
Meyer-Degenhart, Klaus, Personalinformationssysteme, 1984
Meyrat, Isabelle, Droits fondamentaux et droit du travail, Paris 2001
Miceli, Nicholas S. / Harvey, Michael / Buckley, M. Ronald, Potential Discrimination in Structured Employment Interviews, Employee Responsibilities and Rights Journal, 1/2001, 15-38
Miholics, Tivadar, A magyar munkajog I., Budapest 1998
Ders., A vállalat anyagi felelőssége, Budapest 1970
Ders., Munkajogi kézikönyv, Budapest 1997
Miller, Arthur R., Der Einbruch in die Privatsphäre Datenbanken und Dossiers, Darmstadt 1971
Miller, Paul Steven, Is there a pink slip in my Genes? Genetic Discrimination in the Workplace, Journal of Health Care Law and Policy 3 /2000, 225-265
Mohr, Jochen, Schutz vor Diskriminierungen im Europäischen Arbeitsrecht, Berlin 2004
Mole, Ariane, Informatique et libertés du travail: les nouveaux enjeux, Droit Social 1/1990, 59-67
Morgan, Charles, Employer Monitoring of Employee Electronic Mail and Internet Use, McGill Law Journal , 1998-1999, 849-902
Möstl, Markus, Grenzen der Rechtsangleichung im europäischen Binnenmarkt, Europarecht 2002, 318-350
Müller, Arnold, Die Zulässigkeit der Videoüberwachung am Arbeitsplatz, Baden-Baden 2008
Nagy, Éva/Pecze, Dóra, Polgári Jog I., Budapest-Pécs 2003
Nagy, László, A munkaerőpiac flexibilitása és a munkát végzők munkajogi védelme, Acta Universitatis Szegediensis de Attila József Nominatae Acta Juridica et Politica Tomus LV. Fasciculus 18, Szeged 1999
Ders., Az európai üzemi tanácsok ürügyén a hazai üzemi tanácsokról, Munkaügyi Szemle, 1/1998, 41-43
Ders./Weltner, Andor, A munka törvénykönyve magyarázata, Budapest 1978
Ders., Anyagi felelősség a munkaviszony keretében okozott károkért, Budapest 1964
Nagy, Sándor, Az elektronikus leveleink védelme, Budapest 2005

Nagy, Zoltán, A számítógépes környezetben elkövetett bűncselekmények kodifikációjáról de lege lata – de lege ferenda, Belügyi Szemle 11/1999, 16-27
Ders., A szerzői jogi jogsértések számítógépes környezetben, különös tekintettel a fájlcserére, Belügyi Szemle 11-12 /2004, 169-185
Napier, Brian, Computerization and Employment Rights, Industrial Labour Journal 1/1992, 1-14
Nationaler Ethikrat, Prädiktive Gesundheitsinformationen bei Einstellungsuntersuchungen Möglichkeiten und Grenzen der Nutzung des Wissens über Erkrankungsrisiken Stellungnahme Berlin, 16. August 2005; http://www.ethikrat.org/stellungnahmen/pdf/Stellungnahme_Praediktive-Gesundheitsinformationen.pdf; 10. 09. 2005
Nánási, László, A büntetett előélet mint különleges személyes adat, Belügyi Szemle 3/1999, 56-58
Nehf, James P., Recognizing the societal value in information privacy, Washington Law Review 2003, 1-91
Nemeskéri-Kutlán, Endre/Várkonyi, Péter, A szakszervezeti kifogás jogalkalmazási kérdései a gyakorló jogász szemével, in: Lehoczkyné Kollonay Csilla (Hrsg.), Liber Amicorum Studia Ida Hágelmayer dedicata II., Budapest 2005, 101-118
Németh, János/Kiss, Daisy (Hrsg.), A Polgári Perrendtartás Magyarázata, Budapest 2006
Neumann, Dirk, Die Offenbarungspflicht des Arbeitnehmers, Der Betrieb 1961, 1291-1294
Neumann-Duesberg, Horst, Tendenztreuepflicht und Persönlichkeitsrecht, Betriebs-Berater 1973, 949-953
Nyíri, Sándor, A kábítószer és a közlekedés, Belügyi Szemle 11/1997, 112-120
Oetker, Hartmut, Die Ausprägung der Grundrechte des Arbeitnehmers in der Arbeitsrechtsordnung der Bundesrepublik Deutschland, Recht der Arbeit 2004, 8-19
Ogier-Bernaud, Valérie, Les droits constitutionnels des travaileurs, Paris 2003
Ohly, Ansgar, „Volenti non fit injuria“ Die Einwiligung im Privatrecht, Tübingen 2002
Orosházi, Józsefné/Németh, Rita/Faragó, Ágnes, A kriminálpszichológia lehetőségei a nyomozati munkában, Belügyi szemle 2000/10, 108-113
Ossberger, Karl-Friedrich, Betriebliche Kontrollen Ihre Voraussetzungen und Grenzen, München 1981
Paál Kálmán (szerk.), Távmunka tanácsadó, Budapest 2003
Pajor-Bytomski, Magdalena, Arbeitsrecht in Ungarn, München 1998
Pál, Lajos, A szakszervezeti kifogás gyakorlásával kapcsolatos kérdések, in: Kiss, György/Berke, Gyula/Bankó, Zoltán/Kajtár, Edit (Hrsg.), Emlékkönyv Román László születésének 80. évfordulójára, Pécs 2008, 335-345

Pap, Gábor, A személyes szabadságjogok szabályozása az új Alkotmányban, in: Ádám, Antal (szerk.), Alapjogok és alkotmányozás, Az emberi jogok szabályozása az új Alkotmányban, Budapest 1996, 37-132
Papp, Zoltán (szerk.), Klinikai genetika, Budapest 1995
Parti, Katalin, Nyomozás az interneten: együttműködés – korlátokkal, Belügyi Szemle 11-12/ 2004, 204-220
Pawlikowsky, Gerhart J. (Hrsg.), Auf dem Weg zur Informationsgesellschaft Datenschutz Leitfaden und Materialien, Wien 1979
Pärli, Kurt, Der Persönlichkeitsschutz im privatrechtlichen Arbeitsverhältnis, Arbeitsrecht Zeitschrift für Arbeitsrecht und Arbeitslosenversicherung 4/2005, 225-235
Pelle, Andrea, A mellőzött szabadság, avagy adatvédelem a drogpolitikában, Fundamentum 1/2001, 173-177
Pellegrini, Bruno, Die Anfechtung des Arbeitsvertrages wegen Willensmängeln, Bern 1983
Perritt, Henry H., Workplace Torts: Rights and Liabilities, New York 1991
Peszleg, Tibor, Interneten, számítógépen történő nyomrögzítés, Ügyészek Lapja 1/2005, 25-40
P. Nagy, Ferenc, A számítástechnikai bűnözés elleni harc, Belügyi Szemle 11-12 /2004, 186-203
Petrik, Ferenc (szerk.), A személyiség jogi védelme, Budapest 1992
Ders., Nem vagyoni kárpótlás: a személyiségvédelem általános és feltétlen eszköze, Magyar Jog 1992, 337-343
Ders., A személyiség jogi védelme A sajtó-helyreigazítás, Budapest 2001
Ders., A felelősségi eszme változásai a kártérítési jogban, Gazdaság és Jog 7-8/2002, 3-11
Ders., Kártérítési jog, Budapest 2002
Ders., A nem vagyoni kár megtérítése védelmében, Polgári Jogi Kodifikáció 2003, 6-8
Ders., A személyiségi jogok az új Polgári Törvénykönyben, Magyar Jog 5/2004, 257-271
Petrovics, Zoltán, Munkajog, Budapest 2006
Pélissier, Jean/ Supiot, Alain/ Jeammaud, Antoine, Droit du travail, Paris 2002
Pfalzgraf, Patrick, Arbeitnehmerüberwachung, Hamburg 2003
Pizzio-Delaporte, Corinne, Libertés fondamentales et droits du salarié: le rôle du juge, Droit Social 4/2001, 404-412
Plette, Richárd, A munkapszichológia gyakorlati kérdései, Budapest 2002
Pokol, Béla, Az alapjogok és az „alapjogi" bíráskodás, Társadalmi Szemle 5/1991, 55-64
Posner, Richard A., John A. Sibley Lecture The right of privacy, Georgia Law Review 3/1978, 393-422

Ders., The 1978 James McCormick Mitchell Lecture: Privacy, Secrecy, and Reputation, Buffalo Law Review 1979, 1-55

Poullet, Yves/Dinant, Marc, The internet and private life in Europe: Risks and aspirations, in: T. Kenyon, Andrew/Richardson, Megan (ed.), New Dimensions in Privacy Law International and Comparative Perspectives, Cambridge 2006

Prechal, Sacha, Directives in EC Law, Oxford 2005

Preis, Ulrich, Verhältnismäßigkeit und Privatrechtsordnung, in: Hanau, Peter/Heither, Friedrich/Kühling, Jürgen (Hrsg.) Festschrift für Thomas Dieterich zum 65. Geburtstag, München 1999, 429-462

Prohászka, Zoltán, Jelezhető lesz-e a gyakori betegségekre való fogékonyság genetikai ismeretekkel?, Magyar Tudomány 6/2005, 645-651

Prugberger, Tamás, Az érdekegyeztetési jog hazai újraszabályozásának kísérlete a munkaügyi kapcsolatok vitájában, Magyar Jog 10/2008, 660-669

Ders., A munkajogi koalíciós jog, különösen a kollektív szerződés néhány, a jogalkotásra és jogalkalmazásra kiható elvi problémájához, Magyar Jog 4/2008, 216-225

Ders, A kollektiv munkajog intézményei, a munkavállalói érdekképviseleti és participációs jogok tartalma, mechanizmusa és érvényesülése a jogharmonizációs jogalkotási követelmények tükrében, in: Horváth/Rácz (Hrsg.), Tanulmányok a munkajog jövőjéről, Budapest 2004, 49-84

Ders., A kollektív munkajogi érdekegyeztetések és szerződések jogdogmatikai rendszere, Jogtudományi Közlöny 10/2002, 430-434

Ders., Az üzemi tanácsi és a szakszervezeti érdekvédelem kontraktuális lehetőségei az alapvető individuális munkavállalói jogoknál- különös tekintettel a munkáltatói rendes felmondásra és létszámleépítésre, Magyar Jog 5/1999, 274-285

Ders., Az üzemi tanács hazai szabályozásából fakadó jogalkotási és jogalkalmazási problémák, Munkaügyi Szemle 11/1994, 29-34

Ders., Munkavállalói részvétel az üzemi vezetésben Nyugat-Európában és Magyarországon, Magyar Jog 2/1993, 87-97

Rabanser, Wolfgang, Interessenabwägung beim Fragerecht des Arbeitgebers, ecolex 1993, 179 et seqq.

Radé, Christophe, Nouvelles technologies de l'information et de la communication et nouvelles formes de subordination, Droit Social 2002, 26-36

Radnay, József, Az üzemi tanácsok tevékenységének továbbfejlesztése, in: Kiss, György/Berke, Gyula/Bankó, Zoltán/Kajtár, Edit (Hrsg.), Emlékkönyv Román László születésének 80. évfordulójára, Pécs 2008, 373-387

Ders., Munkajog, Budapest 2003

Ders., A személyzeti iratok vezetése, Gazdaság és Jog 9/2002, 20-23

Ders., A Ptk. és a munkajog kapcsolata, különös tekintettel a magyar jogra, in: Ploetz, Manfred/Tóth, Hilda (szerk.), A munkajog és a polgári jog kodifikációs és funkcionális összefüggései, Miskolc 2001, 253-276
Ders., A szerződéskötést megelőző tárgyalások, Gazdaság és Jog 5/1993, 19-20
Raffay, Ferencz, A magyar magánjog kézikönyve, Eperjes, 1904
Raffone, Kristin M., The Human Genome Project: Genetic Screening and the Fundamental Right of Privacy, Hofstra Law Review 1997, 503-566
Ramm, Thilo, Grundrechte und Arbeitsrecht, Juristen Zeitung 1991, 1-16
Ray, Jean-Emmanuel, Fidélité et exécution du contrat de travail, Droit Social 5/1991, 376-385
Ders., Nouvelles technologies et nouvelles formes de subordination, Droit Social 1992, 525-537
Rasin, Gregory I./Moan, Joseph P., Fitting a Square Peg into a Round Hole: The Application of Traditional Rules of Law to Modern Technological Advancements in the Workplace, Missouri Law Review 2001, 793-825
Rábaközy, András, A kollektívszerződés-kötés kézikönyve, Budapest 1993
Rehbinder, Manfred, Schweizerisches Arbeitsrecht, Bern 1997
Reiner, János, A névhez való jog, Jogi Szemle 8/1891, 177-188
Renegar, Gaile/ Webster, Christopher J./ Stuerzebecher, Steffen/ Harty, Lea/ Ide, Susan E. / Balkite, Beth/ Rogalski-Salter, Taryn A./ Cohen, Nadine/ Spear, Brian B./ Barnes, Diane M. / Brazell, Celia, Returning Genetic Research Results to Individuals: Points-to-Consider, Bioethics 1/2006, 24-36
Reuss,W., Die Arbeitsrechtliche Sonderstellung von „Tendenzbetrieben", Recht der Arbeit 1956, 210-212
Ders./ Wlotzke, Otfried (Hrsg.), Münchener Handbuch zum Arbeitsrecht Band 1 Individualarbeitsrecht I. 2. Aufl., München 2000
Ders., Bedingungen für die Kodifikation des Arbeitsrechts, in: Behrends, Okko/Sellert, Wolfgang (Hrsg.), Der Kodifikationsgedanke und das Modell des Bürgerlichen Gesetzbuches (BGB), Göttingen 2000, 175-190
Ders., Arbeitsrechtliche Probleme bei Einstellung und Entlassung Aids-infizierter Arbeitnehmer, Neue Zeitschrift für Arbeitsrecht 1988, 73-79
Richardi, Reinhard/ Kortstock, Ulf, Videoüberwachung am Arbeitsplatz – allgemeines Persönlichkeitsrecht – Grundsatz der Verhältnismäßigkeit, Recht der Arbeit 2005, 381-384
Riesselmann-Saxer, Rebekka, Datenschutz im privatrechtlichen Arbeitsverhältnis, Bern 2002
Rittner, Fritz, Wie viel Europa braucht Europa?, Europarecht 1998, 3-19
Rivero, Jean, Les libertés publiques dans l'entreprise, Droit Social 1982, 421-424
Román, László, A munkajog alapintézményei I., Pécs 1996

Ders., A jogegyenlőség és a diszkrimináció tilalma, in: Ádám, Antal (szerk.) Alapjogok és alkotmányozás, Az emberi jogok szabályozása az új Alkotmányban, Budapest 1996, 171-244

Ders., A munkáltatói-szervi joggal visszaélés hatása a munkaszerződés érvényességére, in: Tanulmányok Benedek Ferenc tiszteletére, Pécs 1996, 247-257

Ders., Zur Theorie des Persönlichkeitscharakters des Arbeitsverhältnisses, in: Both, Ödön/Pólay, Elemér/Tóth, Lajos (szerk.), Sudia in Honorem Ladislai Nagy Septuagenarii Acta Universitatis Szegediensis De Attila József Nominatae Tomus XXXI. Szeged 1984, 275-285

Ders., Munkajog, Kézirat 1979

Rothstein, Mark A./ Knoppers, Bartha Maria, Legal Aspects of Genetics, Work and Insurance in North America and Europe, European Journal of Health Law 2/1996, 143-161

Rothstein, Mark A., Genetic Discrimination in Employment: Ethics, Policy and Comparative Law, in : Analyse génétique humaine et protection de la personnalité Colloque international Lausanne 14 avril 1994, Zürich 1994, 129-141

Ders. / Gelb, Besty D./ Craig, Steven G. , Protecting Genetic Privacy by Permitting Employer Access only to Job related Employee Medical Information: Analysis of a Unique Minnesota Law, American Journal of Law and Medicine 1998, 399-416

Rowinski, Laura, Genetic Testing in the Workplace, Journal of Contemporary Health Law and Policy 1988, 375-413

Rosner, Vilmos, A biztonságos munkavégzésre vonatkozó rendelkezések Az alkoholtól befolyásolt állapot ellenőrzése, Magyar Jog 10/1996, 618-626

Röper, Erich, Außerdienstliches Verhalten von Nichttendenzträgern in Tendenzbetrieben, Neue Juristische Wochenschrift 1975, 1873-1874

Rudolf, Roger, Stellenbewerbung und Datenschutz, Bern 1997

Ruffert, Matthias, Vorrang der Verfassung und Eigenständigkeit des Privatrechts, Tübingen 2001

Ruppel, Karl-Ludwig, Persönlichkeitsrechte an Daten? Deliktsrechtlicher Datenschutz nach § 823 Abs. 1 BGB zwischen informationeller Selbstbestimmung, Rechtsgüterschutz und Eingriffstypisierung, Würzburg 2001

Sajó, András (szerk.), Alkotmányosság a magánjogban, Budapest 2006

Ders., A közérdek-fogalom (értelemadási kísérlet), in: Lamm,Vanda (szerk.), Van és legyen a jogban: tanulmányok Peschka Vilmos 70. születésnapjára, Budapest 1999, 239-267

Saladin, Peter, Grundrechte und Privatrechtsordnung Zum Streit um die sog. „Drittwirkung" der Grundrechte, Schweizerische Juristen-Zeitung 1988, 373-384

Savatier, Jean, La liberté dans le travail, Droit Social 1/1990, 49-58

Sándor, Judit, Genomika és jog, Magyar Tudomány 2002, 615-625

Sárándi, Imre, Visszaélés a joggal, Budapest 1965

Sári, János, Alapjogok, Budapest 2005

Ders., A rendes bíróságok alapjogi bíráskodása, Jogtudományi Közlöny 1/2006, 3-8

Sárosi, Péter, Munkahelyi drogtesztek: A türelmetlenség nem kifizetődő, www.drogriporter.hu/index.php?lyt=articles_print&op=articles_print&catalog 09.01.2006

Schaub, Günter/ Koch, Ulrich/ Linck, Rüdiger, Arbeitsrechts-Handbuch 10. Aufl., München 2002

Scheriau, Karl Michael, Tendenzunternehmen, Arbeitsrecht im Betrieb 3/2006, 145-151

Schiffer, András, Az egészségügyi adatkezelés anomáliái a munkavilágában, in: Szabó Máté, Dániel, (szerk.), Védett adataink, Budapest 2003, 77-107

Schlochauer, Ursula, Überlegungen zu einer Kodifizierung des Arbeitsrechts, in: Anzinger, Rudolf/Wank, Rolf (Hrsg.), Entwicklungen im Arbeitsrecht und Arbeitsschutzrecht Festschrift für Otfried Wlotzke zum 70. Geburtstag, München 1996, 121-144

Schnorr, Gerhard, Erfüllung arbeitsvertraglicher Pflichten und Persönlichkeitsschutz des Arbeitnehmers, in: Jabornegg, Peter (Hrsg.) Möglichkeiten und Grenzen der Rechtsordnung Festschrift für Rudolf Strasser zum 70. Geburtstag, Wien 1983, 97-124

Schwabe, Jürgen, Der Schutz des Menschen vor sich selbs, Juristenzeitung 1998, 66-75

Schwarz, Walter, Der gläserne Arbeitnehmer? Wien 1988

Schwenk, Edmund H., Das allgemeine Persönlichkeitsrecht des Arbeitnehmers, Neue Juristische Wochenschrift 1968, 822-826

Schwerdtner, Peter, Das Persönlichkeitsrecht in der deutschen Zivilrechtsordnung, Berlin 1977

Seidel, Ulrich, Datenbanken und Persönlichkeitsrecht, Köln 1972

Selmi, Michael, Privacy for the Working Class: Public Work and Private Life, Louisana Law Review 2006, (The George Washington University law School Legal Studies Research Paper N. 222. http://ssrn.com/abstract=930142

Seltzer, Joanne, The Cassandra Complex: An Employer's Dilemma in the Genetic Workplace, Hofstra Law Review 1998, 411-471

Sensen, Christoph W. (ed.), Handbook of Genome Research Genomics, Proteomics, Metabolomics, Bioinformatics, Ethical and Legal Issues, Weinheim 2005
Shepard, Ira Michael/ Duston, Robert L., Workplace Privacy, Washington 1987
Sherman, Darcie, Biometric Technology: The Impact on Privacy, CLPE Research Paper 5/2005, http://ssrn.com/abstract=830049
Shils, Edward, Privacy: Its Constitution and Vicissitudes, Laws and Contemporary Problems 1966, 281-306
Simándi, Éva (szerk.), A munkajog nagy kézikönyve, Budapest 2006
Simándi, Éva (szerk.), Az elektronikus hírközlésről szóló törvény magyarázata, Budapest 2006
Dies., (szerk.), A munka törvénykönyve magyarázata, Budapest 2008
Simitis, Spiros, Arbeitnehmerdatenschutz, Recht der Arbeit 2003 Sonderbeilage Heft 5, 43-49
Ders., Reconsidering the Premises of Labour Law: Prolegomena to an EU Regulation on the Protection of Employees' Personal Data, European Law Journal 1/1999, 45-62
Ders., Datenschutz – Rücktritt oder Neubeginn?, Neue Juristische Wochenschrift 1998, 2473-2479
Ders., The Rediscovery of the Individual in Labour Law, in: Rogowski, Ralf/Wilthagen, Ton (Hrsg.), Reflexive Labour Law, Deventer 1994
Ders., „Sensitive Daten"- Zur Geschichte und Wirkung einer Fiktion, in: Brem/Druey/Schwander (Hrsg.), Festschrift Pedrazzini, Bern 1990, 469-493
Ders., Schutz von Arbeitnehmerdaten Regelungsdefizite – Lösungsvorschläge, Bonn 1980
Singer, Reinhard, Vertragsfreiheit, Grundrechte und der Schutz des menschen vor sich selbst, Juristenzeitung 1995, 1133-1141
Solove, Daniel J./ Hoofnagle, Chris Jay, A Model Regime of Privacy Protection, University of Illinois Law Review 2/2006, 357-404
Sólyom, László, A személyhez fűződő jogok, Jogtudományi Közlöny 6/1979, 327-340
Ders., Adatvédelem és személyiségi jog, Világosság 1/1988, 53-60
Ders., Az adatvédelem és információszabadság jogi előtörténete Magyarországon, in: Majtényi, László/Molnár, Péter/Petri, Lukács Ádám/Szabó, Máté Dániel (szerk.), Az elektronikus információszabadság, Budapest 2005, 174-183
Ders., Az alkotmánybíráskodás kezdetei Magyarországon, Budapest 2001
Ders., Polgárjog és polgári jog (A személyiségi jogok lehetőségei), Jogtudományi Közlöny 1/984, 663-669
Somfai, Béla, Etikai kérdések a genetikában, Magyar Tudomány 2000, 586-596

Sonnevend, Pál, Az alapjogi bíráskodás és korlátai, Fundamentum 4/1998, 79-84
Soósné Csikós, Szilvia, Kollektív tárgyalások és megállapodások, Szeged 2006
Dies./Hovánszki Arnold, A kollektív szerződéskötés szintjei, Munkaügyi Szemle 5/2004, 44-46
Souhrada-Kirchmayer, Eva, Der Vorschlag einer allgemeinen EG-Datenschutzrichtlinie und seine Auswirkungen auf das österreichische DSG, Juristische Blätter 1995, 147-158
Spencer, Shaun, Reasonable Expectations and the Erosion of Privacy, San Diego Law Review 2002, 843-915
Spielbüchler, Karl/ Grillberger, Konrad, Arbeitsrecht I. Individualarbeitsrecht, Wien 1998
Starke, Wiebke, HIV-Infektion und AIDS-Erkrankung im Arbeitsverhältnis, Bonn 1998
Steinforth, Kimberly A., Bringing Your DNA to Work: Employers' Use of Genetic Testing under the Americans with Disabilities Act, Arizona Law Review 4/2001, 965-1000
Steinmeyer, Heinz-Dietrich, Der Vertrag von Amsterdam und seine Bedeutung für das Arbeits- und Sozialrecht, Recht der Arbeit 2001, 10-22
Strohmayer, Thomas, Personalinformationssysteme, Arbeitnehmerdatenschutz und Mitbestimmung des Betriebrates, Wien 2001
Sugarman, Stephen D., „Lifestyle“ Discrimination in Employment, Berkely Journal of Employment and Labor Law 2003, 377-438
Supiot, Alain, Travail, droit et technique, Droit Social 2002, 13-25
Ders., Les nouveaux visages de la subordination, Droit Social 2000, 131-145
Ders., Critique du droit du travail, Paris 1994
Szabó, Máté Dániel, Kameraügyben a helyzet változatlan, 2004 http://adatvedelem.vilaga.hu 04. 18. 2006
Szászy, István, A magyar magánjog alapintézményei, Budapest 1949
Szekfű, Gábor, Alkotmány és alkotmánybíráskodás. Az alapjogok értelmezése és védelme az Alkotmánybíróság határozatainak tükrében, Jogtudományi Közlöny 2/1992, 52-61
Személyi, Kálmán, A névjog, Tanulmány a személyiségi jogok köréből, Budapest 1915
Székely, László, A személyiségi jogok „érdem szerinti elosztásáról”, Jogtudományi Közlöny 5/1985, 277-285
Szigeti, László, A nem vagyoni érdekek védelme, Polgári jog 10/1930, 521-526
Szladits, Károly (szerk.), Magyar magánjog Általános rész, személyi jog, Budapest 1938
Szmodis, Jenő, Az érvénytelenségi fajták egyes jogági sajátosságairól, Jogtudományi Közlöny 4/1997, 171-180

Szoboszlai, Judit, A magánélet és a személyes adatok védelme a Dávodi ítélet apropóján, Fundamentum 2/2002, 76-82
Szociális és Családügyi Miniszterium, Magyarország IV. és V. kormányzati jelentése az ENSZ számára a nőkkel szemben alkalmazott hátrányos megkülönböztetés minden formájának kiküszöböléséről, Budapest 2000
Szociális és Munkaügyi Minisztérium, Jelentés a magyarországi kábítószerhelyzetről, Budapest 2006
Szövényi, György, A törvény, amely nem rengette meg a világot..., Belügyi Szemle 12/1998 21-38
Tattay, Levente, A közszereplők magánjogi személyiségvédelme, Magyar Jog 4/2006, 228-236
Tausz, Katalin, Egyenlőtlenségek és különleges bánásmód Adalékok a fogyatékosok esélyegyenlőségéről szóló törvény születési történetéhez, in: Halmai, Gábor, (szerk.) A hátrányos megkülönböztetés tilalmáról a pozitív diszkriminációig A jog lehetőségei és korlátai, Budapest 1998, 199-209
Tárki Rt., Lakossági részvétel az információs társadalomban Információs társadalom, Monitoring tanulmányok No. 5, Budapest 2001
Teyssié, Bernard, Personnes, entreprise et relations de travail, Droit Social 1988, 374-383
Ders. (ed.), La personne en droit du travail, Paris 1999
Thees, Thomas, Das Arbeitnehmer-Persönlichkeitsrecht als Leitidee des Arbeitsrechts, Berlin 1994
Thiele, Clemens, Internet am Arbeitsplatz, ecolex 2001, 613 ff.
Thüsing, Gregor, Münchener Kommentar zum Bürgerlichen Gesetzbuch Band 1, Allgemeiner Teil 2. Halbband, 5. Aufl., München, 2007
Tinnenfeld, Marie-Theres, Aktuelle Fragen des Arbeitnehmerdatenschutzes, Datenschutz und Datensicherheit 2002, 231-236
Dies., Arbeitnehmerdatenschutz und Internet-Ökonomie – Zu einem Gesetz über Information und Kommunikation im Arbeitsverhältnis, Neue Zeitschrift für Arbeitsrecht 2000, 977-983
Dies., Das Recht am eigenen Bild als besondere Form des allgemeinen Persönlichkeitsrechts – Grundgedanken und spezielle Fragen des Arbeitnehmerdatenschutzes, Neue Zeitschrift für Arbeitsrecht 2003, 468-473
Tissot, Olivier de, La protection de la vie privée du salarié, Droit Social 1995, 222-230
Tímár, Miklós, (szerk.), Foglalkozási betegségek, Budapest 1990
Tomandl, Theodor, Treue- und Fürsorgepflicht im Arbeitsrecht, Wien 1975
Townsend, Keith/ Batchelor, Lyn, Managing mobile phones: a work/non-work collision in small business, New Technology, Work and Employment 3/2005, 259-267

Tóth, András, Két tűz között: üzemi tanácsok, szakszervezetek és munkáltatók, Kovách, Imre (szerk.), Hatalom és társadalmi változás A posztszocializmus vége: szociológiai tanulmányok, Budapest 2002, 133-153
Tóth, Ferenc, Segédlet a kollektív szerződés megkötéséhez és az üzemi tanácsok működéséhez, Budapest 1992
Törő, Károly, Személyiségvédelem a polgári jogban, Budapest 1979
Ders., A személyiségvédelem buktatói, Jogtudományi Közlöny 10/1986, 461-467
Ders., A munka szabadságának védelme a polgári jogban, Jogtudományi Közlöny 6/1983, 363-370
Ders., A személyiségvédelem helye és szerepe a polgári jog rendszerében, Magyar Jog és Külföldi Jogi Szemle 1970, 79-92
Ders., Polgári jogunk szabályozási rendszerének néhány elméleti és gyakorlati kérdése, Jogtudományi Közlöny 11/1972, 545-558
Trachimow, Knut, Personalinformationssysteme und Mitarbeitervertretung, Wien 1992
Trebilcock, Michael J., The Limits of Freedom of Contract, Cambridge 1993
Trutmann, Verena, Zum Persönlichkeitsschutz im Arbeitsrecht, in: Böckli/ Hinderling/Eichenberger/Tschudi (Hrsg.), Festschrift für Frank Vischer zum 60. Geburtstag Zürich 1983, 465-475
Ujváriné Antal, Edit, Felelősségtan, Miskolc 2000
Ungváry György (szerk.), Munkaegészségtan, Budapest 2000
Vadász, Lajos, Magánjogunk főbb elvei és az uj jogfejlődés, Szeged 1926
Van Damme, Karel, Genetic testing in the workplace: the scientific aspects, in: European Group on Ethics in Science and New Technologies to the European Commission (ed.), Genetic Testing in the Workplace Proceedings of the Round Table Debate held at the Borchette Center, Brussels 6 March 2000
Varga, László (szerk.), A munkavédelmi törvény magyarázata, Budapest 2005
Varga, Tibor/ Mágori, Krisztina/ Tárkány, Ilona/ Hajnal, F./ Vetró, G./ Weinmann, W, Beszámoló Jelentés A kábítószerek, gyógyszerek és alkohol előfordulási gyakorisága munkahelyeken című pályázatról KAB-KT-03-43
Varga, Zs. András, Ombudsmanok Magyarországon, Budapest 2004
Verebics, János, Az Internet-szolgáltatók hírközlési jogállása, Gazdaság és Jog 6/2003, 19-25
Veress, Tibor, A kábítószer-fogyasztás bizonyításának lehetőségei, Belügyi Szemle 2/2000, 68-79
Vékás, Lajos, Az új polgári törvénykönyv elméleti előkérdései, Budapest 2001
Vigneau, Chritophe, Information Technology and Workers' Privacy: Regulatory Techniques Comparative Labor Law and Policy Journal 2002, 505-515
Vincenti Gusztáv, A munka magánjogi viszonyai, Budapest 1942

Vogelgesang, Klaus, Grundrecht auf informationelle Selbstbestimmung?, Baden-Baden 1987
Vosskuhle, Andreas, Theorie und Praxis der verfassungskonformen Auslegung von Gesetzen durch Fachgerichte, Archiv des öffentlichen Rechts 2000, 177-201
Vörösmarti, Mihály, A vagyonvédelem szükségességének és hatékonyságának néhány kérdéséről, Belügyi Szemle 12/1998, 51-58
Wacks, Raymond, Personal Information Privacy and the Law, Oxford 1993
Waltertmann, Raimund, Verbot der Altersdiskriminierung-Richtlinie und Umsetzung, Neue Zeitschrift für Arbeitsrecht 22/2005, 1265-1270
Warren, Samuel D./ Brandeis, Louis D., The Right to Privacy, Harvard Law Review 5/1890,
Waquet, Philippe, La vie personnelle du salarié, Droit Social 1/2004, 23-29
Ders., L'Entreprise et les Libertés du Salarié, Paris 2003
Weber, Claus, Das Verbot altersbedingter Diskriminierung nach der Richtlinie 2000/78/EG – eine neue arbeitsrechtliche Dimension, Arbeit und Recht 11/2002, 401-405
Weber, Hedda, HIV-Infektion und AIDS im öffentlichen Dienstrecht, Frankfurt am Main 2002
Weber, Martina, EG-Datenschutzrichtlinie Konsequenzen für die deutsche Datenschutzgesetzgebung, Computer und Recht 1995, 297-303

Weber-Scherrer, Margit, Rechtliche Aspekte der Information zwischen den Arbeitsvertragsparteien unter besonderer Berücksichtigung des Notwehrrechts der Lüge, Zürich 1999
Wedde, Peter, Mobiltelefone und Arbeitsrecht, Computer und Recht 1/1995, 41 ff.
Weichert, Thilo, Die Ökonomisierung des Rechts auf informationelle Selbstbestimmung, Neue Juristische Wochenschrift 2001, 1463-1469
Weichert, Thilo, Der Schutz genetischer Informationen, Datenschutz und Datensicherheit 2002, 133-145
Weiskopf, Richard/Loacker, Bernadette, „A snake´s coils are even more intricate than a mole´s burrow." Individualization and Subjectification in Postdisciplinary Regimes of Work, The International Review of Management Studies 4/2006, 395-419
Weiss, Emília, A szerződés érvénytelensége a polgári jogban, Budapest 1969
Weltner, Andor, A munkához való jognak, mint személyiségi jognak a védelme, Jogtudományi Közlöny 2/1963, 106-114
Ders., Az érvénytelenség és orvoslása a munkajogban, Budapest 1960
Welz, Christian, The European Social Dialogue under Articles 138 and 139 of the EC Treaty, The Netherlands 2008

Wesche, Todd M., Reading Your every Keystroke: Protecting Employee E-mail Privacy, Journal of High Technology Law 2002, 101-118
Wiese, Günther, Der Persönlichkeitsschutz des Arbeitnehmers gegenüber dem Arbeitgeber, Zeitschrift für Arbeitsrecht 3/1971, 273-317
Ders., Zur gesetzlichen Regelung der Genomanalyse an Arbeitnehmern, Das Recht der Arbeit 1988, 217-222
Ders., Genetische Analysen und Arbeitsschutz, Betriebs-Berater 1994, 1209-1213
Ders., Adressaten und Rechtsgrundlagen des innerbetrieblichen Persönlichkeitsschutzes von Arbeitnehmern, Zeitschrift für Arbeitsrecht 2006, 631-657
Williams, Colin C., Rethinking the Future of Work, New York 2007
Williams, Jack F., A Regulatory Model for Genetic Testing in Employment, Oklahoma Law Review 2/1987, 181-208
Windolph, Albert, Die Resozialisierung und das Bekanntwerden von Straftaten im öffentlichen und zivirechtlichen Bereich, Der Betrieb 1966, 579-582
Wißmann, Hellmut, Arbeitsrecht und Europarecht, Recht der Arbeit 1999, 152-158
Wohlgemuth, Hans H., Fragerecht und Erhebungsrecht Zu den Grenzen des Informationsbeschaffungsrechts des Arbeitgebers, Arbeit und Recht 2/1992, 46-50
Woolfson, Charles, Working environment and „soft Law" in Post-Communist Member States, Journal of Common Market Studies 2006, 195-215
Wyler, Rémy, Droit du travail, Berne 2002
Zaurie, Graeme, Genetic Privacy A Challenge to Medico- Legal Norms, Cambridge 2002
Zlinszky, Imre, A magyar magánjog mai érvényében különös tekintettel a gyakorlat igényeire, Budapest 1888
Zoltán, Ödön, A magánélet szabadsága és jogi védelme, Magyar Jog 9/1992, 530-537
Ders., Az emberi méltóságról, Magyar Jog 9/1996, 531-531
Zöllner, Wolfgang, Daten- und Informationsschutz im Arbeitsverhältnis, Köln 1983
Zuleeg, Manfred, Die Rolle des Arbeitsrecht in der europäischen Integration, Recht der Arbeit 1992, 133-141

Internetseiten

Bericht der Kommission - Erster Bericht über die Durchführung der Datenschutzrichtlinie (EG 95/46) /* KOM/2003/0265 endg. */ http://eur-lex.europa.eu/LexUriServ/LexUriServ.do?uri=CELEX:52003DC0265:DE:HTML

Mitteilung der Kommission An das Europäische Parlament und an den Rat - Stand des Arbeitsprogramms für eine bessere Durchführung der Datenschutzrichtlinie /* KOM/2007/0087 endg. */ http://eur-lex.europa.eu/LexUriServ/LexUriServ.do?uri=CELEX:52007DC0087:DE:HTML

Stellungnahme des Europäischen Datenschutzbeauftragten zu der Mitteilung der Kommission an das Europäische Parlament und an den Rat Stand des Arbeitsprogramms für eine bessere Durchführung der Datenschutzrichtlinie Amtsblatt Nr. C 255 vom 27/10/2007 S. 0001 – 0012 http://eur-lex.europa.eu/LexUriServ/LexUriServ.do?uri=OJ:C:2007:255:0001:01:DE:HTML

Datenschutzgruppe Artikel-29, Stellungnahme 8/2001 Zur Verarbeitung personenbezogener Daten von Beschäftigten, 13. September 2001, 5062/01/DE&endg. WP 48 http://ec.europa.eu/justice_home/fsj/privacy/docs/wpdocs/2001/wp48de.pdf 2006. 05.

Ders., Data Protection Working Party: Working document on biometrics, 12168/02/EN WP 80 http://ec.europa.eu/justice_home/fsj/privacy/docs/wpdocs/2003/wp80_en.pdf 2006. 05.14.

Ders., Arbeitsdokument zum Thema Verarbeitung personenbezogener Daten aus der Videoüberwachung, 25. November 2002, 11750/02/DE WP 67. 2006. 05. 24. http://ec.europa.eu/justice_home/fsj/privacy/docs/wpdocs/2002/wp55_de.pdf;

Ders., Arbeitsdokument zur Überwachung der elektronischen Kommunikation von Beschäftigten, 29. Mai 2002, http://ec.europa.eu/justice_home/fsj/privacy/docs/wpdocs/2002/wp55_de.pdf;

Kommission der Europäischen Gemeinschaften, Mitteilung der Kommission an den Rat, das Europäische Parlament, den Europäischen Wirtschafts- und Sozialausschuss und den Ausschuss der Regionen, Ergebnis der öffentli-

chen Anhörung zum Grünbuch der Kommission „Ein modernes Arbeitsrecht für die Herausforderungen des 21. Jahrhunderts"
http://ec.europa.eu/employment_social/labour_law/docs/2007/follow_up_com_627_de.pdf
Kommission der Europäischen Gemeinschaften, Grünbuch Ein modernes Arbeitsrecht für die Herausforderungen des 21. Jahrhunderts
http://ec.europa.eu/employment_social/labour_law/docs/2006/green_paper_de.pdf
The EU Committee, Position Paper on the Commission's Second-Stage Consultation on the Protection of Workers' Personal Data
http://www.eucommittee.be/pops/2003archive/dataprotect2242003.pdf
UEAPME Response to the second stage consultation of the social partners on the protection of workers' personal data
www.ueapme.com/docs/pos_papers/2002/Dataprotection-consult2%20EN.doc
Zweite Phase der Anhörung der Sozialpartner zum Schutz von personenbezogenen Daten von Arbeitnehmern
http://ec.europa.eu/employment_social/news/2002/oct/data_prot_de.pdf
Arbeitspapier über genetische Daten
http://ec.europa.eu/justice_home/fsj/privacy/docs/wpdocs/2004/wp91_de.pdf

Peter Lang · Internationaler Verlag der Wissenschaften

Matthias Lindhorst

Sanktionsdefizite im Datenschutzrecht

Frankfurt am Main, Berlin, Bern, Bruxelles, New York, Oxford, Wien, 2010.
155 S.
ISBN 978-3-631-60057-3 · geb. € 37,80*

Zahlreiche Datenskandale haben in den letzten Jahren deutlich gemacht, dass im Datenschutzrecht dringend Handlungsbedarf geboten ist, um den Schutz des informationellen Selbstbestimmungsrechts der Betroffenen zu verbessern. Ausgangspunkt dieser Arbeit ist deshalb die Frage, wie dem Datenschutzrecht zu größerer Durchsetzungskraft verholfen werden kann. Es werden für die verschiedenen Bereiche der nicht-öffentlichen Datenverarbeitung konkrete Lösungsvorschläge herausgearbeitet und auf diese Weise wird aufgezeigt, dass es diverse Möglichkeiten gibt, eine nachhaltige Verbesserung des Datenschutzes zu erreichen.

Aus dem Inhalt: Datenschutz und private Datenverarbeitung · Das Datenschutzkonzept im Bundesdatenschutzgesetz (BDSG) · Defizite im Schutzkonzept des BDSG · Gewinnabschöpfung · Schadensersatz bei persönlichkeitsrechtsverletzenden Datenschutzverstößen · Datenschutz im Eigeninteresse von Unternehmen · Datenschutz durch betriebliche Datenschutzbeauftragte

Frankfurt am Main · Berlin · Bern · Bruxelles · New York · Oxford · Wien
Auslieferung: Verlag Peter Lang AG
Moosstr. 1, CH-2542 Pieterlen
Telefax 0041 (0) 32 / 376 17 27

*inklusive der in Deutschland gültigen Mehrwertsteuer
Preisänderungen vorbehalten

Homepage http://www.peterlang.de

FSC
www.fsc.org
MIX
Papier | Fördert gute Waldnutzung
FSC® C083411

Kolibri 360 GmbH
Ferdinand-Jühlke-Straße 7
99095 Erfurt, Deutschland
produktsicherheit@kolibri360.de